Kohlhammer

Grundwissen Soziale Arbeit

Herausgegeben von Rudolf Bieker

Das gesamte Grundwissen der Sozialen Arbeit in einer Reihe: theoretisch fundiert, immer mit Blick auf die Arbeitspraxis, verständlich dargestellt und lernfreundlich gestaltet – für mehr Wissen im Studium und mehr Können im Beruf.

Norbert Pütter

Soziale Arbeit und Polizei

Zwischen Konflikt und Kooperation

Verlag W. Kohlhammer

Dieses Werk einschließlich aller seiner Teile ist urheberrechtlich geschützt. Jede Verwendung außerhalb der engen Grenzen des Urheberrechts ist ohne Zustimmung des Verlags unzulässig und strafbar. Das gilt insbesondere für Vervielfältigungen, Übersetzungen, Mikroverfilmungen und für die Einspeicherung und Verarbeitung in elektronischen Systemen.

Die Wiedergabe von Warenbezeichnungen, Handelsnamen und sonstigen Kennzeichen in diesem Buch berechtigt nicht zu der Annahme, dass diese von jedermann frei benutzt werden dürfen. Vielmehr kann es sich auch dann um eingetragene Warenzeichen oder sonstige geschützte Kennzeichen handeln, wenn sie nicht eigens als solche gekennzeichnet sind.

Es konnten nicht alle Rechtsinhaber von Abbildungen ermittelt werden. Sollte dem Verlag gegenüber der Nachweis der Rechtsinhaberschaft geführt werden, wird das branchenübliche Honorar nachträglich gezahlt.

Dieses Werk enthält Hinweise/Links zu externen Websites Dritter, auf deren Inhalt der Verlag keinen Einfluss hat und die der Haftung der jeweiligen Seitenanbieter oder -betreiber unterliegen. Zum Zeitpunkt der Verlinkung wurden die externen Websites auf mögliche Rechtsverstöße überprüft und dabei keine Rechtsverletzung festgestellt. Ohne konkrete Hinweise auf eine solche Rechtsverletzung ist eine permanente inhaltliche Kontrolle der verlinkten Seiten nicht zumutbar. Sollten jedoch Rechtsverletzungen bekannt werden, werden die betroffenen externen Links soweit möglich unverzüglich entfernt.

1. Auflage 2022

Alle Rechte vorbehalten
© W. Kohlhammer GmbH, Stuttgart
Gesamtherstellung: W. Kohlhammer GmbH, Stuttgart

Print:
ISBN 978-3-17-039230-4

E-Book-Formate:
pdf: ISBN 978-3-17-039231-1
epub: ISBN 978-3-17-039232-8

Vorwort zur Reihe

Mit dem so genannten »Bologna-Prozess« galt es neu auszutarieren, welches Wissen Studierende der Sozialen Arbeit benötigen, um trotz erheblich verkürzter Ausbildungszeiten auch weiterhin »berufliche Handlungsfähigkeit« zu erlangen. Die Ergebnisse dieses nicht ganz schmerzfreien Abstimmungs- und Anpassungsprozesses lassen sich heute allerorten in volumigen Handbüchern nachlesen, in denen die neu entwickelten Module detailliert nach Lernzielen, Lehrinhalten, Lehrmethoden und Prüfungsformen beschrieben sind. Eine diskursive Selbstvergewisserung dieses Ausmaßes und dieser Präzision hat es vor Bologna allenfalls im Ausnahmefall gegeben.

Für Studierende bedeutet die Beschränkung der akademischen Grundausbildung auf sechs Semester, eine annähernd gleich große Stofffülle in deutlich verringerter Lernzeit bewältigen zu müssen. Die Erwartungen an das selbstständige Lernen und Vertiefen des Stoffs in den eigenen vier Wänden sind deshalb deutlich gestiegen. Bologna hat das eigene Arbeitszimmer als Lernort gewissermaßen rekultiviert.

Die Idee zu der Reihe, in der das vorliegende Buch erscheint, ist vor dem Hintergrund dieser bildungspolitisch veränderten Rahmenbedingungen entstanden. Die nach und nach erscheinenden Bände sollen in kompakter Form nicht nur unabdingbares Grundwissen für das Studium der Sozialen Arbeit bereitstellen, sondern sich durch ihre Leserfreundlichkeit auch für das Selbststudium Studierender besonders eignen. Die Autor/innen der Reihe verpflichten sich diesem Ziel auf unterschiedliche Weise: durch die lernzielorientierte Begründung der ausgewählten Inhalte, durch die Begrenzung der Stoffmenge auf ein überschaubares Volumen, durch die Verständlichkeit ihrer Sprache, durch Anschaulichkeit und gezielte Theorie-Praxis-Verknüpfungen, nicht zuletzt aber auch durch lese(r)-freundliche Gestaltungselemente wie Schaubilder, Unterlegungen und andere Elemente.

Prof. Dr. Rudolf Bieker, Köln

Zu diesem Buch

»Polizei« und »Soziale Arbeit« – damit scheinen auf den ersten Blick Gegensätze aufeinanderzutreffen: Hier die mit den Merkmalen staatlicher Autorität – Uniform, Bewaffnung und exklusiven Eingriffsrechten – ausgestattete Behörde, die notfalls mit eigener Gewalt(-Androhung) dafür sorgt, dass Sicherheit und Ordnung bewahrt oder möglichst umgehend wieder hergestellt werden; dort die vielfältigen Arbeitsfelder und -formen einer Profession, die auf Unterstützen und Helfen aus ist, weil sie das Leben von Einzelnen, Familien oder im Gemeinwesen verbessern will.

Dass diese hier kurz angedeutete Gegenüberstellung nie die Wirklichkeit beschrieb, ist offenkundig. Denn die Polizei als »Freund und Helfer« ist nicht nur ein weiterhin beliebtes Motto polizeilicher Öffentlichkeitsarbeit; wem in Gefahrensituationen von der Polizei geholfen wurde, der oder die wird diese Aussage bekräftigen. Und umgekehrt würde man weite Teile der Sozialarbeit ausschließen, wenn man sie als Instanz betrachtete, die in der Form professionalisierter Nächstenliebe Angebote bereithält, die die AdressatInnen nach freier Entscheidung annehmen können oder nicht. Denn Sozialarbeit in justiznahen Feldern arbeitet ebenso direkt in »Zwangskontexten«, wie manche Beratungen im Bereich des Familien- und Jugendhilferechts nicht freiwilliger Natur sind.

In der Praxis gehen »Polizei« und »Soziale Arbeit« Mischungsverhältnisse ein. Durch die verschiedenen Formen »Zusammenarbeit«, »Kooperation« oder »Koordinierung« wird Soziale Arbeit besonders gefordert. Denn zu unterschiedlich scheinen die grundlegenden Orientierungen beider Bereiche:

- Sozialer Arbeit fehlt die juristische Leitnorm, die die Polizei prägt (»Sicherheit und Ordnung«); stattdessen orientiert sie sich in ihrer Arbeit an der Auseinandersetzung mit unterschiedlichen Mandaten.
- Soziale Arbeit ist organisatorisch, strategisch und methodisch vielfältig; demgegenüber ist die Polizei ein hierarchisch geführter, mit exklusiven Ressourcen versehener Teil des Staatsapparates.
- Soziale Arbeit ›funktioniert‹ über weiche Zugänge, über den direkten Zugang zu den AdressatInnen, während die Polizei mit der Autorität des Gewaltmonopols auftreten kann.

Bereits in diesen drei Merkmalen wird deutlich, warum das Verhältnis zur Polizei für die Soziale Arbeit eine heikle Angelegenheit darstellt: Denn hier stoßen sehr ungleiche Partner aufeinander, so dass die Gefahr besteht, dass der Schwächere auf der Strecke bleibt, d. h. die Soziale Arbeit zum Anhängsel sicherheitsorientierter Interventionen wird und sie damit die Basis ihrer eigenen Wirksamkeit untergräbt.

Seit fünf Jahrzehnten wird über das Verhältnis von Polizei und Sozialer Arbeit in Deutschland diskutiert. Längst geht es nicht mehr um die Frage, ob kooperiert werden soll, sondern um das Wie. Die Vielfalt der mittlerweile entstandenen polizeilich-sozialarbeiterischen (Arbeits-)Beziehungen wurde und wird befördert durch den Umstand, dass beide Seiten Wandlungen durchgemacht haben. In das polizeiliche Handlungsrepertoire haben Strategien und Methoden Eingang gefunden, die in der Sozialarbeit entwickelt wurden. Und die Soziale Arbeit hat die Polizei als Ressource entdeckt und akzeptiert, die genutzt werden kann, um sozialarbeiterische Ziele zu erreichen (und auch die eigene Sicherheit zu gewährleisten).

Der vorliegende Band versucht, einen Überblick über die verschiedenen Spielarten des ›Wie‹ zu geben. Dabei sind zwei Umstände besonders bedeutsam, weil sie auf Spezifika des Feldes hinweisen, die die Zusammenarbeit (und unser Wissen über diese) beeinflussen:

- Erstens ist über die Praxis der Zusammenarbeit vergleichsweise wenig bekannt. Die Polizei befasst sich mit drohenden Gefahren für Sicherheit oder Ordnung und sie befasst sich mit der Verhütung und Verfolgung von Kriminalität. Aus naheliegenden Gründen werden die Strategien der Sicherheitswahrung nur ausnahmsweise im Detail bekannt gemacht; in der Regel unterliegen sie der Vertraulichkeit oder gar der Geheimhaltung. Das schlägt sich mitunter in den Darstellungen dieses Buches nieder. Und es hat Auswirkungen auf die Soziale Arbeit, die Vertrauen durch Transparenz gewährleisten möchte.
- Zweitens folgt die Darstellung rechtlich-kriminologisch-polizeilicher Wahrnehmung. Sie ist die das Feld konstituierende Perspektive. Erst durch diese Perspektive wird die Soziale Arbeit zu den Kooperationen veranlasst. In sozialarbeiterischen Diskursen wird gerne nur am Rande erwähnt, dass auch die Polizei ›im Feld‹ ist. Nur selten ist dieser Umstand bislang wissenschaftlich aufgearbeitet worden. Auch das schlägt sich in der folgenden Darstellung nieder.

Im ersten Teil des Bandes werden in zwei Kapiteln die Rahmenbedingungen vorgestellt: die Institution Polizei, die Beziehungen zwischen Kriminalität, Sicherheit und Sozialer Arbeit sowie einige spezifische rechtliche Regelungen, die für das sozialarbeiterische Handeln in diesem Feld zentral sind. Der zweite Teil gilt den wichtigsten Formen und Anlässen, in denen PolizistInnen und SozialarbeiterInnen in direkten Kontakt treten. Die verschiedenen Formen der justiznahen Sozialarbeit (Gerichtshilfe, Bewährungshilfe, Führungsaufsicht, Sozialarbeit im Strafvollzug) werden in diesem Band nicht berücksichtigt.

Berlin/Cottbus, im März 2021
Norbert Pütter

Inhalt

Vorwort zur Reihe 5

Zu diesem Buch 6

A Grundlagen

1 Die Polizei 15
   1.1   Die Aufgaben der Polizei 15
        1.1.1   Gefahrenabwehr und konkrete Gefahr 16
        1.1.2   Aufgaben im »Vorfeld« 19
        1.1.3   Strafverfolgung/übertragene Aufgaben 20
   1.2   Die Organisation der Polizei 25
        1.2.1   Die Polizeien des Bundes 25
        1.2.2   Polizeien der Länder 28
        1.2.3   Spezialpolizeien und -kräfte 32
        1.2.4   Zusammenarbeit 33
   1.3   »Polizeiverfassung« im Wandel 33
        1.3.1   Institutionelle Verschiebungen 34
        1.3.2   Präventive Entgrenzungen 34

2 Kriminalität, Sicherheit und Soziale Arbeit 36
   2.1   Kriminalität und Sicherheit 36
        2.1.1   Kriminalität und Kriminalisierung 36
        2.1.2   Objektive und subjektive Sicherheit 44
        2.1.3   Reaktive und präventive Zielsetzungen 45
   2.2   Polizei, sozialer Alltag, Soziale Arbeit 46
        2.2.1   »Polizeirelevanz« Sozialer Arbeit 46
        2.2.2   Eine kurze Konfliktgeschichte 49
   2.3   Rechtlicher Rahmen für die Zusammenarbeit
        mit der Polizei 50
        2.3.1   Schweigepflicht 50
        2.3.2   Zeugnisverweigerungsrecht 52
        2.3.3   Anzeigepflicht 53
   2.4   Eine idealtypische Gegenüberstellung 54

B Foren und Formen der Zusammenarbeit

3 Präventionsräte 63
   3.1 Präventionsbegriffe 63
      3.1.1 Spezifische Präventionsbegriffe 64
      3.1.2 Spielarten der Prävention 65
   3.2 Zur Konjunktur von Kriminalprävention 67
   3.3 Strukturen der Kriminalprävention 68
   3.4 Polizei und Soziale Arbeit im Kontext der
         Kriminalprävention 71

4 Jugendliche 76
   4.1 Jugendliche als AdressatInnen 76
   4.2 Die kriminologische Grundlage 77
      4.2.1 Jugenddelinquenz als weitverbreitetes Phänomen
             (ubiquitär) 77
      4.2.2 Jugendkriminalität als Bagatellkriminalität 78
      4.2.3 Jugendkriminalität als biografische Episode 80
      4.2.4 Jugendkriminalität = Kriminalität unter
             Gleichaltrigen 80
   4.3 Jugendpolizei 81
      4.3.1 Polizeiliche Jugendsachbearbeitung 82
      4.3.2 Spezifische Zugänge 84
   4.4 Jugendarbeit – Polizeiarbeit 88
      4.4.1 Streetwork 88
      4.3.2 Schulen 90
      4.3.3 Kooperation mit der Sozialarbeit in Projekten 93
   4.5 Institutionen und Verfahren der Zusammenarbeit 97
      4.5.1 Strukturelle Zusammenarbeit 97
      4.5.2 Fallkonferenzen 98
      4.5.3 Häuser des Jugendrechts 106
   4.6 Zusammenfassung 118

5 Fußballfans 121
   5.1 Fans und Fankulturen 121
   5.2 Fußballfans als gefährliche Gruppe 124
   5.3 Das Nationale Konzept Sport und Sicherheit 125
   5.4 Polizei und Fans 125
      5.4.1 Zentrale Informationsstelle Sporteinsätze (ZIS) 126
      5.4.2 Polizeiliche Instrumente 129
   5.5 Sicherheit im Netzwerk 131
   5.6 Fanarbeit 134
      5.6.1 Die Fanarbeit der Vereine 134
      5.6.2 Die Fanprojekte 135
      5.6.3 Die Selbstorganisation der Fans 136
      5.6.4 Die Bedeutung der Polizei 138

	5.7	Fanarbeit zwischen Wertschätzung und Bedrohung	140
6	**Häusliche Gewalt**		**142**
	6.1	Umfang und Ausmaß häuslicher Gewalt	142
	6.2	Häusliche Gewalt als politisches Thema	145
	6.3	Rechtliche Veränderungen	146
	6.4	Hilfesystem	147
		6.4.1 Frauenhäuser und Schutzwohnungen	148
		6.4.2 Beratungs- und Interventionsstellen	149
		6.4.3 Zentrale Notrufe	150
	6.5	Die Rolle der Polizei	151
		6.5.1 Situationsbewältigung	151
		6.5.2 Informationen	157
	6.6	Zusammenfassung	159
7	**Kinder und Jugendliche als Opfer/Gefährdete**		**161**
	7.1	Kinder- und Jugendschutz	161
	7.2	Polizei im Jugendschutz	163
	7.3	Kinder als (Kriminalitäts-)Opfer	166
	7.3	Fazit	177
8	**Drogen(-Szenen)**		**179**
	8.1	Drogen als Problem	179
	8.2	Rechtlicher Rahmen	180
	8.3	Polizeiliche Strategien	183
	8.4	Lokale Arrangements	185
		8.4.1 Konsumräume	185
		8.4.2 Offene Drogenszenen	187
	8.5	Fazit	195
9	**MigrantInnen**		**197**
	9.1	Rahmenbedingungen	197
	9.2	Gefährliche oder gefährdete MigrantInnen?	198
	9.3	Kriminalisierungsrisiken	200
		9.3.1 Der rechtliche Status	200
		9.3.2 Soziale Lagen	207
		9.3.3 Kulturelle Milieus	209
		9.3.4 Ethnische Zugehörigkeit	211
	9.4	Schlussfolgerungen	213
10	**Weitere Felder der »Überschneidung«**		**216**
	10.1	Der öffentliche Raum	216
		10.1.1 Obdachlosigkeit	217
		10.1.2 Betteln	220
		10.1.3 Prostitution	222
	10.2	Extremismen	225

	10.2.1 Jugendlicher Rechtsextremismus	225
	10.2.2 Deradikalisierung und Ausstieg	227
11	**Zustände und Perspektiven**	229
	11.1 Diskussionen in Schieflage	229
	11.2 Beziehungs-Varianten	230
	11.3 Aufwertung, Entwertung, Bedrohung?	232

Anhang

Literaturverzeichnis	237
Abkürzungsverzeichnis	257
Verzeichnis der Tabellen und Abbildungen	260
Stichwortverzeichnis	261
Der Autor	264

# A	Grundlagen

1 Die Polizei

> ☞ **Was Sie in diesem Kapitel erwartet**
>
> Die Polizei ist in unserer Gesellschaft eine selbstverständliche Einrichtung: im Alltag, in den Medien, in öffentlichen Debatten. In vielen sozialen Sachverhalten spielt die Polizei eine Rolle. Sie soll Kriminalität bekämpfen und Sicherheit herstellen. Die Polizei genießt ein hohes Ansehen in weiten Teilen der Bevölkerung, und der Ruf nach der Polizei ist beliebt. In diesem Kapitel werden die Aufgaben, die Organisation und die wichtigsten Methoden der Polizei dargestellt. Außerdem werden die Wandlungen benannt, die die gesellschaftliche Bedeutung der Polizei in den vergangenen Jahrzehnten verändert haben.

1.1 Die Aufgaben der Polizei

Wenn gemeinhin von der Polizei gesprochen wird, dann ist damit in Wirklichkeit die »Vollzugspolizei« gemeint, also jene staatliche Behörde, die für die Sicherheit zuständig ist, indem sie Gefahren für die öffentliche Sicherheit oder Ordnung abwehrt oder indem sie Kriminalität aufklärt. Dieser moderne Polizeibegriff entstand historisch in der Auseinandersetzung des Bürgertums mit dem absolutistischen Staat. Die »Polizey« in vormoderner Zeit bezeichnete alle regulierende Tätigkeiten des Staates nach Innen; sie umfasste damit als »gute Polizey« die sozialen, wirtschaftlichen und religiösen Vorschriften, die der »Beförderung der Wohlfahrt« der Untertranen dienen sollten.

Die Emanzipation des Bürgertums gegenüber dem absolutistisch-monarchischen Staat zeigte sich auf dem Feld der Polizei/Polizey durch die allmähliche Trennung der allgemeinen Verwaltung von jenen spezifischen, auf Sicherheit, Ordnung und Kriminalität gerichteten Tätigkeiten. Durch diese Trennung entstand die moderne Polizei. Sie ist die Institution, die das »staatliche Gewaltmonopol« – also den Anspruch des modernen Staates, dass nur in seinem Namen physische Gewalt angewendet werden darf – im Innern umsetzt.

Für Preußen-Deutschland lässt sich dieser Prozess an zwei markanten Daten aufzeigen. Als ein Dokument des aufgeklärten Absolutismus wurde im Jahr 1794 das »Allgemeine Landrecht für die Preußischen Staaten« erlassen. Es bestimmte in § 10 Titel 17 des zweiten Teils:

> »Die nöthigen Anstalten zur Erhaltung der öffentlichen, Sicherheit, und Ordnung, und zur Abwendung der dem Publico, oder einzelnen Mitgliedern desselben, bevorstehenden Gefahr zu treffen, ist das Amt der Polizey.«

Obwohl hier die Elemente des modernen Polizeibegriffs bereits enthalten sind (Sicherheit, Ordnung, Gefahren), bedurfte es der Rechtsprechung des Preußischen Oberverwaltungsgerichts, um auch die Verwaltungspraxis entsprechend zu begrenzen. Im »Kreuzbergurteil« von 1882 ging es um eine Verordnung des Berliner Polizeipräsidiums, durch die die Bebauung am Fuße des Kreuzbergs beschränkt werden sollte, um die Sicht auf das auf dem Berg errichtete Denkmal für die Befreiungskriege nicht zu beeinträchtigen. Das Gericht erklärte die Verordnung für unwirksam, weil die Polizei für die Gefahrenabwehr zuständig sei und nicht für die Sicherung von Sichtachsen. Das war historisch der Durchbruch des modernen Polizeibegriffs, weil er die Zuständigkeiten der Institution Polizei deutlich begrenzte. So wie die Polizei in der bürgerlichen Gesellschaft nicht bestimmt, wie gebaut wird, so bestimmt sie auch nicht, wie sich die Menschen kleiden, wo sie sich aufhalten, wie sie sich verhalten etc. – es sei denn, sie verletzten die geltenden Regeln, wodurch sie die »öffentliche Sicherheit« gefährden (s. Bodt/Stolleis 2012, S. 6–12).

Die Vorgeschichte ist deshalb von Interesse, weil die jüngere Entwicklung dadurch gekennzeichnet ist, dass die Beschränkung polizeilicher Zuständigkeiten infrage gestellt wird. An den Veränderungen der in Gesetzen formulierten Aufgaben, die die Polizei wahrnehmen soll, wird diese Tendenz sichtbar. Im deutschen Polizeirecht wird unterschieden zwischen den »originären« und den »übertragenen« Aufgaben der Polizei. »Originär« bedeutet ›eigenständig‹, d. h., es handelt sich um Aufgaben, die die spezifischen Aufgaben der Institution Polizei sind, die also nur von ihr und nicht von anderen Behörden wahrgenommen werden. »Übertragene« Aufgaben sind solche, die »originär« in die Zuständigkeit anderer staatlicher Stellen fallen, die die Polizei aber zur Unterstützung dieser Stellen auch wahrnimmt oder wahrnehmen kann.

1.1.1 Gefahrenabwehr und konkrete Gefahr

Die originäre Aufgabe der Polizei ist die *Gefahrenabwehr*. Deutschland ist ein föderaler Staat, die staatliche Gewalt ist zwischen Bund und Bundesländern geteilt. Für den Bereich der Polizei bedeutet dies, dass Polizeiaufgaben im Grundsatz in die Zuständigkeit der Bundesländer fallen; der Bund darf nur spezifische Polizeibehörden (Bundeskriminalamt und Bundespolizei) unterhalten (▶ Kap. 1.2). Im Hinblick auf die originäre Polizeiaufgabe der Gefahrenabwehr führt dies zu unterschiedlichen Aufgabenbestimmungen im Detail. Seit Anfang der 1970er Jahre versuchte die Innenministerkonferenz mehrfach durch sog. »Musterentwürfe« das Polizeirecht der Länder zu vereinheitlichen. Wegen politischer Differenzen gelang dies aber nur im Groben. Im bislang letzten Musterentwurf von 1986 (s. Kniesel/Vahle 1990) wird als originäre Aufgabe formuliert:

»Die Polizei hat die Aufgabe, Gefahren für die öffentliche Sicherheit oder Ordnung abzuwehren.«

In fast allen Bundesländern beginnen die Polizeigesetze mit diesem Satz. Die zitierte Bestimmung begrenzt die Zuständigkeiten der Polizei, indem sie ihr die Aufgabe der Abwehr von Gefahren für bestimmte »Schutzgüter« zuweist: für die »öffentliche Sicherheit« und für die öffentliche »Ordnung«. Umgekehrt bedeutet das: Die Polizei ist nicht zuständig, wenn keine Gefahren im Raum stehen oder wenn diese Gefahren weder der öffentlichen Sicherheit noch der öffentlichen Ordnung gelten. Ob und inwieweit von dieser Aufgabenbestimmung tatsächlich eine Begrenzung ausgeht, hängt von der Bedeutung dieser Begriffe ab.

Der Begriff »öffentliche Sicherheit«, so ein anerkannter Polizeirechtskommentar, »ist außerordentlich weit.« Zum Beleg wird aus dem Bremischen Polizeigesetz (§ 2) zitiert, das »die Unverletzlichkeit der Rechtsordnung, der subjektiven Rechte und Rechtsgüter des Einzelnen sowie der Einrichtungen und Veranstaltungen des Staates oder sonstiger Träger der Hoheitsgewalt« als »öffentliche Sicherheit« definiert (Denninger 2012, S. 192).

> **Öffentliche Sicherheit**
>
> Im Einzelnen umfasst der Begriff
>
> - die gesamte Rechtsordnung. »Grundsätzlich«, so Denninger, »berührt jede drohende oder bereits begangene Verletzung der Rechtsordnung die öffentliche Sicherheit.« Jede Straftat, jeder Verstoß gegen verwaltungsrechtliche Vorschriften stellt deshalb zugleich eine Gefährdung der »öffentlichen Sicherheit« dar.
> - den Bestand des Staates und die »Funktionsfähigkeit staatlicher Einrichtungen« (etwa Parlamente, Behörden, Gerichte). Überwiegend sind die staatlichen Einrichtungen auch durch das Strafrecht, d.h. durch die Gerichtsbarkeit geschützt, so dass es sich hier um einen Spezialfall der »Rechtsordnung« handelt.
> - die »Unverletzlichkeit ... der subjektiven Rechte und Rechtsgüter des Einzelnen«. Zu den Individualrechtsgütern zählen Vermögen, Eigentum und materielle Güter ebenso wie immaterielle Rechte (geistiges Eigentum z.B.); die subjektiven Rechte umfassen Menschenwürde, Ehre, Leben, Gesundheit und Freiheit. Sofern diese Rechtsgüter nicht durch das Strafrecht geschützt sind, ist die Polizei hier allerdings nur nachrangig (subsidiär) zuständig, wenn gerichtlicher Schutz nicht rechtzeitig möglich ist.

Der weite Raum, den die »öffentliche Sicherheit« eröffnet, wird durch den Bezug auf die öffentliche »Ordnung« noch vergrößert. Da bereits viele Lebenssachverhalte verrechtlicht sind, kann sich »Ordnung« nur auf jene »anerkannten sozialethischen Normen« beziehen, die (noch) nicht rechtlich geschützt sind. »Ordnung« ist deshalb ein offener Begriff, der anfällig dafür ist, von den jeweils dominierenden Anschauungen mit Inhalt gefüllt zu werden. In einer »kulturell, religiös, ethnisch und nach ihren Traditionen pluralistische(n) demokratische(n) Gesellschaft« (ebd., S. 200) sollte, so die Kritik, auf »Ordnung« als Eingriffsgrundlage für polizeiliches Handeln verzichtet werden. Wenige Bundesländer haben auf diese Kritik reagiert: In Bremen und in Schleswig-Holstein fehlt der Bezug auf die »Ordnung« in den Polizeigesetzen; in Nordrhein-Westfalen und in Niedersachsen war er zeitweise gestrichen, ist dann aber wieder eingefügt worden (ebd., S. 199).

Gefahrenbegriffe

Die Polizei soll »Gefahren« für die genannten Schutzgüter abwehren; sie soll also verhindern, dass die Gefahr eintritt, dass die Schutzgüter Schaden nehmen. Deshalb ist die Gefahrenabwehr eine *präventive* Tätigkeit, die auf einer Prognose beruht. Diese Gefahr muss eine bestimmte Qualität oder Intensität erreicht haben, die im Polizeirecht als »konkrete Gefahr« bezeichnet wird. Sie liegt dann vor »wenn eine Sachlage oder ein Verhalten bei ungehindertem Ablauf des objektiv zu erwartenden Geschehens mit Wahrscheinlichkeit ein polizeilich geschütztes Rechtsgut schädigen wird« (BVerwG, zit. n. ebd., S. 202).

Bedeutsam ist die Unterscheidung zwischen »konkreter« und »abstrakter« Gefahr. Eine konkrete Gefahr bezieht sich auf den Einzelfall, bei dem eine hinreichende Wahrscheinlichkeit eines Schadenseintritts besteht; demgegenüber gelten als »abstrakte Gefahren« solche allgemeinen Sachverhalte, bei denen eine bestimmte Schadenswahrscheinlichkeit besteht (ebd., S. 203). Das Polizeirecht kennt noch weitere Gefahrenbegriffe, etwa »gegenwärtige« oder »erhebliche« Gefahren. Diese Unterscheidungen sind von Bedeutung, weil das, was die Polizei tun darf – ihre »Befugnisse« – abhängig ist von der Art der Gefahr, die es jeweils abzuwehren gilt.

Aufgabe und Befugnis

Die Auffassung, dass mit der Aufgabe der Polizei auch die Mittel an die Hand gegeben werden, diese Aufgabe zu erfüllen, ist längst veraltet (Schenke 2018, S. 17). Als Relikt aus diesen Zeiten kann die sog. »Generalklausel« betrachtet werden, die sich weiterhin in allen Polizeigesetzen findet. Sie lautet in der Formulierung des Musterentwurfs von 1986:

> »Die Polizei kann die notwendigen Maßnahmen treffen, um eine im einzelnen Fall bestehende Gefahr für die öffentliche Sicherheit oder Ordnung (Gefahr) abzuwehren, soweit nicht die §§ 8a bis 24 die Befugnisse der Polizei besonders regeln.«

Diese Formulierung erlaubt der Polizei nur die notwendigen Maßnahmen zur Abwehr einer konkreten Gefahr (»im einzelnen Falle«). Und sie begrenzt die Reichweite durch den Verweis auf die Sonderregelungen in den nachfolgenden Paragrafen. Dieser Nachsatz ist von besonderer Bedeutung, weil er die generelle Befugnis zur Durchführung »notwendiger Maßnahmen« auf solche beschränkt, die keinen Eingriff in die (Grund-)Rechte der BürgerInnen darstellen. Wenn die Polizei zur Gefahrenabwehr eine Wohnung betreten will, bedarf sie dazu einer gesetzliche Grundlage, denn es handelt sich um einen Eingriff in das Grundrecht auf die »Unverletzlichkeit der Wohnung« (Art. 13 GG); wenn die Polizei die Identität von Personen überprüfen will, bedarf sie dazu einer gesetzlichen Grundlage, weil es sich um einen Eingriff in Art. 2 GG (Allgemeine Handlungsfreiheit) handelt.

Ob es sich bei dem, was die Polizei tut, um einen »Eingriff« in geschützte Rechte handelt oder ob es als »schlicht hoheitliches Handeln« betrachtet wird, hängt von den rechtlichen Bewertungen ab, die sich historisch wandeln. Bis zum »Volkszählungsurteil« des Bundesverfassungsgerichts im Jahr 1983 galt z. B. die Erhebung und Verarbeitung von personenbezogenen Daten für die herrschende juristische Lehre und für die deutschen Gesetzgeber nicht als »Eingriff«, weshalb man auch neuere Instrumente polizeilicher Datenerhebung auf die Generalklausel stützte. Zu diesen neueren Instrumenten gehörte nicht nur die elektronische Speicherung und Verarbeitung der Daten, sondern auch ihre Erhebung durch verdeckte Methoden. Infolge des Volkszählungsurteils wurden die Einzelbefugnisse in den Polizeigesetzen erheblich ausgeweitet, um den nun schärfer gefassten »rechtsstaatlichen Ansprüchen« zu genügen. Trotz dieser anhaltenden rechtlich abgesicherten Befugniserweiterungen ist die Reichweite der Generalklausel – und damit die Frage, wo ein Grundrechtseingriff beginnt – dauerhaft strittig. Die Diskussion um die »Gefährderansprachen« (▶ Kap. 5) ist ein aktuelles Beispiel für diesen Konflikt. Einzelne Befugnisse, soweit sie für das Verhältnis von Sozialer Arbeit zur Polizei von direkter Bedeutung sind, werden in Teil B genauer dargestellt.

1.1.2 Aufgaben im »Vorfeld«

Bereits seit den 1970er Jahren gab es Entwicklungen im Bereich der Polizei, die die Bindung polizeilichen Handelns an die »konkrete Gefahr« infrage stellten. Dies geschah im Kontext einer generellen Hinwendung zur Prävention, die im letzten Drittel des 20. Jahrhunderts für viele Politikbereiche in den Vordergrund rückte. »Gefahrenabwehr« ist ihrer Natur nach präventiv ausgerichtet, mit dem Schutzgut der »öffentlichen Sicherheit« zählten auch alle Verstöße gegen die Rechtsordnung, also kriminelle Handlungen, zu den polizeilichen Aufgabenfeldern. Aber polizeirechtlich waren sie durch die »konkrete Gefahr« auf sehr enge Konstellationen beschränkt.

Als infolge des Volkszählungsurteils die Innenministerkonferenz den Musterentwurf für die Polizeigesetze überarbeitete, wurde zugleich dem präventiven Anspruch in der Aufgabenbestimmung Rechnung getragen. In den Landespolizeigesetzen heißt es seither – nahezu gleichlautend:

> »Die Polizei hat die Aufgabe, Gefahren für die öffentliche Sicherheit oder Ordnung abzuwehren. Sie hat im Rahmen dieser Aufgaben auch für die Verfolgung von Straftaten vorzusorgen und Straftaten zu verhüten (vorbeugende Bekämpfung von Straftaten) sowie Vorbereitungen zu treffen, um künftige Gefahren abwehren zu können (Vorbereitung auf die Gefahrenabwehr).«

> **Innenministerkonferenz (IMK)**
>
> Die »Ständige Konferenz der Innenminister und -senatoren der Länder« ist die zentrale Einrichtung, durch die eine gewisse Einheitlichkeit in der öffentlichen Verwaltung in Deutschland gewährleistet werden soll. Die IMK koordiniert die Innenpolitik der Bundesländer, indem sie einerseits innenpolitische Initiativen auf den Weg bringt und andererseits die Verwaltungspraxis harmonisiert. Die regelmäßigen Ministertreffen sind nur die oberste Ebene der IMK-Arbeit. Zu beliebigen Themen kann die IMK Projektgruppen oder Kommissionen bilden, die durch FachbeamtInnen besetzt sind. Für die Polizei zentral ist der »Arbeitskreis II – Innere Sicherheit« (AK II). Der AK II verfügt wiederum über dauerhafte Untergliederungen. Besonders wichtig ist die »Vorschriftenkommission«, denn sie erarbeitet die »Polizeidienstvorschriften« (PDVs), die verbindliche Vorgaben für das polizeiliche Handeln enthalten (s. Pütter 2000; IMK 2020).

Durch die Erweiterung des Gefahrenabwehrbegriffs wird der Tätigkeitsbereich der Polizei erheblich vergrößert. Denn es ist offenkundig, dass eine »vorbeugende Bekämpfung« sich von der »konkreten Gefahr« als Einsatzschwelle lösen muss. Wenn Straftaten in der Zukunft verhindert werden sollen, kann dies nicht erst dadurch geschehen, dass die Polizei im Einzelfall so lange zuwartet, bis die Straftat kurz vor der Vollendung steht. Vielmehr muss die Polizei, will sie den präventiven Auftrag ernst nehmen, sich mit dem »Vorfeld« strafbarer Handlungen, also mit den sozialen Kontexten von Kriminalität befassen.

Im März 2018 begann mit der Novellierung des Bayerischen Polizeiaufgabengesetzes eine *weitere Ausdehnung* polizeilicher Zuständigkeiten. Durch den neuen Begriff der »drohenden Gefahr« wurden polizeiliche Eingriffe im weiten Vorfeld »konkreter Gefahren« legalisiert. Die neue Bestimmung erlaubt der bayerischen Polizei die notwendigen Maßnahmen zu ergreifen, wenn

> »im Einzelfall ... Vorbereitungshandlungen für sich oder zusammen mit weiteren bestimmten Tatsachen den Schluss auf ein seiner Art nach konkretisiertes Geschehen zulassen, wonach in absehbarer Zeit Angriffe von erheblicher Intensität oder Auswirkung zu erwarten sind« (Art. 11 Abs. 3 PAG Bayern).

Diese Ausdehnung ist im Kontext der Terrorismusbekämpfung entstanden. Sie zielt auf Personen, die mittlerweile »Gefährder« genannt werden, also weder »Störer« (= VerursacherIn einer konkreten Gefahr) noch StraftäterIn bzw. Tatverdächtige sind. Die gesetzliche Formulierung beschränkt die Anwendung keineswegs auf die Abwehr terroristischer Gefahren. Insofern stellt sie den jüngsten Schritt dar, durch den die polizeilichen Zuständigkeiten auf potenziell gefahrenträchtige soziale Sachverhalte erweitert werden (s. Ruschemeier 2020).

1.1.3 Strafverfolgung/übertragene Aufgaben

In den Aufgabenbeschreibungen der Polizeigesetze finden sich zwei weitere Bestimmungen. Die erste betrifft die »Vollzugshilfe«. In § 1 Abs. 3 des Musterentwurfs heißt es: »Die Polizei leistet anderen Behörden Vollzugshilfe.« Dass die Polizei andere Behörden in der Wahrnehmung deren Aufgaben auf deren »Ersuchen« (= Antrag) hin unterstützt, wird in § 25 des Musterentwurfs an die Bedingungen gebunden, dass »unmittelbarer Zwang anzuwenden ist und die anderen Behörden nicht über die hierzu erforderlichen Dienstkräfte verfügen oder ihre Maßnahmen nicht auf andere Weise selbst durchsetzen können.« In der Verpflichtung zur Vollzugshilfe schlägt sich der Umstand nieder, dass der Staat mit der Polizei eine Einrichtung geschaffen hat, die über die Fähigkeit verfügt, physische Gewalt (= unmittelbarer Zwang) auszuüben. Es ist deshalb folgerichtig, dass Behörden, die über diese Fähigkeit nicht verfügen, von der Polizei unterstützt werden.

Neben dieser explizit in den Polizeigesetzen formulierten Verpflichtung gilt das in Art. 35 GG formulierte Gebot der Amtshilfe (»Alle Behörden des Bundes und der Länder leisten sich gegenseitig Rechts- und Amtshilfe.«) auch für die Polizeien. Amtshilfe bedeutet, dass sich andere Behörden auch mit anderen als Vollzugsersuchen an die Polizei wenden können und die Polizei diesen Hilfsersuchen im Rahmen der rechtlichen Vorgaben nachkommen muss.

Die zweite Gruppe übertragener Polizeiaufgaben ergibt sich aus dem Satz: »Die Polizei hat die Aufgaben zu erfüllen, die ihr durch andere Rechtsvorschriften übertragen sind.« Die wichtigsten dieser anderen Rechtsvorschriften betreffen die Verfolgung von Straftaten und von Ordnungswidrigkeiten. Die Tätigkeiten der Polizei im Hinblick auf die Verfolgung von Straftaten (= Aufklärung und Ermittlungen von strafbaren Handlungen) richten sich nicht nach den Bestimmungen der Polizeigesetze, sondern nach denen der Strafprozessordnung (StPO) und des Gerichtsverfassungsgesetzes (GVG). Beide Gesetze sind Bundesgesetze, so dass sie in allen Bundesländern gelten.

Der Bedeutung des Gefahrenbegriffs als »Eingriffsschwelle« entspricht in der StPO die Formulierung »zureichende tatsächliche Anhaltspunkte«. Denn in § 152 Abs. 2 StPO heißt es:

> »Sie (die Polizei) ist, soweit nicht gesetzlich ein anderes bestimmt ist, verpflichtet, wegen aller verfolgbaren Straftaten einzuschreiten, sofern zureichende tatsächliche Anhaltspunkte vorliegen.«

Dieser Satz schreibt die Strafverfolgungspflicht oder das *Legalitätsprinzip* fest. Für die Polizei bedeutet dies, PolizistInnen müssen ein Ermittlungsverfahren eröffnen, wenn ihnen »zureichende tatsächliche Anhaltspunkte« auf eine begangene Straftat bekannt werden.

Allerdings bezieht sich das »sie« in § 152 StPO nicht auf die Polizei, sondern auf die Staatsanwaltschaft. Hier liegt der zweite Unterschied zum Polizeirecht: Während es sich bei der Gefahrenabwehr um eine »originäre« Aufgabe handelt, wirkt die Polizei in der Strafverfolgung ›nur‹ im Auftrag. Denn die Leitung des Ermittlungsverfahrens liegt rechtlich von Beginn an bei der Staatsanwaltschaft. Dies wird auch an den Formulierungen des § 163 StPO deutlich, der die Aufgaben der Polizei benennt.

A Grundlagen

> **§ 163 Abs. 1 und 2 StPO: Aufgaben der Polizei im Ermittlungsverfahren**
>
> (1) Die Behörden und Beamten des Polizeidienstes haben Straftaten zu erforschen und alle keinen Aufschub gestattenden Anordnungen zu treffen, um die Verdunkelung der Sache zu verhüten. Zu diesem Zweck sind sie befugt, alle Behörden um Auskunft zu ersuchen, bei Gefahr im Verzug auch, die Auskunft zu verlangen, sowie Ermittlungen jeder Art vorzunehmen, soweit nicht andere gesetzliche Vorschriften ihre Befugnisse besonders regeln.
> (2) Die Behörden und Beamten des Polizeidienstes übersenden ihre Verhandlungen ohne Verzug der Staatsanwaltschaft. Erscheint die schleunige Vornahme richterlicher Untersuchungshandlungen erforderlich, so kann die Übersendung unmittelbar an das Amtsgericht erfolgen.

Die Staatsanwaltschaft gilt als die »Herrin des Ermittlungsverfahrens«, dies gilt auch dann, wenn sie (noch) nicht weiß, dass die Polizei ein Ermittlungsverfahren eingeleitet hat. Noch bis 2004 bezeichnete das GVG (es regelt Aufbau und Zuständigkeiten innerhalb des Gerichtssystems) PolizistInnen als »Hilfsbeamte der Staatsanwaltschaft« (§ 152). Mit der Ersetzung dieses Begriffs durch »Ermittlungspersonen« hat der Gesetzgeber versucht, der realen Bedeutung der Polizei im Ermittlungsverfahren gerecht zu werden. Die neue Bezeichnung änderte aber nichts an der rechtlichen Unterordnung, denn auch für die »Ermittlungspersonen« gilt weiterhin, dass sie »in dieser Eigenschaft verpflichtet (sind), den Anordnungen der Staatsanwaltschaft ihres Bezirks und der dieser vorgesetzten Beamten Folge zu leisten.« Im Normalfall der Alltagskriminalität ist die Staatsanwaltschaft an den polizeilichen Ermittlungen nicht beteiligt; sie wird erst über die Existenz des Verfahrens informiert, wenn ihr die Akten des polizeilich ausermittelten Falles zugestellt werden. Nur bei schweren Straftaten oder wenn besondere Ermittlungsmethoden der Polizei eingesetzt werden sollen, muss die Staatsanwaltschaft unmittelbar an den Polizeiermittlungen beteiligt werden.

Die polizeilichen Zuständigkeiten resultieren einerseits aus ihrer originären Aufgabe der Gefahrenabwehr. Sofern es sich bei den abzuwehrenden Gefahren um Kriminalität handelt, nimmt sie die Aufgabe der Strafverfolgung war. Durch die »vorbeugende Verbrechensbekämpfung« ist die Polizei für das »Vorfeld« von Kriminalität zuständig geworden, durch die »dringende Gefahr« hat sie Eingriffsbefugnisse jenseits der konkreten Gefahr erhalten. Die Beziehungen sind in Abbildung 1 schematisch dargestellt. Die jüngeren Grenzverschiebungen des Polizeirechts haben dazu geführt, dass die Konstellationen zunehmen, in denen sowohl nach Polizeirecht wie nach Strafprozessrecht eingegriffen werden könnte (▶ Abb. 1).

1 Die Polizei

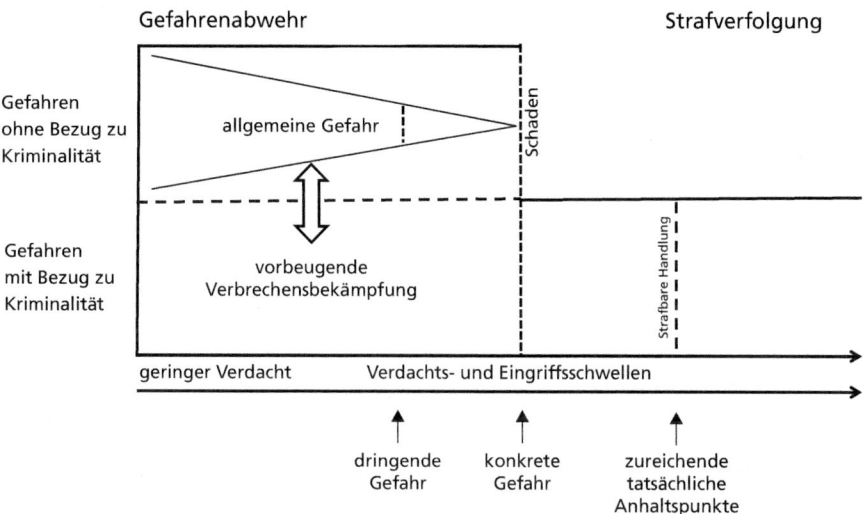

Abb. 1: Verdachts- und Eingriffsschwellen

Legalitätsprinzip und Opportunitätsprinzip

Polizeirecht und Strafprozessrecht unterscheiden sich im Hinblick auf das zugrundeliegende Handlungsprinzip. Für die Polizei gilt in der Strafverfolgung das »Legalitätsprinzip«. Dieser Grundsatz beinhaltet die Verpflichtung der Polizei, alle ihr bekannt gewordenen Straftaten zu verfolgen (Strafverfolgungspflicht). PolizistInnen steht nach diesem Prinzip keine Entscheidung darüber zu, ob sie eine strafbare Handlung verfolgen, etwa weil sie der Auffassung sind, dass die Tat »nicht so schlimm« sei. Tun sie dies doch, machen sie sich selbst der »Strafvereitelung im Amt« (§ 258a StGB) strafbar. Das Legalitätsprinzip gewährleistet, dass alle BürgerInnen von der staatlichen Exekutive gleichbehandelt werden. Indem es die Ungleichbehandlung untersagt, hat das Legalitätsprinzip Privilegien, die früher etwa für Adelige oder Geistliche bestanden, im Strafrecht abgeschafft. Auf der *individuellen* Ebene bietet das Legalitätsprinzip nur kleine Handlungsspielräume, etwa wenn zur Anzeige gebrachte Sachverhalte ganz offenkundig nicht rechtswidrig oder nicht »zureichend« sind. Auf der *institutionellen* Ebene wird das Legalitätsprinzip durchaus eingeschränkt, etwa indem bewusst auf Festnahmen von Personen oder auf die intensivere Kontrollen von Gebieten verzichtet wird (Rachor 2012b, S. 339).

Für die Gefahrenabwehr nach dem Polizeirecht gilt das »Opportunitätsprinzip«. Nach diesem Grundsatz entscheiden die Behörden im Einzelfall, ob sie reagieren (»Entschließungsermessen«) und wie sie reagieren (Ermahnung, Geldbuße etc. = »Auswahlermessen«). Die Auswahl zwischen verschiedenen Möglichkeiten resultiert nicht aus Willkür, sondern nach »pflichtgemäßem

> Ermessen« (ebd., S. 328). Dabei müssen das ›Ob‹ und ›Wie‹ polizeilichen Handelns den Verhältnismäßigkeitsgrundsatz befolgen. Die Maßnahmen müssen im Einzelfall erforderlich und geeignet sein und Aufwand bzw. Nebenwirkungen müssen in einem angemessenen Verhältnis zu den gewünschten Folgen stehen. (ebd., S. 329–339)
> Das »Opportunitätsprinzip« gilt für die Polizei auch bei der Verfolgung von Ordnungswidrigkeiten, sofern sie nach den Zuständigkeitsregelungen dafür zuständig ist. Das »Auswahlermessen« ist in diesem Bereich durch die Anwendung von »Bußgeldkatalogen« begrenzt. In der Strafverfolgung kann die Staatsanwaltschaft nach Opportunität über Einstellung oder Fortsetzung von Ermittlungsverfahren entscheiden (s. u.).

Für die Befugnisse im Bereich der Strafverfolgung gilt derselbe Grundsatz wie in der Gefahrenabwehr: In Grundrechte eingreifende Ermittlungshandlungen darf die Polizei nur anwenden, wenn die StPO diese Methoden im Hinblick auf das verfolgte Delikte ausdrücklich erlaubt. Informationen, die ohne Rechtsgrundlage erlangt wurden, sind vor Gericht unwirksam und können die gesamte Anklage gefährden. Die rechtlich (kaum faktisch) nachrangige Position der Polizei in der Strafverfolgung kommt auch darin zum Ausdruck, dass sie häufig auf die Mitwirkung oder Zustimmung der Staatsanwaltschaft angewiesen ist, während sie im Polizeirecht selbst entscheiden oder selbst beim Gericht einen Antrag stellen kann. Außer bei »Gefahr im Verzuge« darf z. B. die längerfristige Observation von Beschuldigten im Ermittlungsverfahren nur durch den Richter angeordnet werden (§ 163f Abs. 3 StPO), während etwa das nordrhein-westfälische Polizeigesetz (§ 16a Abs. 2 PolG NRW) für dieselbe Maßnahme lediglich die Anordnung durch den/die BehördenleiterIn verlangt.

Eine weitere der Polizei übertragene Aufgabe ist die Verfolgung von Ordnungswidrigkeiten. Das »Gesetz über die Ordnungswidrigkeiten« ist ein Bundesgesetz. Eine Ordnungswidrigkeit definiert das Gesetz als »eine rechtswidrige und vorwerfbare Handlung, die den Tatbestand eines Gesetzes verwirklicht, das die Ahndung mit einer Geldbuße zulässt« (im Unterschied zu Straftaten, die auch mit Freiheitsstrafen geahndet werden können). Für die Verfolgung und Bestrafung von Ordnungswidrigkeiten ist die Verwaltungsbehörde zuständig, die durch das jeweilige Gesetz festgelegt wird. Der Polizei wird durch das Gesetz eine unterstützende Aufgabe zugewiesen:

> »Die Behörden und Beamten des Polizeidienstes haben nach pflichtgemäßem Ermessen Ordnungswidrigkeiten zu erforschen und dabei alle unaufschiebbaren Anordnungen zu treffen, um die Verdunkelung der Sache zu verhüten. Sie haben bei der Erforschung von Ordnungswidrigkeiten, soweit dieses Gesetz nichts anderes bestimmt, dieselben Rechte und Pflichten wie bei der Verfolgung von Straftaten ...« (§ 53 OWiG).

Jenseits der durch das Bundesgesetz vorgegebenen Handlungen können die Bundesländer und Gemeinden auch andere Handlungen als Ordnungswidrigkeiten unter Strafe stellen. Auch in diesen Fällen ist die Polizei nur subsidiär zuständig.

In Tabelle 1 sind die grundlegenden Merkmale der verschiedenen Aufgaben der Polizeien zusammengefasst (▶ Tab. 1).

Tab. 1: Die zwei Aufgaben der Polizei

	Abwehr von Gefahren	**Verfolgung von Straftaten**
Gesetzliche Grundlage	Polizeigesetze der Länder und des Bundes	Strafprozessordnung
Aufgabenzuschreibung	eigene Aufgabe	übertragene Aufgabe
Leitung	Polizei	Staatsanwaltschaft
Traditionelle Eingriffsschwelle	konkrete Gefahr	zureichende tatsächliche Anhaltspunkte
Handlungsorientierung	präventiv	reaktiv
Handlungsprinzip	Opportunitätsprinzip	Legalitätsprinzip

1.2 Die Organisation der Polizei

Die rechtlichen Unterscheidungen zwischen originären und übertragenen Aufgaben und zwischen Gefahrenabwehr und Strafverfolgung haben in Deutschland nicht zu unterschiedlichen Polizeibehörden geführt. Im Grundsatz gilt, dass jede Polizeibehörde für alle Aufgaben zuständig ist und dass PolizistInnen immer zugleich gefahrenabwehrend und/oder strafverfolgend tätig werden (können oder müssen). Im Jahr 2019 waren 322.455 Personen bei den Polizeien in Deutschland beschäftigt, davon waren knapp 280.000 BeamtInnen, d. h. unmittelbar mit hoheitlichen Aufgaben betraut. Von diesen waren mehr als 43.000 bei den beiden Polizeien des Bundes tätig (Statistisches Bundesamt 2020, S. 79).

Die föderale Aufgabenverteilung in der Bundesrepublik ist durch den Grundsatz bestimmt, dass alle staatlichen Aufgaben in die Zuständigkeit der Bundesländer fallen, sofern das Grundgesetz die Aufgabe nicht ausdrücklich dem Bund überträgt (Art. 30 GG). Da dies auch für die »Polizeiverfassung« gilt, fallen die Angelegenheiten der Polizei grundsätzlich in die Zuständigkeit der Bundesländer.

1.2.1 Die Polizeien des Bundes

Polizeiliche Zuständigkeiten und Polizeibehörden des Bundes existieren nur in wenigen Bereichen mit begrenzten Aufgaben. Das Grundgesetz erlaubt in Art. 87 u. a. die Errichtung von »Bundesgrenzschutzbehörden, Zentralstellen für das polizeiliche Auskunfts- und Nachrichtenwesen (und) für die Kriminalpolizei«: Als Zentralstelle wurde das »Bundeskriminalamt« eingerichtet; seit den 1990er Jahren wurde der »Bundesgrenzschutz« umgestaltet und schließlich in »Bundespolizei« umbenannt.

Bundeskriminalamt (BKA)

Als »Zentralstelle« wirkt das BKA im föderalen Polizeisystem nach innen und außen (s. Klink 2008). Nach außen ist das Amt für den Datenaustausch zwischen deutschen und ausländischen Polizeien zuständig, sofern er die Verhütung und Verfolgung von Straftaten betrifft und sofern es keine spezifischen Regelungen mit anderen Staaten gibt. Das BKA ist auch Zentralstelle im Rahmen von Interpol (Nationales Zentralbüro) und für den Betrieb des Schengener Informationssystems. Nach innen weist das Gesetz dem Amt Zentralstellen-Aufgaben zu, die in der Regel als die Länderbehörden »unterstützende« Tätigkeiten formuliert sind. Hierzu zählen u. a. der Betrieb eines »einheitlichen polizeilichen Informationsverbundes«, die Führung eines »Auskunfts- und Nachrichtenwesens für die Kriminalpolizei«, Einrichtungen des Erkennungsdienstes und der Kriminaltechnik. Im Hinblick auf die »Verhütung und Verfolgung von Straftaten« soll das BKA u. a. Lagebilder und Kriminalitätsanalysen erstellen, die Zusammenarbeit der Polizei auf diesen Gebieten koordinieren sowie polizeiliche Methoden und Arbeitsweisen der Kriminalitätsbekämpfung erforschen und entwickeln (§ 2 BKAG).

Bei den genannten Aufgaben handelt es sich um Serviceleistungen für die Länderpolizeien, durch die das Amt selbst nicht exekutiv tätig wird. Zur Zentralstellenfunktion gehören aber auch Ermittlungen: Das BKA-Gesetz (§ 4) listet eine Reihe von Straftaten auf, in denen die Ermittlungszuständigkeit beim Bundeskriminalamt liegt. Das sind, sofern sie einen Auslandsbezug aufweisen, in der Regel schwere Delikte (Waffen- und Drogenhandel, terroristische Vereinigung) sowie Straftaten aus dem Bereich des »Staatsschutzes« (Angriffe auf Verfassungsorgane, Bedrohung der inneren und äußeren Sicherheit der Bundesrepublik). Andererseits können die Ermittlungen dem Amt durch das Bundesinnenministerium (»aus schwerwiegenden Gründen«) zugewiesen oder das Amt kann durch die Landesbehörden oder die Generalbundesanwaltschaft um die Übernahme ersucht werden.

Über Jahrzehnte war die exekutive Zuständigkeit des Bundeskriminalamts auf die genannten Bereiche der Strafverfolgung beschränkt; im Unterschied zu den Polizeien der Länder hatte es keine gefahrenabwehrenden Aufgaben. Erst 2008 wurde dem BKA ermöglicht, bei »der Abwehr von Gefahren des internationalen Terrorismus« tätig zu werden (§ 5 BKAG).

Dass die Bedeutung des BKA im deutschen Polizeisystem zugenommen hat, darauf weist das Größenwachstum des Amtes hin: 1951 waren im Amt 355 Personen beschäftigt, im Jahr 2020 waren es 7.130 (davon 3.809 KriminalbeamtInnen) (BKA 2020a). Zudem sind die Informationstechnik, die Datenbanken und die forensische Beweisführung (vor allem DNA-Analysen und Mikrospuren) –

Bereiche, in denen das BKA seine Kompetenzen erheblich ausgebaut hat – immer wichtiger in der kriminalistischen Arbeit geworden. Trotz dieser Verschiebungen ist die unmittelbare Bedeutung des Amtes für Alltagskontakte mit der Polizei eher gering – es sei denn, man bewegt sich in den Zielgruppen und Milieus, die das Amt den eigenen Ermittlungsfeldern zurechnet.

Bundespolizei (BPol)

Die BPol entstand durch die Übertragung der Aufgaben der Bahn-, Luftverkehrs- und Seepolizei auf den Bundesgrenzschutz, nachdem dessen namensgebende Tätigkeit durch den Wegfall der regelmäßigen Grenzkontrollen infolge der Schengener Verträge erheblich reduziert worden war. Die BPol ist seither eine Polizeibehörde, die sowohl strafverfolgende wie gefahrenabwehrende Aufgaben hat. Darüber hinaus soll sie auf Anforderung andere Bundesbehörden und die Länderpolizeien unterstützen. Zudem kann sie im Ausland sowie im Not- und Katastrophenfall eingesetzt werden (Peilert/Kösling 2008).

Die strafverfolgende Tätigkeit der BPol ist auf Delikte mit Grenzbezug (z. B. rechtswidriger Grenzübertritt) oder auf Delikte in ihrem räumlichen Zuständigkeitsbereich beschränkt. Besonders bedeutsam ist hier die Strafverfolgung »auf dem Gebiet der Bahnanlagen der Eisenbahnen des Bundes« (§ 12 Abs. 1 Nr. 5 BPolG), denn dieses »Gebiet« umfasst nicht nur Züge und Gleise, sondern auch Bahnhöfe und teilweise Bahnhofsvorplätze, so dass die Bundespolizei Zuständigkeitsinseln in allen größeren Städten Deutschlands hat.

Die gefahrenabwehrenden Aufgaben sind in den einzelnen Zuständigkeitsbereichen geregelt. So nimmt die BPol als Grenzschutz »im Grenzgebiet bis zu einer Tiefe von 30 Kilometern und von der seewärtigen Begrenzung an bis zu einer Tiefe von 50 Kilometern die Abwehr von Gefahren, die die Sicherheit der Grenze beeinträchtigen«, wahr (§ 2 Abs. 2 Nr. 3 BPolG). Sie hat auf dem »Gebiet der Bahnanlagen der Eisenbahnen des Bundes Gefahren für die öffentliche Sicherheit oder Ordnung abzuwehren« (§ 3 Abs. 1); den »Schutz vor Angriffen auf die Sicherheit des Luftverkehrs« hat sie zu gewährleisten (§ 4); außerdem schützt sie die Verfassungsorgane des Bundes (§ 5) und wird auf See tätig (§ 6).

Für die Polizeien des Bundes gelten dieselben rechtsstaatlichen Standards wie für die Polizeien der Bundesländer: Aus der Aufgabe folgen keine (in Rechte eingreifenden) Befugnisse. Polizeiliche Handlungen (Maßnahmen) mit Eingriffscharakter bedürfen einer speziellen gesetzlichen Grundlage, in der die Maßnahme selbst und ihre Einsatzvoraussetzungen hinreichend genau formuliert sind. Durch die Zuständigkeit im Flugverkehr und in Bahnen und Bahnhöfen, durch die Kontrollen im 30-Kilometer-Grenzbereich der Außengrenzen und durch die Unterstützungseinsätze im Innern tritt die Bundespolizei vergleichsweise häufig im Alltag in Erscheinung.

Im Jahr 2020 waren bei der Bundespolizei 51.315 Personen beschäftigt; davon waren 42.858 VollzugsbeamtInnen (Bundespolizei 2020).

> **Der Zoll**
>
> In den letzten Jahren ist eine dritte Behörde des Bundes stärker als Polizeibehörde in Erscheinung getreten: der Zoll. Die dem Bundeswirtschaftsministerium unterstellte Behörde ist nach der Abgabenordnung (AO) zuständig für die Erhebung von Zöllen und Bundessteuern. Nach dem Zollverwaltungsgesetz obliegt ihr die zollamtliche Überwachung des grenzüberschreitenden Waren- und Bargeldverkehrs. Für die polizeiliche Bedeutung des Zolls im Inneren ist neben der Bekämpfung der »Geldwäsche« (das Überführen von illegal erlangten Geldwerten in den legalen Wirtschaftskreislauf) vor allem seine Zuständigkeit für die Aufdeckung und Verfolgung von »Schwarzarbeit« von Bedeutung. Die Kontrolle der Schwarzarbeit wird organisatorisch seit 2004 durch die »Finanzkontrolle Schwarzarbeit« (FKS) wahrgenommen. 2019 waren in der FKS 6.700 BeamtInnen beschäftigt; im Jahr 2018 kontrollierte der Zoll fast 43.000 Betriebe – vor allem in der Baubranche, aber auch im Hotel- und Gaststättengewerbe. Häufig werden die Razzien und Durchsuchungen gemeinsam mit der Landes- oder Bundespolizei durchgeführt. 2019 wurden die Aufgaben der FKS auf die Anbahnung illegaler Beschäftigung und den betrügerischen Bezug von Kindergeld durch EU-BürgerInnen erweitert (s. Töpfer 2019).

1.2.2 Polizeien der Länder

Im Bereich der Polizeiorganisation (▶ Abb. 2) hat der Föderalismus zu uneinheitlichen und insgesamt unübersichtlichen Verhältnissen geführt. Nicht nur die Unterschiede zwischen Stadtstaaten und Flächenländern, zwischen Bundesländern, die vor 1933 zu Preußen oder zu anderen Ländern des Deutschen Reiches gehörten, sondern auch die Zugehörigkeit zu den Besatzungszonen nach 1945 (britischer und amerikanischer Einfluss; im Gebiet der ehemaligen DDR ist der sowjetische Einfluss nach 1989 durch die Anlehnung an die Modelle der »Partnerländer« aus dem Westen ersetzt worden) sowie die politischen Mehrheiten in den Bundesländern haben zu unterschiedlichen Organisationsmodellen und zu einer begrifflichen Vielfalt geführt, die Außenstehende verwirrt. Darüber hinaus sind die Polizeien immer wieder umorganisiert worden, so dass sich Dienststellen, ihre Bezeichnungen und Zuständigkeiten mehrfach änderten.

Auch wenn es im Einzelfall wichtig ist zu wissen, mit welchem polizeilichen Organisationsteil mit welchen Zuständigkeiten man in Kontakt tritt – hier hilft nur die Orientierung vor Ort –, so gilt insgesamt, dass die deutschen Polizeien mehr Gemeinsamkeiten als Unterschiede aufweisen. Dies resultiert aus dem Umstand, dass die allgemeinen gesetzlichen Aufgabenzuschreibungen identisch sind, dass – bei aller Differenz – die Sicherheitslage in allen Teilen Deutschlands die Behörden vor vergleichbare Herausforderungen stellt und dass die Standards der öffentlichen Verwaltung im Allgemeinen und der Polizeipraxis im Besonderen in allen Bundesländern gelten (Rachor 2012a, S. 153). Für die Polizei wird das

1 Die Polizei

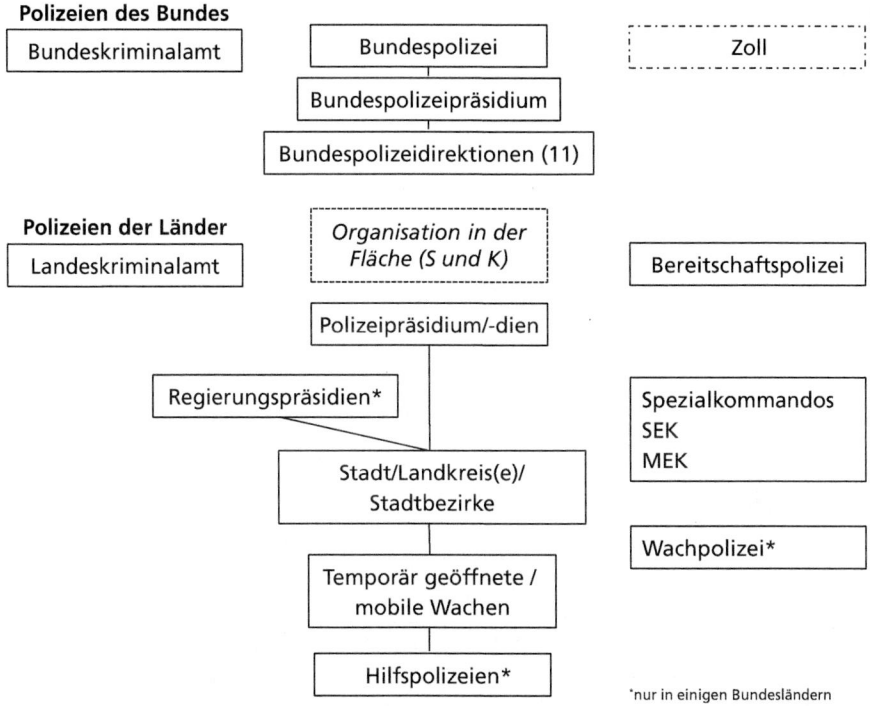

Abb. 2: Polizeiorganisation in Deutschland

über die Formulierung verbindlicher Regeln und Verfahrensweisen in »Polizeidienstvorschriften« (PDV) realisiert, die ihre vereinheitlichende Wirkung unabhängig von der organisatorischen Umsetzung entfalten.

Für die Organisation der Länderpolizeien ist eine dreifache Gliederungsstruktur kennzeichnend (vgl. Rachor 2012a, S. 154f.). »*Funktional*« lässt sich die Polizei in Schutzpolizei (S) und Kriminalpolizei (K) unterteilen. Die Schutzpolizei besteht aus – in der Regel – uniformierten BeamtInnen, deren Aufgabenschwerpunkt in der Gefahrenabwehr liegt. Die Aufgabe der Kriminalpolizei ist die Strafverfolgung. Die organisatorische Binnengliederung beider Sparten unterscheidet sich deutlich: Bei der Schutzpolizei ist die Präsenz in der Fläche unverzichtbar, zudem finden sich regelmäßig besondere schutzpolizeiliche Organisationseinheiten wie die Verkehrs- oder Wasserschutzpolizei. Demgegenüber ist die Kriminalpolizei in aller Regel nach Straftaten bzw. Deliktsfeldern (Eigentumskriminalität, Gewaltkriminalität etc.) organisiert. Sofern Straftaten im Rahmen schutzpolizeilicher Tätigkeiten bekannt werden, werden die Ermittlungen dann von der Kriminalpolizei geführt. In den Bundesländern ist es unterschiedlich geregelt, in welchem Umfang auch strafverfolgende Ermittlungen von der Schutzpolizei ausgeführt werden. Auch ist unterschiedlich geregelt, auf welche Ebene in der Polizeiorganisation bzw. -hierarchie die kriminalpolizeilichen Ermittlungen stattfinden.

Mit der »*horizontalen Struktur*« wird Verteilung der Organisation in der Fläche bezeichnet. Je nach Bundesland orientieren sich die räumlichen Zuständigkeiten dieser Einheiten an den Landkreisen, den kreisfreien Städten oder den Regierungsbezirken. Seit den 1970er Jahren befinden sich diese polizeilichen Binnenstrukturen in einem dauerhaften Reformprozess. Insgesamt haben diese Veränderungen die Bildung größerer Organisationseinheiten und die Auflösung kleinräumiger Zuständigkeiten bewirkt. Der Verlust an Nähe und Erreichbarkeit wird durch »bürgernahe« Einsatzformen (Berlin: »Kontakbereichsbeamte«; Sachsen: »Bürgerpolizisten«; Rheinland-Pfalz: »Bezirksbeamte«), durch stundenweise geöffnete Wachen oder Polizeistationen oder »Mobile Wachen« sowie durch die »Online-Wachen« auszugleichen gesucht.

Kommunale Ordnungsdienste, »Stadtpolizeien«

In Deutschland ist die Polizei eine staatliche Einrichtung. In der ersten Hälfte der 1970er Jahre wurden die letzten Großstadtpolizeien in Westdeutschland verstaatlicht, d. h. die Zuständigkeit ging von den Städten auf die Länder über. PolizistInnen sind seither BeamtInnen des Bundeslandes (oder des Bundes).

Erst seit den 1990er Jahren sind kommunale Vollzugsdienste wieder stärker thematisiert worden. Die Städte hatten die Verstaatlichung ihrer Polizeien begrüßt, weil damit die Kosten für die Polizei nicht länger von ihnen aufgebracht werden mussten. Im Laufe der Zeit stellte sich heraus, dass die Gemeinden durch den Verzicht auf eigenes exekutives Personal auch die Möglichkeit verloren hatten, mit ›eigenen Kräften‹ kommunale Kriminal- oder Sicherheitspolitik zu betreiben. Dieses Bedürfnis wuchs in dem Maße, wie die staatlichen Polizeien räumlich zentralisiert wurden, wie die Polizei sich stärker auf »Verbrechensbekämpfung« statt auf Ordnungswahrung konzentrierte, wie spezielle Aufgaben (etwa die Kontrolle des ruhenden Verkehrs) an die Ordnungsbehörden übertragen wurden und wie örtliche Sicherheit zu einem öffentlichen Thema wurde.

Der Grundsatz der kommunalen Selbstverwaltung kommt in Art. 28 Abs. 2 GG zum Ausdruck, der bestimmt, dass den Gemeinden »das Recht gewährleistet sein« muss, »alle Angelegenheiten der örtlichen Gemeinschaft im Rahmen der Gesetze in eigener Verantwortung zu regeln«. Diese Regelungen können die Gemeinden in Form von »Satzungen« umsetzen. Den so formulierten Regeln können sie mit Strafandrohungen Nachdruck verleihen, die auf den Strafrahmen von Ordnungswidrigkeiten, d. h. auf Geldstrafen beschränkt sind. Wollen Gemeinden diesen Bestimmungen durch eine entsprechende Kontrollpraxis Nachdruck verleihen und wollen sie nicht auf die lediglich subsidiäre Hilfe der Landespolizeien vertrauen, dann müssen sie eigene Kontrollkapazitäten ausbauen. Das geschieht in der jüngeren Vergangenheit vermehrt.

Die Zuständigkeiten und Befugnisse, auch die Bezeichnungen dieser kommunalen Vollzugsdienste sind regional unterschiedlich. Obgleich es auch Regelungen gibt, dass sie sich im Erscheinungsbild von der Polizei deutlich unterscheiden müssen (etwa in Rheinland-Pfalz), geht die neuere Entwicklung deutlich dahin, die Dienste wie Polizeien aussehen zu lassen: Einsatzfahrzeuge mit blau-silberner bzw. blau-weißer Farbgebung, dunkelblaue Uniform, die Aufschrift »Polizei« wird durch »Ordnungsamt« (Berlin, Nordrhein-Westfalen) oder »Kommunaler Ordnungsdienst« (Baden-Württemberg, Niedersachsen) oder »Stadtpolizei« (Hessen) ersetzt. Auch die Ausstattung ist in den Länder unterschiedlich: In Rheinland-Pfalz sind Schlagstock, Reizstoffsprühgeräte und Diensthunde sowie die Ausstattung mit Streifenfahrzeugen und Funk zulässig. Inwiefern das realisiert wird, hängt jedoch vom Willen und den Finanzen der Kommunen ab. Ein Dienstausweis ist obligatorisch (s. Telser 2020; Beck 2018).

Die »*vertikale Struktur*« der Polizeien ist durch »einen mehrstufigen pyramidenförmigen Aufbau« gekennzeichnet. An der Basis stehen Polizeireviere oder -stationen, deren Aufgabe in der Bewältigung des polizeilichen Alltagsgeschäfts besteht: Streifenfahrten, Aufnahme von Beschwerden und Anzeigen (und ggf. deren Bearbeitung), Aufnahme von Verkehrsunfällen, Einsätze bei Notrufen bilden die typischen Arbeitsbereiche. Je nach Größe sind hier auch bereits spezielle Zuständigkeiten verortet: Beauftragte für Prävention oder für Opferschutz, KonktaktpolizistInnen und JugendpolizistInnen sind häufig hier angesiedelt. Im Allgemeinen ist die Spezialisierung aber für die höheren Stufe der Organisationspyramide kennzeichnend. Insbesondere für die kriminalpolizeilichen Tätigkeiten gilt ein abgestuftes System von Ermittlungszuständigkeiten, das sich an der Schwere und der Bedeutung von Deliktsbereichen orientiert.

An der Spitze der Pyramide steht für die Kriminalpolizei ein Landeskriminalamt, für die Schutzpolizei gibt es in der Regel keine auf Landesebene zentralisierten operativen Einheiten. Mit steigender Hierarchieebene verfügen die Behörden auch über spezifische Ermittlungsmethoden oder kriminaltechnische Ressourcen. Die Stellung der Landeskriminalämter ist mit denen des Bundeskriminalamtes vergleichbar: Sie führen eigene Ermittlungen und als Zentralstelle unterstützen sie die anderen Teile der Landespolizei und stellen spezifische Kompetenzen und Ressourcen zur Verfügung.

Laien-Polizeien, Sicherheits- und Ordnungspartnerschaften

Seit den 1990er Jahren sind in den Bundesländern verschiedene Einrichtungen und Institutionen geschaffen worden, die die Polizeien auf der lokalen Ebene ›umgeben‹. In einigen Ländern bestehen unterschiedliche Formationen, in denen Nicht-PolizistInnen quasi-polizeiliche Tätigkeiten unter polizeilicher Leitung einnehmen: Der »Freiwilligen Polizeidienst« (Baden-Württemberg, seit 1963), die »Sicherheitspartner« (Brandenburg), die »Sicherheitswacht« (Bayern, Sachsen) und der »Freiwillige Polizeidienst« (Hessen). Diese Freiwilligen-Polizeien sind mit wenig eingriffsintensiven Befugnissen ausgestattet, laufen uniformiert (oder mit sichtbarem Erkennungszeichen) Streife, sollen durch gezeigte Präsenz für mehr Sicherheit(sgefühl) sorgen, sind mit Hilfsmitteln ausgestattet, aber allenfalls mit Pfefferspray bewaffnet.

Auf der institutionellen Ebene wurden seit den 1990er Jahren »Ordnungs-« und »Sicherheitspartnerschaften« gebildet. Dabei handelt es sich um Zusammenschlüsse unterschiedlicher Behörden, Verbände, Institutionen, Wirtschaftsunternehmen und BürgerInnen, die sich in vertraglicher Form verpflichten, gemeinsam zur Aufrechterhaltung der »öffentlichen Ordnung« beizutragen. Die Polizei soll gemeinsam mit den Beteiligten »Präventionskonzepte und Repressionsmaßnahmen erarbeiten, die jeder im Rahmen seiner Aufgaben und Kompetenzen umsetzt« (Schümchen 2016, S. 207). Derartige Vereinbarungen sind heute weit verbreitet.

1.2.3 Spezialpolizeien und -kräfte

Eine weitere polizeiliche Organisation ist die *Bereitschaftspolizei* (BePo). Im Unterschied zum »Einzeldienst« handelt es sich bei ihr um eine schutzpolizeiliche Einrichtung, die in geschlossenen Einheiten eingesetzt wird. Entsprechend ist die BePo in Hundertschaften, Züge und Gruppen organisiert. Ihre Gründung geht auf ein Verwaltungsabkommen zwischen dem Bund und den Bundesländern zurück. Im Bund (bei der Bundespolizei) und in allen Bundesländern bestehen Bereitschaftspolizei-Einheiten. »Führungs- und Einsatzmittel« der BePo sind einheitlich, sie werden aus dem Bundeshaushalt beschafft. Beim Bundesinnenministerium ist der »Inspekteur der Bereitschaftspolizeien der Länder« angesiedelt, die die BePo-Einsätze koordiniert; in bestimmten Fällen (Notstand, Katastrophen, Verteidigungsfall) kann er auch Polizeieinsätze führen. Die Bedeutung der BePo liegt in der Unterstützung der Landespolizeien bei »Lagen aus besonderem Anlass«. Das sind polizeiliche Großlagen, wie sie etwa bei Demonstrationen, bei Sportveranstaltungen oder sonstigen Ereignissen entstehen, bei denen PolizistInnen in großer Zahl in geschlossenen Einheiten eingesetzt werden sollen. Die BePo-Kräfte können von den Präsidien oder Inspektionen aus dem eigenen Bundesland oder auch aus anderen Bundesländern oder von der Bundespolizei angefordert werden. Im Jahr 2020 gehörten den Bereitschaftspolizeien insgesamt 16.400 PolizistInnen an (BMI 2020).

Zu den Spezialeinheiten, die regelmäßig vorhanden sind, gehören auch SEK und MEK. Bei den *Spezialeinsatzkommandos* (SEK) handelt es sich um schutzpolizeiliche Einheiten, die in besonderen Einsatzlagen wie Geiselnahmen oder Terroranschlägen zum Einsatz kommen. Sie können auch bei Durchsuchungen und Razzien oder bei Demonstrationen eingesetzt werden, sofern ein hohes Gefahrenpotenzial befürchtet wird. Die SEKs sind in der Anwendung unmittelbaren Zwangs besonders geschult; sie verfügen zudem über eine besondere technische Ausstattung und Bewaffnung. Die GSG (Grenzschutzgruppe) 9 des Bundesgrenzschutzes (der Bundespolizei) ist die bekannteste SEK-Einheit in Deutschland.

Die *Mobilen Einsatzkommandos* (MEK) sind kriminalpolizeiliche Spezialeinheiten, deren Aufgabe vor allen in der verdeckten Observation und ggf. in der Festnahmen Tatverdächtiger besteht. So wie die SEKs nur in besonderen Gefahrenlagen eingesetzt werden, so werden MEKs bei Ermittlungen wegen schwerer Kriminalität angefordert.

1.2.4 Zusammenarbeit

Die föderale Polizeiverfassung geht von dem Grundsatz aus, dass die polizeilichen Aufgaben von den Polizeien der Länder wahrgenommen werden. Nur in gesetzlich bestimmten Ausnahmen werden die Aufgaben von den Polizeibehörden des Bundes wahrgenommen. In dem Maße, wie die räumliche Mobilität zunimmt, wie die Kommunikationsströme beschleunigt und verdichtet werden, wie der gesellschaftliche Wandel (und damit auch die möglichen Gefahren einschließlich der Kriminalitätsentwicklung) in schneller Folge und durchschlagend alle Räume und Gruppen der Gesellschaft erfasst, stößt eine solches Modell föderaler Zuständigkeiten an seine Grenzen.

Im alten Modell wurden (und werden) die Probleme auf der politischen Ebene durch die Innenministerkonferenz und deren Arbeitskreise und auf der praktischen Ebene durch Kooperationsvereinbarungen mit dem Bund und den anderen Bundesländern bearbeitet. In den letzten Jahrzehnten hat sich eine neue Kooperations- und Koordinationsform entwickelt, indem »Zentren« eingerichtet wurden, die – ohne spezifische gesetzliche Grundlage – Informationen austauschen und Aktionen koordinieren (sollen). An diesen Zentren sind nicht nur die Polizeien des Bundes und der Länder, sondern auch die Nachrichtendienste, die Staatsanwaltschaften und jeweils Behörden mit spezifischen Zuständigkeiten beteiligt (etwa das Bundesamt für Migration und Flüchtlinge oder das Bundesamt für Wirtschaft und Außenkontrolle). Gegenwärtig arbeiten fünf Zentren. In den Zentren, die sich mit illegaler Migration (GASIM), der Internet-Auswertung islamistischer Inhalte (GIZ) und dem Schutz der Infrastrukturen vor Cyber-Angriffen (NCAZ) beschäftigen, sind nur Bundesbehörden beteiligt. Im Gemeinsamen Terrorismusabwehrzentrum (GTAZ), das sich mit islamistischem Terrorismus beschäftigt, sowie im Gemeinsamen Extremismus- und Terrorismusabwehrzentrum (GETZ) sind auch die Polizei- und Verfassungsschutzbehörden der Länder vertreten.

1.3 »Polizeiverfassung« im Wandel

Das Gefüge der Institutionen und Verfahren, die sich mit der »inneren Sicherheit« befassen, wird häufig als »Sicherheitsarchitektur« beschrieben. Diese befindet sich in einem endlos scheinenden Prozess von Organisationsreformen und rechtlichen Novellen, der einerseits durch externe Veränderungen bewirkt wird: neue Sicherheitsgefahren oder neue Bewertungen von Gefährdungen, Europäisierung und Globalisierung .... Andererseits resultieren die Wandlungen aus den Apparaten und Verfahren der Sicherheitsproduktion selbst, etwa die Nutzung der elektronischen Datenverarbeitung oder die Professionalisierung im Bereich der verdeckten Methoden.

Den Kern dieser dynamischen Unübersichtlichkeit bilden zwei Entwicklungen: die institutionellen Verschiebungen und die präventive Ausweitung von Polizeiarbeit.

1.3.1 Institutionelle Verschiebungen

Die Basis des institutionellen Arrangements bildet der Umstand, dass Polizei in Deutschland im Grundsatz Länderangelegenheit ist. Das bedeutet, dass die Kommunen keinen rechtlich-politischen Einfluss auf die Polizei in ihrer Gemeinde haben. Zudem haben die Organisationsreformen zu immer größeren polizeilichen Basiseinheiten, zu einem ›Rückzug‹ aus der Fläche – im Sinne unmittelbarer Erreichbarkeit – geführt.

Die Diskrepanz zwischen Polizei-Politik als Landespolitik und lokalen Sicherheitsbedürfnissen sowie die ›Alltagsferne‹ spezialisierter Polizeiarbeit hat zu unterschiedlichen Reaktionen geführt. In einigen Bundesländern sind verschiedene Formen niedrig qualifizierter, eher auf Sicherheitssorgen und Ordnungsbeeinträchtigungen ausgerichteter »Polizeiarbeit« entstanden. Diese sind entweder formal als Polizeien mit verringerten Zuständigkeiten und Befugnissen eingerichtet oder binden BürgerInnen in die Polizeiarbeit ein. Die zweite Reaktion besteht und bestand darin, dass in den Kommunen selbst (wieder stärker) eigene Vollzugsdienste eingerichtet werden, die Ordnungswidrigkeiten verfolgen und durch ihre sichtbare Präsenz im öffentlichen Raum für mehr Sicherheit sorgen sollen.

Im Ergebnis bedeuten diese Veränderungen, dass es je nach lokaler Konstellation mehrere, sehr unterschiedliche Institutionen gibt, die mit der Gewährleistung von Sicherheit befasst sind. Die staatliche Polizei ist fraglos weiterhin die wichtigste dieser Instanzen, aber sie wird ›begleitet‹ von anderen Einrichtungen, die in lokalen Kontexten mit spezifischen Aufgaben betreut sind.

1.3.2 Präventive Entgrenzungen

In der alten Polizeiverfassung der Bundesrepublik – diese Zeit endete Mitte der 1970er Jahre – gab es – zumindest in der formalrechtlichen Zuständigkeit – eine schlichte Dreiteilung: Die Strafverfolgung war gebunden an das Vorliegen »tatsächlicher zureichender Anhaltspunkte«, die polizeiliche Gefahrenabwehr war gebunden an die Feststellung einer »konkreten Gefahr« und die Nachrichtendienste beobachteten staats- und verfassungsgefährdende »Bestrebungen« im Vorfeld kriminalisierter Handlungen.

Durch die »präventive Kehre«, die (auch) die Sicherheits- und Polizeistrategie seit den 1970er Jahren erfasst hat, sind diese Grenzen aufgeweicht worden. Besonders deutlich wird dies durch die rechtliche Definition der »vorbeugenden Verbrechensbekämpfung« als ein Unterfall polizeilicher Gefahrenabwehr. Dieser Wandel des Rechts reagierte auf ein gewandeltes Verständnis von Polizeiarbeit: nicht mehr Zuwarten zu müssen, bis eine abstrakte Gefahr sich zu einer konkreten entwickelt hatte, bis eine möglicherweise erwartbare Straftat geschehen ist, sondern frühzeitig verhindern, eben präventiv tätig sein zu können. Dieses Verständnis präventiver Polizeiarbeit zu stärken, war das erklärte Ziel der Polizeirechtsreformen.

In der liberal-demokratischen Polizeiverfassung stellen die Eingriffsschwellen polizeilichen Handelns ein zentrales Element des Schutzes vor staatlichen Eingriffen dar. Indem nun die Abwehr konkreter Gefahren um die Vorbeugung zukünftiger Straftaten erweitert wurde, wurden die Gegenstände polizeilichen Interesses erweitert. Denn unter präventiven Aspekten muss die Polizei an all jenen Sachverhalten interessiert sein, aus denen ggf. zukünftig kriminelle Handlungen entstehen könnten. War der Fokus polizeilicher Aufmerksamkeit im alten Modell durch den Bezug auf die konkrete Gefahr begrenzt, so wird er durch die »vorbeugende Verbrechensbekämpfung« (und zuletzt durch die »drohende Gefahr«) entgrenzt: Wer Kriminalität vorbeugen will, der muss die Entstehungsbedingungen und die Kontexte von Kriminalität kennen und ggf. in diesen intervenieren können. Mit anderen Worten: Der präventive Auftrag erhöht des Interesse der Polizei an sozialen Sachverhalten massiv. Zugleich verwandelt er sie in einen Akteur, der Einfluss auf die Gestaltung kriminogener oder sicherheitsrelevanter Verhältnisse nehmen muss/soll. Damit entstehen unmittelbare Bezüge zur Sozialen Arbeit (▶ Kap. 2.1.3).

Literaturempfehlungen

Frevel, B. (2018): Innere Sicherheit. Eine Einführung. Wiesbaden: Springer VS
Groß, H. (2019): Polizei(en) und innere Sicherheit in Deutschland. Strukturen, Aufgaben und aktuelle Herausforderungen. In: Aus Politik und Zeitgeschichte H. 21/23, S. 4–10
Loick, D. (Hg.) (2018): Kritik der Polizei. Frankfurt am Main, New York: Campus

2 Kriminalität, Sicherheit und Soziale Arbeit

> **☞ Was Sie in diesem Kapitel erwartet**
>
> In diesem Kapitel erfahren Sie, was Soziale Arbeit mit Kriminalität zu tun hat oder haben sollte. Zunächst werden die zwei Bezugspunkte etwas genauer vorgestellt: Was verbirgt sich hinter »Kriminalität« und der mit ihr verbundenen »Kriminalisierung«. Und was ist mit »Sicherheit« (vor Kriminalität) gemeint. Im zweiten Schritt wird der Beitrag erläutert, den die Soziale Arbeit im Feld von Sicherheit und Kriminalität leisten soll. Was kann, was verspricht sie, dass sie kriminalpolitisches Interesse auf sich zieht. Daran anschließend werden die rechtlichen Grenzen benannt, die einer zu engen Zusammenarbeit gezogen sind. Am Ende des Kapitel werden die Merkmale von Sozialarbeit und Polizei idealtypisch gegenübergestellt.

2.1 Kriminalität und Sicherheit

Polizeiliches Handeln ist auf zwei Phänomene ausgerichtet: Auf die Verfolgung von Kriminalität und auf die Abwehr von Gefahren für die öffentlicher Sicherheit (oder »innerer Sicherheit« im Unterschied zur »äußeren Sicherheit«, die in die Zuständigkeit des Militärs fällt) (▶ Kap. 1.1).

2.1.1 Kriminalität und Kriminalisierung

»Kriminalität« ist eine soziale Kategorie. Eine Handlung ist nicht wesensmäßig kriminell oder nicht kriminell, sondern sie wird das erst durch Zuschreibungen. Die einfachste und bedeutungsvollste Form dieser Zuschreibung ist die durch den Gesetzgeber: Ein allgemeingültiges Gesetz legt fest, diese oder jene Handlung ist verboten und wer sie gleichwohl begeht, wird mit einer Strafe bedroht.

Primäre Kriminalisierung

Diese »*primäre Kriminalisierung*« unterliegt historischen und gesellschaftlichen Wandlungen. In dem Unter-Strafe-Stellen kommt ein besonderes Unwerturteil zum Ausdruck. Die verbotene Handlung gilt als so schädlich, dass sie mit den Mitteln des Strafrechts unterbunden werden bzw. – wenn das nicht gelingt – bestraft werden soll. Ob eine Handlung mit Strafe bedroht wird, hängt von einer Reihe von Faktoren ab. Die wichtigsten sind die Folgenden.

- Die gewandelten gesellschaftlichen Anschauungen über die Schädlichkeit oder Verwerflichkeit von Handlungen: Dass Betteln keine Straftat, sondern Ausdruck einer sozialen Notlage ist, setzte sich erst 1974 in der Bundesrepublik durch; besonders im Sexualstrafrecht (z. B. Strafbarkeit der Homosexualität) fanden die dominierenden moralischen Überzeugungen einen strafrechtlichen Ausdruck.
- Der technische und soziale Entwicklungsstand einer Gesellschaft, der es erst ermöglicht, Dinge zu tun, durch die anerkannte (Rechts-)Güter beeinträchtigt werden: Der internationale Rauschgifthandel ist an die Existenz globaler Handelsströme gebunden; »Cyber-Mobbing« ist ohne das Internet undenkbar.
- Die gewandelten Formen der Begehung von Straftaten: Die Strafbarkeit der Geldwäsche soll verhindern, dass illegal erworbene Reichtümer in legalen Besitz überführt werden; wenn Personen sich zu Gruppen zusammenschließen, um Anschläge zu verüben, dann liegt es nahe, bereits die Bildung dieser Gruppe und nicht erst die Vorbereitung eines Anschlags unter Strafe zu stellen.

Schließlich sind es politische Entscheidungen, die bewirken oder verhindern können, dass sich die gewandelten Herausforderungen, Anforderungen und Anschauungen im positiven Recht niederschlagen.

»Kriminalität« ist eine soziale Tatsache, die erst dadurch entsteht, dass bestimmte gesellschaftliche Überzeugungen und Einrichtungen unter staatlichen Schutz gestellt werden. Sie ist deshalb Ausdruck der Macht- und Herrschaftsverhältnisse in einer Gesellschaft. Wem es gelingt, seine Ansichten (über ›anständiges‹ Verhalten) oder seine Interessen (über den Schutz von Eigentum oder Gesundheit) unter den Schutz des Strafrechts zu stellen, der/die hat den Staat als unmittelbar eingreifenden Staat, mit Polizei und Strafjustizsystem, auf seiner/ihrer Seite.

Die Wandlungen dessen, was »Kriminalität« bedeutet, resultieren aus drei Prozessen, die zu unterschiedlichen Zeiten, aber auch gleichzeitig in unterschiedlichen gesellschaftlichen Feldern stattfinden können.

1. Prozesse der *Kriminalisierung*: Vormals straffreies, legales Verhalten wird unter Strafe gestellt. Beispiele: Geldwäsche, terroristische Vereinigung, Stalking, Cyber-Mobbing, Vermummung bei Demonstrationen.
2. Prozesse der *Entkriminalisierung*: Vormals unter Strafe gestelltes Verhalten wird legalisiert, d. h. nicht weiter mit Strafe bedroht. Beispiele: Betteln, Kuppelei.

3. Prozesse der *Entpönalisierung*: Ein Verhalten wird weiterhin mit Strafe bedroht, aber diese Strafe (lat. poena) wird nicht verhängt. Beispiele: Besitz von Betäubungsmitteln zum »Eigenbedarf«; Abtreibung (§ 218 StGB).

Mit der primären Kriminalisierung legt der Gesetzgeber jene gesellschaftlichen Ausschnitte fest, in denen den Strafverfolgungsbehörden Eingriffe erlaubt sind. Dabei ist in Deutschland eine dreistufige Hierarchie verbotener Handlungen entstanden. In diesen Abstufungen soll der unterschiedliche Grad der Verwerflichkeit, der Schädlichkeit oder der Gefährlichkeit einer Tat zum Ausdruck gebracht werden, indem die Stufen mit abgestuft hohen Strafandrohungen versehen werden. Zugleich sind die Stufen mit unterschiedlichen Zuständigkeiten, Verfahrensgrundsätzen und Eingriffsbefugnissen verbunden (▶ Kap. 1.1).

Die unterste Stufe rechtswidrigen Verhaltens sind *Ordnungswidrigkeiten*. Sie werden definiert als »rechtswidrige und vorwerfbare Handlungen«, die (maximal) mit einer Geldstrafe geahndet werden können (§ 1 Abs. 1 OWiG). Im Rahmen von Kriminalisierungs-/Entkriminalisierungsprozessen kann es geschehen, dass Ordnungswidrigkeiten zu Straftaten ›hochgestuft‹ oder Straftaten zu Ordnungswidrigkeiten ›herabgestuft‹ werden.

§ 12 StGB unterscheidet zwischen »Verbrechen und Vergehen«. Als *Verbrechen* werden solche Handlungen definiert, »die im Mindestmaß mit einer Freiheitsstrafe von einem Jahr oder darüber bedroht sind«. »Verbrechen« sind demnach besonders schwere Straftaten. Insgesamt ist deren Zahl im Strafgesetzbuch überschaubau. Es handelt sich vor allem um Delikte aus dem Bereich des Staatsschutzes (Hochverrat, Landesverrat, terroristische Vereinigung) und um schwere Delikte gegen Menschen (Mord, Totschlag, schwere Körperverletzung, Vergewaltigung, sexueller Missbrauch) oder Sachwerte (Raub, Brandstiftung, Geldfälschung).

Die meisten Straftatbestände in Deutschland sind *Vergehen*. § 12 StGB definiert sie als rechtswidrige Taten, »die im Mindestmaß mit einer geringeren Freiheitsstrafe (also einem Jahr, NP) oder die mit Geldstrafe bedroht sind«.

Der Raum des Strafbaren wird durch das Strafgesetzbuch und die »strafrechtlichen Nebengesetze« bestimmt. Mit diesem Ausdruck werden Strafbestimmungen überschrieben, die in den Regulierungen bestimmter Bereiche enthalten sind. Prominente Beispiele sind das Betäubungsmittelgesetz oder Umweltschutzgesetze.

Sekundäre Kriminalisierung

Die Umsetzung strafrechtlicher Normen in die gesellschaftliche Praxis bezeichnet man als *»sekundäre Kriminalisierung«*. Ergibt sich die primäre Kriminalisierung (Normsetzung) aus den Entscheidungen der Gesetzgeber, so resultiert die sekundäre aus den Tätigkeiten der Behörden (Normanwendung). Dieser Umstand ist aus zwei Gründen besonders wichtig. Einerseits für die kriminell Handelnden: Betreffen ihre Handlungen einen Bereich, der für die Strafverfolgungsbehörden schwer zugänglich ist oder an dem sie kein aktives Interesse haben, so bleiben die Strafbestimmungen totes Recht, ihre Handlungen bleiben unentdeckt oder werden nicht verfolgt. Damit bleiben auch jene Folgen aus, die mit der Strafverfolgung verbunden sind: Ermittlungen, Gerichtsverfahren, Strafen etc. Zweitens beeinflusst die sekundäre Kriminalisierung das gesellschaftliche Bild von Kriminalität. Die Öffentlichkeit kennt nicht den durch strafrechtliche Bestimmungen abstrakt abgesteckten Raum; sie nimmt vorwiegend zur Kenntnis, was als »Kriminalität« entdeckt und von den zuständigen Behörden entsprechend behandelt wird. Auch die sekundäre Kriminalisierung ist kein stabiler Vorgang, denn sie wird von verschiedenen Faktoren beeinflusst. Die wichtigsten sind die Folgenden.

- *Art des Delikts*: Zentral ist hier die Gruppe sog. opferloser Delikte. Es handelt sich um Straftaten, bei denen es keine persönlich Geschädigten gibt – und mithin niemanden, der/die die Tat zur Anzeige bringen könnte. »Opferlose Delikte« kommen in zwei Konstellationen vor. Eine Gruppe besteht aus verbotenen Handlungen, bei denen alle Beteiligten die Handlung wollen, die Unterscheidung zwischen TäterIn und Opfer also hinfällig ist; illegales Glücksspiel oder Drogenhandel sind prominente Beispiele. Bei der anderen Gruppe kommt keine Person unmittelbar zu Schaden, z. B. Steuerhinterziehung oder illegales Müllvergraben. Bei Delikten mit persönlichen Opfern ist die Anzeigewahrscheinlichkeit sehr hoch. Gibt es keine Opfer, sinkt die Anzeigewahrscheinlichkeit erheblich. Diese Delikte werden nur dann bekannt, wenn gezielt Anstrengungen unternommen werden, ihnen nachzuspüren. Weil die Aufdeckung dieser Delikte von den Anstrengungen der Behörden abhängig ist, werden sie als »Kontroll-« oder »Holdelikte« bezeichnet.
- *Tradition der Ermittlungen*: Bestimmte Straftatenbereiche stehen schon immer im Fokus der Strafverfolgung. Dazu zählen zwei quantitativ geringe Deliktsfelder wie die Straftaten gegen das Leben (Mord, Totschlag) oder gegen die staatliche Ordnung (Hochverrat, Landesverrat) auf der einen und die vielen Alltagsdelikte (vor allem Eigentumsdelikte) auf der anderen Seite. Jenseits dieses traditionellen Kerns entwickelt das Strafverfolgungssystem Verfolgungsschwerpunkte, die sich aus der inneren Dynamik der Institutionen entwickeln und zugleich in Beziehung mit den kriminalpolitischen Debatten stehen. Der Kampf gegen den internationalen Drogenhandel, gegen organisierte Kriminalität, gegen Terrorismus oder gegen Cyber-Kriminalität sind Beispiele, in denen polizeiliche Erkenntnisse/Ermittlungen und politische Forderungen sich gegenseitig verstärken, so dass Ursache und Wirkung nicht mehr unterscheidbar sind: Ermittelt die Polizei gegen organisierte Kriminalität, weil die Gesellschaft sich über deren Gefahren deutlicher bewusst wird, oder werden die Gefahren deutlicher bewusst, weil die Polizei in diesem Bereich intensiver ermittelt?
- *Kontexte und Sensibilität*: Die Strafverfolgung hängt ganz wesentlich vom Anzeigeaufkommen ab. Das Anzeigeverhalten – ob Opfer oder ZeugInnen eine Straftat den Behörden melden – variiert von Delikt zu Delikt und es verändert sich im Zeitverlauf. Es wird durch vier Faktoren beeinflusst:
    - Es gibt Delikte, in denen die zivilrechtlichen Kontexte das Anzeigeverhalten verändern. Bei Diebstahl, Einbruch, Sachbeschädigung verlangen die

Versicherungen in der Regel die Anzeige bei der Polizei als Nachweis für den eingetretenen Schaden. In dem Ausmaß, in dem Versicherungen abgeschlossen werden, nehmen die faktischen Pflichten zur Anzeigeerstattung zu. Sofern Institutionen die Geschädigten sind, hängt die Anzeigeentwicklung von deren Strategien ab. Verfolgen LadeninhaberInnen die Warnung »Jeder Ladendiebstahl wird zur Anzeige gebracht!« mit einer entsprechenden Kontrollpraxis (Videoüberwachung, LadendetektivInnen …), dann steigt die Zahl der angezeigten Ladendiebstähle. Dasselbe gilt für die »Beförderungserschleichung« (›Schwarzfahren‹), wenn die Unternehmen die Kontrolle der Fahrscheine intensivieren.

- Die Bereitschaft, eine Straftat anzuzeigen, steht in Relation zum Vertrauen in das Strafverfolgungssystem. Die Anzeigebereitschaft sinkt, wenn Opfer oder ZeugInnen den Eindruck haben, dass die Polizei nichts ausrichten kann oder ausrichten wird. Es gibt auch Personen, die den Kontakt zur Polizei scheuen, weil sie selbst schlechte Erfahrungen mit ihr gemacht haben oder solche befürchten. Das gilt insbesondere für Angehörige von Gruppen, die sich im traditionellen Fokus polizeilicher Aufmerksamkeit befinden, etwa Prostituierte, obdachlose Menschen oder MigrantInnen (▶ Teil B).
- Die Sensibilität, bestimmte Handlungen oder Sachverhalte als Kriminalität wahrzunehmen und dies den zuständigen Behörden zu melden, unterliegt starken Schwankungen, die Folge gewandelter Einstellungen in der Gesellschaft sind: Die körperliche Züchtigung der eigenen Kinder wird weitgehend nicht mehr als »natürliches Recht« der Eltern akzeptiert und deshalb häufiger von ZeugInnen zur Anzeige gebracht. Umgekehrt wird der Kleinhandel mit Cannabis von großen Teilen der Bevölkerung mittlerweile toleriert und deshalb nicht angezeigt.
- Einen Sachverhalt bei der Polizei anzuzeigen, kann als ein Vorgang wahrgenommen werden, durch den Konflikte an eine staatliche Instanz übertragen werden. Je anonymer, individualisierter, diverser und mobiler Gesellschaften werden, desto wahrscheinlicher ist, dass nicht länger auf die persönliche Problemlösungskompetenz vertraut wird. Wer die NachbarInnen nicht kennt, klingelt nicht bei nächtlicher Lärmbelästigung, sondern sucht Hilfe beim Amt; wer die Sprache der Eltern nicht spricht, sucht nicht das klärende Gespräch, wenn die Kinder in den Schulpausen handfest ihre Konflikte austragen, sondern ›zeigt an‹ … Die ›Nachfrage‹ nach Polizei kann deshalb auch als ein Indiz für die schwindenden Fähigkeiten zu ›zivilgesellschaftlicher‹ Konfliktlösung verstanden werden.

Insgesamt zeigt diese Übersicht, dass zwischen primärer und sekundärer Kriminalisierung erhebliche Unterschiede bestehen, die selbst wieder deliktischen und historischen Veränderungen unterworfen sind.

Hellfeld und Dunkelfeld

In der Diskussion über Kriminalität spielen die Begriffe »Hellfeld« und »Dunkelfeld« eine prominente Rolle. Als »Hellfeld« wird jener Ausschnitt kriminalisierter

Handlungen bezeichnet, die vom Strafverfolgungssystem – namentlich der Polizei – wahrgenommen werden. Nimmt man den durch die primäre Kriminalisierung geschaffenen Raum als Bezugsgröße, so ergibt sich das Dunkelfeld aus den mit Strafe bedrohten Handlungen, die von den Ermittlungsbehörden nicht erfasst werden. Aus den o. g. Gründen ist das Verhältnis von Hell- und Dunkelfeld je nach Delikt unterschiedlich. Bei Delikten mit persönlichen Opfern oder mit großer Sichtbarkeit ist das Dunkelfeld kleiner, bei solchen ohne direktes Opfer mit geringer Wahrnehmbarkeit ist es größer. Darüber hinaus verändern sich die Relationen abhängig von der Verfolgungsintensität, den gesellschaftlichen Einstellungen, der Sensibilität in der Bevölkerung, der Erreichbarkeit und den Antworten des Strafverfolgungssystems und der öffentlichen Thematisierung.

Auskunft über das ›wirkliche‹ Kriminalitätsgeschehen zu geben, verspricht die »Dunkelfeldforschung«. Dabei bildet die primäre Kriminalisierung den Bezugsrahmen. Die Standardmethode der Dunkelfeldforschung ist die Befragung: Nach unterschiedlichen Kriterien definierte Gruppen von Menschen werden danach befragt, ob sie in einem bestimmten Zeitraum TäterIn, Opfer oder ZeugIn einer (und welcher) strafbaren Handlung waren. Aus den deliktsbezogenen Anzeigen und den Angaben aus den Befragungen lassen sich Hinweise auf das Dunkelfeld gewinnen.

Neben Interviews gibt es auch Versuche, über anderen Systeme Hinweise auf den Umfang ›wirklicher‹ Kriminalität zu gewinnen. Ein Beispiel ist die Auswertung der Meldungen bei Berufsgenossenschaften und der Gewalt an Schulen (s. zur Dunkelfeldforschung insgesamt: Heinz 2019, S. 315–348).

Polizeiliche Kriminalstatistik

In der Öffentlichkeit wird die »Polizeiliche Kriminalstatistik« (PKS) als wichtigster Indikator für die Kriminalitätsentwicklung wahrgenommen. Dies ist ein Missverständnis, denn in Wirklichkeit ist die PKS eine Statistik über die strafverfolgende Arbeit der Polizei. Wegen des ungeklärten, von Delikt zu Delikt wechselnden, von strategischen Wandlungen, von zivilrechtlichen und gesellschaftlichen Kontexten beeinflussten Relationen zwischen dem PKS-erfassten Hellfeld und dem Dunkelfeld taugt sie nicht, um ein verlässliches Bild des Kriminalitätsgeschehens zu geben.

Selbst in Bezug auf die bekanntgewordene Kriminalität erfasst die PKS nur einen Ausschnitt. Sie enthält keine Strafverfahren, die bei der Staatsanwaltschaft zur Anzeige gebracht wurden und bei deren Ermittlung die Polizei nicht eingeschaltet wurde. Durch Übereinkunft werden zwei Deliktsfelder in der PKS nicht ausgewiesen: Delikte im Zusammenhang mit dem Straßenverkehr und sog. Staatsschutzdelikte, also Handlungen, die sich gegen den Bestand oder die Verfassung der Bundesrepublik oder der Bundesländer richten. Beide Bereiche sind in gesonderten Statistiken ausgewiesen, die aber von der Öffentlichkeit weitaus weniger Beachtung finden als die PKS.

Hinzu kommt ein weiterer Umstand: Bei der PKS handelt es sich um eine Anzeige- und Verdachtsstatistik. Hier werden die Ermittlungen ausgewiesen, mit de-

A Grundlagen

nen sich die Polizei beschäftigt und die sie nach Abschluss ihrer Ermittlungen an die Staatsanwaltschaft abgegeben hat. Die Polizei ist eine Einrichtung der Exekutive, sie ermittelt im Auftrag der Staatsanwaltschaft, die der rechtsprechenden Gewalt (Judikative) zugeordnet ist. Erst auf dieser Ebene findet eine juristische Würdigung der polizeilichen Ermittlungsergebnisse statt. Die Polizei kann Ermittlungen nur ablehnen, wenn offenkundig keine Straftat vorliegt (also die »zureichenden tatsächlichen Anhaltspunkte« nicht ersichtlich sind, ▶ Kap. 1.3.1). Ob die strafrechtlichen Voraussetzungen erfüllt sind (die strafrechtlichen Tatbestandsmerkmale erfüllt sind, die Beweislage den rechtlichen Anforderungen genügt etc.), das prüft die Staatsanwaltschaft. Selbst wenn sie sich zur Anklageerhebung entscheidet, gelten die Angeklagten bis zu einem Gerichtsurteil rechtlich als unschuldig. Erst in den Entscheidungen der Staatsanwaltschaft (Einstellung mit oder ohne Auflagen, Strafbefehl, Anklageerhebung) oder am Ende des Gerichtsverfahrens stellt sich heraus, ob es sich bei den in der PKS ausgewiesenen Ermittlungsverfahren tatsächlich um Kriminalität oder nur um den Verdacht auf eine kriminelle Handlung handelte.

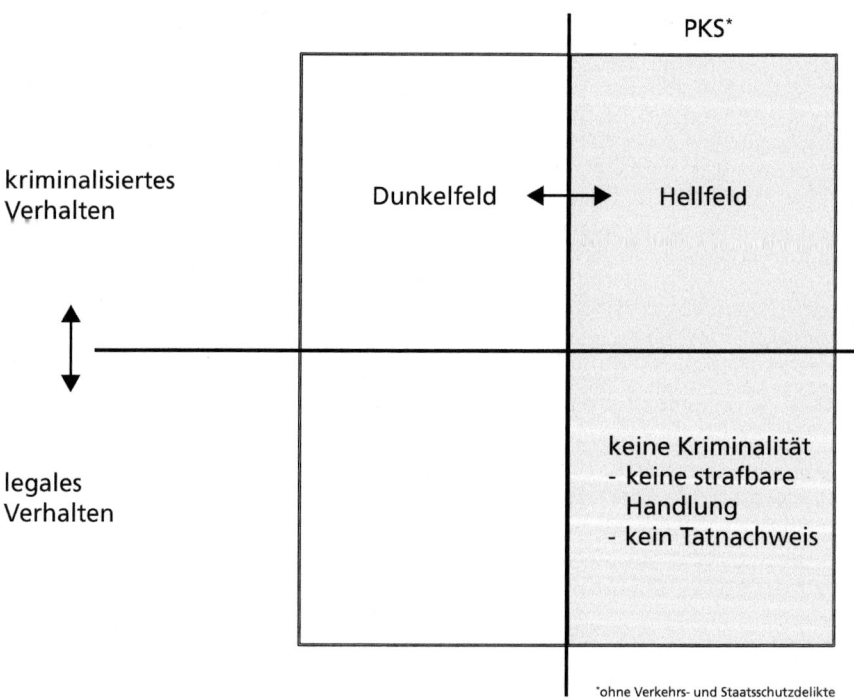

Abb. 3: Kriminalität, Kriminalisierung und PKS

Obwohl die PKS ein unzureichendes Mittel ist, das Ausmaß und die Formen strafrechtlich verbotener Normübertretungen zu erfassen, wird sie regelmäßig für diese Zweck genutzt. Um den Stellenwert der PKS-Zahlen zu verdeutlichen, wird gerne auf verschiedene »Stufen« im Umgang mit Kriminalität verwiesen (▶ Abb. 4): Den Ausgangspunkt bildet dabei die Summe aller begangenen strafbaren Handlungen. Werden diese nicht bemerkt (die unauffindbare Geldbörse glaubt man verloren zu haben, obwohl sie gestohlen wurde …), bleiben sie für das Strafverfolgungssystem (und die öffentlichen Debatten) folgenlos. Werden sie bemerkt, steht die Frage im Raum, ob sie zur Anzeige gebracht werden. Hier spielen die genannten Faktoren eine Rolle, die die Anzeigebereitschaft beeinflussen. Erst wenn die Taten angezeigt werden, tauchen sie in der PKS auf. Im Rahmen der polizeilichen Ermittlung wird versucht, die Sachverhalte aufzuklären. Das Ermittlungsergebnis wird an die Staatsanwaltschaft übermittelt. Werden keine Tatverdächtigen ermittelt oder sind die vorgelegten Beweise nicht ausreichend, wird das Verfahren eingestellt. Trotz erwiesener Tat kann die Staatsanwaltschaft das Ermittlungsverfahren mit oder ohne Auflagen einstellen. Oder sie entscheidet sich für die Erhebung der Anklage, die das Gericht ablehnen oder

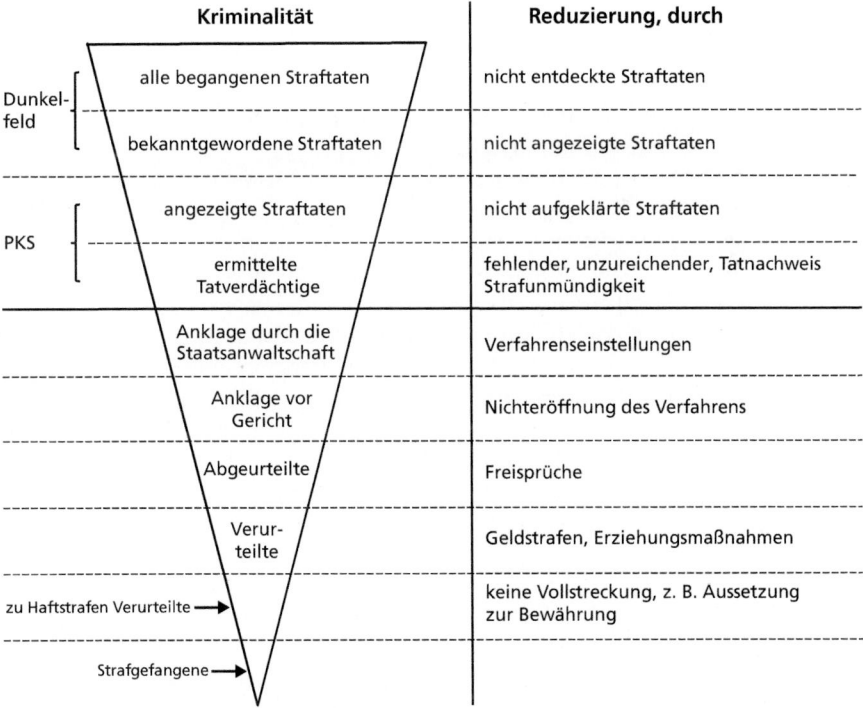

Abb. 4: Ausfilterung im Ermittlungs- und Strafverfahren (leicht modifiziert nach: Steffen, Wiebke, Kriminalitätsanalyse I: Dunkelfeldforschung und Kriminologische Regionalanalysen. Lehr- und Studienbriefe Kriminologie Nr. 4, Verlag Deutsche Polizeiliteratur, Hilden 1993; s.a. mit Zahlengaben: Statistisches Bundesamt 2019a, S. 321, für das Jugendstrafverfahren: Heinz 2019, S. 424)

zulassen kann. Die »Aburteilungen« am Ende von Gerichtsverfahren bestehen aus Freisprüchen oder Verurteilungen. Die Verurteilungen können in Auflagen, Erziehungsmaßnahmen, Geldstrafen oder Freiheitsstrafen bestehen. Ggf. können sie zur Bewährung ausgesetzt werden.

Je nachdem auf welche Stufe man sich bezieht, hat man einen anderen Kriminalitätsbegriff vor Augen. Die eingestellten Verfahren, die nicht erhobenen Anklagen, die Freisprüche betreffen Sachverhalte, die nach rechtlichen Kriterien keine Kriminalität darstellen. Auflagen, Geld- und Bewährungsstrafen deuten auf unterschiedliche Schwere- oder Gefährdungsgrade hin. Vorsicht ist deshalb geboten, wenn die Zahlen der PKS als Indikator für die »Kriminalitätsentwicklung« genommen werden.

2.1.2 Objektive und subjektive Sicherheit

In den letzten Jahren sind neben den Gefahren und Schäden, die durch Kriminalität entstehen und drohen, die Wahrnehmungen von Sicherheit oder Unsicherheit in das Zentrum der öffentlichen Sicherheitsdebatten getreten. Mangelndes Sicherheitsgefühl oder Furcht vor Kriminalität kann nicht aus polizeilichen Daten herausgefiltert, sondern es muss gezielt erhoben werden. In der Kriminologie wird das Sicherheitsgefühl traditionell mit der »Standardfrage« erhoben. Sie lautet (in der Version des Deutschen Viktimisierungssurveys von 2017): »Wie sicher fühlen Sie sich – oder würden sich fühlen –, wenn Sie nach Einbruch der Dunkelheit alleine zu Fuß in Ihrer Wohngegend unterwegs sind oder wären?« (Birkel u. a. 2020, S. 46). Es ist offenkundig, dass mit dieser Operationalisierung nur ein Ausschnitt von Unsicherheitsgefühlen erfasst wird, der sich auf den öffentlichen Raum bezieht, und nicht ein Gefühl, sondern die (unterlassene) Handlung erfasst, die aus dem Gefühl folgt. Das ist die »konative« (= verhaltensbezogene) Ebene der Kriminalitätsfurcht. Daneben existiert eine kognitive Ebene (was weiß man über Kriminalitätsgefahren) und eine affektive Ebene (welche Gefühle löst dieses Wissen aus) (s. Boers 1993, S. 67). 2017 antworteten über 78 % der Befragten auf die Standardfrage mit »sehr sicher« oder »eher sicher«, nur 6,3 % antworteten mit »sehr unsicher« (Birkel u. a. 2020, S. 46). Die so gemessene Kriminalitätsfurcht ist ungleich in der Bevölkerung verteilt: Frauen fühlen sich deutlich unsicherer als Männer, Jüngere fühlen sich sicherer als Ältere und Einheimische fühlen sich sicherer als MigrantInnen (ebd., S. 48–50).

Die Ursachen mangelnden Sicherheitsgefühls sind umstritten. Denn: Welchen Anteil Persönlichkeitsmerkmale, Verletzlichkeit, Medienberichte, lokale Öffentlichkeiten, sozialräumliche Veränderungen, das Schwinden informeller Kontrollen oder soziale Wandlungsprozesse haben, ist umstritten (s. Hahne/Hempel/Pelzer 2020); diese Debatte kann hier jedoch nicht ausgebreitet werden. Entscheidend für die Polizei und Soziale Arbeit ist, dass sich alle darin einig sind, dass es keinen direkten Zusammenhang zwischen der objektiven Kriminalität und der (subjektiven) Furcht vor Kriminalität gibt.

Wenn mangelndes Sicherheitsgefühl nicht auf die Kriminalitätslage zurückgeführt werden kann, dann sind die Chancen der Polizei, für mehr »subjektive Sicherheit« zu sorgen begrenzt. Sie muss sogar befürchten, dass ihre vermehrte Präsenz von Teilen der Bevölkerung als Indiz für eine besondere Gefahrenlage bewertet wird. Deshalb liegt es nahe, dass die Polizei nach Verbündeten in der Sicherheitsarbeit sucht, die eher in der Lage sind, jene subjektiven und sozialen Ursachen mangelnden Sicherheitsempfindens zu beeinflussen.

2.1.3 Reaktive und präventive Zielsetzungen

In der herkömmlichen Verfassung ist die Polizei eine reagierende Instanz. Im liberalen Polizeirecht muss sie abwarten, bis eine Gefahr zu einer »konkreten« wird, d. h. die Dinge müssen sich im Einzelfall so weit entwickeln, dass der Schaden eintreten würde, wenn sie nicht eingreift. Sie reagiert damit auf eine Prognose, aber diese Prognose hat einen sehr engen zeitlichen und sachlichen Horizont. Im Bereich der Strafverfolgung ist der reaktive Charakter noch eindeutiger: Die strafbare Handlung (auch Vorbereitungshandlungen können strafbar sein) muss geschehen sein, erst danach setzt die Strafverfolgung ein.

Durch die Erweiterung des Gefahrenbegriffs wird dieser reaktive Handlungstypus durch einen präventiven ergänzt. Die »Vorsorge für die Gefahrenabwehr« und die »vorbeugende Bekämpfung von Straftaten« lösen das polizeiliche Handeln von unmittelbaren Anlässen ab (Gefahren oder Straftaten). Diese präventive Öffnung hat weitreichende Folgen für die Tätigkeit und das Selbstverständnis der Polizeien (zugleich war sie der rechtliche Niederschlag bereits in Wandlung befindlicher Praktiken); sie verändert das Verhältnis von Polizei und Gesellschaft und sie macht die Polizei zu einer Einrichtung, die Interesse an gesellschaftlichen Sachverhalten haben muss – und nicht nur an gefährlichen oder kriminalisierten.

Bereits die reaktive Polizei agierte in sozialen Bezügen. Die Abwehr von Gefahren und die Aufklärung von Straftaten ist umso erfolgreiche, je besser die Polizei Situationen und soziale Milieus kennt, je mehr Vertrauen oder Anerkennung sie bei den Menschen genießt. Durch die ›präventive Kehre‹ wird das polizeiliche Interesse an gesellschaftlichen Sachverhalten jedoch erheblich verstärkt. In den 1970er Jahren hat der damalige Präsident des Bundeskriminalamtes, Horst Herold, die Vorstellung propagiert, die Polizei sei eine Einrichtung, die zur sozialen Sanierung der Gesellschaft beitragen könne, weil sie ein Erkenntnisprivileg habe: Da sie immer dann gerufen werde, wo anders nicht zu lösende Probleme entstehen, könne man aus dem polizeilichen Handlungsprofil die Notwendigkeiten politisch-sozialer Reformen herleiten (Herold 1980). Diese Auffassung hat sich in den Polizeien nicht durchgesetzt. Sie ist auch sachlich falsch. Denn die Polizei wird immer erst am Schluss einer Handlungskette gerufen. Die Herold'sche Sichtweise ist aber insofern von großer Bedeutung, weil ihr die Vorstellung zugrunde liegt, dass es soziale Sachverhalte sind, die polizeiliches Tätigwerden veranlassen. Deshalb muss eine moderne, aufgeklärte Polizei ihren Blick auf die sozialen Bedingungen richten, unter denen sich kriminalisiertes Verhalten entwickelt. Genauer: Die präventive Polizei richtet ihr Augenmerk auf das Vorgelagerte, das nicht kriminalisierte und das (noch) nicht gefährliche Vorfeld, auf die Formen des Zusammenlebens, der alltäglichen Lebensbewältigung und auf die soziale Problemlagen etc.

Aus diesen Zusammenhängen ergibt sich die unmittelbare Verbindung zur Sozialen Arbeit. Denn welche andere Profession könnte mit besseren Argumenten behaupten, dass sie Kenntnis von und Zugang zu den Lebensweisen der Menschen hat? Und zwar genau jener Gruppen in der Gesellschaft, die als potenzielle TäterInnen oder mögliche Opfer besonders im polizeilichen Fokus stehen.

2.2 Polizei, sozialer Alltag, Soziale Arbeit

2.2.1 »Polizeirelevanz« Sozialer Arbeit

Methodisch gilt es in der Sozialen Arbeit als überholt und kontraproduktiv, an den Defiziten der Menschen anzusetzen, mit denen sich die Profession beschäftigt. Diese Abkehr von der Defizitorientierung und Hinwendung zu den (verborgenen) Potenzialen ändert aber nichts an dem Umstand, dass die negativ bewertete Abweichung von der Norm Menschen zu KlientInnen der Sozialen Arbeit werden lässt. Die Menschen verfügen über einen Mangel, oder ein solcher Mangel wird ihnen zugeschrieben: Besäßen sie mehr Geld als sie ausgeben, müssten sie nicht zur Schuldnerberatung, kümmerten sie sich ausreichend um ihre Kinder, bräuchten sie keinen Familienhelfer/keine Familienhelferin etc. Entscheidend ist nicht, ob die Betroffenen ihre Lage als problematisch ansehen; entscheidend ist, wie die öffentliche Gewalt sie bewertet: Subjektiv wahrgenommener und reklamierter Hilfebedarf kann von den »zuständigen Stellen« ignoriert werden, von diesen Hilfen angeordnet und von den AdressatInnen als Bedrohung empfunden werden.

Soziale Arbeit steht für eine spezifische Reaktion auf eine Situation, eine Konstellation, ein Verhalten, die bzw. das als problematisch anerkannt wird (s. Rauschenbach/Züchner 2012, S. 170). Die Anerkennung kommt darin zum Ausdruck, dass die Reaktion nicht Privatleuten überlassen wird, sondern sie in aller Regel durch öffentliche Mittel – direkt oder indirekt – finanziert wird. Dabei sind die sozialarbeiterischen Ziele, Methoden und Reichweiten sehr unterschiedlich. Sie verbindet aber zwei weitere Merkmale:

- Soziale Arbeit ist auf *Handeln* ausgerichtet. Der Beruf/die Profession verspricht, über Strategien, Methoden, Kenntnisse etc. zu verfügen, wie das Defizit etc. überwunden werden kann.
- Soziale Arbeit verspricht nachhaltige *Lösungen*, weil sie die den Problemen, dem Mangel, dem Versagen etc. zugrundeliegenden Ursachen aufdecken und beseitigen will.

Aus dieser pauschalen Skizzierung ergeben sich drei Argumente, warum die Zusammenarbeit mit der Sozialen Arbeit für die Polizei wichtig ist.

1. *Soziale Probleme*: Kriminalität und mangelnde Sicherheit sind soziale Probleme, sie resultieren aus spezifischen biografischen oder sozialen Lagen und/oder produzieren neue Probleme. Soziale Arbeit stellt einen anderen Reaktionstypus auf dieselben Probleme dar.
2. *Klientele*: Zwischen potenziellen Tatverdächtigen/StörerInnen oder Kriminalitätsopfern und sozialarbeiterischen Klientelgruppen gibt es deutliche Überschneidungen. Insofern beschäftigen sich beide Instanzen mit denselben Gruppen.
3. *Problemlösung*: Die Handlungsmöglichkeiten der Polizei sind begrenzt; sie hat keinen Zugriff auf die Entstehungszusammenhänge von Kriminalität und Unsicherheit. Demgegenüber soll die Soziale Arbeit hingegen in der Lage sein, auch kausale und dauerhafte Problemlösungen zu bewirken.

Im letzten Drittel der vergangenen Jahrhunderts haben diese Argumente an Bedeutung zugenommen. Einerseits hat die Betonung präventiver Polizeistrategien dazu geführt, dass die Instanzen in den Blick gerieten, die sich in den sozialen Verhältnissen auskennen und diese zu verbessern versprechen. Anderseits zeigten Untersuchungen zum schutzpolizeilichen Alltag, dass weniger als 30 % der Funkstreifeneinsätze wegen einer (vermuteten) Straftat erfolgten, weitere 30 bis 40 % der Einsätze galten dem Straßenverkehr bzw. der Unfallaufnahme. Je nach Stadt differierend erfolgten 14 bis 25 % der Einsätze wegen allgemeiner »Hilfeleistungen« und 12 bis 25 % wegen »Streitigkeiten« und »Ruhestörungen«. Feltes fasste seine Ergebnisse folgendermaßen zusammen:

> »Schutzpolizeiliches Alltagshandeln ist geprägt von Anlässen, bei denen Bürger sich belästigt fühlen, Hilfe erwarten oder einfach meinen, eine Instanz zu benötigen, die für alle ›Unnormalitäten‹ des Alltags zuständig ist« (Feltes 1984, S. 21).

Diese Befunde sind in verschiedenen Studien bestätigt worden. Aufgrund seiner Auswertungen in Wien sprach Hanack von der Polizei als einer »unspezifischen Abhilfe-Instanz«, die »für ein breites Spektrum von Konfliktsituationen und Problemlagen zuständig ist und an (die) sehr verschiedenartige Erwartungen herangetragen werden« (Hanak 1986, S. 26). Dass die PolizistInnen nicht als »Crime Fighter« in Aktion treten, sondern häufig bei ihnen Hilfe in alltäglichen Situationen zwischen »Ärgernissen und Lebenskatastrophen« gesucht wird, wird auch im Selbstbild von PolizistInnen bestätigt, die sich häufig in der Rolle von Sozialarbeitenden sehen, weil sie Konflikte schlichten, Situationen beruhigen, Ratschläge geben oder auf Hilfen verweisen müssen (exemplarisch: Hermanutz/Michelfelder 1996, S. 1199: »Die Arbeit der Polizei ist auch Sozialarbeit.«).

Für die Positionierung der Sozialen Arbeit muss an dieser Stelle auf die lange Debatte über das Verhältnis von »Helfen und Kontrollieren« hingewiesen werden. Die traditionelle, durchaus kritische Sichtweise sieht die »eigentliche« Aufgabe der Sozialen Arbeit im »Helfen«; die Aufgabe der Instanzen der Polizei (und des Justizsystems) liege demgegenüber in der »Kontrolle«. Soziale Arbeit werde in ihrer Qualität dadurch bedroht, dass an sie ihr eigentlich fremde Kontrollaufgaben herangetragen würden. Aus dieser Konstellation entstehe ein »Spannungsverhältnis« zwischen Helfen und Kontrolle, das auf der praktischen Ebene bewältigt werden müsse. Gegenüber diesem Modell hat Dollinger (2019) auf die Gemeinsamkeiten hingewiesen, die zwischen den Instanzen des Helfens und denen des Kontrollierens bestehen.

- Erstens liege beiden die *Diagnose einer Differenz* zugrunde: Es wird ein Zustand festgestellt, der von einer Norm negativ abweicht. Für die Polizei liegt die Abweichung in kriminalisierten oder gefahrenträchtigen Handlungen oder Sachverhalten; für die Soziale Arbeit liegt die Abweichung darin, dass Betroffene ihren Alltag nicht bewältigen können, dass sie die an sie adressierten Anforderungen und Erwartungen nicht erfüllen.
- Zweitens sei beiden Bereichen gemeinsam, dass sie Aktivitäten entfalten, um die *Differenz zu beseitigen*. Strafverfolgung und Gefahrenabwehr sollen die öffentliche Sicherheit gewährleisten. Mit den Methoden der Sozialen Arbeit sollen die AdressatInnen befähigt werden, den Anforderungen gesellschaftlicher Normalität gerecht werden zu können: Arbeits-, Erziehungs-, Lernfähigkeiten, Selbstständigkeit und Handlungsfreiheit etc.

Diese Strukturmerkmale, so Dollinger, zeigten, dass Soziale Arbeit nicht das Gegenteil, sondern eine spezifischer Form »sozialer Kontrolle« darstelle. Deshalb sei es naheliegend, dass je nach Umständen die Kontrolle im strafenden oder im helfenden Modus ausgeführt werden kann:

> »Wurde ein Sachverhalt problematisiert, so ... kann (er) durch Rejustierungen des Problematisierungsmodus ... ohne größere Herausforderungen von Hilfebedarf auf Strafnotwendigkeit rekategorisiert werden« (ebd., S. 13).

Der Hinweis auf zugrundeliegende Gemeinsamkeiten bedeutet nicht, dass Soziale Arbeit und formelle Sozialkontrolle durch die Polizei dasselbe seien. Denn einerseits unterscheidet sich der Modus, die Art und Weise, in dem die Professionen arbeiten erheblich: Zwang und Strafen auf der einen, Freiwilligkeit und Unterstützen auf der anderen Seite. Noch wichtiger sind die Unterschiede in den Zielen: Die Ziele polizeilichen Handelns sind gebunden an die (primäre) Kriminalisierung sowie an die dominierenden Auffassungen über typischerweise gefährliches Verhalten. Die Ziele der Sozialen Arbeit sind nicht so eindeutig zu bestimmen. Versteht sie sich als »Normalisierungsagentur«, die die Einzelnen und Gemeinschaften befähigen will, den an sie gerichteten Anforderungen gerecht zu werden, dann sind die Überschneidungen mit Polizei- und Ordnungsvorstellungen offenkundig, denn die staatlich geförderte Sozialarbeit soll die Menschen zu einem selbstständigen Leben im Rahmen der Rechtsordnung befähigen. In dem Maße, in dem die Soziale Arbeit mit Selbstständigkeit und Handlungsfähigkeit zugleich den »Eigensinn« und die »Entfaltungsfreiheit« von Menschen gegenüber den »Normalitätserwartungen« stärken will, treten die Konflikte mit jenen Instanzen deutlich zutage, die eng an die Gesetze gebunden sind.

Die Konstellation zeigt: Nur eine kleine konzeptionelle Verschiebung, eine Veränderung der Problemwahrnehmung oder des professionellen Selbstverständnisse, andere öffentliche Stimmungen und politische Entscheidungen etc. können eine Entwicklung befördern, in der helfende und kontrollierende Interventionen koordiniert und gemeinsam »Normalisierungsarbeit« betreiben. Im Teil B werden Konstellationen, Verläufe und Resultate dieser ›Beziehungen‹ in verschiedenen Feldern vorgestellt.

2.2.2 Eine kurze Konfliktgeschichte

Betrachtet man, wie sich das Verhältnis von Sozialarbeit und Polizei in der Geschichte der Bundesrepublik entwickelt hat, so stechen vier Merkmale hervor:

- Erstens scheint das Verhältnis in den ersten zweieinhalb Jahrzehnten keine Rolle gespielt zu haben. Thematisiert werden die Beziehungen von Polizei und Sozialer Arbeit erst in der ersten Hälfte der 1970er Jahre. Die Debatte ist Ausdruck einer doppelten Veränderung: Angesichts der Modernisierung der westdeutschen Gesellschaft wurden auf polizeilicher Seite die Grenzen eigenen Handelns sichtbar, so dass nach Möglichkeiten gesucht wurde, die die gesellschaftlichen Ursachen jener Phänomene angehen können; es kommt zur Suche nach Verbündeten. In dieser Phase hatte die Sozialarbeit/Sozialpädagogik gerade begonnen, ihre traditionelle Einbindung in die herkömmliche Fürsorgepolitik infrage zu stellen. Der Versuch, sie nun in kriminalitätsorientierte Aufgaben einzubinden, stieß deshalb auf Widerstand.
- Zweitens war die anfängliche Diskussion auf den Umgang mit Jugendlichen konzentriert. Andere Gruppen, andere Deliktsfelder gerieten erst in späteren Jahren in den Fokus möglicher Zusammenarbeit.
- Drittens kam die Soziale Arbeit besonders im Rahmen präventiver Kriminal- und Polizeipolitik ins Spiel. Je vorbeugender und nachhaltiger Sicherheit hergestellt, Kriminalität bekämpft werden sollte, desto näher lag es, dass beiden Seiten zusammenarbeiten (sollen). Die Betonung von Prävention, verbunden mit einer aufgeklärten, die sozialen Ursachen von Kriminalität in Rechnung stellenden Kriminalstrategie, musste sich zwangsläufig den Instanzen zuwenden, die ihre Stärke im Sozialen behaupten.
- Viertens: Die Debatte wurde angestoßen von Seiten der Polizei. Es gab in den frühen Jahren keine Stimme aus dem sozialarbeiterischen Arbeitsfeld, die die Zusammenarbeit mit der Polizei forderte. Laut wurden hingegen Positionen, die aus sozialarbeiterischer Sicht eine Annäherung ablehnten. Wenngleich sich diese generelle Frontstellung im Lauf der Jahrzehnte gewandelt hat, so bleiben explizite sozialarbeiterische Forderungen nach einer engeren Zusammenarbeit mit der Polizei bis heute auf einzelne Deliktsfelder beschränkt (zur Entwicklung der Beziehungen zwischen Polizei und Sozialer Arbeit: Pütter 2015a; Turba 2018, S. 88–95).

In den 1970er Jahren standen zwei Themen im Zentrum: Verschiedene Polizeien entwickelten spezifische Formate, in denen sie sich mit Jugendlichen beschäftigen (»Jugendpolizeien«, ▶ Kap. 4.3). Und die niedersächsische Polizei stellte eigene SozialarbeiterInnen ein, um polizeiliches und sozialarbeiterisches Handeln unmittelbar und in eigener Regie zu verknüpfen. Beide Entwicklungen wurden von der Sozialarbeit als Eingriff in und als Angriff auf die eigene Domäne massiv zurückgewiesen. Unbeschadet dieser Kritik entwickelten sich in den 1980er und 1990er Jahren vielfältige (lokale) Kooperationsformen, so dass nicht mehr die Frage nach dem ›Ob‹ der Kooperation, sondern nur nach den konkreten Ausformungen (dem ›Wie‹) diskutiert wurde. Der von Möller (2010) herausgegebene Sammelband dokumentiert diese Entwicklung, indem er Kooperationen in neun unterschiedlichen Feldern aus polizeilicher, aus sozialarbeiterischer und wissenschaftlicher Sicht darstellt. Auch wenn die Beziehungen nicht spannungsfrei sind, so die Botschaft des Bandes, gehören sie mittlerweile doch zur bundesrepublikanischen Normalität.

2.3 Rechtlicher Rahmen für die Zusammenarbeit mit der Polizei

Im Unterschied zur Polizei, deren Handeln hochgradig verrechtlicht ist, gibt es eher wenige rechtliche Vorgaben für sozialarbeiterisches Handeln. Im Allgemeinen folgt die Soziale Arbeit – sofern sie nicht im behördlichen Kontext hoheitlich tätig wird – im weiten Rahmen der allgemeinen Rechtsordnung ihren fachlichen Standards, während sich in der Polizeiarbeit die fachlichen Standards (wie sie etwa in den Polizeidienstvorschriften formuliert sind) im engeren Rahmen spezifischer rechtlicher Vorgaben entwickeln.

Jenseits dieser Unterschiede existieren drei spezifische gesetzliche Bestimmungen, die für die Arbeitsbeziehungen von SozialarbeiterInnen und PolizistInnen von unmittelbarer Bedeutung sind: die strafrechtliche Schweigepflicht, das Zeugnisverweigerungsrecht und die Anzeigepflicht von Straftaten.

2.3.1 Schweigepflicht

§ 203 StGB soll vor der unbefugten Weitergabe von Daten schützen, indem er die »Verletzung von Privatgeheimnissen« unter Strafe stellt.

> **§ 203 StGB: Verletzung von Privatgeheimnissen (Auszug)**
>
> (1) Wer unbefugt ein fremdes Geheimnis, namentlich ein zum persönlichen Lebensbereich gehörendes Geheimnis oder ein Betriebs- oder Geschäftsgeheimnis, offenbart, das ihm als ...
>   4. Ehe-, Familien-, Erziehungs- oder Jugendberater sowie Berater für Suchtfragen in einer Beratungsstelle, die von einer Behörde oder Kör-

> perschaft, Anstalt oder Stiftung des öffentlichen Rechts anerkannt ist,
> …
> 6. staatlich anerkanntem Sozialarbeiter oder staatlich anerkanntem Sozialpädagogen …
> anvertraut worden oder sonst bekanntgeworden ist, wird mit Freiheitsstrafe bis zu einem Jahr oder mit Geldstrafe bestraft.
> (2) Ebenso wird bestraft, wer unbefugt ein fremdes Geheimnis, namentlich ein zum persönlichen Lebensbereich gehörendes Geheimnis oder ein Betriebs- oder Geschäftsgeheimnis, offenbart, das ihm als
> 1. Amtsträger, …
> anvertraut worden oder sonst bekanntgeworden ist. …

Die Schweigepflicht erstreckt sich damit auf

- staatlich anerkannte SozialarbeiterInnen oder SozialpädagogInnen,
- Beschäftigte einer der genannten Beratungsstellen,
- »Amtsträger«, z. B. Mitarbeitende im Jugendamt oder bei der Rentenversicherung.

Innerhalb dieses Geltungsbereichs ist die Schweigepflicht mehrfach begrenzt, erstreckt sich also nicht auf alles, was eine Person weiß.

- Erstens muss es sich um Daten handelt, die aus Sicht der Betroffenen schützenswert sind.
- Zweitens muss es sich um Daten handeln, die die Personen im Rahmen ihrer beruflichen Tätigkeiten erfahren haben.
- Drittens gilt die Schweigepflicht nicht innerhalb von Arbeitsbereichen, die zur Erledigung von ihnen übertragenen Aufgaben zusammenarbeiten müssen (s. Hundt 2019, S. 178–189).

Das primäre Rechtsgut, das das Strafrecht mit dieser Bestimmung schützt, sind die schützenswerten Daten der Betroffenen. Durch das »Volkszählungsurteil« hat das Bundesverfassungsrecht aus den Art. 1 GG (Würdegebot) und Art. 2 GG (Persönliche Freiheit) das »Grundrecht auf informationelle Selbstbestimmung« hergeleitet. Dieses neue Grundrecht hat dazu geführt, dass personenbezogene Daten zusätzlich in den Sozialgesetzbüchern vor unberechtigter Weitergabe geschützt werden. In § 35 SGB I heißt es: »Jeder hat Anspruch darauf, dass die ihn betreffenden Sozialdaten (§ 67 Abs. 2 Zehntes Buch) von den Leistungsträgern nicht unbefugt verarbeitet werden (Sozialgeheimnis).« Im zweiten Kapitel des SGB X wird der Schutz der Sozialdaten detailliert geregelt. Im Zusammenhang mit der Schweigepflicht ergibt sich als Grundsatz, dass die Daten nur im Rahmen des durch das SGB X oder andere Sozialgesetzbücher Erlaubten weitergegeben werden dürfen (§ 67b Abs. 1 SGB X).

Schweigepflicht und Sozialdatenschutz sollen den Interessen der Betroffenen dienen. Niemand soll unbefugt davon erfahren, was sie Sozialbehörden und SozialarbeiterInnen anvertrauen. Damit schützen diese Bestimmungen nicht nur die Betroffenen, sondern sie sichern die *Grundvoraussetzung erfolgreicher Sozialarbeit*: Ein Vertrauensverhältnis zwischen KlientInnen und Professionellen kann nur entstehen, wenn gewährleistet wird, dass die Informationen nicht weitergegeben werden. Oder in den Worten des Bundesverfassungsgerichts von 1977: Durch die Schweigepflicht würden soziale Beziehungen geschützt, für die die »Wahrung des Geheimhaltungsinteresses der Klienten ... Vorbedingung des Vertrauens ... und damit zugleich Grundlage für die funktionsgerechte Tätigkeit« sei (zit. n. Fischer/Sauer/Wabnitz 2019, S. 64).

2.3.2 Zeugnisverweigerungsrecht

Zeugnisverweigerungsrecht bedeutet, dass jemand im Rahmen eines Strafverfahrens vor der Polizei, vor der Staatsanwaltschaft oder vor Gericht die Aussage verweigern darf. Wem die Strafprozessordnung kein Zeugnisverweigerungsrecht einräumt, muss wahrheitsgemäß nach bestem Wissen aussagen, ansonsten macht die Person sich selbst strafbar. Diese Pflicht wird durch den Sozialdatenschutz nicht außer Kraft gesetzt. Vielmehr gilt der Grundsatz, dass Schweigepflicht und Sozialdatenschutz für die Strafverfolgung und für die Gefahrenabwehr aufgehoben sind. In den §§ 68–73 SGB X wird dieser Grundsatz konkretisiert. Sie erlauben die Datenweitergabe an Polizei, Gerichte, Staatsanwaltschaften und die Nachrichtendienste. Dabei ist die Weitergabe immer daran gebunden, dass die Daten für die anfordernde bzw. erhaltende Stelle erforderlich sind, damit diese ihre Aufgaben erfüllen kann; nur bei Verbrechen oder »Straftaten von erheblicher Bedeutung« müssen alle Arten von Daten weitergegeben werden (s. Hundt 2019, S. 144–150).

Die Schweigepflicht nach § 203 StGB wird für das Strafverfahren durch die Bestimmungen zum Zeugnisverweigerungsrecht aufgehoben. In § 52 StPO wird das Recht, die Aussage zu verweigern, den engen Angehörigen des/der Beschuldigten zugesprochen (PartnerInnen, enge Verwandte). In § 53 wird dieses Recht auf »Berufsgeheimnisträger« ausgedehnt. Das Zeugnisverweigerungsrecht wird u. a. PriesterInnen, RechtsanwältInnen, ÄrztInnen, ParlamentarierInnen und JournalistInnen (immer im Hinblick auf die Informationen, die ihnen in dieser beruflichen Rolle bekannt wurden) zugesprochen. Für den Bereich der Sozialen Arbeit erlaubt der Paragraf die Aussageverweigerung nur in zwei Konstellationen:

> »3a. Mitglieder oder Beauftragte einer anerkannten Beratungsstelle nach den §§ 3 und 8 des Schwangerschaftskonfliktgesetzes über das, was ihnen in dieser Eigenschaft anvertraut worden oder bekanntgeworden ist;
> 3b. Berater für Fragen der Betäubungsmittelabhängigkeit in einer Beratungsstelle, die eine Behörde oder eine Körperschaft, Anstalt oder Stiftung des öffentlichen Rechts anerkannt oder bei sich eingerichtet hat, über das, was ihnen in dieser Eigenschaft anvertraut worden oder bekanntgeworden ist ...«

Nur für die Tätigkeit in einer Drogenberatungsstelle oder in der Schwangerschaftskonfliktberatung dürfen vorgeladene ZeugInnen die Aussage verweigern. In diesen Fällen gewichtet der Gesetzgeber das Vertrauensverhältnis höher als das Interesse an der Strafverfolgung. Für alle anderen sozialarbeiterischen Tätigkeiten gilt dies nicht. Dass dies der Bedeutung des Vertrauens für viele sozialarbeiterische Tätigkeiten nicht entspricht, ist zuletzt am Beispiel der Arbeit mit Fußballfans betont worden (Schruth/Simon 2018, S. 48).

Neben dieser strafprozessualen Umwandlung der Schweige- in eine Aussagepflicht kann die Schweigepflicht noch durch andere Umstände aufgehoben werden:

- Betroffene können Sozialarbeitende von der Schweigepflicht entbinden.
- Im Rahmen der Nothilfe zur Abwehr einer gegenwärtigen Gefahr bleibt die Verletzung der Schweigepflicht straffrei.
- Sofern andere Mittel versagen, ist beim Verdacht auf Kindeswohlgefährdung die Information des Jugendamtes zulässig.
- Und sofern es das Kindeswohl zulässt, besitzen Eltern eine Informationsanspruch über die Daten, die ihr Kind betreffen (Fischer/Sauer/Wabnitz 2019, S. 74–76).

Bedeutsam ist im Ergebnis, dass Sozialdatenschutz und Schweigepflicht nicht darüber hinwegtäuschen dürfen, dass in den meisten sozialarbeiterischen Arbeitsbezügen eine Aussagepflicht besteht, sollte es zu einem Ermittlungsverfahren kommen. Dass dieser Umstand Rückwirkungen auf das Vertrauensverhältnis haben kann, sollte auch von SozialarbeiterInnen bedacht werden. Sie müssen abwägen, ob sie möglichst viel über ihre KlientInnen wissen wollen, um bestinformiert handeln zu können, oder ob sie auf Informationen verzichten, um ggf. nicht zum Schaden ihrer KlientInnen aussagen zu müssen.

2.3.3 Anzeigepflicht

Erfahren Sozialarbeitende von kriminalisierten Handlungen, so gilt für sie, was für jeden anderen Bürger/jede andere Bürgerin gilt:

Für *begangene Straftaten* besteht grundsätzlich keine Meldepflicht. Erhält jemand Kenntnis von einem Diebstahl oder einem Betrug, der bereits stattgefunden hat, so gibt es keine Pflicht, die Strafverfolgungsbehörden zu informieren.

Für *geplante Straftaten* gibt es hingegen eine – eingeschränkte – Meldepflicht. § 138 StGB bedroht jene »mit Freiheitsstrafe bis zu fünf Jahren oder mit Geldstrafe«, wer

> »von dem Vorhaben oder der Ausführung ...
> 2. eines Hochverrats ..., 3. eines Landesverrats ..., 4. einer Geld- oder Wertpapierfälschung ..., 5.eines Mordes ..., 6. einer Straftat gegen die persönliche Freiheit ..., 7. eines Raubes oder einer räuberischen Erpressung ...
> zu einer Zeit, zu der die Ausführung oder der Erfolg noch abgewendet werden kann, glaubhaft erfährt und es unterläßt, der Behörde oder dem Bedrohten rechtzeitig Anzeige zu machen«.

Der Straftatenkatalog des § 138 StGB beschränkt die Mitteilungspflicht auf geplante schwere Straftaten. Im Normalfall sozialarbeiterischer Praxis dürften die aufgeführten Delikte kaum auftauchen: Spionage, Geldfälschung, Mord, Geiselnahme, diese Delikte sind nicht nur empirisch selten, sie überschneiden sich auch nicht mit den Phänomenen, die bei den Klientelen der Sozialen Arbeit besonders häufig vermutet werden. Allein bei Raub und räuberischer Erpressung könnte die Mitteilungspflicht eine Rolle spielen, da z. B. das ›Jacke abziehen‹ strafrechtlich eine räuberische Erpressung darstellt (Cornel 1998, S. 2).

Zudem wird die Anzeigepflicht durch weitere Bestimmungen eingeschränkt: Unterlassene Mitteilungen sind nur dann strafbar, wenn die Information über die geplante Tat »glaubhaft« war und wenn ihre Mitteilung hätte »rechtzeitig« erfolgen können. Und mit der Formulierung »der Behörde oder dem Bedrohten« wird es den Betroffenen freigestellt, ob sie die Polizei oder den/die Betroffene/Betroffenen informieren. Deshalb schafft das Strafrecht selbst unter den genannten Einschränkungen keine Anzeigepflicht gegenüber der Polizei. Unter Strafe gestellt wird das Nichtstun; wer aber rechtzeitig die Betroffenen in Kenntnis setzt, handelt rechtmäßig. Diesen Konstellationen trägt auch das SGB X Rechnung, indem es ausdrücklich die Weitergabe von Sozialdaten »zur Abwendung geplanter Straftaten nach § 138 des Strafgesetzbuches« zulässt (§ 71 Abs. 1 Nr. 1 SGB X).

2.4 Eine idealtypische Gegenüberstellung

In den vergangenen fünf Jahrzehnten haben sich vielfältige Zusammenarbeits- und Kooperationsformen zwischen Polizei und Sozialer Arbeit entwickelt. Der Grad der Unterschiede variiert in der Praxis erheblich. Gleichwohl scheint es sinnvoll, die Pole zu benennen, aus denen das Spannungsfeld resultiert, in dem PolizistInnen und SozialarbeiterInnen (gemeinsam) handeln. Dabei handelt es sich nicht um eine Beschreibung der Realität, sondern um eine idealtypische Zuspitzung des institutionellen Kerns von Polizei und Sozialer Arbeit. Tabelle 2 zeigt die Unterschiede im Überblick (▶ Tab. 2).

Tab. 2: Idealtypische Gegenüberstellung Polizei und Soziale Arbeit

Merkmal	Polizei	Soziale Arbeit
Verwaltungstyp	Eingriffsverwaltung	Leistungsverwaltung
Rechtsgrundlagen	Polizeirecht, Strafprozessrecht	Sozialrecht
Bedeutung des Rechts	Begrenzung des Handels	Öffnung von Ansprüchen
Zentrales Prinzip	Konditionalprogramm	Zweckprogramm
Instrumente	Zwang	Freiwilligkeit
Sanktionen	negative	positive

Tab. 2: Idealtypische Gegenüberstellung Polizei und Soziale Arbeit – Fortsetzung

Merkmal	Polizei	Soziale Arbeit
Perspektive	Verantwortlichkeit	Veränderung
Basales Paradigma	Störung/Gefährdung	Hilfe/Unterstützung
Dauer	kurzfristig	mittel- und langfristig
Ziel	legales/nicht gefährdendes Verhalten	soziale Integration
Verhältnis zu AdressatInnen	Distanz	Vertrauen
Mandatsverhältnisse	geltende Rechtsordnung	verschiedene Mandate im Widerstreit

Modifiziert n. Pütter 2015a, S. 4

Verwaltungstyp

Zugrunde liegt die klassische Unterscheidung zwischen *Eingriffs- und Leistungsverwaltung* (s. Gloss 2010, S. 324f.). Eingreifende Verwaltungstätigkeiten sind Ausdruck hoheitlicher staatlicher Gewalt. Die Behörde greift ein in die Rechte von BürgerInnen. Zu diesen Tätigkeiten gehören etwa die Steuerverwaltung oder die Baubehörden (beide beschneiden das Eigentumsrecht), insbesondere ist die Befugnis zum »Eingriff« für die Ordnungs- und Polizeibehörden charakteristisch. Die Ermächtigung und Befähigung, unter bestimmen Voraussetzungen in Grundrechte einzugreifen, sind deren Spezifikum.

Die Soziale Arbeit einem »Verwaltungstyp« zuzuordnen, verzerrt bereits die Lage. Denn Soziale Arbeit findet nur zum Teil im Rahmen öffentlicher Verwaltungen statt. Zwar kann sie Eingriffe in die Rechte von BürgerInnen veranlassen (etwa im Jugendamt), aber ihre Kerntätigkeit besteht in unterstützenden, beratenden, helfenden Dienstleistungen, die die BürgerInnen in die Lage versetzen sollen, ihre Rechte wahrzunehmen. Dies entspricht dem, was die staatliche Leistungsverwaltung (von der Familienkasse bis zu den Sozialversicherungen) tut.

Rechtsgrundlage

Die Polizei stützt sich in ihren Tätigkeiten auf zwei Rechtsgrundlagen: Sofern sie Straftaten verfolgt, sind die Bestimmungen der Strafprozessordnung – eines Bundesgesetzes – maßgebend; für die »Gefahrenabwehr« bilden die nach Bund bzw. Bundesländern unterschiedlichen Polizeigesetze die Grundlage. Beide Rechtsbereiche definieren Aufgaben, Befugnisse und Methoden, die an gesetzlich definierte Voraussetzungen gebunden sind.

In ähnlicher Weise gibt es kein »Recht der Sozialen Arbeit«. Die rechtlichen Grundlagen sozialarbeiterischer Tätigkeiten sind auf viele Rechtsbereiche verstreut. Eine besondere Bedeutung kommt dabei dem Sozialgesetzbuch (SGB) zu. Innerhalb der zwölf Bände ist die sozialarbeiterische Relevanz unterschiedlich. Im Bereich der Kinder- und Jugendhilfe (SGB VIII) ist sie hoch, im Bereich der Rentenversicherung (SGB VI) gering. Aber selbst in diesen Feldern gilt, dass andere Rechtsbereiche einbezogen werden müssen: Etwa das Bürgerliche Gesetzbuch für Fragen der Kinder- und Jugendhilfe, die Regelungen zum Kindergeld, zu Elterngeld und -zeit für die Sozialarbeit in Familien, die Krankenhausgesetze für die Krankenhaussozialarbeit etc.

Bedeutung des Rechts

Die ›Leistung‹ des *Rechts für die Polizei* besteht darin, dass es ihr legale Handlungsräume eröffnet, sofern diese Handlungen Eingriffe darstellen. Das Eingriffsrecht ist für die Polizei zentral, weil es ihr Handeln gleichzeitig legitimiert und begrenzt. Erst durch dieses Recht wird der Raum erzeugt, in dem die Rechte von BürgerInnen unmittelbar (physisch) beschnitten werden dürfen.

Im Bereich der Sozialen Arbeit ist das Recht *an die KlientInnen* adressiert. Das Sozialrecht definiert Ansprüche von »Leistungsberechtigten« gegenüber sozialstaatlichen Einrichtungen. Soziale Dienstleistungen, die von SozialarbeiterInnen erbracht werden können, sind ein Teil dieser Leistungen. Der Handlungsraum Sozialer Arbeit erschöpft sich zudem nicht im rechtlich Vorgegebenen.

Zentrales Prinzip

Für die Polizei ist ihr Handeln wesentlich rechtlich strukturiert, im Bereich der Strafverfolgung durch das *Legalitätsprinzip*, das zur Einleitung förmlicher Ermittlungen zwingt, im Bereich der Gefahrenabwehr durch das *Opportunitätsprinzip*, das durch das »pflichtgemäße Ermessen« bestimmt wird (▶ Kap. 1.1.3). In der traditionellen Fassung (die durch die jüngere Rechtsentwicklung aufgeweicht wird) folgt sie in beiden Bereichen einem »*Konditionalprogramm*«, das aus einem »Wenn-Dann-Schema« besteht: Wenn die Polizei von einer Straftat erfährt, muss sie ermitteln; wenn sie einer konkreten Gefahr gewahr wird, muss sie intervenieren.

In der Sozialarbeit wird das Handeln von den *Erfordernissen des Einzelfalls* bestimmt, die nur in wenigen Fällen rechtlich definiert sind. Sie ergeben sich in der Regel aus den Problemwahrnehmungen von Betroffenen und/oder aus Problemzuschreibungen. Dabei wird die Rolle der Sozialen Arbeit darin gesehen, zur Bewältigung des Problems beizutragen, wobei die Art der Bewältigung sich aus den professionellen Standards und nicht aus rechtlichen Vorgaben ergibt. Deshalb operiert die Soziale Arbeit nach dem »*Zweckprogramm*«: Um etwas zu erreichen (ein Problem zu lösen), unternimmt sie die Aktivitäten, die ihr nach Lage des Falles als zweckmäßig erscheinen.

Instrumente

Die Instrumente oder Maßnahmen, mit denen die Polizei ihre Aufgaben umsetzen kann, sind vielfältig. Ihre Besonderheit liegt allerdings darin, dass ihr ein Repertoire von Maßnahmen zur Verfügung steht, die mit direkten Eingriffen in die Rechte von BürgerInnen verbunden sind. Die Polizei eröffnet in der Regel keine Handlungsoptionen (»Sie könnten diese Platz jetzt verlassen oder hierbleiben.«), sondern sie ordnet an. Im Hinblick auf die AdressatInnen polizeilichen Handelns besteht *keine Freiwilligkeit, sondern Zwang.*

Im Grundsatz ist die Arbeit mit Zwang der Sozialen Arbeit fremd. Wenn »Soziale Arbeit in Zwangskontexten« (Zobrist/Kähler 2017) in Erscheinung tritt, so bedarf das besonderer fachlicher Anstrengungen. Denn im ›Normalfall‹ setzen sozialarbeiterische Interventionen auf Freiwilligkeit bei der Kontaktaufnahme und mehr noch in der Umsetzung. Soziale Arbeit unterbreitet ein Angebot; selbst wenn sie als »aufsuchende« ihre potenziellen KlientInnen unmittelbar anspricht, bleibt der Grundsatz der Freiwilligkeit bestehen. Die Freiwilligkeit korrespondiert mit der aktiven Beteiligung der AdressatInnen: Pädagogische (intrinsische Motivation), dienstleistungstheoretische (die KlientInnen als notwendige ›KoproduzentInnen‹ sozialer Güter) und demokratietheoretische (Selbstbestimmung) Begründungen liegen dieser Orientierung auf Freiwilligkeit zugrunde (s. Schnurr 2018, S. 1128–1131); teilweise ist sie auch gesetzlich vorgeschrieben (etwa § 36 SGB VIII).

Sanktionen

Die Polizei verfügt ausschließlich über *negative Sanktionen*. Dabei kann sie einerseits unmittelbar selbst Verbote aussprechen, etwa in der Form von Polizeiverfügungen oder von einzelnen Handlungen wie Platzverweisen oder Betretungsverboten. Andererseits steht sie an der Basis des Strafverfolgungssystems. Wirksamkeit erlangt die Polizei durch den Umstand, dass sie physischen Zwang ausüben und mit ihm drohen kann.

Soziale Arbeit verfügt nicht über negativen Sanktionen. Ihr Strafpotenzial besteht darin, ggf. die eigene Arbeit einzustellen. Allenfalls kann sie mit den Sanktionen anderer drohen (z. B. der Anrufung des Familiengerichts), wenngleich Drohungen als pädagogisch fragwürdig gelten. Das Besondere der Soziale Arbeit ist vielmehr, dass sie ihren KlientInnen *positive Sanktionen* in Aussicht stellt, indem sie berät, begleitet und unterstützt.

Perspektive

Das Handeln der Polizei ist an Gefahren orientiert: Sei es im Polizeirecht zur Abwehr drohender Gefahren oder sei es in der Strafverfolgung, wenn die Gefahr für ein geschütztes Rechtsgut realisiert worden ist. In beiden Fällen ist die Polizeiarbeit auf die Feststellung von *Verantwortlichkeiten* ausgerichtet: Von wem geht die Gefahr aus, wer hat die Straftat begangen?

Für die Soziale Arbeit ist die Perspektive auf Veränderungen und mögliche Chancen zentral. Sofern es um die Ermittlung von Verantwortlichkeiten geht, geschieht dies als Voraussetzung für mögliche Problemlösungen. Ihre Perspektive ist davon bestimmt, dass sie *Optionen* für Individuen, Gruppen oder Gemeinwesen befördern will.

Basales Paradigma

Von Hermann Nohl soll die Formulierung stammen, dass die Polizei sich um Menschen kümmert, die Probleme machen, während die Sozialpädagogik sich um Menschen kümmert, die Probleme haben. Auch wenn in dieser Gegenüberstellung unterschlagen wird, dass die Soziale Arbeit mit KlientInnen konfrontiert wird, die ihre Lage nicht als problematisch empfinden – es sich also um ein zugeschriebenes Problem handelt –, so wird in diesem Satz die grundlegende Diskrepanz deutlich: Die Polizei tritt ins Feld, wenn eine Störung zu befürchten ist oder eingetreten ist. Aus dieser Perspektive und mit spezifischen Aufträgen nimmt die Polizei soziale Wirklichkeit wahr.

Das Störende oder Gefährliche ist für die Soziale Arbeit sekundär. Hier steht im Vordergrund, dass ein Problem, ein Defizit, ein Mangel etc. diagnostiziert wird. Die sozialarbeiterische Tätigkeit besteht darin, Unterstützungen und Hilfen zugänglich zu machen, um die Probleme lösen zu können.

Dauer

Für das polizeiliche Handlungsprofil kennzeichnend ist schnelles und zeitlich begrenztes Handeln. Bei der Abwehr konkreter Gefahren ist schnelles Handeln von der Sache her zwingend geboten. Ist die Gefahr erfolgreich abgewendet, endet der polizeiliche Auftrag. Bereits aus dem Verhältnismäßigkeitsgrundsatz ergibt sich, dass das polizeiliche Handeln auch zeitlich auf das erforderliche Maß zu beschränken ist. In der Strafverfolgung gilt im Allgemeinen, dass die Aufklärung umso eher gelingt, je schneller sie der Tat folgt. Darüber hinaus endet die Polizeiarbeit, wenn die Tatverdächtigen ermittelt sind; spätestens mit dem Ende des Ermittlungsverfahrens durch die Staatsanwaltschaft oder durch gerichtliche Entscheidungen.

Die Dauer sozialarbeiterischer Interventionen ist unbestimmt. Bereits ihr Beginn ist ungewiss, da mitunter auch das bloße Zuwarten eine sozialarbeiterische Maßnahme sein kann. Darüber hinaus ist die Dauer sozialarbeiterischer Tätigkeiten – wobei die finanziellen Ressourcen außeracht bleiben – grundsätzlich von den jeweiligen Problemlagen abhängig. Betrachtet man den Kern professionellen sozialarbeiterischen Selbstverständnisses, dann verfolgt sie Ziele, die nur in einem längeren Prozess erreicht werden können. Dem schnellen Handeln mit sichtbaren Ergebnissen steht die langfristige Perspektive mit ungewissem Ausgang gegenüber.

Ziel

Der institutionell vorgegebene Zielhorizont der Polizei ist auf die Rechtsordnung ausgerichtet. Wenn alle sich an die im Recht formulierten Regeln halten, dann hat die Polizei ihre Aufgabe erfüllt, dann wäre sie überflüssig. Dass soziale Sachverhalte eine Rolle dabei spielen, ob die Menschen sich an das Recht halten, wird von der Polizei durchaus in Rechnung gestellt, aber in diesem Feld liegen weder ihre Handlungsmöglichkeiten noch ihr originäres Ziel. Weil das Recht für alle gleich gilt, muss die Polizei die sozialen Unterschiede ignorieren.

Aus der Sicht der Sozialen Arbeit ist die Frage, ob ihre KlientInnen mit dem Recht in Konflikt geraten, nur eine der Dimensionen, in denen Probleme bestehen können. Deshalb kann Soziale Arbeit die rechtliche Würdigung des Verhaltens ihrer Klientel nicht ignorieren. Aber im Zentrum steht *nicht die legale, sondern die soziale Integration* der Betroffenen.

Verhältnis zu AdressatInnen

In Bevölkerungsumfragen zeigen sich regelmäßig hohe Vertrauens- und Zustimmungswerte zur Polizei. Allerdings sind das sehr abstrakte Befunde. Einerseits sinken die Vertrauenswerte erheblich, wenn Gruppen befragt werden, die schlechte Erfahrungen mit der Polizei gemacht haben oder diese befürchten. Andererseits ist auch das Verhältnis der ›rechtschaffenen Normalbürger‹ zur Polizei durchaus ambivalent. Denn PolizistInnen vertreten das staatliche Gewaltmonopol, als uniformierte und bewaffnete SchutzpolizistInnen repräsentieren sie dieses auch optisch, so dass das Autoritätsgefälle zwischen Staatsmacht und BürgerIn offenkundig wird.

Distanz taucht auch in sozialarbeiterischen KlientInnenkontakten auf. Insbesondere, wenn der Kontakt nicht freiwillig, sondern im Rahmen von Zwangskontexten zustande kommt. Die Distanz abzubauen und auf Dauer durch ein Vertrauensverhältnis zu ersetzen, gilt als Schlüssel erfolgreicher Sozialarbeit. Nur ›Vertrauen‹ erlaubt eine zutreffende Diagnose, diese wiederum erlaubt eine Verständigung über Handlungsoptionen und ist die Basis einer stabilen Arbeitsbeziehung.

Mandatsverhältnisse

Die Polizei folgt unmittelbar und eindeutig einem *gesamtgesellschaftlichen Mandat:* Der Bezugspunkt dieses Mandats ist die jeweils geltende Rechtsordnung. In sozialer Hinsicht bedeutet das, dass soziale Gruppen und Interessen insoweit das Mandat (die Beauftragung) der Polizei beeinflussen, wie es ihnen gelungen ist, auf das geltende Recht und die Regeln seiner Auslegung Einfluss zu gewinnen. Insofern gibt es bei der Polizei keine ›Mandatsdiskussion‹. Sie hat nur ein Mandat, und das ergibt sich aus dem Recht.

Für die Soziale Arbeit ist hingegen das Verhältnis *unterschiedlicher Mandate* kennzeichnend. Das »Doppelmandat« gilt als Wesensmerkmal Sozialer Arbeit (in

Deutschland seit Böhnisch/Lösch 1973). Dabei wird das erste Mandat als die gesamtgesellschaftliche Beauftragung aufgefasst, die sich in den Arbeitsaufträgen der jeweiligen ArbeitgeberInnen manifestiert. Am Beispiel: Das Jugendamt fungiert als Instanz der »Gesellschaft«, es soll Familien in die Lage versetzen, die ihr zugedachten Aufgaben erfüllen zu können. Das zweite Mandat ergibt sich aus den wohlverstandenen Interessen der KlientInnen. Diese sind nicht per se mit den gesellschaftlichen Zuschreibungen identisch. Am Beispiel: Die Familienmitglieder könnten auch andere Vorstellungen als das Jugendamt von ihrem Zusammenleben haben. Wie positioniert sich der/die SozialarbeiterIn in diesen Konflikten?

Später ist das Doppel- auf ein »Trippelmandat« erweitert worden, indem die Soziale Arbeit zu einer in den beruflichen Standards formulierten »Menschenrechtsprofession« erklärt wurde, die neben den Motiven des Auftraggebers und den Interessen der KlientInnen auch die Menschenrechte beachten muss (Staub-Bernasconi 2013). Allein dass es eine solche Diskussion über unterschiedliche, ggf. in Konflikt stehende Mandate geben kann, macht eine systematischen Unterschied zur Polizei aus.

Literaturempfehlungen

AK HochschullehrerInnen Kriminologie/Straffälligenhilfe in der Sozialen Arbeit (Hg.) (2014): Kriminologie und Soziale Arbeit. Ein Lehrbuch. Weinheim, Basel: Beltz Juventa

Dollinger, B./Oelkers, N. (Hg.) (2015): Sozialpädagogische Perspektiven auf Devianz. Weinheim: Beltz

Hundt, M. (2019): Datenschutz in der Kinder- und Jugendhilfe. Praxishandbuch für die sozialpädagogische Arbeit. Regensburg: Walhalla

B Foren und Formen der Zusammenarbeit

3 Präventionsräte

> ☞ **Was Sie in diesem Kapitel erwartet**
>
> »Prävention« ist in den letzten Jahrzehnten zu einem zentralen Bezugspunkt in der Kooperation von Polizei/Justiz und Sozialer Arbeit geworden. Eine flächendeckende Ausdehnung hat dieser Bedeutungszuwachs durch Einrichtungen auf örtlicher Ebene erhalten, die häufig unter der Bezeichnung »Präventionsräte« firmieren; mitunter bezeichnen sich diese Einrichtungen auch als »Runde Tische« oder als »Kommissionen«. Gemeint ist aber immer, dass verschiedene Institutionen und/oder Akteure in kriminalpräventiver Absicht zusammenwirken. Um die Bedeutung und die Probleme dieses Komplexes verstehen zu können, muss zunächst ein Blick auf den Begriff der »Prävention« geworfen werden.

3.1 Präventionsbegriffe

»Prävention« ist ein sog. Containerbegriff, d. h., er kann mit nahezu beliebigen Inhalten gefüllt werden. Gemeinsam ist diesem Beliebigen eine Absicht, die in dem Begriff zum Ausdruck kommt: praevenire (lat.) bedeutet wörtlich »zuvorkommen«. Das aus dem Griechischen stammende »prophylaktisch« hat dieselbe Bedeutung, hat sich aber im Sprachgebrauch außerhalb der Zahnmedizin nicht durchgesetzt. »Prävention« wird immer in dem Sinne verwendet, dass man etwas Unerwünschtem zuvorkommen will. Sie ist deshalb immer auf die Zukunft gerichtet und fußt auf einer Prognose: Man erwartet etwas für die Zukunft, das man – durch die Prävention – vermeiden möchte. Diese strategische Perspektive ist auf den ersten Blick so überzeugend, dass »Prävention« in den letzten 50 Jahren in allen sozialen Disziplinen zu einer besonders wertvollen und erstrebenswerten Ausrichtung geworden ist.

Für die Prävention werden in der Regel drei Argumente ins Feld geführt, die sich leicht für die Kriminalprävention konkretisieren lassen:

- Negative Folgen lassen sich häufig *nicht mehr rückgängig* machen: Opfer von Gewaltkriminalität werden diese Erfahrung vielleicht ihr Leben lang nicht

mehr los. Auch gesundheitliche Schädigungen können ggf. nie mehr rückgängig gemacht werden. Was für die Opfer gilt, gilt auch für die TäterInnen: Haben sich kriminelle Verhaltensmuster verfestigt, sind sie nur schwer wieder aus der Welt zu schaffen. Prävention von Gewaltkriminalität verspricht hier eine Alternative.
- Ist das Unerwünschte eingetreten, verlangen die Reaktionen *erheblichen Aufwand*, ohne dass ein Erfolg gewährleistet ist. Um die Gewaltkriminalität mit den Mitteln der Strafverfolgung einzudämmen, die Verurteilten zu resozialisieren etc. müssen erhebliche Ressourcen aufgebracht werden. Das gilt für die materiellen Ressourcen, das gilt aber auch für die Eingriffe in die Grundrechte, die für die Strafverfolgung als notwendig erachtet werden. Insofern gilt Prävention als der sanftere Interventionsmodus.
- Prävention verspricht *Nachhaltigkeit*. Dies gilt keineswegs für alle Spielarten der Prävention (s. u.), aber die präventive Orientierung spielt immer mit dem Gedanken, dass ihr auf die Zukunft gerichteter Blick dauerhaft positive Folgen haben wird: Wenn Kinder in der Schule gewaltfreie Konfliktaustragung lernen, dann führt das letztlich – so die Hoffnung – zu einer gewaltärmeren Gesellschaft.

Unter dem Schirm dieser Gemeinsamkeiten findet sich im Bereich der Kriminalprävention ein weites Spektrum unterschiedlicher Akteure, Themen, Strategien und Handlungsformen. Diese Mischung ist deshalb möglich, weil in verschiedenen Institutionen/Disziplinen Unterschiedliches als »Prävention« bezeichnet wird. Zentral für die Kriminalprävention sind zunächst zwei spezifische Präventionsbegriffe, die für die Arbeit von Polizei und Justiz kennzeichnend sind.

3.1.1 Spezifische Präventionsbegriffe

Die originäre Aufgabe der Polizei besteht in der »Gefahrenabwehr«. Das ist ihrer Natur nach eine präventive Tätigkeit, denn die Polizei schreitet ein, wenn eine Gefahr abgewehrt werden soll. Hier sind die klassischen Merkmale von Prävention vorhanden: Die »Gefahr« stellt das Unerwünschte dar, weil der Schaden an einem geschützten Rechtsgut (öffentliche Sicherheit oder Ordnung) befürchtet wird. Die Befürchtung beruht auf einer Prognose: dass die Gefahr eintritt, wenn die Polizei nicht einschreitet. Deshalb ist jede polizeiliche Tätigkeit im Rahmen der Gefahrenabwehr eine präventive Tätigkeit.

Daneben gibt es einen engeren polizeilichen Präventionsbegriff, der nicht auf Eingriffe zum Zwecke der Gefahrenabwehr abstellt, sondern auf kriminalitätsverhindernde Öffentlichkeitsarbeit ausgerichtet ist. Diese Art von Prävention wird an der polizeilichen Basis von sog. »PräventionsbeamtInnen« wahrgenommen; auf Bundesebene werden die entsprechenden Aktivitäten durch das »Programm polizeiliche Kriminalprävention des Bundes und der Länder (ProPK)« koordiniert (s. Noesselt 2007).

Aus dieser doppelten polizeilichen Präventionsdefinition ergibt sich bereits eine erste Unschärfe des Begriffs. Er erlaubt nicht nur kriminalitätsbezogene

Aufklärungsaktivitäten als »Prävention« zu bezeichnen, sondern die gesamte polizeiliche Gefahrenabwehr stellt präventives Handeln dar.

Für die Polizei (als Ermittlungsperson im Strafverfahren), für die Staatsanwaltschaft und die Gerichte prägt die »Strafzwecklehre« den Präventionsbegriff. Auf die Frage »Welcher Zweck wird mit dem Strafrecht verfolgt?« antwortet die Strafzwecklehre mit dem Verweis auf die präventiven Wirkungen, die vom Strafrecht ausgehen sollen. Dabei handelt es sich um eine Rechtfertigung des Strafrechts, also eher um ein theoretisches Konstrukt, um eine gewünschte Wirkung, die dem Strafrecht zugeschrieben wird. Ob die präventive Wirkung erreicht wird, ist für diesen Sprachgebrauch zunächst sekundär. Bei den strafrechtlichen Zweckzuschreibungen wird zwischen der Spezialprävention und der Generalprävention unterschieden, beide können in einer negativen und einer positiven Ausprägung auftreten:

- Die *Spezialprävention* ist an den einzelnen Delinquenten adressiert. Als *negative Spezialprävention* werden dann jene strafrechtlichen Reaktionen bezeichnet, durch die der oder die Einzelne bestraft wird. Die Strafe oder die Angst vor Bestrafung sollen demnach dazu führen, dass der Betroffene zukünftig nicht mehr gegen Strafgesetze verstößt. Das wäre die erwünschte präventive Wirkung. *Positive Spezialprävention* kommt darin zum Ausdruck, dass rechtstreues Verhalten belohnt oder mit Anreizen verstärkt wird. Die (potenziellen) DelinquentInnen erhalten Unterstützung, diese Unterstützung verhindert ein (erneutes) Abrutschen in die Kriminalität.
- Die *Generalprävention* soll auf die Gesellschaft insgesamt wirken. In der negativen Ausprägung soll das Strafrecht zur Bildung und Verfestigung bestimmter (rechtskonformer) Verhaltensweisen beitragen. Indem diejenigen, die den Korridor des Strafrechts verlassen, zur Verantwortung gezogen und bestraft werden, wird die Rechtstreue in der gesamten Gesellschaft gefestigt. In der positiven Ausprägung soll die generalpräventive Wirkung dadurch entstehen, dass vorbildlich rechtstreues Verhalten öffentlichkeitswirksam belobigt wird. Der Gesellschaft soll so verdeutlicht werden, dass es sich lohnt, sich für die Rechtsordnung einzusetzen (Riekenbrauk 2000, S. 40–42).

Aus diesen verschiedenen Bedeutungen des Begriffs »Prävention« ergibt sich bereits, dass jede polizeiliche Tätigkeit in irgendeinem Sinn als »präventiv« bezeichnet werden kann. Entweder die Menschen werden über Kriminalitätsverhütung aufgeklärt oder es werden Gefahren abgewehrt oder es wird Strafverfolgung in spezial- und/oder generalpräventiver Absicht betrieben.

3.1.2 Spielarten der Prävention

So plausibel der präventive Ansatz auf den ersten Blick ist, so unüberschaubar wird die präventive Praxis. Denn die Unschärfe des Begriffs wird vergrößert, wenn man Polizei und Strafrecht verlässt. Anhand von sieben Merkmalen lassen sich verschiedene Präventionsverständnisse unterscheiden. Die jeweils wichtigsten

B Foren und Formen der Zusammenarbeit

Typen (»Ausprägungen«) sind in Tabelle 3 aufgelistet (▶ Tab. 3; Systematik orientiert an: Roll 2001, S. 103–106; NZK 2020a; van den Brink 2018, S. 17). In der Realität lassen sich einzelne Präventionsmaßnahmen durch die Kombination der Ausprägungen charakterisieren, so dass z. B. Selbstverteidigungskurse ein opferorientiertes Angebot darstellen, das auf die Erhöhung des Sicherheitsgefühls zielt.

Tab. 3: Präventionsbegriffe und -formen

Merkmal	Ausprägung		
Zeitpunkt	primär: noch keine Gefährdung erkennbar	sekundär: Gefährdung verdeckt, aber erkennbar	tertiär: nach eingetretenem Schaden, um Wiederholung zu vermeiden
Beispiel	*gewaltfreie Erziehung*	*Fahrradcodierung*	*Resozialisierung*
Risiko	allgemein: kein besonderes Risiko	selektiv: Risikowahrscheinlichkeit erhöht	indiziert: erhöhtes Risiko nachgewiesen
Beispiel	*Anti-Gewalt-Kampagnen*	*sichtbare Präsenz erhöhen*	*Deradikalisierung*
Objekt	Kriminalität: strafbare Handlungen	Kriminalitätsfurcht: Sicherheitsgefühl beeinträchtigt	
Beispiel	*höhere Strafen*	*Straßenbeleuchtung*	
AdressatInnen	Allgemeinheit: alle	TäterIn: potenzielle TäterIn	Opfer: potenzielle Opfer
Beispiel	*Jugendfreizeitangebote*	*Entdeckungswahrscheinlichkeit erhöhen*	*Opferfonds*
Reichweite	Verhalten: Personen	Situation: Begegnungen im Alltag	Struktur: Rahmen des Zusammenlebens
Beispiel	*Deeskalations-Training*	*Belebung von Plätzen*	*Städtebau, Siedlungsstrukturen*
Verbindlichkeit	Angebot: freiwillige Inanspruchnahme	Zwang: Sanktionsdrohung	Arrangement: räumliche oder verfahrensmäßige Gestaltung
Beispiel	*Beratungen*	*Platzverweis*	*Videoüberwachung*
Mittel	Aufklärung: informieren	Helfen: unterstützen, befähigen	Strafen: Strafandrohung
Beispiel	*Info-Flyer*	*Selbstverteidigungskurs*	*beschleunigtes Strafverfahren*

Die in der Tabelle genannten Beispiele weisen darauf hin, dass nahezu jede soziale Praxis als »Kriminalprävention« deklariert werden. Durch diese Weite des Präventionsbegriffs zieht er förmlich auch soziale Professionen in das Feld von Kriminalität und Sicherheit.

3.2 Zur Konjunktur von Kriminalprävention

Schon seit den 1970er Jahren war »Kriminalprävention« ein Thema. Die Ausweitung polizeilicher Aufgaben auf die »vorbeugende Bekämpfung von Straftaten« war ein Indiz dieser Entwicklung ebenso wie der Ausbau von ProPK, durch das die polizeilichen Aktivitäten bundesweit koordiniert und befördert werden. Aber erst in den 1990er Jahren wurde die Kriminalprävention zu einem etablierten Feld von Kriminal- oder Sicherheitspolitik. Die Konjunktur in den 1990ern wurde durch das Zusammentreffen unterschiedlicher Entwicklungen ausgelöst:

1. Unter dem Schlagwort »Broken Windows« wurden in Deutschland breit und teilweise mit bewundernder Zustimmung US-amerikanische Polizeistrategien aufgenommen, die eine Politik der »Zero Tolerance« verfolgten. Die »zerbrochenen Fenster« stehen in diesem Ansatz sinnbildlich für kleinere Störungen im Alltagsleben. Wenn diese Störungen nicht behoben werden, so die Behauptung, dann setzt eine Abwärtsspirale ein, an deren Ende der Verfall des Stadtviertels und schwere Kriminalität stehen (s. Ortner/Pilgram/Steinert 1998). In Deutschland gab die »Broken Windows«-Debatte der Kriminalprävention einen gewaltigen Schub, weil sie die Bedeutung früher Interventionen unterstrich.
2. In den 1990er Jahren erlebte die lokale Ebene eine Renaissance. Statt die politischen Hoffnungen auf den Staat, auf die großen gesellschaftlichen Veränderungen zu setzen, richtete sich die Aufmerksamkeit auf die kleineren Einheiten, auf die »Communities«, auf die »Gemeinden«. Kriminalpolitisch wurde diese Hinwendung zum Lokalen durch zwei besondere Aspekte unterstützt: Einerseits wurde darauf verwiesen, dass ein Großteil der Straftaten in oder im Umkreis der Wohngemeinde der Tatverdächtigen begangen wird. Damit erschien Kriminalität als ein lokales Phänomen, das nach lokalen Antworten verlangte (s. Pütter 2006, S. 10). Andererseits nahm in den öffentlichen Debatten die Bedeutung des »Sicherheitsgefühls« zu, das in der Regel an lokalen Sachverhalten (»Angsträume« etc.) festgemacht wird (▶ Kap. 2.1.2: »Standardfrage«).
3. Die Skepsis gegenüber dem Staat führte seit den 1990er Jahren zu einer Hinwendung zur Zivilgesellschaft. In einer Phase, in der sich der Staat im Rahmen neoliberaler Konzepte tendenziell zurückzog, sollte die Zivilgesellschaft mehr Verantwortung übernehmen. Für die Kriminalprävention bedeutete eine solche Sichtweise: Prävention ist nicht länger eine exklusive Aufgabe

staatlicher Behörden, sondern eine der ganzen Gesellschaft. Praktisch gewendet: Dass Behörden und Zivilgesellschaft zusammenarbeiten, ist die Grundlage erfolgversprechender Prävention (s. Hohmeyer/Kant/Pütter 2001, S. 164).

In den 1990er Jahren erlebten kommunale kriminalpräventive Gremien einen Boom. Auf der Ebene der Bundesländer wurde die Idee der kommunalen Kriminalprävention in unterschiedlicher Weise gefördert: durch Erlasse oder Mustersatzungen, durch Förderrichtlinien oder Handreichungen der Innenministerien (Pütter 2006, S. 33–35).

3.3 Strukturen der Kriminalprävention

Ende der 1990er Jahre listete eine Datensammlung des Bundeskriminalamtes (»Infopool Prävention«) 1.380 kriminalpräventive Gremien in der Bundesrepublik auf (s. Hohmeyer 1999). Diese Zusammenstellung mit sehr groben Angaben wurde in den Folgejahren nicht fortgesetzt; stattdessen publizierte das BKA mehrfach ausgewählte Projekte aus seinem Infopool, die im Sinne von »Best Practice« zur Nachahmung anregen sollten. Das lokale präventive Engagement ist in den letzten beiden Jahrzehnten jedoch zurückgegangen. Eine – im Vergleich zur Sammlung des BKA methodisch gründlichere – Erhebung konnte für 2006/2007 knapp 957 lokale Gremien identifizieren (Schreiber 2007, S. 21). Zehn Jahre später waren noch 593 aktive Gremien nachweisbar (Schreiber 2019, S. 14). Trotz dieses Rückgangs von ca. 40 % ist diese Zahl ein Indikator dafür, dass Kriminalprävention auf kommunaler Ebene flächendeckend betrieben wird – auch wenn es zwischen den Bundesländern erhebliche Unterschiede gibt.

Die jüngste Erhebung für das Jahr 2018 zeigte, dass die deutsche Präventionslandschaft institutionell sehr vielfältig ist. Drei Merkmale sind besonders wichtig:

1. *Wer arbeitet in den Gremien?*
   Unterschieden nach verschiedenen Organisationstypen war die Kommunalpolitik an 80 bis 90 % aller Gremien beteiligt, die Strafverfolgung (darunter die Polizei) an 78 bis 98 %, Akteure aus dem sozialen Bereich an 26 bis 50 % und Selbstorganisationen Betroffener an 7 bis 40 %. In mehr als zwei Dritteln der Gremien, die über Arbeitsgruppen verfügten, waren Schulen vertreten.
2. *Mit welchen Themen beschäftigt sich Kriminalprävention?*
   Die Auswertung unterscheidet zwischen »zielgruppen-orientierter«, »deliktsorientierter« und »raum-orientierter« Prävention. Über zwei Drittel der Projekte beschäftigten sich mit der Zielgruppe Jugendliche, bei den Delikten standen Drogendelikte mit über 40 % an der Spitze, und die raum-orientierten Maßnahmen galten zu 60 % dem öffentlichen Raum insgesamt (ebd., S. 29).

3. *Welche Mittel stehen* zur Verfügung?
Die Gremien verfügten nur über geringe Ressourcen. Für ihre Geschäftsführung stand in knapp 51 % weniger als eine halbe Stelle zur Verfügung, in 13 % gabt es gar keinen Personalansatz, in 14 % wurden die Geschäfte ehrenamtlich geführt (ebd., S. 13). Außerhalb des Personals verfügten über 40 % der Gremien über keinen eigenen Haushalt, fast 100 der 156 erfassten Haushalte lagen nicht über 5.000 Euro pro Jahr, weniger als 10 % verfügten über ein Jahresbudget von über 20.000 Euro. Erhoben wurde, ob die Gremien ihre Arbeit auf amtlichen Daten oder Umfragen stützen, ob sie auf evaluierte Projekte zurückgreifen und ob sie konkrete Ziele ihrer Vorhaben formulieren. Nur den knapp 15 % der Gremien, die diese drei Kriterien erfüllten, wurde ein hoher Professionalisierungsgrad bescheinigt (ebd., S. 30).

Lokale Kriminalprävention zeichnet sich demnach durch das Zusammenwirken unterschiedlicher Akteure in unterschiedlichen Organisationsformen aus, die mit geringen Ressourcen und niedriger Professionalität eine Vielzahl unterschiedlicher Aktivitäten entfalten, deren Wirkungen vor allem in den verbesserten Kooperationsformen und weniger im Hinblick auf die Kriminalitätsentwicklungen gesehen werden.

In den beiden Befragungen von Schreiber wurde nicht erhoben, welcher Art die im Rahmen der Präventionsgremien stattfindenden Projekte oder Maßnahmen waren. Wenn zwei Drittel der Aktivitäten Jugendlichen galten, ist damit nichts darüber ausgesagt, worin diese bestanden und worauf sie abzielten. In einer Erhebung aus dem Jahr 2000 konnten die Angaben von 293 lokalen kriminalpräventiven Gremien erfasst werden. In 154 dieser Gremien bestanden Arbeitsgruppen, die sich mit spezifischen Themen beschäftigten. Dabei ließen sich 199 Arbeitsgruppen unmittelbar kriminalitätsrelevanten Phänomenen zuordnen (von Drogen/Sucht und Jugenddelinquenz bis zu sexuellem Missbrauch und Sicherheitsgefühl), 186 AGs beschäftigten sich hingegen mit Themen, die allenfalls einen mittelbaren Bezug zur Kriminalprävention aufwiesen (Schule, Jugendhilfe/Jugendschutz, Stadtplanung, Arbeitsmarkt). Die Maßnahmen oder Projekte zeigten, dass unter dem Dach der Kriminalprävention sehr unterschiedliche Aktivitäten entfaltet bzw. dieser zugerechnet werden: Soziale Umfeldgestaltung (von Sportangeboten bis zur Aktion »Wachsamer Nachbar«), städtebaulich-technische Gestaltungen (von Straßenbeleuchtung bis zu Bebauungsplänen), verhaltensorientierte Angebote (von Info-Angeboten bis Verhaltenstrainings), kontrollierende Maßnahmen (von der Videoüberwachung bis zum beschleunigten Strafverfahren) und schließlich viele begleitende Aktivitäten wie Befragungen, Vernetzungen, allgemeine Öffentlichkeitsarbeit (Pütter 2006, S. 25f., 44f., 55–58).

Jenseits der örtlichen Ebene haben sich in den vergangenen Jahrzehnten verschiedene Institutionen ausgebildet, die den kriminalpräventiven Ansatz befördern wollen und/oder sich als direkte Unterstützung für die PraktikerInnen vor Ort verstehen (► Tab. 4).

Tab. 4: Institutionen der Kriminalprävention

Ebene	Tätigkeit/Ziel	Besonderes Informationsangebot (Ende 2020)
Lokale Ebene		
Präventionsräte, Runde Tische etc.	Entwicklung und Umsetzung kriminalpräventiver Aktivitäten	
Bundesländer		
Landespräventionsräte o. Ä. in 13 Bundesländern	initiierend, koordinierend, unterstützend	
Landespräventionsrat Niedersachsen https://lpr-niedersachsen.de		Bewertung kriminalpräventiver Projekte nach Wirksamkeit: www.gruene-liste-praevention.de 91 Projekte, davon bei 28 »Effektivität nachgewiesen« (Ende 2020)
Bundesweit		
Deutsches Forum für Kriminalprävention (DFK) www.kriminalpraevention.de	»Förderung der Kriminalprävention in allen ihren Aspekten« (Satzung)	Liste positiv bewerteter Projekte: www.wegweiser-praevention.de 32 Projekte (angelehnt an Grüne Liste) Zeitschrift »forum kriminalprävention«; Volltext online: https://forum-kriminalpraevention.de
Nationales Zentrum für Kriminalprävention (Teil des DFK) https://www.nzkrim.de	Grundlagen »evidenzbasierter« Kriminalprävention schaffen	WESPE (Wissenschaftliche Erkenntnisse zu Sicherheits- und Präventionsmaßnahmen durch Evaluation): Zusammenstellung von Evaluationsergebnissen www.nzkrim.de/wespe 91 Maßnahmen in sechs Themenfeldern
Deutscher Präventionstag (DPT) https://praeventionstag.de	jährlicher Kongress von Aktiven und ExpertInnen	Zusammenstellung unterschiedlicher Präventionsaktivitäten: www.dpt-map.de über 200 Aktivitäten jährliche Kongressdokumentation
DPT-Institut für angewandte Präventionsforschung	Praxisorientierte Präventionsforschung	

Strategischer Zentralbegriff dieser Art von Kriminalprävention ist »Synergie«: Die Gremien sollen eine Form bilden, die es ermöglicht, dass unterschiedliche Akteure ihre besonderen Fähigkeiten zur Erreichung eines gemeinsam geteilten Ziels einbringen. Diese »besonderen Fähigkeiten« können ganz unterschiedlicher Natur sein. Sie können sich auf politische Verantwortlichkeiten und auf rechtliche Zuständigkeiten der öffentlichen Hand beziehen, sie können aus dem Eigentumsrecht resultieren, sie können in der Verfügung über Geld oder andere materielle Mittel, aus dem Vorhandensein von Qualifikationen, aus einer (sozialen) Infrastruktur, der Nähe zu oder des Zugangs zu bestimmten Orten, Gruppen oder Milieus bestehen. Dieser im weitesten Sinne ›interdisziplinäre‹ Ansatz soll in den Gremien umgesetzt werden. Sie bilden »den Knotenpunkt für ein vielfältiges Präventionsnetzwerk, deren Mitglieder unterschiedliche professionelle Hintergründe, institutionelle Anbindungen und gesetzliche Aufträge haben«. Derart »sollen die Mauern zwischen den Ressorts eingerissen oder zumindest durchlässiger gemacht und nachhaltige Präventionsstrategien ermöglicht werden«. Unter einer »gemeinsame(n) Zielperspektive sollen Vertrauen wachsen, Informationen fließen, Problemlagen analysiert, Lösungsansätze entwickelt und in die Praxis umgesetzt werden«. Es gelte, so van den Brink (2018, S. 16) weiter, »die vielfältigen Methoden- und Milieukenntnisse der Gruppenmitglieder sowie deren Erfahrungswissen als Ressource für die eigene Arbeit innerhalb und außerhalb der Gremien zu mobilisieren«.

Dass sie mit wenigen Ressourcen ausgestattet sind, ist angesichts der Synergie-Idee weniger problematisch. Denn die eigentlichen Ressourcen sollen von den Beteiligten kommen. Damit verbunden ist auch ein zweites Merkmal: Die kriminalpräventiven Gremien verfügen über kein spezifisches Recht. Jenseits von Geschäftsordnungen, durch die sie ihre internen Verfahrensweisen regeln, existiert keine rechtliche Regulierung ihrer Tätigkeit. Die Mitarbeit beruht auf Freiwilligkeit; und freiwillig bringen die Beteiligten ihre Ressourcen – und damit auch die rechtlichen Möglichkeiten, die ihnen gegeben sind – in die Arbeit ein. Aus dem Grundsatz der Freiwilligkeit resultiert die auf Konsens orientierte Arbeitsweise. In jedem Fall kann über Präventionsgremien im Konfliktfall niemand gezwungen werden, gegen seinen eigenen Willen etwas zu tun oder zu unterlassen.

3.4 Polizei und Soziale Arbeit im Kontext der Kriminalprävention

Die Polizei ist die Institution, die in den kriminalpräventiven Gremien am häufigsten vertreten ist (in 97,8 % der Leitungsgremien und immerhin noch in 78 % der Arbeitskreise war sie 2019 präsent). »Soziale Arbeit« ist in den Auswertungen Schreibers nicht ausgewiesen. Aus den »Sozialen Einrichtungen«, aus der »Drogenberatung«, ggf. aus »Vereinen«, »Schulen« und »Kindergärten« (diese Bereiche sind ausgewiesen) dürften jedoch Angehörige der sozialen Berufe an der Arbeit teilnehmen. Auf der Arbeitsebene sind in knapp der Hälfte der Gremien »Soziale Einrichtungen« beteiligt, in mehr als zwei Drittel die Schulen, die Kindergärten in 40 %, und mit knapp 53-prozentiger Beteiligung der Drogenberatungsstellen kommt zum Ausdruck, dass die Gremien sich sehr häufig mit Drogenproblemen und -delikten beschäftigen.

Die Gremien stellen eine organisatorische Plattform dar, auf der sich Polizei und Soziale Arbeit begegnen (können). Angesichts der hohen Wertschätzung, die Vernetzung und Kommunikation in der Bewertung der Beteiligten erfahren, liegt in diesem unmittelbaren Kontakt die wichtigste Wirkung der Gremien. Denn der (persönliche) Kontakt kann die Basis für weitergehende Formen der Zusammenarbeit darstellen; durch ihn können Vorurteile, Missverständnisse und Barrieren abgebaut werden. Von den BefürworterInnen wird in der lokalen Kriminalprävention ein Instrument gesehen, durch das ein abstraktes gemeinsames Interesse (»mehr Sicherheit«) konkretisiert und in gemeinsamen Aktionen umgesetzt werden kann. Dabei sollen die jeweiligen spezifischen Sichtweisen und Vorhaben eingebracht und in gemeinsamen Projekten umgesetzt werden. Dass die Beteiligten in der Arbeit (auch) »eigene Interessen« einbringen, ist deshalb eine unmittelbare Folge des Synergie-Ansatzes.

Die Hoffnungen, die die Polizei mit den kriminalpräventiven Gremien verbindet, richten sich auf die folgenden Punkte:

- Die Gremien schaffen Verbündete in der Auseinandersetzung mit lokalen Sicherheitsproblemen. Es ist offenkundig, dass die Polizei deren soziale Ursachen nicht angehen kann. In der Regel fehlen ihr Zuständigkeiten, Ressourcen und Kompetenzen für präventive Maßnahmen (außerhalb des »polizeirechtlichen Präventionsspektrums«). In den Räten etc. sitzen aber VertreterInnen genau jener Bereiche, die Entlastung für die Polizei schaffen können; von der Stadtverwaltung über die Schulen bis zu den Trägern sozialer Dienstleistungen.
- Die Gremien versammeln potenzielle PartnerInnen für die Umsetzung polizeieigener Präventionsprojekte. Dies gilt insbesondere für die ProPK-Angebote. Diese müssen vor Ort etabliert werden. Dazu fehlt der Polizei der direkte Zugang zu den besonders adressierten Gruppen, etwa den Jugendlichen, den Frauen, den SeniorInnen.
- Kriminalpräventive Gremien bieten ein Forum für die polizeiliche Expertise in Sicherheitsfragen. Dabei geht es um eine Art Management der Erwartungen. Als für Kriminalität und Sicherheit zuständige Behörde besteht ihre Aufgabe nicht allein darin, die Kriminalitätslage in der Öffentlichkeit darzustellen, zugleich muss sie auch – aus ihrer Sicht – unbelegten Gefahrenszenarien ebenso entgegenwirken wie Anforderungen der BügerInnen an ihre Arbeit, die sie nicht erfüllen kann. Die Gremien stellen deshalb eine Möglichkeit dar, polizeiliche ›Botschaften‹ in verschiedene Milieus zu vermitteln (s. Pütter 2006, S. 105–177).

Auch für die sozialen Akteure bieten die kriminalpräventiven Gremien verschiedene Chancen, die die eigenen Anliegen befördern können:

- Der unmittelbare Austausch mit anderen Institutionen/Vereinigungen erweitert die Perspektive und bringt zusätzliche Informationen. Dies gilt insbeson-

dere für die Polizei, deren Erkenntnisse nicht immer für die breite Öffentlichkeit taugen, aber im Rahmen problemorientierter Arbeitszusammenhänge durchaus eingebracht werden können. Mit zusätzlichen Informationen steigt auch die Chance, dass Phänomene besser verstanden werden und angemessener reagiert werden kann.
- In bestimmten Arbeitsfeldern sind die Beschäftigten im sozialen Bereich selbst Gefährdungen ausgesetzt. Bedrohungen in den Jobcentern, Angriffe aus AsylbewerberInnen-Unterkünfte, Durchsetzung des Hausverbots in Jugendzentren – das sind nur drei Beispiele, in denen Soziale Arbeit selbst des Schutzes bedarf. Präventionsräte sind die Ebene, auf der entsprechende Übereinkünfte angestoßen werden können.
- Soziale Arbeit stößt immer wieder an ihre Grenzen. Viele Probleme können nicht (allein) mit den Methoden der Sozialen Arbeit bewältigt werden. Auch wenn lokale Handlungschancen begrenzt sind, so gibt es in jedem Fall einen Handlungs- und Koordinationsbedarf im Hinblick darauf, wie mit Problemen umgegangen werden kann. Das gilt für alle Felder und Problemgruppen, mit denen Polizei und Soziale Arbeit sich beschäftigen – von den jugendlichen IntensivtäterInnen über lokale Drogenszenen bis zur »häuslichen Gewalt«.
- Schließlich sind sich die Beteiligten an Präventionsgremien einig, dass Prävention sinnvoll und wichtig ist. Sie stimmen auch häufig darin überein, dass Prävention eine »gesamtgesellschaftliche Aufgabe« ist, die nach einer Antwort verlangt, die das Zusammenleben insgesamt verändert. Mit dieser Perspektive erscheinen die beteiligten Institutionen – namentlich die Polizei als die Expertin für Kriminalität und Sicherheit – als willkommene UnterstützerInnen, wenn mehr Investitionen für den sozialen Bereich öffentlich eingefordert werden (van den Brink 2018, S. 17).

Die genannten Punkte deuten darauf hin, dass es sich bei den kriminalpräventiven Gremien um eine Win-Win-Konstellation handeln könnte, bei der sowohl die Polizei- und Ordnungsbehörden als auch die Soziale Arbeit (oder die sozialen DienstleisterInnen) profitieren. Dabei werden aus Sicht der Sozialen Arbeit regelmäßig zwei Voraussetzungen für jede Form der Kooperation formuliert:

1. Um dem Datenschutz (und damit den berechtigten Interessen der KlientInnen und dem Vertrauensschutz als Basis der eigenen Arbeit) Rechnung zu tragen, werden keine personenbezogenen Daten ausgetauscht.
2. Die Beteiligten begegnen sich ›auf Augenhöhe‹, was darin zum Ausdruck kommt, dass niemand versucht, in den originären Zuständigkeitsbereich der anderen Beteiligten direkt einzugreifen; vielmehr besteht die Hoffnung, dass ein Konsens über abgestimmtes Handeln erreicht wird.

Inwiefern diese Voraussetzungen erfüllt werden, ist empirisch nicht erwiesen.
Jenseits der konkreten Praktiken vor Ort ist die kriminalpräventive Zusammenarbeit aus sozialarbeiterischer Sicht nicht unproblematisch. Die *Bedenken* richten sich dabei auf zwei Sachverhalte:

Erstens kennt die Präventionsstrategie keine Grenzen. Das gilt zunächst in zeitlicher Hinsicht. In der Version der primären oder universellen Prävention interveniert sie zu einem Zeitpunkt bzw. einem Zustand, wo noch ›alles in Ordnung‹ ist. Die Entgrenzung gilt auch in sachlicher Hinsicht, weil die potenziellen Verflechtungen und Zusammenhänge unterschiedlicher sozialer Sachverhalte zu Kriminalität und Sicherheitsempfinden so vielfältig sind oder sein können, dass die sachliche Reichweite von »Kriminalprävention« sich auf die unterschiedlichsten sozialen Sachverhalte erstreckt – von der städtebaulichen Gestaltung bis zu Jugendzentren, vom Suchtverhalten bis zum Selbstverteidigungstraining, von der Fahrradcodierung bis zur frühkindlichen Erziehung, von der gewaltfreien Konfliktlösung bis zur Videoüberwachung etc. Gerade ein kriminologisch aufgeklärter Blick wird die vielfältigen sozialen Zusammenhänge, aus denen heraus kriminalisiertes Verhalten entsteht, in das Zentrum stellen. Das bedeutet aber zugleich, dass ›die Gesellschaft‹ genau und primär aus dieser Perspektive betrachtet wird. Damit, so die Kritik, verliert ›das Soziale‹, verlieren die Anliegen der Sozialen Arbeit ihren eigenständigen Wert (s. Lindner 1999; Frehsee 2001): Die Bedeutung der Jugendarbeit liegt dann nicht darin, dass Jugendlichen ein Raum der Persönlichkeitsentwicklung geboten wird, sondern dass sie zu rechtstreuem Verhalten führt; Gemeinwesenarbeit ist dort besonders wichtig, wo die Kriminalitätsbelastung besonders hoch ist; Streetwork wird eingesetzt, wo die Randgruppen das Wohlbefinden in den Innenstädten bedrohen.

Zweitens zeigt die Konstruktion der Präventionsgremien, dass die geforderte gegenseitige Akzeptanz und die Begegnung auf ›Augenhöhe‹ an Grenzen stößt, die den Beteiligten vorgegeben sind. Auf die Grenze »Datenschutz« für die Soziale Arbeit wurde bereits hingewiesen (▶ Kap. 2.3.1). Auch auf polizeilicher Seite gibt es den Schutz personenbezogener Daten, der verhindert, dass derartige Angaben an Dritte weitergegeben werden. Eine Weitergabe wäre nur unter engen Voraussetzungen zulässig, die in den Polizeigesetzen formuliert sind. Für die Polizei kommt ein weiterer Aspekt hinzu: Weder sind polizeiliche Strategien noch einzelne Handlungen ihrer Natur nach offen. Bereits die konkretisierten Handlungsvorgaben in den Polizeidienstvorschriften sind nicht öffentlich zugänglich. Weder über gefahrenabwehrende Tätigkeiten noch über die Einleitung von strafrechtlichen Ermittlungsverfahren werden die Betroffenen informiert. Das hat gute Gründe in der Sache, denn durch die Kenntnis des polizeilichen Handwerks könnte die Polizeiarbeit erschwert werden und zu Straftaten Geneigte könnten sich auf die polizeilichen Strategien einstellen. Aus dieser Konstellation ergibt sich, dass PolizeivertreterInnen in der Kriminalprävention nur begrenzt informieren können. Die Auswahl des Offerierten liegt bei der Polizei; und alle anderen Beteiligten können nicht beurteilen, wie groß dieser Ausschnitt ist und aufgrund welcher Kriterien er zustande kam. Daraus resultiert ein strukturelles Ungleichgewicht zugunsten der Polizei, weil die anderen auf deren Informationspolitik angewiesen sind. Zwar verfügen auch die anderen Beteiligten über »Informationsreservate«, die sie nicht preisgeben werden, aber bei der Polizei bezieht sich die zurückhaltenden Informationspolitik auf das die Gremien konstituierende Phänomen »Kriminalität«.

Durch die Hinwendung zur Kriminalprävention wird die Soziale Arbeit näher in das sicherheitspolitische Feld eingebunden. Gleichzeitig mit den an sie gestellten Hoffnungen wird sie in ihrer Eigenständigkeit herausgefordert. Aufwertung des Sozialen und Indienstnahme für Sicherheitsbelange sind die zwei Seiten der jüngeren Entwicklung.

Literaturempfehlungen

Bröckling, U. (2017): Prävention: Die Macht der Vorbeugung. In: Ders.: Gute Hirten führen sanft. Über Menschenregierungskünste. Berlin: Suhrkamp, S. 73–112
Schreiber, V. (2011): Fraktale Sicherheiten. Eine Kritik der kommunalen Kriminalprävention. Bielefeld: transkript
Schroer-Hippel, M./Imhof, W./Bergert, M. (2018): Polizeiliche Prävention von Jugendgewalt. Konzepte – Befunde – Handlungsansätze. Berliner Forum Gewaltprävention Nr. 64. Online: https://www.berlin.de/lb/lkbgg/_assets/bfg_64-heft_5.pdf

4 Jugendliche

> ☞ **Was Sie in diesem Kapitel erwartet**
>
> Lange Phasen der Diskussion und die intensivsten Formen der Zusammenarbeit betreffen Jugendliche. In diesem Kapitel lernen Sie die kriminologischen Grundlagen ebenso kennen wie die pädagogischen Hoffnungen, die in die an Jugendliche gerichteten Interventionen gesetzt werden. Im Jugendbereich haben sich spezifische Reaktionsweisen herausgebildet. Dies gilt für das Strafverfahrensrecht gegenüber jugendlichen Tatverdächtigen, dies gilt für die polizeiliche Organisation und die polizeilichen Strategien und dies gilt für die Kooperationen und Arbeitsteilungen, die mit der Jugendhilfe etabliert wurden.

4.1 Jugendliche als AdressatInnen

Am engsten liegen die Tätigkeiten von Polizei und Sozialer Arbeit beieinander, wenn es um Jugendliche geht. Aus der Sicht der Polizei sind ›Jugendliche‹ aus zwei Gründen besonders interessant: Junge Menschen sind überdurchschnittlich von Kriminalität betroffen – und zwar als TäterInnen wie als Opfer. Auch in kriminalpräventiver Hinsicht drängen die Jugendlichen sich als AdressatInnen der Polizeiarbeit auf, denn Jugendliche gelten als beeinflussbarer und lernfähiger als Erwachsene – schließlich befinden sie sich in einem Entwicklungsprozess, dessen Richtung noch veränderbar erscheint.

Nahezu komplementär ist der sozialpädagogische bzw. sozialarbeiterische Blick auf das Jugendalter. Auch er ist geprägt von der Hoffnung, dass biografisch früh Einfluss auf das spätere Leben genommen werden kann. Dabei bilden nicht die Gefahren, die von Jugendlichen ausgehen, den Bezugspunkt, sondern die Gefährdungen, denen sie in einer entscheidenden Lebensphase ausgesetzt sind. Zwar ist ein straffreies Leben, die sog. Legalbewährung, die für Polizei und Strafverfolgungssystem das Ziel ihrer Aktivitäten darstellt (§ 2 Abs. 1 JGG: »vor allem erneuten Straftaten eines Jugendlichen oder Heranwachsenden entgegenwirken«), nicht identisch mit dem Recht des Jugendlichen »auf Förderung seiner

Entwicklung und auf Erziehung zu einer eigenverantwortlichen und gemeinschaftsfähigen Persönlichkeit« (SGB VIII § 1 Abs. 1), aber es ist offenkundig, dass das Beachten der Strafgesetze als Indikator für einen »eigenverantwortlichen und gemeinschaftsfähigen« Lebenswandel betrachtet werden kann. Insofern ist es nicht verwunderlich, dass der Umgang mit und die Reaktion auf Jugendliche das dominierende Feld polizeilich-sozialarbeiterischer Kooperationen sind.

4.2 Die kriminologische Grundlage

Jugendkriminalität kann nach Heinz (2019, S. 362) durch vier Merkmale charakterisiert werden:

1. ubiquitär,
2. bagatellhaft,
3. episodisch,
4. innerhalb der Altersgruppe.

Dieses Profil ergibt sich aus der Verbindung von Daten aus dem Hellfeld (vor allem der PKS, aber auch der Strafverfolgungsstatistik) und der Dunkelfeldforschung. Es betont den systematischen Unterschied zwischen der Delinquenz im Jugend- und im Erwachsenenalter.

4.2.1 Jugenddelinquenz als weitverbreitetes Phänomen (ubiquitär)

Ein erster Zugang zum Phänomen »Jugendkriminalität« bilden die Daten der Polizeilichen Kriminalstatistik, die nur den Ausschnitt der polizeilich erfassten Delikte enthält. In absoluten Zahlen ermittelte die Polizei im Jahr 2019 72.890 tatverdächtige Kinder (= unter 14-Jährige), 177.082 tatverdächtige Jugendliche (= 14- bis 17-Jährige) und 177.774 tatverdächtige Heranwachsende (18- bis 20-Jährige). Die Zahl der erwachsenen Tatverdächtigen betrug fast 1,6 Mio. Ob diese Zahlen ein Indiz für die weite Verbreitung von Kriminalität geben können, zeigt sich erst, wenn sie in Relation zum Anteil an der Bevölkerung gesetzt werden. Dies geschieht traditionell durch die »Tatverdächtigenbelastungszahl« (TVBZ), bei der die Zahl der Tatverdächtigen pro 100.000 Personen der entsprechenden Bevölkerungsgruppen berechnet wird. Die PKS-Angaben für die Zeit von 1995 bis 2019 sind in Abbildung 5 wiedergegeben (▶ Abb. 5).

Zwar weisen Heranwachsende und Jugendliche die höchsten Werte aus, aber mit rund 5 % scheinen sie der Ubiquitätsthese deutlich zu widersprechen. In den letzten Jahrzehnten sind insbesondere im Hinblick auf die Jugendkriminalität verschiedene Erhebungen zur Aufhellung des Dunkelfelds unternommen wor-

B Foren und Formen der Zusammenarbeit

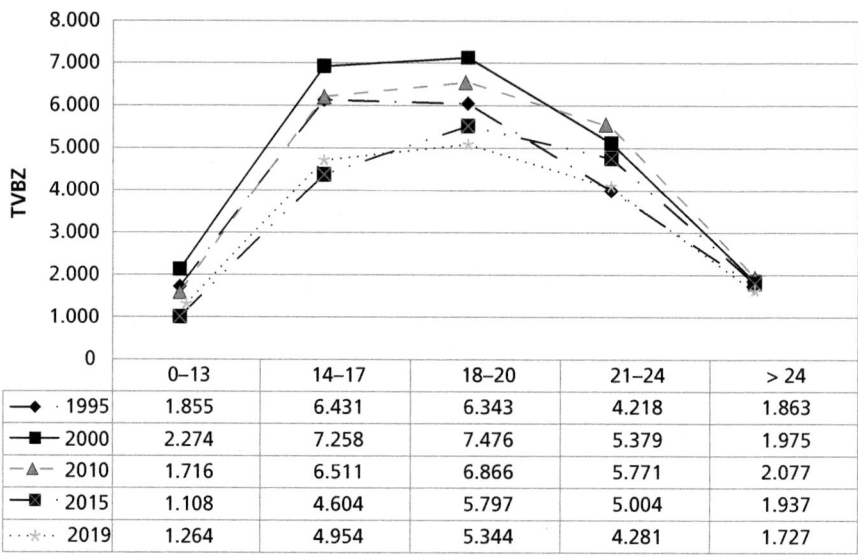

	0–13	14–17	18–20	21–24	> 24
1995	1.855	6.431	6.343	4.218	1.863
2000	2.274	7.258	7.476	5.379	1.975
2010	1.716	6.511	6.866	5.771	2.077
2015	1.108	4.604	5.797	5.004	1.937
2019	1.264	4.954	5.344	4.281	1.727

Abb. 5: TVBZ nach Altersgruppen 1995–2019 (Tatverdächtige je 100.000 Personen der Altersgruppe, lt. PKS)

den. Wolfgang Heinz hat die Befunde der Studien zusammengestellt. Ausgewählte Ergebnisse sind in Tabelle 5 wiedergegeben (▶ Tab. 5).

Tab. 5. Selbstberichtete Delinquenz (Angaben in % der Befragten)

	Jura-Erstsemester	SchülerInnen der 9. Klasse			
	Gießen Lebenszeitprävalenz (2002/03)	Duisburg Ein-Jahresprävalenz (2002/2004)	Vier Städte Ein-Jahresprävalenz (1998/2005-6)	Hamburg Ein-Jahresprävalenz (1998/2005)	Greifswald Lebenszeitprävalenz (1998/2006)
Gewalt			20/17		
Körperverletzung	40	20/17	18/16	22/19	21/20
Diebstahl	70				
Konsum illegaler Drogen	50				
Eigentumsdelikte		29/22			
Ladendiebstahl		21/14	33/17	38/23	58/41
Sachbeschädigung		25/19	16/13		

Tab. 5: Selbstberichtete Delinquenz (Angaben in % der Befragten) – Fortsetzung

	Jura-Erst-semester	SchülerInnen der 9. Klasse	
Vandalismus		19/15	19/19
wenigstens eine strafbare Handlung			68/53

Daten aus: Heinz 2019, S. 315–348

Zur Bedeutung dieser Daten sind drei Anmerkungen erforderlich: Erstens weisen alle Untersuchungen, die zu verschiedenen Zeitpunkten wiederholt wurden, einen Rückgang der selbstberichteten Delinquenz durch alle Deliktsgruppen aus. Dies korrespondiert in der Tendenz mit dem Hellfeld. Zweitens handelt es sich um freiwillig gemachte Angaben in Befragungen. Ob die ›wirkliche‹ Kriminalitätsbelastung eher höher als niedriger lag, kann nicht gesagt werden. Drittens: Mit Ausnahme von Greifswald ist bei den Befragungen der SchülerInnen nur nach Taten des letzten Jahres gefragt worden. Bei einem größeren Zeitraum liegt die Delinquenzquote höher. In Greifswald lag die Gesamtbelastungsrate 68 %, in Gießen allein beim Diebstahl bei 70 % der StudienanfängerInnen (der Rechtswissenschaft!).

Diese Befunde bestätigen, dass Jugendkriminalität in dem Sinne ›normal‹ ist, dass die große Mehrheit der Jugendlichen strafbare Handlungen begangen haben – und nur ein kleiner Teil dessen in das polizeiliche Hellfeld gerät.

4.2.2 Jugendkriminalität als Bagatellkriminalität

Der Ausdruck »Bagatellkriminalität« ist zwar gebräuchlich, aber nicht präzise. Es handelt sich um Delikte mit eher geringerem Schadenspotenzial, die entweder Rechtsgüter beeinträchtigen, deren Wert nicht so hoch angesetzt wird, oder bei denen die Beeinträchtigung der Rechtsgüter gering ist.

In diesem Sinne verstanden, zeigen die Daten aus Hell- und Dunkelfeld, dass der Schwerpunkt jugendlicher Delinquenz bei den leichten Taten liegt. Die Dunkelfeld-Daten belegen dies: Ladendiebstahl, Sachbeschädigung/Vandalismus, Körperverletzungen sind die dominierenden Deliktsgruppen. Wenn in den Erhebungen schwerere Delikte ausgewiesen wurden, waren die Beteiligungen gering:

- in Duisburg 2002 3 % Körperverletzung mit Waffe, 4 % Raub,
- in Hamburg 1998 7,3 % Bedrohung mit Waffe, 5,1 % Raub, 2,5 % Erpressung,
- in Greifswald 1998: 4,2 % Bedrohung mit Waffe, 4,3 % Raub, jemanden ›abziehen‹ 6,7 %.

Im Hellfeld der Polizeilichen Kriminalstatistik wird dieses Gewicht zugunsten kleiner und mittlerer Kriminalität bestätigt. Im Jahr 2016 entfielen knapp 32 % aller Delikte, die Jugendlichen zu Last gelegt wurden, auf Sachbeschädigungen, Leistungserschleichungen und einfachen Diebstahl, bei den Erwachsenen über 25 Jahren lag der Anteil diese leichteren Delikte um etwas mehr als 10 % niedriger (Heinz 2019, S. 180). Umgekehrt waren 82,6 % aller des Mordes Tatverdächtiger im Jahr 2019 Erwachsene; der Erwachsenen-Anteil bei den Straftaten gegen die sexuelle Selbstbestimmung lag bei 67,9 %, bei Raubdelikten betrug er 57,5 % und bei gefährlicher und schwerer Körperverletzung 68,3 % (BKA 2020c, S. 41).

4.2.3 Jugendkriminalität als biografische Episode

Nimmt man die in der PKS ausgewiesenen Tatverdächtigenbelastungszahlen, so zeigen sie die überproportional starke Belastung junger Menschen: In Abbildung 5 sind einige Angaben zusammengefasst. (Die TVBZ wird nur für deutsche Staatsangehörige berechnet, da bei nichtdeutschen Tatverdächtigen die Vergleichsgröße fehlt, weil man die Zahl der in Deutschland im Jahr sich aufhaltenden AusländerInnen und die Dauer des Aufenthaltes nicht kennt.)

Die Kriminalitätsbelastung ist am höchsten in der Gruppe der Heranwachsenden. Mit zunehmenden Lebensalter nimmt die Zahl der Tatverdächtigen ab. Nach den Zahlen des Hellfeldes verstoßen die Menschen im Erwachsenenalter umso weniger gegen die Gesetze, je älter sie werden. Dass dies ein langfristig stabiles Muster ist, zeigt der klare Kurvenverlauf in der Abbildung. Sie belegt:

> »Mit dem Eintritt in das Erwachsenenalter, also etwa mit 25, spätestens mit 30 Jahren, sowie mit den damit verbundenen Änderungen im Lebensstil, Berufstätigkeit, Partnerschaft und Freizeitverhalten, wird diese Verhalten in der Mehrzahl der Fälle wieder beendet« (Egg 2004, zit. n. Heinz 2019, S. 307).

Dass kriminelles Verhalten verschwindet, wenn im Laufe des Lebens die Lebensumstände sich ändern, nennt die Kriminologie »Spontanremission« (ebd., S. 160). Dieses Phänomen ist von großer Bedeutung für die Reaktionen auf jugendliche Delinquenz, denn wenn sich Kriminalität quasi von selbst ›auswächst‹, dann sind Interventionen besonders begründungsbedürftig. Aus den im Zeitverlauf stabilen Kurven der Grafik ergibt sich auch eine weitere Feststellung: »Die Jugendkriminalität von heute ist nicht die Erwachsenenkriminalität von morgen« (ebd.).

4.2.4 Jugendkriminalität = Kriminalität unter Gleichaltrigen

Eine Zuordnung von TäterInnen und Opfer ist in der PKS nicht möglich. Jenseits der Masse jener kleinen Delikte ohne individuelle Opfer – das Schwarzfahren (»Beförderungserschleichung«) oder der Ladendiebstahl – deutet die deliktische Verteilung der Jugendkriminalität darauf hin, dass ihr Schwerpunkt innerhalb der eigenen Altersklasse liegt. Denn an vielen Bereichen schwerer Kriminalität sind Jugendliche nicht beteiligt. Dies gilt neben den Kapitaldelikten etwa für die gesamte Wirtschaftskriminalität, die Geldwäsche oder organisierte Kriminalität.

Heinz (2019, S. 232f.) verweist auf eine Sonderauswertung aus Baden-Württemberg, die ergab, dass Opfer und TäterInnen schwerer Körperverletzung im öffentlichen Raum überwiegend derselben Altersgruppe angehörten: Waren die Opfer Kinder, handelte es sich bei den Tatverdächtigen zu 53 % um Kinder, waren die Opfer zwischen 14 und 20 Jahre alt, dann waren 65 % der Tatverdächtigen im selben Alter. Je älter die Opfer, desto geringer war der Anteil jüngerer Tatverdächtiger.

Das hier grob nachgezeichnete Bild von Jugendkriminalität ist – bei allen Unterschieden im Detail – nicht nur kriminologischer, sondern auch polizeilicher Konsens. Es bildet bzw. sollte die Basis bilden für die gesellschaftlichen, polizeilichen, strafverfolgenden etc. Reaktionen auf jugendliche Delinquenz.

4.3 Jugendpolizei

Die Grundlagen polizeilichen Umgangs mit Jugendkriminalität sind in der Polizeidienstvorschrift (PDV) 382 »Bearbeitung von Jugendsachen« formuliert. Die PDVen werden durch die Innenministerien auf dem Verordnungsweg für die Bundesländer für verbindlich erklärt. Ihre konkrete, insbesondere institutionelle Umsetzung unterscheidet sich zwischen den Bundesländern. Die aktuelle Version der PDV 382 stammt aus dem Jahr 1995. Sie ist mit einem Vorwort versehen, aus dem zwei Bemerkungen erwähnenswert sind. Zu Beginn wird festgestellt:

> »Für die Polizei gilt besonders im Jugendbereich der Grundsatz ›Prävention geht vor Repression‹. Deshalb arbeitet die Polizei auch im Rahmen jugendspezifischer Präventionskonzeptionen und -programme mit anderen (originär) zuständigen Stellen eng zusammen.«

Gegen Ende des Vorworts wird auf den Erziehungsauftrag des Jugendstrafrechts Bezug genommen und dessen Reichweite begrenzt. Denn es gehe einzig um »die Verhinderung von künftigen strafrechtlichen Auffälligkeiten des Betreffenden (Individualprävention)«. »Erziehung in diesem Sinne«, so endet das Vorwort,

> »verlangt somit Beschränkung der Strafzwecke und -ziele, Zurückhaltung bei strafrechtlichen Zwangsmaßnahmen und Vermeidung schädlicher Eingriffe strafrechtlicher Sozialkontrolle in den Prozeß des Erwachsenwerdens. Es geht um Befähigung statt Strafe« (PDV 1997, S. 5).

Insgesamt ist für die Vorschriften kennzeichnend, dass die Strafunmündigkeit von Kindern, die rechtliche Sonderstellung von Minderjährigen und die besondere Schutzbedürftigkeit dieser Gruppen in Rechnung gestellt werden. Gleichzeitig wird mehrfach auf die Geltung der strafprozessualen und polizeirechtlichen Bestimmungen verwiesen. Jenseits der vielen Einzelbestimmungen, die hier weder wiedergegeben noch kommentiert werden können, sind drei Aspekte der PDV 382 bemerkenswert.

1. Die PDV regelt das Verhalten der Polizei gegenüber Jugendlichen als Tatverdächtige und als Opfer. Unter der Überschrift »Gefährdung Minderjähriger« geschieht dies im polizeirechtlichen Teil der Vorschrift (▶ Kap. 2.2, ▶ Kap. 2.3). Dabei fasst die Vorschrift den Gefährdungsbegriff weit, denn er bezieht sich auf Gefahren, »die Minderjährigen drohen oder von ihnen ausgehen« (Pkt. 2.1.1). Als Schutzgut wird das »körperliche, geistige oder seelische Wohl« der Jugendlichen betrachtet (Pkt. 2.2). In den anderen Teilen werden die Minderjährigen regelmäßig als Tatverdächtige oder ZeugInnen gesehen. Ausdrücklich als Opfer werden sie nur hinsichtlich der »Vernehmung minderjähriger Opfer von Sexualdelikten« angesprochen (Pkt. 3.6.1).
2. Die in der Präambel betonte enge Zusammenarbeit mit den »anderen (originär) zuständigen Stellen« wird in den Detailbestimmungen mehrfach im Hinblick auf das Jugendamt konkretisiert: Inobhutnahmen (Pkt. 2.3.1, 2.3.3, 3.2.4) und frühzeitige Information (Pkt. 3.2.7):

   »Das Jugendamt und sonst zuständige Behörden sind unverzüglich zu unterrichten, wenn schon während der polizeilichen Ermittlungen erkennbar wird, dass Leistungen der Jugendhilfe in Frage kommen. In allen allen anderen Fällen ist spätestens mit der Abgabe der Ermittlungsvorgänge an die Staatsanwaltschaft das Jugendamt zu unterrichten, sofern eine Gefährdung Minderjähriger vorliegt (Nr. 2.2).«

3. Die PDV enthält hinsichtlich ihrer institutionellen Umsetzung nur wenige Vorgaben, die sich auf fachliche Spezialisierung und externe Kooperation beziehen: »Mit der Bearbeitung von Jugendsachen sind besonders geschulte Polizeibeamte (Jugendsachbearbeiter) zu beauftragen.« Und:

   »Die Bearbeitung von Jugendsachen erfordert sowohl im präventiven als auch im repressiven Bereich eine ständige Kooperation der damit betrauten Polizeibeamten mit anderen Institutionen, die sich mit Jugendfragen beschäftigen« (Pkt. 1.2, 1.3).

4.3.1 Polizeiliche Jugendsachbearbeitung

Bereits in der PDV 382 ist ersichtlich, dass im Bereich der Minderjährigen Repression und Prävention nahe beieinander liegen. Stärker als bei Erwachsenen soll beides gleichzeitig betrieben werden: Straftaten sollen aufgeklärt und die Begehung zukünftiger Straftaten soll verhindert werden. Dabei spielt einerseits die spezialpräventive Hoffnung, dass Strafen und Strafandrohung von Straftaten abhält, eine Rolle, zugleich aber auch der Versuch, mit Aufklärung, Angeboten, Hilfen etc. primärpräventiv wirken zu können. Das Repertoire polizeilicher »Jugendsachbearbeitung« ist deshalb extrem breit. Es reicht von der gezielten Überwachung und Verfolgung bestimmter Gruppen oder Milieus bis zu harmlosen Angeboten, die eher allgemeine Öffentlichkeitsarbeit als gezielte Kriminalprävention darstellen.

Welche Dienststellen sich in der Polizei mit Jugendlichen beschäftigen, ist von Bundesland zu Bundesland unterschiedlich geregelt. Dies gilt für die sachlichen Zuständigkeiten (etwa welche Delikte oder welche Gruppen Jugendlicher von wem bearbeitet werden), dies gilt auch für die Bezeichnungen der jeweiligen Einheiten und deren Stellung innerhalb der polizeilichen Organisationshierarchie. Mit den »Häusern des Jugendrechts« und »Fallkonferenzen« sind Arbeitsformen entstanden, in denen die polizeiliche Jugendsachbearbeitung eng mit anderen Akteuren zusammenarbeitet. Sie werden gesondert vorgestellt (s. u.).

Im Detail unterscheidet sich die Umsetzung der PDV zwischen den Landespolizeien erheblich (s. Holzmann 2008, S. 319–346). Im Allgemeinen gilt, dass auf der unteren Ebene jeweils Fachkommissariate eingerichtet sind, die sich mit »Jugendsachen« befassen, d. h. die sich mit allen Delikten befassen, die Jugendlichen zur Last gelegt werden (s. Zirk 1999, S. 125–40; Clages/Nisse 2009, S. 58–75). Regelmäßig ausgenommen von dieser Zuweisung sind Ermittlungen bei schweren Straftaten (Kapitaldelikte, Staatsschutz), die von übergeordneten, spezialisierten Dienststellen ermittelt werden. In einigen Ländern sind die örtlichen Zuständigkeiten nach dem Wohnort der Jugendlichen (und nicht nach dem Tatort) geregelt (für Niedersachsen: Brandes/Piszczan-Präger 2013, S. 550).

Neben diesen ermittelnden Dienststellen sind überall spezifische Präventionszuständigkeiten etabliert. In Niedersachsen z. B. bestehen »Präventionsteams«, denen der/die »Beauftragte für Jugendsachen«, der/die Beauftragte für Kriminalprävention, der/die VerkehrssicherheitsberaterIn sowie – abhängig von den regionalen Verhältnissen – auch »JugendkontaktbeamtInnen« oder die »Polizeipuppenbühnen« angehören. Im Präventionsteam sollen lokale Präventionsstrategien entwickelt und umgesetzt werden. Der/die Beauftragte für Jugendsachen soll eng mit den ermittelnden Dienststellen zusammenarbeiten, so »dass ein hohes Maß an Fachwissen in Verbindung mit lokalen Informationen und Lagebeurteilungen zu Synergieeffekten führt« (ebd., S. 551).

Auch die Zusammenarbeit mit anderen Stellen ist in den Ländern unterschiedlich geregelt. In Niedersachsen sind seit 2007 »Jugendamtsberichte der Polizei« vorgeschrieben. Durch sie wurde »eine generelle Informationspflicht über jede Straftat und alle sonstigen polizeilichen Auffälligkeiten mit Minderjährigen von der Polizei an die Jugendhilfe eingeführt.« Die Richtlinie nimmt Bezug auf die Gefährdungsdefinition in der PDV 382. Eine Gefährdung kann darin bestehen, dass Minderjährige einer Straftat verdächtigt werden, aber auch dass sie als potenzielles Opfer auffällig werden (Pkt. 2.2); hier sind die Grenzen zwischen Ermittlungen gegen Jugendliche und zum Schutz von Jugendlichen fließend (▶ Kap. 7). Über deren »Mindeststandards« hinaus werden für Niedersachsen weitere Gefährdungsfälle genannt, bei denen das Jugendamt informiert werden muss:

- »grundsätzlich alle Fälle von Delinquenz«,
- »Androhung von Suizid«,
- »Schulschwänzen«,
- »mehrfache Opferwerdung« und
- »Mitteilung aller Fälle häuslicher Gewalt, wenn Minderjährige im Haushalt leben«.

Die Richtlinie schreibt eine »frühe Information der Jugendhilfe« vor. Bei Gefährdungslagen seien »sofortige Vorabinformationen« geboten; bei länger andauernden Ermittlungen sei das Jugendamt »vorab über das laufende Ermittlungsverfahren zu informieren«. Die Mitteilung an das Jugendamt soll neben den Angaben zum Tatvorwurf und Tatgeschehen auch Hinweise »über die Tatzeit, über die Reaktion der Eltern oder sonstige Hinweise auf das soziale Umfeld, z. B. auf die Gruppe, in der das Kind/der Jugendliche agiert (Name von Mittätern und Opfern), enthalten«. Außerdem werden »Absprachen zwischen Jugendamt und Polizei« angeregt, um »Hemmschwellen abzubauen« und »Abläufe nachhaltig (zu) optimieren«. »Gemeinsame Besprechungen auf Führungs- und Sachbearbeiterebene sind jährlich vorzusehen« (Landeskriminalamt Niedersachsen 2007).

4.3.2 Spezifische Zugänge

In ihrem »Handbuch der polizeilichen Jugendarbeit« illustrieren die Autoren – beide Beamte der bayerischen Polizei – an einem Beispiel, wie hilfreich JugendbeamtInnen wirken können: Nachdem es zum Konflikt zwischen zwei Jugendgruppen kam, schlägt der Jugendbeamte der Staatsanwaltschaft einen Täter-Opfer-Ausgleich (TOA) vor. Die Fallschilderung beginnt mit den Sätzen:

> »Der Jugendbeamte der Polizei betreut zwei ethnisch strukturierte Gruppen im Zentrum einer Großstadt. Nachdem es bisher zu keinen Auseinandersetzungen zwischen den befreundeten Cliquen kam, droht dieses günstige Klima nach einer persönlichen Auseinandersetzung zwischen zwei Meinungsführern zu kippen« (Dietsch/Gloss 2005, S. 122).

Die Kurzdarstellung legt zwei Fragen nahe: Warum »betreut« der Jugendpolizist die Gruppen, wenn bisher ein »günstiges Klima« bestand? Und warum wird aus der Betreuung gleich ein Strafverfahren, das er dann durch den Vorschlag des Täter-Opfer-Ausgleichs abzubiegen sucht? In der schnellen Wendung von der Betreuung zur Strafverfolgung wird deutlich, dass die Strafverfolgungspflicht (▶ Kap. 1.1.3 »Legalitätsprinzip«) allzeit präsent ist, auch wenn es nur um Betreuung und »Kontaktpflege« geht. Denn es gibt keine institutionelle Unterscheidung zwischen präventivpolizeilich-gefahrenabwehrend und strafverfolgend tätigen PolizistInnen.

Im Beispiel kann der »Jugendbeamte« tätig werden, weil er die Gruppen »betreut«. Darin wird ein zentrales Merkmal der polizeilichen Strategien im Umgang mit potenziell delinquenten Jugendlichen sichtbar. Es ist Ausdruck einer präventiven oder proaktiven Strategie: Die Polizei wartet nicht ab, dass etwas geschieht, sondern sie widmet ihre besondere Aufmerksamkeit spezifischen Personen, Gruppen, Milieus oder Räumen, denen sie ein kriminogenes Potenzial zuschreibt, d. h., sie vermutet, dass sich dort Kriminalität entwickeln könnte oder dass Sicherheitsgefahren entstehen könnten. Der Anlass für einen solch proaktiven Zugang kann sehr unterschiedlich sein – die Spanne reicht von AnwohnerInnenbeschwerden bis zu kriminologischen Erkenntnissen, von kriminalistischen Erfahrungen bis zu öffentlichen Berichterstattungen.

Jenseits einzelfallbezogener Maßnahmen reagiert die Polizei strategisch durch die Etablierung sog. »szenetypischer BeamtInnen«. Dabei handelt es sich um Angehörige des Polizeidienstes, die in ihrem äußeren Erscheinen, Alter, Kleidung, Sprache etc. möglichst nah an den Merkmalen des »Zielmilieus« liegen sollen.

Bei Dietsch/Gloss (2005, S. 123–126) werden die Besonderheiten des szenetypischen Einsatzes durch »die drei B« charakterisiert:

1. *Bekannt* müsse die polizeiliche Jugendarbeit den Jugendlichen sein. Dazu sei der persönliche Kontakt anzustreben. Die Kontakte sollten für die Jugendlichen nach Möglichkeit »zu positiven Erfahrungen« führen, so dass »Bekanntheit letztlich zu Vertrauen führt«. Vertrauen sei Voraussetzung erfolgreicher Prävention.
2. *Berechenbar* müssten die PolizistInnen für die Jugendlichen sein. Zum Berechenbaren gehöre Fairness, konsequentes Handeln und Transparenz im Sinne von Erklärung des eigenen Verhaltens.
3. *Beharrlich* müsse der polizeiliche Umgang sein, was nicht nur einen langen Atem bedeute, sondern auch eine permanente Reflexion und Anpassung der Einsatzformen.

»Szenetypische BeamtInnen« treten offen als PolizistInnen in Erscheinung. Es handelt sich um eine aufsuchende Form der Polizeiarbeit. Die Polizei wird nicht gerufen, sondern sie geht von sich aus auf die Gruppen oder Treffpunkte zu. Hier zeigen sich deutliche Parallelen zur aufsuchenden Sozialarbeit, insbesondere in Form von Streetwork. Auch die Betonung des »Vertrauens« als Arbeitsgrundlage deutet in diese Richtung. Solange die BeamtInnen die Gruppen oder Orte nur aufsuchen und ggf. Gespräche über alltägliche Dinge führen, handeln sie »schlicht hoheitlich« und bedürfen keiner spezifischen Rechtsgrundlage. Sofern sie jedoch »Eingriffe« vornehmen, dazu zählt bereits die Identitätsüberprüfung oder der Blick in mitgeführte Taschen, bedürfen sie einer Befugnisnorm – entweder aus dem Polizei- oder aus dem Strafprozessrecht. Unterhalb dieser eindeutigen Eingriffe ist die häufigste Handlung die »Gefährderansprache« (▶ Kap. 5.3.2).

Proaktive »szenenahe« Tätigkeiten sind eine weit verbreitete Einsatzform gegenüber bestimmten Gruppen oder sozialen Milieus. Durchgehend finden sie Verwendung im Hinblick auf Fußballfans, aber auch auf Jugendszenen allgemein. Dabei kann es um das systematische und regelmäßige Aufsuchen von bekannten öffentlichen Treffpunkten Jugendlicher gehen oder um den Kontakt zu Jugendeinrichtungen.

Berlin

In Berlin existieren auf der Ebene der Direktionen »Operative Gruppen Jugendgewalt« (OGJ). In einem Flyer stellte die OGJ der Direktion 3 sich den Jugendlichen vor: In der Mitte sind die drei Polizistinnen und vier Polizisten im Gruppenfoto abgebildet, ihre Vornamen sind auf den T- oder Sweatshirts abgedruckt. Unter der Überschrift »CIK« für »Cops Im Klub« werden die Jugendlichen angesprochen: »Wir wollen Euch in den Klubs einmal im Monat die Möglichkeit geben, mit uns über Probleme, die Euch und uns betreffen, in lockerer Atmosphäre zu reden.« Mögliche Themen rahmen collageartig das Gruppenbild ein: Praktikum bei der Polizei, Infos zu Drogen und Waffen, wie mit Gewalt umgehen, warum eine Anzeige erstatten. Genaueres erfahren die Jugendlichen unter der Überschrift »Was ist unsere Arbeit?«:

> »Wir sind eine Gruppe männlicher und weiblicher, orts- und szenekundiger Schutzpolizisten, welche ihren Dienst in ziviler Kleidung bestreiten. Unser wichtigstes Kapital in der Szene ist unsere Bekanntheit und Seriosität. Diese Vertrauensbildung erreichen wir bei den Jugendlichen durch Verständlichmachung und Transparenz unserer polizeilichen Maßnahmen.«

Als »Kontakt- und Kommunikationsstreifen« würden »Jugendtreffpunkte« aufgesucht. Ihr Ziel sei es, »auf die Jugendlichen zuzugehen und mit ihnen zu reden, um sie somit ein Stück aus ihrer Anonymität herauszuholen, gezielt auf gewaltbereite Jugendliche Einfluss zu nehmen und eventuell eskalierende gruppendynamische Prozesse zu stoppen.« In den Gesprächen versuche die OGJ »die Jugendlichen in Bezug auf die Probleme und Folgen zu sensibilisieren, indem wir ihnen die Rechtsnormen, Konsequenzen und eventuell staatlichen Sanktionen verdeutlichen« (Operative Gruppe Jugendgewalt der Direktion 3 o. J.; s.a. Ziermann 2000, S. 63).

Duisburg

Ende der 1990er Jahre wurde die Polizei in Duisburg im Rahmen eines größeren Forschungszusammenhangs untersucht. In ausgewählten Revieren wurden SchutzpolizistInnen in ihrem Alltag begleitet. Der Fokus dieser Untersuchung lag auf dem Habitus, den PolizistInnen ausbilden, um die dienstlichen Herausforderungen bewältigen zu können. Dabei stand die »Street-Corner-Polizei« im Vordergrund. Obgleich es sich dabei um den schutzpolizeilichen Regeldienst handelte, weisen die Beobachtungen Hüttermanns auf Selbstverständnis und Kommunikationsstile hin, die PolizistInnen ausbilden, wenn sie BürgerInnen in deren Lebenswelt aufsuchen (in Duisburg waren es die migrantischen Cliquen, die sich an Straßenecken und Plätzen treffen). Auf den Beobachter wirkten die »Selbstgedrehte« rauchenden und »legere Kleidung« tragenden Street-Corner-Polizisten »wie alternde Sozialarbeiter, die sich trotz grauer Schläfen immer noch nicht von den jugendkulturellen Attributen ihrer Klientel verabschieden wollen« (Hüttermann 2000, S. 170). In den Konflikten mit den Jugendlichen verwandelten sich die PolizistInnen »gewissermaßen zu einem autoritären, auf Platzhirschgebaren rekurrierenden Sozialarbeiter«, der die Konflikte in Bereiche lenke, »die strafrechtlich entweder von keinem oder nur geringem Belang sind« (ebd., S. 176). Gelinge eine solche Deeskalation nicht, dann »schließt sich eine Phase autoritärer Sozialarbeit an: Der Street Corner-Polizist macht durch die Rekonstruktion der Karriere eines wiederholt straffällig gewordenen Street Corner-Akteurs nicht ohne pädagogische Absicht deutlich, welche Konsequenzen abweichendes Verhalten haben kann« (ebd., S. 178).

Hamburg

Zwei Jahrzehnte später hat ein Kriminologe Einsätze der Hamburger Polizei im Bereich des Jugendschutzes begleitet. Die Einheiten suchen Plätze bzw. Anlässe auf, wo sich viele Jugendliche aufhalten, z. B. Volksfeste, Parks, Bahnhof etc. Vom Beobachter werden die BeamtInnen als »polizeiliche Sozialarbeiter« bezeichnet; sie unterschieden sich deutlich von anderen schutzpolizeilichen Einsätzen, träten zwar in Zivil auf, aber auch ohne Uniform würden sie von den Jugendlichen als PolizistInnen identifiziert, was auch erklärtes Ziel der Einsätze sei (Zurawski 2020, S. 64).

Die Einsätze dienen dem Jugendschutz, d. h., durch sie sollen Jugendliche vor Gefahren geschützt werden. In den Interventionen, die Zurawski beschreibt, ist der Jugendschutz kaum erkennbar: Die BeamtInnen greifen bei einer Schubserei zwischen zwei (betrunkenen) 20-jährigen Freunden ein: ein belehrendes Gespräch wird geführt, ein Platzverweis ausgesprochen. Als in einer Gruppe Mädchen ein »lauter, hörbarer Streit« ausbricht, werden deren Ausweise kontrolliert. Überprüft werden soll das Alter der Mädchen und ob sie Alkohol getrunken haben oder welchen mit sich führen. Im Gespräch betont später eine der Polizistinnen, angesichts des Verhaltens vieler Jugendlicher verspüre sie das Bedürfnis härter durchzugreifen, denn die Jugendlichen würden »allein gelassen, ohne Begrenzung, ohne Führung««. Durch ihr Einschreiten hoffe sie, zur Bezugsperson für die Jugendlichen zu werden, die Werte und Verhaltensnormen erfolgreich vermitteln könne (ebd., S. 66).

Auch in Hamburg besteht die Tätigkeit in aufsuchenden Streifengängen, in der Kontrolle an Treffpunkten Jugendlicher, in der Aufhebung von Anonymität. Die Polizei tritt hier nicht unmittelbar oder primär repressiv in Erscheinung. Zurawski erwähnt, dass die Einheiten polizeiintern abschätzig als »Quatschpolizei« bezeichnet wird, weil sie nur rede statt ›richtige Polizeiarbeit‹ zu betreiben (ebd., S. 67). Gleichwohl sei »der staatliche Wille zu Ordnung und Herrschaft ... immer erkennbar« (ebd., S. 68) – eine Beobachtung, die auch Hüttermann in Duisburg machte. Der von den PolizistInnen praktizierte »›Erziehungsstil« sei »eher paternalistisch« und habe »ein polizeiliches Normen- und Gehorsamsverständnis zur Grundlage, das den Lebensrealitäten mancher Jugendlicher nicht immer entsprechen mag« (ebd.).

Die Duisburger Beobachtungen wurden in einem migrantisch dominierten Staddteil gemacht. Auch in den Hamburger Beobachtungen fiel auf, dass bestimmte Gruppen besonders von den Kontrollen betroffen sind: »Dabei handelt es sich vorrangig um sozial schwächere oder marginalisierte Gruppen, vielfach migrantische Jugendliche, junge Geflüchtete, Bewohner*innen von sozial eher schwächeren Wohnvierteln« (ebd., S. 68f.). Hier wird die zweite Überschneidung mit der sozialarbeiterischen Streetwork sichtbar: Der polizeiliche und sozialarbeiterische Zugang entsprechen sich nicht nur im Hinblick auf die strategische Orientierung (Gruppen in ihren Lebenskontexten aktiv aufsuchen), sondern auch die AdressatInnen sind nahezu identisch, weil es sich um soziale randständige Gruppen handelt.

4.4 Jugendarbeit – Polizeiarbeit

4.4.1 Streetwork

Seit Mitte der 1960er Jahre entwickelten sich in Deutschland Ansätze der »Straßensozialarbeit« nach US-amerikanischem Vorbild als Reaktion auf Klientelgruppen der Sozialarbeit, die von den herkömmlichen Komm-Strukturen nicht erreicht wurden. Die »lebensweltliche() Öffnung«, das »Hinausgehen ... zu den Orten, an denen gefährdete Personen und Cliquen sich ihre lebensweltlichen Bezüge schaffen«, ist das Gemeinsame von Streetwork, die nach Klientelen und lokalen Gegebenheiten sehr unterschiedliche Ausprägungen erfahren kann (s. Steffan 2017, S. 1002).

In der jüngsten Fassung hat die »BAG Streetwork/Mobile Jugendarbeit« – ein Zusammenschluss von ca. 1.000 Mitgliedern aus 300 Projekten (ebd., S. 1003) - 2018 »Fachliche Standards« formuliert, an denen die StreetworkerInnen ihre Arbeit ausrichten sollen: Streetwork und Mobile Jugendarbeit werden als »aufsuchende, niedrigschwellige, anwaltschaftliche und parteiliche, an die Adressat*innen und deren Lebenswelten orientierte eigenständige Arbeitsfelder« definiert (BAG Streetwork 2018, S. 2). Sie richten sich »an Menschen, für die der öffentliche und halböffentliche Raum einen bedeutsamen Bestandteil ihrer Lebenswelt darstellt«, insbesondere an diejenigen, die von »einrichtungszentrierten Angeboten« nicht erreicht würden. »Im besonderen Fokus«, stünden »benachteiligte und von der gesellschaftlichen Teilhabe ausgegrenzte, von Ausgrenzung bedrohte sowie sich selbst ausgrenzende Menschen.« Da die Rechtsgrundlage im SGB VIII gesehen wird, wird die Zielgruppe auf die unter 27-Jährigen begrenzt (ebd., S. 3).

Die Standards formulieren insgesamt 14 »Handlungsleitende Arbeitsprinzipien«. Für den hier diskutierten Zusammenhang sind zwei Arbeitsprinzipien von unmittelbarer Bedeutung: In Nr. 11 wird die »Verschwiegenheit« für »unverzichtbar« für den »vertrauensvollen Umgang mit den Adressat*innen« erklärt. Deshalb wird festgelegt, dass »ohne Mandat ... keine personenbezogenen Informationen an andere weiter(gegeben werden)«. Die StreetworkerInnen »führen keine personenbezogenen Akten und achten in ihren Tätigkeitsberichten darauf, keine personenbezogenen Fallverläufe zu dokumentieren.« Lediglich für die Kindes- oder Jugendwohlgefährdung werden diesbezüglich Ausnahmen zugestanden.

In der »Fachpolitischen Abgrenzung« (Nr. 14) heißt es:

> »Streetwork/Mobile Jugendarbeit grenzen sich eindeutig von sicherheits- und ordnungspolitischen Instrumentalisierungen ab. Sie sind auf Vertrauen aufbauende Angebote der Sozialen Arbeit und müssen als solche für die Adressat*innen auch deutlich erkennbar sein.«

Allerdings sei ein »Dialog mit Polizei- und Ordnungsbehörden im Sinne von z. B. Runden Tischen und Kriminalpräventiven Räten ... jedoch unter den entsprechenden Datenschutzbestimmungen möglich«.

Die Beziehungen zur Polizei sind ein Dauerthema für StreetworkerInnen. Im Ergebnisbericht einer internationalen PraktikerInnen-Tagung, die 1996 von Gangway e. V. – dem größten Berliner Träger im Streetwork-Bereich – veranstaltet wurde, wird zwischen Zusammenarbeit und Dialog unterschieden. Zusammenarbeit sei ein »zielgerichtetes, aufeinander abgestimmtes Handeln auf der Grundlage einer gemeinsamen Strategie und gemeinsamer Ziele.« Demgegenüber handele es sich beim Dialog um

> »Gespräche/Kommunikation zur Verhinderung/Minimierung von Problemen und Reibungspunkten, die sich aus der Arbeit von Berufsgruppen mit unterschiedlichen Arbeitsweisen, -aufträgen und -zielen ergeben. Wegen dieser unterschiedlichen Prinzipien, Arbeitsweisen und -vorgaben von Streetwork und ordnungspolitischen Instanzen ist eine Zusammenarbeit dieser Institutionen grundsätzlich ausgeschlossen« (Gangway 1996, S. 287).

Im Zusammenhang mit dem Hinweis, dass polizeiliches Vorgehen von politischen Interessen bestimmt sein könne, die im Widerspruch zu »den politischen Interessen von Streetwork stehen (z. B. repressive Maßnahmen gegen Drogenszenen …)«, wird darauf hingewiesen, dass »u. U. nicht einmal ein Dialog« mit der Polizei möglich sei (ebd., S. 288).

2005 erörterten StreetworkerInnen aus dem gesamten Bundesgebiet ihr Verhältnis zur Polizei. Im Bericht über die Tagung wird deutlich, dass sich die Anwesenden nicht in allen Punkten einig waren. Dass ein »Spannungsverhältnis« zwischen Polizei und Streetwork besteht, dass zwischen beiden keine »Allianz« entstehen soll und dass im Zweifelsfall »auf eine Zusammenarbeit verzichtet werden sollte«, darüber bestand Konsens (Dölker/Hensch/Klaus 2005, S. 161). Mit der Polizei sei ein »kritischer Dialog« zu führen. In konkreten Handlungsempfehlungen wird versucht zu verdeutlichen, was das für die Alltagspraxis heißen könnte: Gemeinsam veranstaltete Freizeitangebote werden abgelehnt, um für die Klientel die unterschiedlichen Rollen nicht zu verwischen. Begegnungen auf der Straße sollten »höflich und professionell distanziert ablaufen«, so dass der Klientel signalisiert wird, dass man sich zwar kennt, aber »keine kollegiale Beziehung pflegt«. Und schließlich soll »darauf hingewirkt werden, dass Streetwork-Einrichtungen nicht von der Polizei betreten werden« (ebd.). Die hier deutlich werdenden Probleme der Abgrenzung verschärfen sich, wenn die Polizei selbst sich in ähnlichen Formen in denselben Milieus oder gegenüber denselben Gruppen verhält (s. a. Mücke/Berndt 1999).

Inwieweit die zitierten Standards und Übereinkünfte die Praxis bestimmen, ist fraglich. Die Beziehungen zwischen SteetworkerInnen und Polizei variieren lokal und zwischen der von den Trägern verfolgten ›Politik‹. In Berlin praktiziert Gangway einen Dialog auf Landesebene, aber auch auf einzelne Bereiche bezogene Absprachen; etwa dass eine vorbereitete Polizeiaktion nicht zeitgleich mit einem Streetwork-Projekt erfolgt. Für die Arbeitsebene lautet hingegen der Grundsatz: »Keine Weitergabe personenbezogener Daten, keine Angaben zu konkreten Personen oder Gruppen an die Polizei!« Wer gegen diesen Grundsatz verstößt, dem/der drohe die Kündigung (Schramm 2015, S. 42). Andererseits zeigt die oben zitierte Darstellung der Operativen Gruppe Jugendgewalt, dass sie in den Jugendtreffs – mit Zustimmung der Träger – präsent ist. Ob den Jugendlichen vermittelt werden kann, dass die Einbindung der Polizei in die Angebote eines Jugendtreffs nicht bedeutet, dass Polizei und SozialarbeiterInnen auch in anderen Dingen zusammenarbeiten, ist durchaus fraglich. Untersuchungen zu den Wirkungen – den intendierten und den unbeabsichtigten – existieren nicht.

4.3.2 Schulen

Die Schulen sind für die Polizei von einem doppelten Interesse: Erstens sind sie der Ort, an dem kriminelles Verhalten von Jugendlichen stattfindet. Zweitens sind sie als pädagogische Einrichtungen dazu prädestiniert, dass in ihrem Rahmen Prävention stattfindet. Zudem haben die Schulen den großen Vorteil, dass über sie die gesamten Bevölkerungsjahrgänge erreicht werden können – eine Breite, die weder früher – etwa in Kitas und Kindergärten – noch später – etwa im Berufsleben – vorhanden ist.

Unter der strafverfolgenden Perspektive sind die Schulen als Orte oder als Bezugsräume krimineller Handlungen von Jugendlichen von Interesse. Jugendkriminalität ist mehrheitlich Kriminalität unter Gleichaltrigen, damit auch unter SchülerInnen. Ein Teil dieser Delikte – Körperverletzung, Sachbeschädigung, Diebstahl, Mobbing – findet innerhalb der Schule statt, der größere Teil im räumlich-zeitlichen Umfeld der Schule oder in der Freizeit, deren Kontakt- oder Konfliktmuster häufig Zusammenhänge mit der Schule aufweisen. Die Schule als Bezugs- oder Austragungsort kriminellen Verhaltens ist zunächst eine Herausforderung, vor der die Schulen stehen. In großer Vielfalt versuchen die Schulen mittlerweile mit ihren Mitteln konfiktvermeidend, -vermittelnd oder -lösend zu intervenieren. Das ist ein klassisches Feld der Schulsozialarbeit oder des Zusammenwirkens von SozialarbeiterInnen und LeherInnen. Das Spektrum reicht von der Entwicklung von Schulprogrammen und Schulregeln über Projekttage und Projekte bis zur Etablierung von MediatorInnen oder die Verankerung kriminalpräventiver Inhalte im Schulcurriculum. Diese Aktivitäten können hier nicht vorgestellt werden (s. exemplarisch: Lüter/Bergert/Peters 2019).

Aus dem pädagogischen Selbstverständnis der Schulen, aber auch weil keine Schule sich in negativen Schlagzeilen in der Öffentlichkeit sehen will, resultiert(e) die traditionelle Zurückhaltung von Schulen, Vorfälle in der Schule zur Anzeige zu bringen oder SchülerInnen und ihre Eltern dazu aufzufordern. Im Kontext der Diskussionen über zunehmende Jugendkriminalität, insbesondere Jugendgewalt, wurden die Schulen von den Bundesländern verpflichtet, bestimmte Delikte nicht nur an die Schulaufsicht, sondern auch an die Polizei zu melden. Bereits 2003 hatte Niedersachsen als erstes Bundesland eine solche Meldepflicht mittels Erlass für die Schulen festgeschrieben. Dort heißt es:

> »Die Schulleitung hat unverzüglich die Polizei zu informieren, sobald sie Kenntnis davon erhält, dass eine der folgenden oder vergleichbare Straftaten an ihrer Schule oder im unmittelbaren Zusammenhang mit der Schule gegen oder durch ihre Schülerinnen und Schüler begangen worden ist oder eine solche Straftat bevorsteht …«.

Folgend wird dann eine Vielzahl von meist schweren Straftaten aufgezählt, aber auch gemeinschaftlich begangene Körperverletzungen, wiederholte Beleidigungen, wiederholte einfache Diebstähle oder Graffiti werden genannt – wobei bereits Versuche gemeldet werden sollen (Niedersachsen Zusammenarbeit 2003, Nr. 3.1).

Vergleichbare Regelungen sind in den meisten Bundesländern mittlerweile eingeführt worden. In der Hamburger Verordnung von 2009 wurde die unbedingte Anzeigepflicht auf schwere Delikte beschränkt. Allerdings zeigen die Beispiele: »Schlag mit einem Schlüssel in der Hand« (gefährliche Körperverletzung) oder »Morgen machen wir dich fertig und schlagen dich zusammen« (schwerer Fall von Bedrohung), dass ggf. eine pädagogische Intervention – ohne die strafrechtliche Drohung – angemessener sein könnte. Bei anderen Delikten haben die Hamburger Schulleitungen zu prüfen, »ob wegen der besonderen Umstände der Tat, der aufgewandten kriminellen Energie oder der Schwere der Tatfolgen die Polizei zu informieren ist.« Als Beispieltaten werden Beschädigungen von Verkehrsschildern, Graffiti, Zeigen des Hitlergrußes, Tierquälereien genannt (Hamburg Landesinstitut 2009). 2015 wurde die Richtlinie überarbeitet; die optionale Meldepflicht bei den leichteren (»sonstigen«) Delikten wird nicht mehr erwähnt (Hamburg Richtlinie 2015).

In welchem Umfang das schulische Meldeverhalten den Vorgaben folgt, ist unbekannt. Das Verfahren in Hamburg ist evaluiert worden. Mit einem ernüchternden Ergebnis:

> »Das Anzeigeverhalten ist gestiegen, ohne dass die reale Gewalt in Schulen zugenommen haben dürfte. Die Gewaltbereitschaft hat aber offenbar auch nicht abgenommen bei denen, die bereits im Zusammenhang mit Gewaltvorfällen auffällig geworden sind« (Buddeberg/Olschok/Richter 2010, S. 200).

So darf erwartet werden, dass die Erlasse das Dunkelfeld schulischer Delinquenz verringert haben. Da gleichzeitig die im Hellfeld ausgewiesenen Delikte Jugendlicher abgenommen haben, ist dies ein deutliches Indiz dafür, dass »Jugendkriminalität« in den letzten beiden Jahrzehnten an Brisanz verloren hat.

Diese Entspannung wird u. a. durch die verbesserte Präventionsarbeit an den Schulen erklärt. Ein Element dabei ist die engere Zusammenarbeit zwischen Polizei und Schulen. Häufig wurden die Meldepflichten gleichzeitig eingeführt mit allgemeinen Regelungen über die Zusammenarbeit zwischen Schulen und Polizei. Der genannte niedersächsische Erlass etablierte acht Felder bzw. Formen der Zusammenarbeit:

1. Benennung namentlich bekannter AnsprechpartnerInnen in jeder Schule und der örtlich zuständigen Dienststelle,
2. regelmäßige stattfindende Besprechungen der AnsprechpartnerInnen,
3. Benennung eines Staatsanwaltes/einer Staatsanwältin für Schule und Polizei,
4. wechselseitige Teilnahme an Konferenzen und Dienstbesprechungen,
5. verstärkte Berücksichtigung der Prävention von Kriminalität und Gewalt im Unterricht,
6. der optionale Abschluss von »zusätzlichen Vereinbarungen« zwischen den Beteiligten,
7. gegenseitiger Zugang zu Fortbildungen, Entwicklung gemeinsamer Veranstaltungen für LehrerInnen und PolizistInnen,

8. Möglichkeit für LehrerInnen (und solche in der Ausbildung), »die Arbeit der Justiz und der Polizei« kennenzulernen (Niedersachsen Zusammenarbeit 2003, Nr. 2).

Eine Übersicht über die Erlasslage in den 16 Bundesländern ist nicht vorhanden. Die niedersächsischen Regelungen dürften aber den Rahmen dessen abstecken, was mit Variationen im Detail in allen Bundesländern Standard ist.

Durch die Entwicklungen der vergangenen Jahrzehnte sind Schule und Polizei deutlich näher aneinandergerückt. Ein Indikator für diese Nähe sind die genannten »zusätzlichen Vereinbarungen«, die die Schulen mit der örtlichen Polizei abschließen (können). Auf der Homepage der Berliner Polizei sind die Kooperationsverträge der Direktion 4 (eine von sechs Flächendirektionen) aufgelistet (Polizei Berlin Direktion 4 2020). Die Direktion hat Verträge mit 57 Schulen geschlossen. Bei diesen Verträgen sind zum Teil weitere Partner beteiligt, etwa der Schulpsychologische Dienst oder das Jugendamt. Durch die schriftliche Übereinkunft soll die Zusammenarbeit auf eine stabile Basis gestellt werden. Die Partner übernehmen dabei bestimmte Verpflichtungen (Selbstverpflichtungen), die je nach Schule unterschiedlich ausfallen können. Die Verträge enthalten in der Regel Zusagen der Schulen an die Polizei, z. B. Einbeziehung bei sicherheitsrelevanten Themen oder die Vor- und Nachbereitung von Präventionsveranstaltungen »in enger Abstimmung« mit dem zuständigen Polizeiabschnitt (zur praktischen Umsetzung s. Eick 2015). Auch der zuständige Polizeiabschnitt macht Zusagen: Jede Klasse wird einmal pro Schuljahr von einem/einer PolizeibeamtIn besucht, bei Bedarf nimmt die Polizei an monatlich stattfindenden Elternsprechstunden teil, das Präventionsteam des Abschnitts (das aus dem/der Präventionsbeauftragten und dem/der VerkehrssicherheitsberaterIn besteht) wird sich der Gesamtkonferenz vorstellen, und es wird die Schulleitung im Hinblick auf Präventionsveranstaltungen, Projekte und Fortbildungen beraten (Kooperationsvereinbarung 2007).

Die Verträge sind explizit auf die Verbesserung der Prävention ausgerichtet. Inhaltlich lassen sich einige Standardthemen identifizieren: Verkehrssicherheit, Gewaltkriminalität, Drogen und Alkohol sowie die Bedeutung des Strafrechts – und die Selbstdarstellung der Institution Polizei. Auch wenn die direkte Zusammenarbeit unter präventiver Zielsetzung geschieht und wenn die Zusammenarbeit durch die örtlichen PräventionssachbearbeiterInnen der Polizei bewältigt wird, bleibt der Auftrag zur Strafverfolgung immer bestehen. Kommen diese PolizistInnen mit SchülerInnen in Kontakt, weisen sie – auch zu eigenem Schutz – auf diesen Umstand hin. Denn erzählen SchülerInnen von ihren Erlebnissen, könnte es sich auch im Sachverhalte handeln, die den Verdacht auf eine Straftat nahelegen und den/die PolizistIn zur Einleitung eines Ermittlungsverfahrens zwingen würde. Würde aber aufgrund eines schulischen Gesprächs etwa ein Ermittlungsverfahren gegen Eltern oder FreundInnen eingeleitet, könnte das ein Hindernis für zukünftige Polizeipräsenz an der Schule darstellen. Ignorierte der/die PolizistIn die Hinweise, steht der Verdacht auf eine »Strafvereitelung im Amt« im Raum.

Sofern die Polizei an der schulischen Prävention beteiligt wird, kann dies unterschiedlich umgesetzt werden. Wie in Berliner Schulverträgen sichtbar, kann das durch die gemeinsame Entwicklung von Vorhaben im Einzelfall, es kann aber auch in der Form geschehen, dass die Polizei Projekte aus ihrem Fundus an die Schulen bringt. Dabei kann es sich um Vorhaben handeln, die im Rahmen des »Programms Polizeiliche Kriminalprävention des Bundes und der Länder« entwickelt wurden, etwa »Herausforderung Gewalt«. Das Programm stellte 2020 Unterlagen für elf Themenbereiche zur Verfügung; geboten werden Flyer, Plakate, Filme, Handreichungen für Lehrkräfte, Info-Materialien etc. (ProPK 2020). Diese Themen werden auf der Homepage erläutert und in der Regel mit Materialien bzw. Medien ausgestattet. Es handelt sich um eine Art Werkzeugkasten, auf die PolizistInnen – aber auch andere MultiplikatorInnen – in der Prävention zurückgreifen können.

Auch auf der Ebene der Landespolizeien gibt es ein zusätzliches Repertoire »polizeieigener« Präventionsprojekte. Zum Thema Jugendgewalt listen Bergert, Karliczek und Lüter (2015, S. 111–118, s. a. Lüter 2018, S. 30ff.) für Berlin verschiedene »Angebote« der Polizei auf, die von »Anti-Gewalt-Veranstaltungen« bis zu einem Kindertheater-Stück reichen.

Auch wenn im Rahmen der Kooperation Polizei-Schule nicht gezielt Daten erhoben werden, fallen Kenntnisse über die Schulen und über die SchülerInnen bei den PolizistInnen an. Weil sie in den Schulen näher an den Alltag der SchülerInnen kommen, erfahren sie tendenziell mehr und anderes, als sie durch Anzeigen oder Streifengänge erfahren würden. Obwohl von PolizistInnen immer wieder die Bedeutung des lebensweltlichen Kontextes Jugendlicher betont wird, ist nicht ersichtlich, ob diese Informationen innerpolizeilich gezielt für präventive oder strafverfolgende Maßnahmen genutzt werden. Gerade weil die Verwendung des so entstehenden Wissens unbekannt ist, kann auch für die Kooperationspartner der Polizei nicht abgeschätzt werden, welche Folgen oder Nebenfolgen die Kooperation für die SchülerInnen hat.

4.3.3   Kooperation mit der Sozialarbeit in Projekten

In einem mit »Bilanz & Perspektiven« überschriebenen Aufsatz zu »25 Jahre Forschung zu Gewalt an Schulen« lautet eine der Schlussfolgerungen:

> »Schulische Gewaltprävention sollte nicht nur schulische, sondern auch außerschulische Akteure mit einzubeziehen. Meist verfügt die einzelne Schule nicht über die ausreichenden Mittel und Kompetenzen, um ursachen- und entwicklungsorientierte Präventionsarbeit zu leisten und gewalttätiges Verhalten einzudämmen.«

Neben anderen Schulen und Schulämtern werden die Wirtschaft, Freie Träger und die Familien- und Jugendhilfe sowie die Polizei als mögliche »lokale Unterstützungssysteme« genannt, mit denen »mittels kommunaler Netzwerkarbeit langfristige Kooperationen« unterhalten werden sollten (Schubarth/Niproschke/Wachs 2016, S. 17).

In der auf Gewaltkriminalität ausgerichteten Prävention ist die Zusammenarbeit von Jugendhilfe-Schule-Polizei besonders ausgeprägt. Vergleichsweise häufig scheint es Konstellationen zu geben, bei denen die präventiven Anregungen oder Ideen von engagierten PolizistInnen vor Ort ausgehen, die dauerhafte Umsetzung der Vorhaben dann aber alleine von oder mit Unterstützung durch soziale Träger geschieht. Bekannte Beispiele sind die Projekte »KICK – Sport gegen Jugenddelinquenz« (Martens 2000) und »KICK im Boxring« (Steffens 2017). Im Folgenden werden zwei Projekte von Landespolizeien vorgestellt, die konzeptionell auf der Zusammenarbeit von Polizei und sozialen Einrichtungen fußen.

Prävention im Team

Projekte unter dem Titel »Prävention im Team« (PiT) werden in verschiedenen Bundesländern angeboten. Gemeinsam ist diesen Projekten, dass sie im Rahmen von Schulen stattfinden – also an SchülerInnen adressiert sind – und dass sie von einem »Team« durchgeführt werden, das aus einem/einer PolizistIn auf der einen und pädagogischen und/oder sozialen Fachkräften auf der anderen Seite besteht.

»Prävention im Team« in Hessen ist ein primärpräventiv ausgerichtetes Projekt der hessischen Polizei, das für SchülerInnen der 6. bis 8. Klasse konzipiert ist. Das allgemeine Ziel besteht darin, die SchülerInnen »in die Lage zu versetzen, individuell und gewaltfrei auf gewaltbesetzte Situationen im öffentlichen Raum zu reagieren und angemessen zu handeln.« PiT charakterisiert sich

- durch »Partizipation« – die SchülerInnen sollen als »Expert*innen in eigener Sache« beteiligt werden –
- durch »Gewaltfreiheit« – den TeilnehmerInnen soll die Überzeugung vermittelt werden, dass »Konflikte nur gewaltfrei zu lösen« sind –
- und durch »Opferzentrierung« – worunter verstanden wird, dass die SchülerInnen »nicht zu Opfern von Gewalt im öffentlichen Raum werden« sollen.

Das Projekt wird von »PiT-Teams« geleitet, die jeweils aus zwei LehrerInnen, einem/einer PolizistIn und einer/einem SozialarbeiterIn bestehen. PiT umfasst fünf bis sechs Projekttage, die die SchülerInnen während eines Schuljahres absolvieren sollen. Den Tagen sind feste Themen zugeordnet:

1. Tag: Gewalt und Gefühle,
2. Tag: Was ist Gewalt,
3. Tag: Konflikteinstieg,
4. Tag: Konfliktausstieg,
5. Tag: Helferverhalten (PiT-Hessen 2020).

PiT-Hessen ist zu zwei Zeiträumen (2004–2005 und 2009–2012) evaluiert worden (Lemmer/Wagner 2013a). Die SchülerInnen wurden mittels Fragebogen ein Jahr vor bzw. ein Jahr nach Abschluss von PiT befragt. Auch wurde eine Kontrollgruppe befragt, die dem Profil der Teilnehmenden entsprach, aber nicht an PiT teilnahm. Im ersten Untersuchungszeitraum erfolgte die Befragung unmittelbar im Anschluss an das Programm. Hier zeigten sich signifikante Verbesserungen gegenüber der Vergleichsgruppe, und zwar hinsichtlich der Fähigkeiten zur Vermeidung von Konflikten, zum Ausstieg aus entstehenden Konflikten, zur Verbesserung der Kommunikation mit Umstehenden bei Konflikten und zu direktem Eingreifen. Gefragt wurde nach »Verhaltensintentionen«, also zu dem im Programm Gelernten – nicht zum tatsächlichen Verhalten. Die Gruppe des zweiten Erhebungszeitraums wurde nochmals ein Jahr nach dem Ende des Programms befragt. Das Ergebnis: »Zwischen der Trainingsgruppe und der Kontrollgruppe gab es nach einem Jahr keine Differenz mehr.« Um diese schwindende Wirkung zu vermeiden, empfahl der Evaluationsbericht eine »zeitliche und inhaltliche Ausweitung« des Programms: In regelmäßigen Abständen sollten die PiT-Inhalte aufgefrischt werden. Noch wirkungsvoller wäre, wenn die Projekte »nicht nur als Einzelmaßnahmen eingeführt werden würden, sondern über den Verlauf des Kindergarten- und Schulbesuchs hinweg in einen übergeordneten Rahmen von sukzessiven altersangemessenen Übungs- und Trainingsmaßnahmen zur Gewaltprävention integriert werden würden« (Lemmer/Wagner 2013b, S. 30f.).

»Kurve kriegen!«

»Kurve kriegen!« ist ein landesweites Präventionsprogramm in Nordrhein-Westfalen. Das Programm zielt darauf ab, »besonders kriminalitätsgefährdete Kinder und Jugendliche« so »frühestmöglich« zu erkennen und sie durch »passgenaue und individuelle« Reaktionen und Maßnahmen »nachhaltig« vor einem »dauerhaften Abgleiten in die Kriminalität« zu bewahren (Innenministerium Nordrhein-Westfalen 2020). Ausgangspunkt bildet die Aufdeckung gefährdeter Kinder/Jugendlicher durch die Polizei. Stimmen die so ermittelten ›Fälle‹ bzw. ihre Erziehungsberechtigten der Aufnahme in das Programm zu, wird eine »gezielte Unterstützung in Form von passgenauen und langfristig kriminalpräventiv wirkenden Hilfeangeboten für die Teilnehmenden und ihre Familien« entwickelt. Diese Aufgabe übernehmen pädagogische Fachkräfte (PFK). Diese sind bei anerkannten Trägern der Jugendhilfe beschäftigt, mit denen die Polizei einen Dienstleistungsvertrag abgeschlossen hat. Der Arbeitsplatz der PFK ist in den Räumen der Polizei; auf Seiten der Polizeibehörde wird für das Projekt ein Polizeiliche/r AnsprechpartnerIn (PAP) bestimmt. Die Dauer der individuellen Unterstützung ist auf ein Jahr festgelegt und kann jeweils um sechs Monate verlängert werden.

Die Zielgruppe des Programms ist auf 8- bis unter 18-jährige Kinder und Jugendliche begrenzt. Die Teilnehmenden müssen bereits strafrechtlich in Erscheinung getreten sein, d. h., dass wegen einer Gewalttat oder wegen drei Eigentumsdelikten gegen sie ermittelt wird. Zusätzlich müssen »Risikofaktoren« vorliegen. Das Konzept listet vierzehn derartiger Faktoren auf, die von »Gewalterfahrungen im sozialen Umfeld« über »mangelnde Erziehungskompetenz« bis zu »soziale(r) Exklusion« und »kriminalitätsbelastete(m) Umfeld« reichen. Auf dieser Grundlage wird eine Prognose der Kriminalitätsgefährdung vorgenommen. Dabei nimmt die Polizei aufgrund ihrer Daten eine Vorauswahl vor. Ergibt die Prüfung des Einzelfalls, dass »die Gefahr weiterer Straftaten und eine Entwicklung zum Intensivtatverdächtigen/zur Intensivtatverdächtigen deutlich wahrscheinlicher ist als der zeitnahe Abbruch des delinquenten Verhaltens«, wird der/die Betroffene dem Kreis der potenziell Teilnehmenden zugeordnet. Polizei und PädagogInnen prüfen dann unabhängig voneinander die Eignung der »KandidatInnen« für das Programm. Fällt diese positiv aus, aber lehnen die Betroffenen die Teilnahme ab, erhält die Familie bzw. der/die Betroffene den Status »Verweigerer«. Kommt es dann zu neuen Straftaten, werden die Familien erneut angesprochen (Innenministerium Nordrhein-Westfalen 2020). Bis November 2019 hatten 1.400 Kinder und Jugendliche in 23 der 47 nordrhein-westfälischen Kreispolizeibehörden an dem Programm teilgenommen (Innenministerium Nordrhein-Westfalen 2019).

Innerhalb des Projekts erbringen die PFK selbst Leistungen, sie können aber auch die Angebote und Maßnahmen der örtlichen Kinder- und Jugendhilfe einbeziehen. Der Evaluation des Projekts ist zu entnehmen, worin diese Maßnahmen bestanden. In Interviews wurden die Daten von 60 Teilnehmerfamilien erhoben. Diese hatten 112 Maßnahmen im Rahmen von »Kurve kriegen« und darüber hinaus 79 zusätzliche Maßnahmen bzw. Leistungen erhalten, die nicht durch das Projekt initiiert waren. Rechnerisch erhielt jede Familie 1,86 Maßnahmen durch »Kurve kriegen«: 34 % wurden durch erlebnispädagogische und sportliche Angebote unterstützt, knapp 20 % wurden in Soziale Trainings (Anti-Gewalt- oder Soziale-Kompetenztrainings) vermittelt, etwas weniger als 15 % erhielten Betreuungsleistungen (Erziehungsbeistand, BetreuungshelferIn, Familienhilfe), rund 11 % wurden in der Schule unterstützt (Nachhilfe, SchulbegleiterIn) und für rund 7 % der Familien wurden Elterntrainings eingerichtet. Die extern durchgeführten Maßnahmen unterschieden sich deutlich von diesem Muster: Erheblich größer war die Reichweite der externen Angebote bei Betreuungsleistungen und bei Therapien (25 % extern versorgt, durch »Kurve kriegen« nur 1 %). »Kurve kriegen« hat aber die Verbreitung von erlebnispädagogischen und sportlichen Aktivitäten fast verdoppelt, die der Sozialen Trainings verdreifacht (Bliesener u. a. 2015, S. 39f.).

In der methodisch aufwändigen Evaluation wurden die Wirkungen auf die TeilnehmerInnen mit einer Kontrollgruppe verglichen. Gemessen wurden die Wirkungen bei »proximalen« und »distalen« Erfolgsindikatoren. Die »proximalen« beziehen sich auf die Bereiche, in die unmittelbar durch die Maßnahmen interveniert wurde. In den Bereichen Schule, Alltags- und Freizeitverhalten schnitten die TeilnehmerInnen deutlich besser ab als die Kontrollgruppe. Demgegenüber konnte eine positive »distale« Wirkung nicht nachgewiesen; damit sind die Sachverhalte gemeint, die nicht direkt, sondern nur mittelbar durch die Reduzierung von Risikofaktoren (proximale Ebene) beeinflusst werden sollten: Bei der Kontrollgruppe nahmen Deliktshäufigkeit und -schwere ab, während sie bei den TeilnehmerInnen unverändert blieb.

Die AutorInnen führen einige Gründen an, die dieses überraschende und enttäuschende Ergebnis erklären könnten, etwa die Kürze des Evaluationszeitraums oder eine falsch zusammengestellte Kontrollgruppe. Das Innenministerium preist »Kurve kriegen« hingegen als eine »wirksame Landesinitiative«, die »wissenschaftlich bestätigt« »nachhaltig zu weniger Jugendkriminalität« geführt habe (Innenministerium Nordrhein-Westfalen 2019). Vermutlich stützt sich das Ministerium auf eine Evaluation der Prognos AG, die festgestellt hat, dass 40 % der

TeilnehmerInnen in den sechs Monaten nach Projektende nicht mehr straffällig geworden waren. Heinz weist allerdings auf den episodischen Charakter von Jugendkriminalität hin und auf den Umstand, dass diese in kurzen Zeiträumen deutlich zurückgehen könne. Ohne eine Kontrollgruppe, die bei dieser Untersuchung nicht gebildet wurde, könne die »Erfolgsquote« nicht bewertet werden (Heinz 2019, S. 1919).

4.5 Institutionen und Verfahren der Zusammenarbeit

4.5.1 Strukturelle Zusammenarbeit

Eine gesetzliche Basis für die dauerhafte Zusammenarbeit zwischen Tätigkeitsfeldern der Sozialen Arbeit und der Polizei gibt es nur im Bereich des Kinder- und Jugendschutzes. Jenseits der verpflichtenden Beteiligung des Jugendamtes bei Ermittlungsverfahren, die sich gegen Kinder und Jugendliche richten (Jugendhilfe im Strafverfahren bzw. Jugendgerichtshilfe, ▶ Kap. 4.4.3), schreibt § 81 SGB VIII den Jugendämtern die »Strukturelle Zusammenarbeit mit anderen Stellen und öffentlichen Einrichtungen« vor. Einige dieser Stellen (»insbesondere«) werden namentlich genannt. Die Liste reicht von den Sozialversicherungen über die Gerichte bis zur Arbeitsverwaltung, den Einrichtungen des Gesundheitswesen oder der Gewerbeaufsicht bis zu Beratungsstellen, Schulen und Ausbildungseinrichtungen. Unter Nr. 9 werden die »Polizei- und Ordnungsbehörden« explizit erwähnt. Die Jugendämter werden verpflichtet, mit den Genannten »im Rahmen ihrer Aufgaben und Befugnisse zusammenzuarbeiten«.

Im Gesetzentwurf der Bundesregierung wurde diese Bestimmung damit begründet, dass sich die Zuständigkeiten von Behörden und Einrichtungen historisch herausgebildet hätten und es »im Interesse einer ganzheitlichen Betrachtungsweise von Lebenslagen junger Menschen« darum gehen müsse, die Grenzen der Zuständigkeiten »zu überwinden«. Dies geschehe für die unterschiedlichen Träger bereits durch den Jugendhilfeausschuss. Die neue Bestimmung schaffe darüberhinausgehende Verpflichtungen: »Weitere Möglichkeiten der Zusammenarbeit sind durch Landesrecht und konkrete örtliche Absprachen zu vereinbaren« (BT-Drs. 11/5948 v. 01.12.89, S. 102). Begründet wird die Notwendigkeit zur Zusammenarbeit durch den Verweis auf § 1 Abs. 3 SGB VIII, der die Jugendhilfe dazu verpflichtet, »dazu bei(zu)tragen, positive Lebensbedingungen für junge Menschen und ihre Familien sowie eine kinder- und familienfreundliche Umwelt zu erhalten oder zu schaffen.« Da mit den Mittel des Jugendamtes diese Aufgabe nicht bewältigt werden können, sei die Zusammenarbeit »geboten« (Kern 2017, S. 666).

Mit »struktureller Zusammenarbeit« ist nicht das Handeln im Einzelfall gemeint, sondern »die Sicherstellung der Voraussetzungen, dass die Kooperation zu mehr Abstimmung und Abklärung fachlicher Fragen führt« (Schäfer/Weitzmann 2019, S. 957). Bei dieser Form der Zusammenarbeit soll es sich um »ein Instrument politischer Steuerung vor Ort« handeln (ebd., S. 958). In einigen Bundesländern ist zusätzlich in den Ausführungsgesetzen zum SGB VIII vorgeschrieben, dass VertreterInnen der Polizei als beratende Mitglieder am Jugendhilfeausschuss teilnehmen (z. B. Berlin: Gesetz zur Ausführung des Kinder- und Jugendhilfegesetzes und zur Förderung der Beteiligung und Demokratiebildung junger Menschen, § 38; Brandenburg: Erstes Gesetz zur Ausführung des Achten Buches Sozialgesetzbuch – Kinder- und Jugendhilfe (AGKJHG), § 6).

Wie die Vorgaben des § 81 SGB VIII in der Praxis umgesetzt werden, ist weitgehend unbekannt. Regelmäßig werden verschiedene, phänomenbezogene Formen der Zusammenarbeit als Beispiele genannt. Explizit im Hinblick auf die Polizei- und Ordnungsbehörden wird auf die Überschneidungen in der Jugendgerichtshilfe hingewiesen. Kooperationen resultierten auch »im Zusammenhang mit der Bekämpfung von Drogenmissbrauch und der Kinder- und Jugendkriminalität«. »Bewährte Verbundsysteme« seien die Kriminalpräventiven Räte. »Eingespielte Ansätze« bestünden in Fragen der Verkehrssicherheit. »Weitere Bereiche sind zB (sic) im Rahmen der Fußball-Fanarbeit, Projekte gegen Gewalt an Schulen, Zusammenarbeit mit den Frauenberatungsstellen zur Bekämpfung häuslicher Gewalt ua (sic)« (ebd., S. 961; s. a. Paustian 2016, S. 4).

Ob und inwieweit diese Kooperationen auf § 81 SGB VIII zurückgeführt werden können, ist eher fraglich. Die Bestimmung beinhaltet eine Verpflichtung für die Jugendämter, aber nicht für die anderen Institutionen. Inwieweit es zu geregelter Zusammenarbeit kommt, hängt von deren Bereitschaft ab, die lokal und deliktsbezogen unterschiedlich ausgeprägt sein kann.

4.5.2 Fallkonferenzen

Der Institution der »Fallkonferenzen« (oder »interdisziplinären Fallkonferenzen«) liegt eine plausible Idee zugrunde: In einer arbeitsteiligen Gesellschaft, in der die ExpertInnen in unterschiedlichen Bereichen aus ihren jeweiligen Perspektiven am selben Gegenstand arbeiten, macht es Sinn, dass diese fallbezogen zusammenarbeiten; abgestimmtes Arbeiten verbessert die Qualität der Arbeit und führt – eher – zu den gewünschten Ergebnissen. Der Modus »Fallkonferenz« ist deshalb keineswegs ein Spezifikum in der Auseinandersetzung mit Kriminalität, sondern wird in vielen Bereichen praktiziert.

Im engeren Feld der sozialen Interventionen mit Bezug auf Jugendliche können die Fallkonferenzen von den Hilfeplankonferenzen nach § 36 SGB VIII und von den »Schulhilfekonferenzen« abgegrenzt werden. »Fallkonferenzen« im (jugend-)strafrechtlichen Zusammenhang sind demgegenüber durch die folgenden Merkmale gekennzeichnet:

- (regelmäßig) tagendes Gremium,

- Beteiligte: Polizei, Schule, Jugendhilfe; teilweise zusätzlich: Staatsanwaltschaft, Jugendgericht u. a.,
- einzelfallbezogene Beratung über kindliche bzw. jugendliche Schwellen- und IntensivtäterInnen,
- Austausch über und Verabredung von Maßnahmen (Berlin, Senatsverwaltung für Bildung, Wissenschaft und Forschung 2011, S. 3).

Über Arbeit und Wirkung von Fallkonferenzen ist wenig öffentlich bekannt. Auch die Berliner Abgrenzung ist nicht allgemeingültig. In Rheinland-Pfalz werden »Interdisziplinäre Fallkonferenzen« unter polizeilicher Beteiligung durchgeführt, wenn Jugendliche im schulischen Kontext auffallen. Ziel dieser »neue(n), proaktive(n) Form der Netzwerkarbeit« sei »schwerpunktmäßig im Bereich der selektiven Prävention, um vor der Verwirklichung schwerer Jugendgewalt präventiv intervenieren zu können« (Berens 2018, S. 196).

Im ›Normallfall‹ haben Fallkonferenzen sog. Intensiv- oder MehrfachtäterInnen zum Gegenstand. In der Regel handelt es sich dabei um mehrfach straffällig gewordene Personen, die bereits Hilfen nach dem SGB VIII erhalten haben, ohne dass sich ihr delinquentes Verhalten verändert hat (Braband/Karolczak/Sturzenhecker 2010, S. 290f.). In den »Häusern des Jugendrechts« gehören Fallkonferenzen zum Standardrepertoire (▶ Kap. 4.4.3). Nach einer kurzen Debatte in den Jahren vor und nach 2010 wird den Fallkonferenzen in der (wissenschaftlichen) Öffentlichkeit insgesamt wenig Aufmerksamkeit geschenkt. Nur für die Hamburger Fallkonferenzen liegt eine Evaluation vor, die bereits 2010 erschien (ebd., S. 290–396).

Im Hamburger Konzept wurden vier Ziele der Fallkonferenzen festgelegt; diese dürften die Ziele umreißen, die insgesamt verfolgt werden sollen:

- Optimierung der behördenübergreifenden Zusammenarbeit,
- Beschleunigung staatlicher Reaktionen,
- zeitnahes Reagieren,
- frühzeitiges Entgegenwirken bei Fehlentwicklungen (ebd., 292).

Durch die Zusammenarbeit solle ein »Zuwachs an Handlungsalternativen« erreicht werden. Die Maßnahmen sollen insgesamt »zu einem Legalverhalten des Jugendlichen« führen (ebd.).

Die Fallkonferenzen entstanden als Reaktion auf (jugendliche) »Intensivtäter«. Das Konzept der »Intensivtäter« fußt auf zwei Argumentationssträngen: einem kriminologischen und einem unmittelbar empirischen (s. insgesamt: Heinz 2019, S. 211–226).

Für die kriminologische Perspektive ist die Feststellung zentral, dass Untersuchungen über die Kriminalitätsverteilung im Lebensverlauf zeigten, dass ein erheblicher Teil der Kriminalität von einer sehr kleinen Gruppe begangen wird (ebd.). Während die Mehrzahl der jugendlichen Delinquenten quasi von selbst mit zunehmendem Alter rechtstreu werde, müsse bei dieser kleinen Gruppe die »kriminellen Karrieren« möglichst früh unterbrochen werden. Allerdings ist ungeklärt, wie diese beiden Gruppen zuverlässig unterschieden werden können (Dölling 1989, S. 317).

Kriminologisch wurde das Unterscheidungsproblem ursprünglich durch das Modell der »Early Starters« verringert: Demzufolge sei eine Karriere als »Intensivtäter« bereits an früher kindlicher/jugendlicher Straffälligkeit ablesbar. Spätere Forschungen zeigten aber auch andere Verlaufsmuster: Im Jugendalter Unauffällige entwickelten massive kriminelle Aktivitäten erst im Erwachsenenalter (sog. »Late Starters« oder »Late Bloomers«). Andere Untersuchungen belegen, dass auch »jugendliche Intensivtäterschaft« auf eine bestimmte Lebensphase (eben »episodisch«) begrenzt sein kann. Die Befunde im Hinblick auf die biografische Stabilität kriminellen Verhaltens sind uneindeutig. Vorgeschlagen wurde u. a. zwischen »altersbedingten« und »persistenten« (also dauerhaften) IntensivtäterInnen zu unterscheiden (s. Kopp 2012, S. 266f.). Da jedoch beide Gruppen in den frühen Phasen nicht unterscheidbar sind, lassen sich gruppenspezifische Reaktionsweisen nicht entwickeln. Insofern stellt(e) sich die Frage, wie die zuständigen Instanzen auf mehrfach delinquente Kinder und Jugendliche reagieren sollen.

Hier setzt das empirische Argument ein. Verschiedene Untersuchungen kamen übereinstimmend zu dem Ergebnis, dass diejenigen, die in jungen Jahren als »Intensivtäter« auffällig werden, sich durch eine insgesamt sozial problematische oder randständige Lage auszeichneten. Eine Analyse der Akten der Berliner Staatsanwaltschaft (Ohder/Huck 2006, S. 13–18) kam zu dem Ergebnis, dass die Kinder/Jugendlichen

- aus Elternhäusern mit geringem Qualifikationsniveau kamen, die Erwerbsquoten der Eltern gering und die finanzielle Situation bei der überwiegenden Mehrheit als schlecht bewertet werden musste;
- in familiären Konstellationen aufwuchsen, die durch eine »strukturelle Labilität« gekennzeichnet waren, etwa infolge der Trennung der Eltern oder des Tods eines Elternteils;
- den »Eindruck fast regelmäßigen Schulversagens« bestätigten. Bei fast einem Drittel fanden sich Hinweise auf auffälliges Sozialverhalten in der Schule. Die Hälfte der IntensivtäterInnen hatte die Schule ohne Abschluss verlassen. Dementsprechend verfügte die Mehrheit »über keine arbeitsmarktrelevante Qualifikation«;
- nur zum geringen Teil durch Leistungen nach dem SGB VIII unterstützt worden waren. Von den 264 ausgewerteten waren den Akten nur in 67 Fällen Hinweise auf den Bezug entsprechender Hilfen zu entnehmen (darunter 25 Familien mit Familien- und weitere 17 Familien mit EinzelfallhelferInnen).

Nach zusätzlichen Aktenauswertungen und Interviews mit inhaftierten jugendlichen IntensivtäterInnen betont Ohder (2008, S. 72) zusammenfassend, die Gemeinsamkeiten der »Intensivtäter« lägen

> »in der ausgeprägten, aber nicht spezifischen Unterschichtung ihres fortgeschrittenen Kriminalisierungsprozesses mit einer Vielzahl von Risikokonstellationen, die individuell unterschiedliche Formen annehmen. Zu nennen sind Herkunft aus belasteten und belas-

tenden sozialen und ökonomischen Verhältnissen, gesundheitliche Problemstellungen, das Fehlen schulischer Abschlüsse und brauchbarer beruflicher Ausbildungen oder die starke Orientierung an delinquenten Cliquen und Peer-Gruppen.«

Dass ein enger Zusammenhang zwischen niedrigem sozialen Status verbunden mit familiären und individuellen Problemen und massivem delinquenten Verhalten besteht, führt zwar nicht zwingend zur Forderung nach »Fallkonferenzen«, aber es führt zu einer Strategie, die besonderen Wert auf soziale Interventionen legt, die frühzeitig in problematischen Konstellationen (auch und vorrangig) eingesetzt werden. Obgleich sie aus dieser Perspektive zu spät einsetzen, werden die Fallkonferenzen mit der Bedeutung sozialer Aspekte für einen rechtstreuen Lebenswandel legitimiert: Die Hoffnung ist, dass durch die Verbindung von strafenden Sanktionen und helfenden Maßnahmen die ›kriminellen Karrieren‹ abgebrochen werden können.

Polizeiliche IntensivtäterInnenarbeit

Obwohl die Vermutung, bei »Intensivtätern« handele es sich um einen spezifischen, von anderen klar unterscheidbaren TäterInnentypus mittlerweile auch kriminologisch erschüttert worden ist, nutzen die Polizeien diesen Begriff zur Organisation ihrer Arbeit. Mit seiner Hilfe definieren die Polizeien innerhalb aller Tatverdächtigen eine Gruppe, die ihrer Ansicht nach einer besonderen und besonders intensiven Behandlung bedarf. »Intensivtäter« ist kein Rechtsbegriff, sondern ein polizeilich-staatsanwaltschaftlicher Arbeitsbegriff (mit großer massenmedialer Attraktivität, s. Walter 2004). Weil aber die Polizeien in Deutschland Ländersache sind, bestehen in den Bundesländern unterschiedliche Begriffe und unterschiedliche Definitionen für die Gruppe strafrechtlich besonders auffälliger Jugendlicher. Die Zuordnung zu diesen Gruppen geschieht durch die polizeiliche Bewertung der jeweiligen Fälle. Sie entscheidet darüber, von welchen Dienststellen die Ermittlungsverfahren geführt werden, häufig auch, welche Staatsanwaltschaft zuständig ist und welche besonderen Instrumente zum Einsatz kommen (vgl. Naplava 2018). Bei den Definitionen werden unterschiedliche Kriterien zugrunde gelegt:

- »eine variierende Zahl von bestimmten Straftaten in einem bestimmten Zeitraum von 6, 12 oder 24 Monaten (quantitative Einordnung),
- die Art und Schwere bzw. Gefährlichkeit (kriminelle Energie, Rücksichtslosigkeit bei der Tatausführung) der Delikte (qualitative Kriterien),
- kriminelle Vorleben und die Zukunftsprognose (Wiederholungsgefahr), die sich auf
- Merkmale des sozialen Umfeldes (delinquente Freunde, Suchtverhalten usw.) beziehen kann« (Schwind 2013, S. 244).

Daneben haben einige Bundesländer noch weitere Sondergruppen eingeführt, etwa Berlin oder Niedersachsen die »Schwellentäter«, die an der Grenze zum »Intensivtäter« stehen, oder Hessen die »BASU21«, eine Gruppe, die »Besonders auffällige Straftäter unter 21« umfasst.

Angesichts der Vielfalt unterschiedlicher Definitionen ist die »beliebige Konstruktion von Intensivtätern« kritisiert worden. Indem die Kriterien häufig an einen bestimmten Zeitraum gebunden seien, würden z. B. diejenigen nicht erfasst, die dauerhaft in geringer Intensität – aber dafür vielleicht lebenslang – straffällig würden (Naplava 2018, S. 339).

Ausgangspunkt: Polizeiliche Erkenntnisse

Da wenig über die Arbeit der Fallkonferenzen bekannt ist, können im Folgenden nur die Regelungen im Hamburg dargestellt werden. Unklar ist zudem, in welchen Bundesländern »Fallkonferenzen« stattfinden, wo und ob sie unter einer anderen Bezeichnung durchgeführt werden oder ob die Zusammenarbeit auf anderem Wege stattfindet bzw. verbessert werden soll.

Unter der Maßgabe, dass in den Fällen die IntensivtäterInnen-Kriterien (s. o.) erfüllt sind, kann in Hamburg jede der beteiligten Behörden einen Fall für die Konferenzberatungen anmelden. Mit der Anmeldung sollen zugleich die angestrebten Ziele formuliert werden. Eine Koordinierungsstelle entscheidet über die Aufnahme in die Tagesordnung und sie entscheidet, ob ggf. weitere Behörden/Einrichtungen eingeladen werden. Außerdem stellt sie die Unterlagen für die Fälle zusammen, ist für die Protokollführung und die »Begleitung der vorgeschlagenen Maßnahmen« zuständig. Für diese Aufgaben wurde in Hamburg eine Stelle bei der Polizei eingerichtet. Auch der Vorsitz wird in Hamburg von der Polizei wahrgenommen (Braband/Karolczak/Sturzenhecker 2010, S. 297–300). Demgegenüber wird in den Beratungen jeweils festgelegt, welche Behörde die Betroffenen über die gefassten Beschlüsse informiert (ebd., S. 300).

Beteiligte

Der Kreis der an Fallkonferenzen Beteiligten ist uneinheitlich. Im Hinblick auf die landesrechtlichen Vorgaben gibt es gegenwärtig keine öffentlich zugängliche Übersicht. Insgesamt gilt jedoch, dass man zwischen festen Mitgliedern und solchen unterscheiden kann, die nach den lokalen Gegebenheiten und den Erfordernissen des jeweiligen Falls hinzugeladen werden. Die Kernmitglieder der Fallkonferenzen stammen aus den Bereichen Polizei, Staatsanwaltschaft und Jugendhilfe. Zu den »fallbezogenen« Mitgliedern können Schulen, Beratungsstellen, Ausländerbehörden gehören. In der Hamburger Geschäftsordnung werden auch »Jugendrichter und Jugendrichterinnen« als Mitglieder der Fallkonferenz aufgeführt. In den beteiligten Behörden gibt es feste AnsprechpartnerInnen für die Fallkonferenz; sie nehmen an den Sitzungen teil und werden von der jeweiligen »fallzuständigen Fachkraft« begleitet (ebd., S. 297).

Hamburger Ergebnisse

Die Hamburger Evaluation kam zu einem differenzierten und gleichzeitig ernüchternden Ergebnis: Den Fallkonferenzen wurde attestiert, dass sie zu einer »Beschleunigung der staatlichen Reaktionen auf Jugendgewalt« beigetragen hatten, indem ein »institutionalisierte(s) Netzwerk überbehördlicher Bearbeitung« geschaffen wurde, der den zügigen Informationsaustausch und abgestimmte Maßnahmen ermögliche (ebd., S. 392). Allerdings hätte in den Fallkonferenzen weder eine »vertiefende Analyse der Probleme der Minderjährigen« stattgefunden, noch sei es gelungen, in den beschlossenen Maßnahmen den »Rahmen der ohnehin bekannten Handlungsstrategien der einzelnen beteiligten Organisationen« zu überwinden. Darüber hinaus sei fraglich, ob auf diesem Wege die Probleme der Jugendlichen bearbeitet werden könnten. Die Befragung von Betroffenen führte zu dem Ergebnis, dass kein Zusammenhang zwischen deren Verhalten und den Maßnahmen der Fallkonferenzen festgestellt werden konnte (ebd., S. 393).

Verschiedene Ursachen für dieses partielle Versagen werden in dem Bericht (ebd., S. 311f.) genannt. Die Konstruktion der Konferenzen habe einen großen »Handlungs- und Rechtfertigungsdruck« erzeugt, der der intensiveren Beschäftigung mit den Fällen im Wege gestanden habe. Die Demonstration der eigenen Handlungsfähigkeit sei für die beteiligten Organisationen in den Vordergrund getreten, so dass der Fall »zu einem Problem von funktionierendem Organisieren und Kooperieren« geworden sei, »statt ein Problem in sich zu sein, dass besonderes Verstehen und spezifische Förderung verlangt« (ebd., S. 374f.).

Aus den Defiziten entwickelte die Hamburger Evaluation verschiedene Empfehlungen: So sollten die Konferenzen auf der Ebene der Stadtbezirke angesiedelt werden, um ein vertieftes, mit den regionalen Besonderheiten verknüpftes Verstehen der Fälle – und entsprechende Reaktionen – zu ermöglichen. Auch wurde geraten, externe ExpertInnen in die Konferenzen einzubinden, um die stark organisationsbezogenen Perspektiven um eine weitere zu ergänzen. Und schließlich sollten die Jugendlichen selbst an den Konferenzen beteiligt werden, um deren Wirksamkeit zu erhöhen (ebd., S. 394f.).

Wirkungen und Folgen

Die Hamburger Evaluation konnte weder überprüfen, ob den Jugendlichen im jugendrechtlichen Sinne durch die Fallkonferenzen geholfen werden konnte, noch konnte deren Wirkungen auf die »Legalbewährung« (dauerhaft rechtstreues Verhalten) überprüft werden. Da andere Evaluationen der Fallkonferenzen nicht vorliegen, müssen diese Fragen ungeklärt bleiben. In der Zehn-Jahres-Bilanz des Kölner Haus des Jugendrechts – das explizit für IntensivtäterInnen eingerichtet wurde – wird die Quote der einjährigen Legalbewährung für das Jahr 2017 mit 40 % angegeben. Der Anteil derjenigen, die innerhalb dieser Frist mit drei und mehr Straftaten wieder auffällig wurden, lag ebenfalls bei 40 % (Kölner Haus des Jugendrechts o. J., S. 47). Ungeklärt ist, ob diese Zahlen als Erfolg für das Haus des Jugendrechts und damit für die in dessen Rahmen stattfindenden Fallkonferenzen gelten können. Zum Vergleich: Die Rückfallquoten (in einen Drei-Jahres-Zeitraum) liegen im Jugendstrafrecht zwischen knapp 65 % (nach einer verhängten Jugendstrafe ohne Bewährung) und bei knapp 35 % bei Verfahren, die mit oder ohne Auflagen eingestellt wurden (Heinz 2019, S. 1766).

Während empirisch ungeklärt bleibt, ob die Fallkonferenzen die beabsichtigte Wirkung erreichen (Unterbrechung der ›kriminellen Karriere‹), treten drei Problemfelder, die durch sie hervorgerufen werden, deutlich zutage.

Erstens: Die Fallkonferenzen finden regelmäßig im Kontext von Strafverfahren statt, denn gegen die Jugendlichen sind Ermittlungsverfahren anhängig. Die Fallkonferenzen sind aber kein Teil des Ermittlungsverfahrens, so dass dessen Regularien, also die Bestimmungen der Strafprozessordnung und des Jugendgerichtsgesetzes, für die Fallkonferenzen keine Rolle spielen. Im Unterschied zum Ermittlungsverfahren findet keine Beteiligung der Betroffenen statt, auch die Teilnahme von VerteidigerInnen ist nicht vorgesehen. In den Fallkonferenzen verständigen sich Behörden über Maßnahmen in einem laufenden Ermittlungsverfahren, also zu einem Zeitpunkt des Verfahrens, in dem die Schuld des/der Beschuldigten rechtlich noch nicht erwiesen ist. Damit wird die Geltung der Unschuldsvermutung relativiert. In den Fällen, in denen JugendrichterInnen an den Fallkonferenzen teilnehmen dürfen, steht auch die Frage nach der richterlichen Unabhängigkeit im Raum. Denn die Beweisregeln des Strafverfahrens gelten für die Fallkonferenzen nicht.

Zweitens: Die Fallkonferenzen lösen datenschutzrechtliche Probleme aus. Hinter diesen Problemen liegen die vom Gesetzgeber anerkannten schutzwürdigen Belange der Betroffenen. Für die Soziale Arbeit ist der Datenschutz eng mit den Vertrauensverhältnissen zu den KlientInnen verbunden. Aus Sicht der KlientInnen soll der Datenschutz gewährleisten, dass ihre Daten nicht an unbefugte Personen oder Stellen geraten. Insofern bildet er die Basis, um auch persönliche und ggf. unangenehme Informationen zu offenbaren. Aus der Sicht der Beschäftigten in den Sozialen Diensten stellen die Datenschutzregelungen auch eine rechtliche Handhabe dar, sich gegen die ›Informationsersuche‹ anderer zu wehren.

Die Regelungen zum Sozialdatenschutz (▶ Kap. 2.3.2) führen im Ergebnis dazu, dass die Befugnis zur Datenweitergabe oder -erhebung im Rahmen von Fallkonferenzen nur sehr eingeschränkt zulässig ist. Wegen dieser restriktiven Bestimmungen wird in den Fallkonferenzen regelmäßig der Weg über die Einwilligung des/der Betroffenen gewählt, den § 65 Abs. 1 SGB VIII eröffnet.

Aus datenschutzrechtlicher und jugendhilferechtlicher Sicht sind wirksame Einwilligungen an einige Bedingungen zu knüpfen:

- Der/die Jugendliche muss einsichtsfähig sein und die möglichen Auswirkungen der Weitergabe abschätzen können; nur wenn diese Bedingungen nicht erfüllt sind, ist die Einwilligung der Erziehungsberechtigten erforderlich.
- Die Einwilligung muss freiwillig, also ohne Täuschung oder Zwang erfolgt sein.
- Ihr vorausgegangen sein muss die Aufklärung über den Zweck der Datenübermittlung, über die Inhalte, die weitergegeben werden sollen, und über die Folgen einer verweigerten Zustimmung (Riekenbrauk 2011, S. 77f.).

Wenig bekannt ist, inwieweit diese Standards im Rahmen der Fallkonferenzen eingehalten werden. In der Hamburger Evaluation wurde auf die Geschäftsordnung der Fallkonferenzen hingewiesen, die festlegt, dass die teilnehmenden Behörden ihre jeweiligen Rechtsgrundlagen für die Datenweitergabe beachten müssen. Auch müsse sichergestellt sein, dass nur die Dienststellen teilnehmen, die für den jeweiligen Fall zuständig sind. So wird etwa ausdrücklich die Staatsanwaltschaft ausgeschlossen, wenn es um Kinder geht, oder die Ausländerbehörde, wenn die Jugendlichen Deutsche sind (Braband/Karolczak/Sturzenhecker 2010, S. 301). Auch auf die Implikationen der Strafverfolgungspflicht für die Informationsweitergabe wird hingewiesen. Wenn eine Zustimmung nicht vorliegt, gilt als probates Mittel, Fälle/Probleme ohne Namensnennung im Konjunktiv zu erörtern. Dabei bleibt freilich fraglich, ob angesichts überschaubarer ›KlientInnenkreise‹ nicht Rückschlüsse auf Einzelne möglich sind.

Im Zusammenhang mit den Häusern des Jugendrechts, in denen der fallbezogene Austausch den Kern der Arbeit ausmacht, werden die Fragen des Datenschutzes nur am Rande thematisiert. In der Kurzdarstellung der Hauses in Frankfurt-Höchst schreibt die beteiligte Staatsanwältin, die Einzelheiten des Datenschutzes darzustellen, würde den »Rahmen des vorliegenden Artikels sprengen«. Aber »die besonderen Anforderungen ... sind gut zu handhaben«; die Art der Handhabung wird leider nicht erläutert (Denny 2019, S. 395). Dass es aus Sicht der Polizei noch nicht ganz reibungslos läuft, wird in einem Jubiläumsartikel zum zehnjährigen Bestehen des Kölner Hauses des Jugendrechts deutlich: Der Gesetzgeber müsse im SGB VIII die Möglichkeiten schaffen, »dass die Datentransparenz aus Sicht der Kriminalpolizei nicht immer in einer Einbahnstraße oder noch schlimmer in einer Sackgasse endet« (Hülsbeck 2019, S. 29).

Drittens: Neben den strafrechtlichen und datenschutzrechtlichen Fragen legen die Fallkonferenzen auch die Frage nahe, inwiefern sie die Stigmatisierung von Jugendlichen befördern. Dies gilt zunächst für den Kreis der Kernmitglieder, aber auch darüber hinaus. Für Polizei, Staatsanwaltschaft und Jugendhilfe führt der personenbezogene Datenaustausch dazu, dass alle Institutionen über alle – als notwendig bewerteten – Informationen der anderen Behörden verfügen. Erklärtes Ziel ist, die jeweiligen Wissensbestände zusammenzufügen. Erklärtes Ziel ist auch, dass die jugendhilferechtliche Wahrnehmung und Reaktion nicht dieselbe bleibt, wenn ein/eine Jugendlicher/Jugendliche als IntensivtäterIn thematisiert wurde. Offen ist allerdings, inwiefern diese Veränderung zu einer Verbesserung für den/die Jugendlichen/Jugendliche führt. Noch problematischer können die Wirkungen sein, wenn weitere Instanzen beteiligt werden. Erfährt die Schule, dass einer ihrer SchülerInnen als »IntensivtäterIn« geführt wird, wird das Folgen für dessen/deren Wahrnehmung in der Schule haben. Vielleicht wird ihm/ihr so die schulische Hilfe zuteil, die er/sie benötigt; vielleicht verschärft das Label aber die Probleme in der Schule (oder schafft sie erst).

Zusammenfassung

Fallkonferenzen versprechen eine Form der koordinierten und vertieften Kooperation, in der auf konkrete Einzelfälle bezogene Perspektiven, Strategien und Ressourcen zusammengebracht werden sollen. Ohne dass die gesetzlichen

Grundlagen geändert würden und ohne dass die Beteiligten ihre Selbstständigkeit einbüßen, soll gemeinsam nach Lösungen gesucht werden, die die Einzelnen alleine bisher nicht erzielen konnten. SozialarbeiterInnen, insbesondere als MitarbeiterInnen der Jugendämter, sind fester Bestandteil der Fallkonferenzen. Sie sollen ›das Soziale‹ einbringen – sei es im Hinblick auf die Diagnose und Kontextualisierung der Probleme, sei es im Hinblick auf mögliche Lösungen.

Inwieweit die Praxis diesen Ansprüchen gerecht wird, ist empirisch nicht erwiesen. Die Hamburger Evaluation nährt eher die Zweifel: Der Handlungs- und Erwartungsdruck habe eine intensivere Beschäftigung mit den Fällen erschwert. Und die Ressourcen der Beteiligten (etwa des Jugendamtes) würden durch die Konferenzen nicht vermehrt. Vielmehr entstünden aus sozialarbeiterischer Sicht durchaus neue Gefahren, indem die Fallkonferenzen interne Konflikte hervorrufen (welche Informationen darf ich an wen weitergeben) und indem die besprochenen ›Lösungen‹ die Selbstständigkeit jugendhilferechtlicher Antworten infrage stellen oder deren Wirkung bedrohen können.

4.5.3 Häuser des Jugendrechts

Die »Häuser des Jugendrechts« (HdJ) entstanden in Deutschland seit der zweiten Hälfte der 1990er Jahre. Sie waren eine Reaktion auf die damals stark steigende (registrierte) Jugendkriminalität. In Baden-Württemberg zeigten die PKS-Zahlen eine »besorgniserregende Entwicklung«: Innerhalb eines Jahrzehnts hatte sich die Zahl der tatverdächtigen Kinder fast verdoppelt, die der Jugendlichen war um 60 % gestiegen. Bei Gewaltdelikten war die Zahl der tatverdächtigen Kinder um über 250 %, bei Jugendlichen um über 140 % gestiegen (s. Polizeipräsidium Stuttgart 2009, S. 1).

Der Stuttgarter Polizeipräsident Haas nahm den Ansatz der US-amerikanischen »Community Courts« (Nachbarschaftsgerichte) auf und entwickelte ein auf deutsche Verhältnisse zugeschnittenes Konzept. Die Idee orientierte sich an der »Null Toleranz-Strategie«, die davon ausgeht, dass eine schnelle Reaktion auch auf kleinere Verstöße besonders wirksam ist. Im ursprünglichen Vorschlag sollte die neue Einrichtung »Haus der Gerechtigkeit« heißen, erst auf Vorschlag des Stuttgarter Oberbürgermeisters wurde die Bezeichnung »Haus des Jugendrechts« gewählt, der sich dann auch für die Nachfolgeprojekte etablierte (s. Feuerhelm/Kügler 2003, S. 5).

Die Grundidee der »Häuser des Jugendrechts« ist einfach: Alle öffentlichen Instanzen, die mit Jugendkriminalität befasst sind, werden – wörtlich – unter einem Dach zusammengefasst, um Zusammenarbeit und Wirksamkeit der Arbeit zu verbessern. In Stuttgart wurde eine »behördenübergreifende Projektgruppe« eingerichtet, die sich auf fünf Ziele verständigte, die durch das »Haus des Jugendrechts« erreicht werden sollten:

- »Optimierung der Effektivität bei der Bekämpfung der Jugenddelinquenz
- Optimierung der behördenübergreifenden Zusammenarbeit durch Unterbringung aller Beteiligten in einem Gebäude

- Beschleunigung staatlicher und kommunaler Reaktionen auf Straftaten junger Menschen
- Rasches und zeitnahes Reagieren auf normwidriges Verhalten, bereits bei der ersten Verfehlung
- Langfristige Reduzierung der Jugenddelinquenz« (Polizeipräsidium Stuttgart 2009, S. 5).

Das Stuttgarter »Haus des Jugendrechts« war zunächst als Modellprojekt auf drei Jahre angelegt. Nach erfolgreicher Evaluation wurde es auf Dauer eingerichtet und zum Vorbild für die Reaktionen auf Jugenddelinquenz in weiteren Bundesländern. Ende 2019 arbeiteten 21 Häuser des Jugendrechts in sechs Bundesländern (in Thüringen unter der Bezeichnung »Jugendstationen«). Im Jahr 2020 wurde die Einrichtung in weiteren Bundesländern auf Betreiben der Landesregierungen fortgesetzt; etwa in Sachsen, wo auf das Leipziger Haus weitere folgen sollen, oder in Niedersachsen, wo 2020 die ersten HdJ gegründet wurden.

Im Detail sind Zuständigkeiten und Arbeitsweisen in diesen Häusern unterschiedlich geregelt. Für einige der Häuser sind externe Evaluationen erstellt worden, regelmäßig von den Beteiligten bzw. Verantwortlichen in Auftrag gegeben. Es liegen nur wenige, auch in der Beauftragung unabhängige Untersuchungen vor. Im Folgenden werden die grundsätzlichen Gemeinsamkeiten der HdJ vorgestellt. Auf örtliche Regelungen wird exemplarisch Bezug genommen.

Alle HdJ folgen grundsätzlich derselben Logik: In den Häusern arbeiten drei Einrichtungen unmittelbar zusammen: Polizei, Staatsanwaltschaft und Jugendhilfe. Um die richterliche Unabhängigkeit nicht zu gefährden, lehnte das Stuttgarter Amtsgericht die Unterbringung im HdJ ab (Haus des Jugendrechts Stuttgart 2009, S. 10); in keinem der nachfolgenden Häuser wurden Arbeitsplätze für RichterInnen eingerichtet. Umfang und Art der Einbeziehung der anderen PartnerInnen ist unterschiedlich. In einigen Häusern sind auch Freie Träger unmittelbar in das Haus integriert.

Die Arbeitsroutinen der Beteiligten werden so verändert, dass eine direkte, fallbezogene und kontinuierliche Bearbeitung ermöglicht wird. Verfahrensschritte, die in traditionellen Formen nacheinander verlaufen, sollen im HdJ so eng verzahnt werden, dass sie parallel stattfinden können.

Die Polizei

Die Polizei stellt die personalmäßig stärkste Behörde in den HdJ. Die Stellenpläne aller Häuser sind nicht veröffentlicht. Ein exakter Vergleich scheitert auch daran, dass die Zuständigkeiten unterschiedlich geregelt sind. Mitunter ermittelt die Polizei neben dem Wohnort- auch nach dem Tatortprinzip. Auch die Staatsanwaltschaft kann für Verfahren zuständig sein, die nicht im HdJ ermittelt werden. Und die unterschiedlichen Organisationsformen der Jugendhilfe können Folgen für deren Präsenz im HdJ haben.

Das personelle Größenverhältnis wird am Personalbestand der vier hessischen HdJ deutlich (▶ Tab. 6).

Tab. 6: Personal in den hessischen HdJ (ohne Verwaltungspersonal, ohne Berücksichtigung, ob Teilzeit- oder Vollzeitstelle)

	Frankfurt-Höchst	Offenbach	Wiesbaden	Frankfurt Nord
Polizei	12	22	18	18
Staatsanwaltschaft	3	3	2	3
Jugendhilfe	4	2	2	7
TOA	1	1		1
Freie Träger				2

Daten aus: Hessen, Häuser des Jugendrechts 2020

Die polizeiliche Bearbeitung von Jugendkriminalität folgt in den HdJ grundsätzlich dem Wohnortprinzip: Das HdJ ist zuständig, sofern ein Jugendlicher/eine Jugendliche und/oder Heranwachsender/Heranwachsende in seinem Zuständigkeitsbereich wohnt. Weil nicht die Tat, sondern der/die Tatverdächtige entscheidend ist, arbeiten die HdJ »täterorientiert«. Ausnahmen von der Täterorientierung werden nur für deliktsbezogene Sonderzuständigkeiten gemacht.

Durch die Täterorientierung wird die Aufmerksamkeit zugleich auch auf »Auffälligkeiten« ausgeweitet, die keine unmittelbare strafrechtliche Relevanz haben. Damit – so heißt es in der Stuttgarter Evaluation – sollten sowohl Kinder erfasst werden als auch »junge Menschen, die wegen anderer, nicht strafrechtsrelevanter Probleme auffällig werden.« Für diese Ausweitung werden zwei Gründe angeführt: Einerseits gehöre das Interesse für diese »Gefährdeten« zur Aufgabe der polizeilichen Jugendsachbearbeitung, wie sie in der Polizeidienstvorschrift 382 vorgegeben werde, andererseits sei es darum gegangen, die Kooperation »ganzheitlich‹ auf die Auffälligkeiten junger Menschen« auszurichten. (Feuerhelm/Kügler 2003, S. 160f.) Zwischen 60 % und 70 % der Gefährdungen wiesen – nach Auffassung der PolizistInnen – ein Bezug zu Straftaten auf. Der Rest (Weglaufen, Schuleschwänzen, familiäre Probleme, Verwahrlosung) (ebd., S. 164f.) besaßen hingegen keine unmittelbare strafrechtliche Relevanz. Diese Ausrichtung der polizeilichen Arbeit führt dazu, dass nicht nur einzelne, anlass- oder deliktsbezogene Sachverhalte, sondern alle der Polizei zu einzelnen Personen vorliegenden ›Erkenntnisse‹ zusammengeführt werden.

In unterschiedlicher Weise entwickeln die HdJ auch präventive Aktivitäten. In Stuttgart bestanden diese in den Anfangsjahren insbesondere in den Kontakten zu Schulen, etwa die Einrichtung einer wöchentlichen »Polizeisprechstunde« in den Schulen (Haus des Jugendrechts Stuttgart 2009, S. 25). Regelmäßig finden durch die Polizeien in den HdJ auch polizeiliche Kontrollen und Streifengänge statt, die gezielt den Jugendlichen gelten, die im HdJ auffällig geworden sind (Linz 2013, S. 26 in Wiesbaden, S. 115 in Frankfurt-Höchst). Durch Präsenz und »Gefährderansprachen« soll den »Probanden« – so die Bezeichnung der von den HdJ ›betreuten‹ Zielpersonen (Kölner Haus des Jugendrechts o. J., S. 51) – vor Augen geführt werden, dass sie unter besonderer Beobachtung stehen. Indem die

Jugendlichen an ihren typischen Treffpunkten regelmäßig aufgesucht werden, hätten »die Beamten Detailwissen sowohl über die Ortschaften als auch über die Jugendlichen selbst erhalten, welche hilfreich bei Ermittlungen sind« (Linz 2013, S. 115).

Passive (Zusammenführen aller ›Erkenntnisse‹) und aktive (anlasslose) Kontrollen führen dazu, dass über die Betroffenen möglichst viel Wissen angesammelt wird. Im HdJ soll dieses polizeiliche Wissen mit dem der Jugendhilfe zusammengebracht werden.

Die Staatsanwaltschaft

Die Leitungsbefugnis liegt auch bei Ermittlungsverfahren nach den Bestimmungen des Jugendgerichtsgesetzes bei der Staatsanwaltschaft. Im Vorverfahren – also vor der Anklageerhebung – nimmt sie eine stärkere Stellung als im Erwachsenenstrafrecht ein, weil sie erweiterte Möglichkeiten zur Einstellung des Verfahrens im Wege der »Diversion« besitzt.

Diversion

Die Möglichkeiten, von der herkömmlichen Abfolge des Strafverfahrens (auf die Ermittlungen folgt der Strafprozess mit einem Urteil) abzuweichen (»Diversion« bedeutet »Abweichung«), ergeben sich aus § 45 JGG. Zwei der drei dort formulierten Alternativen erlauben der Staatsanwaltschaft das »Absehen von der Verfolgung«; damit wird das Opportunitätsprinzip für die Staatsanwaltschaft festgeschrieben:

1. Wenn die Voraussetzungen des § 153 der StPO vorliegen. Diese Voraussetzung sind:
   a) Das Verfahren hat ein Vergehen zum Gegenstand (also kein Verbrechen).
   b) Die Schuld des Täters/der Täterin ist als gering anzusehen.
   c) Es besteht kein öffentliches Interesse an der Verfolgung.
   Im Unterschied zum Erwachsenenstrafrecht kann die Staatsanwaltschaft unter diesen Voraussetzungen ein Verfahren auch ohne Zustimmung des Gerichts einstellen.
2. Wenn die Staatsanwaltschaft weder eine Anklage noch eine andere richterliche Maßnahme für erforderlich hält, sofern »eine erzieherische Maßnahme bereits durchgeführt oder eingeleitet« ist oder das »Bemühen des Jugendlichen« erkennbar ist, »einen Ausgleich mit dem Verletzten zu erreichen.« Als »erzieherische Maßnahmen« können Reaktionen von Eltern, Verwandten oder FreundInnen oder auch sozialpädagogische Angebote gezählt werden. Auch die »Hilfen zur Erziehung« oder andere jugendhilferechtliche Maßnahmen können unter diesen Begriff gefasst werden. Mit dem »Ausgleich mit dem Verletzten« ist der Täter-Opfer-Ausgleich um-

> schrieben, der allerdings nur bei Delikten mit geschädigten Personen in Betracht kommt (s. Oberlies 2013, S. 132–143; Drewniak 2018).

Die staatsanwaltschaftlichen Zuständigkeiten ergeben sich im Ermittlungsverfahren durch den Tatort und das infrage stehende Delikt. In der Binnenorganisation der Staatsanwaltschaften hängt es von deren Größe und Fallaufkommen ab, ob einzelne StaatsanwältInnen ausschließlich für Strafverfahren nach dem Jugendgerichtsgesetz zuständig sind oder ob sie auch Ermittlungen im Erwachsenenstrafrecht leiten. In jedem Fall gibt es keine spezialisierte Aus- oder Fortbildung, die Voraussetzung für die Tätigkeit als JugendstaatsanwältIn ist.

In normalen (jugend-)strafrechtlichen Ermittlungsverfahren wechselt die Zuständigkeit der Staatsanwaltschaft. Während der (polizeilichen) Ermittlungsphase ist die Staatsanwaltschaft des Tatortes zuständig. Nach Abschluss der Ermittlungen erhält die Staatsanwaltschaft den polizeilichen Bericht und gibt diesen an die für den Wohnort des/der jugendlichen Beschuldigten zuständige Staatsanwaltschaft weiter, denn das Gerichtsverfahren soll am Wohn- bzw. Aufenthaltsort des/der Jugendlichen stattfinden (§ 42 JGG; Herz 1994, S. 186f.). In den HdJ wird diese Zuständigkeitsregelung dahingehend verändert, dass sie den polizeilichen Regelungen folgt: Von Anbeginn ist die Staatsanwaltschaft des Wohnortes zuständig, und sie bleibt dies bis zum Ende des Strafverfahrens. Durchgehende Zuständigkeit und Arbeit in einem Haus, verbunden mit kooperativen Arbeitsformen (s. u.), führen dazu, dass die Abläufe abgestimmt und beschleunigt werden können (Kölner Haus des Jugendrechts o. J., S. 23). Aus der Kombination von staatsanwaltschaftlicher Leitung und Opportunitätsprinzip kann die Staatsanwaltschaft frühzeitig auf polizeiliche Ermittlungen Einfluss nehmen, etwa indem sie von weiteren Ermittlungen abrät, weil die Einstellung des Verfahrens sich abzeichnet, oder sie kann nach Rücksprache mit dem Jugendamt eine Erledigung im Wege der Diversion einleiten.

Jugendamt

Die Aufgaben des Jugendamtes im Zusammenhang mit strafrechtlichen Ermittlungen gegen Kinder, Jugendliche und Heranwachsende ergeben sich aus den Bestimmungen des Kinder- und Jugendhilferechts (SGB VIII) und denen des Jugendgerichtsgesetzes (JGG). Im JGG (§ 38) wird diese Tätigkeit »Jugendgerichtshilfe« (JGH) genannt; um das Missverständnis zu vermeiden, es handele sich um eine Hilfe für das Gericht, wird die Tätigkeit aus der Perspektive des SGB VIII (das Gesetz spricht in § 52 von der »Mitwirkung von Verfahren nach dem Jugendgerichtsgesetz«) als »Jugendhilfe im Strafverfahren« bezeichnet (Trenczek 2018). In den Häusern des Jugendrechts sind regelmäßig (nur) die MitarbeiterInnen des Jugendamtes tätig, deren Aufgabe in der »Jugendhilfe im Strafverfahren« besteht.

Jugendhilfe im Strafverfahren/Jugendgerichtshilfe (JGH)

In § 38 JGG: Jugendhilfe im Strafverfahren

»(2) Die Vertreter der Jugendgerichtshilfe bringen die erzieherischen, sozialen und fürsorgerischen Gesichtspunkte im Verfahren vor den Jugendgerichten zur Geltung. Sie unterstützen zu diesem Zweck die beteiligten Behörden durch Erforschung der Persönlichkeit, der Entwicklung und der Umwelt des Beschuldigten und äußern sich zu den Maßnahmen, die zu ergreifen sind. ... In die Hauptverhandlung soll der Vertreter der Jugendgerichtshilfe entsandt werden, der die Nachforschungen angestellt hat. ...
(3) Im gesamten Verfahren gegen einen Jugendlichen ist die Jugendgerichtshilfe heranzuziehen. Dies soll so früh wie möglich geschehen. Vor der Erteilung von Weisungen (§ 10) sind die Vertreter der Jugendgerichtshilfe stets zu hören ...«

In § 50 Abs. 3 JGG wird bestimmt, dass die JGH von Ort und Termin der Gerichtsverhandlung informiert werden muss und dass ihre VertreterInnen Rederecht in der Verhandlung haben. Wegen dieser Bestimmungen wird der JGH eine »sozialanwaltliche« Bedeutung zugeschrieben. D. h., die JGH soll bewusst eine andere als die strafrechtliche Perspektive in das Ermittlungs- und Strafverfahren einbringen.

Das Jugendhilferecht steht unter der Maßgabe, dem »Recht (des Jugendlichen) auf Förderung seiner Entwicklung und auf Erziehung zu einer eigenverantwortlichen und gemeinschaftsfähigen Persönlichkeit« zu dienen (§ 1 Abs. 1 SGB VIII). Nach dem Verweis auf die Bestimmungen des JGG heißt es in § 52 SGB VIII:

»(2) Das Jugendamt hat frühzeitig zu prüfen, ob für den Jugendlichen oder den jungen Volljährigen Leistungen der Jugendhilfe in Betracht kommen. Ist dies der Fall oder ist eine geeignete Leistung bereits eingeleitet oder gewährt worden, so hat das Jugendamt den Staatsanwalt oder den Richter umgehend davon zu unterrichten, damit geprüft werden kann, ob diese Leistung ein Absehen von der Verfolgung (§ 45 JGG) oder eine Einstellung des Verfahrens (§ 47 JGG) ermöglicht.
(3) Der Mitarbeiter des Jugendamts oder des anerkannten Trägers der freien Jugendhilfe, der nach § 38 Abs. 2 Satz 2 des Jugendgerichtsgesetzes tätig wird, soll den Jugendlichen oder den jungen Volljährigen während des gesamten Verfahrens betreuen.«

Aus dem JGG ergeben sich keine Eingriffsbefugnisse der JGH in die Rechte der Jugendlichen. Das, was sie in das Verfahren einbringen kann, stützt sich allein auf ihre Tätigkeit nach dem SGB VIII (insgesamt: Trenczek 2018).

Die doppelte Fundierung oder Ausrichtung des Jugendamtes war von Anfang an ein Problem der HdJ. Im Stuttgarter Modell ging es explizit um eine Vorverlagerung der Interventionsschwellen und deshalb um die Einbeziehung der Jugendhilfe, insbesondere des Allgemeinen Sozialen Dienstes (ASD) in das HdJ. Dieser Versuch wurde in Stuttgart abgewehrt; aufgenommen wurde allein die »Jugendgerichtshilfe« (Rahmstorf 2005, S. 183). Diese Verengung wurde in den späteren HdJ übernommen. Dabei mussten die Strukturen der Jugendämter mit denen der HdJ kompatibel gemacht werden.

Die Jugendhilfe ist eine Angelegenheit der kommunalen Selbstverwaltung. Wie diese institutionell umgesetzt wird, obliegt den Städten oder Landkreisen. Im Hinblick auf die JGH/Jugendhilfe im Strafverfahren gibt es zwei Organisationsmodelle: In der spezialisierten Variante wird diese Aufgaben festen Organisationseinheiten übertragen, die sich ausschließlich um diese Aufgaben kümmern. In der generalistischen Variante werden die Aufgaben vom den MitarbeiterInnen des ASD (meist neben anderen Aufgaben) wahrgenommen. Eine Erhebung des Deutschen Jugendinstituts (DJI 2011, S. 20) im Jahr 2009 ergab, dass knapp 70 % der Ämter spezialisierte Organisationseinheiten eingerichtet haben, während bei 27 % die Aufgaben durch den ASD wahrgenommen werden.

Da die HdJ nach der Stuttgarter Variante den Weg beschritten, nur die JGH in die Häuser zu integrieren, konnte dies problemlos in jenen Städten geschehen, die dem Spezialisierungs-Modell gefolgt waren. Wo die Arbeit generalistisch organisiert war, mussten andere Lösungen gefunden werden. In Ludwigshafen wurde z. B. die wenige Jahre zuvor eingeführte Zuständigkeit des ASD wieder rückgängig gemacht und die JGH ausgegliedert (Müller/Mutke/Wink 2008, S. 59). In Wiesbaden wurden die generalistischen Zuständigkeiten beibehalten, und im HdJ wurden nur wenige Personen etabliert, die als AnsprechpartnerInnen für die nach Bezirken zuständigen ASD-MitarbeiterInnen wirken (Linz 2013, S. 17). Durch die Aus- bzw. Angliederung der JGH wurde ein Teil der Probleme zwischen Polizei und Jugendamt verschoben. Denn die Informationen des ASD sind nicht unmittelbar in den HdJ zugänglich.

Die HdJ greifen diese doppelte Verortung (Jugendhilfe und Strafverfolgung) auf und verschieben Tätigkeitsort und Handlungsprofil der JugendamtsmitarbeiterInnen näher an die Instanzen der Strafverfolgung. Damit können Probleme in der traditionellen Verbindung beider Bereiche umgangen oder verkleinert werden. Nach den Bestimmungen des JGG ist die Jugendgerichtshilfe »so früh wie möglich zu beteiligen«, das SGB VIII erwartet die »frühzeitige« Prüfung, ob Einstellung oder Diversion möglich sind. In der herkömmlichen Organisation bleibt es den Polizeien überlassen, wann sie das Jugendamt von Ermittlungen gegen Jugendliche informieren. Häufig geschieht dies erst durch die Staatsanwaltschaft – also nach Abschluss der polizeilichen Ermittlungen – oder erst, wenn das Gerichtsverfahren ansteht. Damit werden die Möglichkeiten der Jugendhilfe, auf das Verfahren Einfluss zu nehmen, deutlich beschränkt. Die HdJ sollen die frühzeitige Benachrichtigung der Jugendhilfe durch die Polizei sicherstellen; durch die Anwesenheit der Staatsanwaltschaft sollen die Möglichkeiten der Diversion schon früh im Ermittlungsverfahren geprüft werden können.

Wann, durch wen und auf welche Weise die Jugendgerichtshilfe über die von der Polizei im HdJ geführten Ermittlungen informiert wird, wird unterschiedlich gehandhabt. Im Wiesbadener HdJ wurde die Jugendhilfe während der Evaluationsphase in mehr als 80 % der Fälle erst von der Staatsanwaltschaft eingeschaltet. Diese Quote blieb in den drei Jahren stabil, deutlich verkürzt (von 67 auf 3 Tage) wurde der Abstand zwischen der ersten staatsanwaltschaftlichen Mitteilung und dem Eingang der Akten bei der Jugendhilfe (Linz 2013, S. 60). Im Frankfurter HdJ erfolgte die mündliche Information »meist am Tag des Eingangs bei der Polizei« und geschehe »fortlaufend nach wesentlichen Ermittlungserkenntnissen«. Die schriftliche Information der JGH durch die Polizei konnte innerhalb eines Jahres von 45 auf 36 Tage reduziert werden (ebd., S. 126). Auch im Ludwigshafener HdJ erfolgte die Benachrichtigung der Jugendhilfe durch die Polizei: In 2,6 % der Verfahren wurde die Polizei am Tag der Einleitung der Ermittlungen bereits informiert, in über 27 % bzw. über 25 % innerhalb des ersten bzw. zweiten Monats. Allerdings erfolgte die polizeiliche Information in über 22 % der Fälle erst nach fünf Monate oder länger dauernden Ermittlungen (Müller/Mutke/Wink 2008, S. 110). Es ist offenkundig, dass sich die Handlungsmöglichkeiten der Jugendhilfe erhöhen, wenn sie frühzeitig von Ermittlungen erfährt.

Probleme der Jugendhilfe im Strafverfahren

Im »Jugendgerichtshilfeb@rometer« (eine Erhebung des Deutschen Jugendinstituts bei den Jugendämtern) wurde auch nach der Zusammenarbeit mit anderen Beteiligten gefragt, die mit Schulnoten bewertet werden sollte. Die Jugendamtsmitarbeiterinnen vergaben für die Zusammenarbeit mit dem Gericht im Durchschnitt die Note 2,12; die Zusammenarbeit mit der Polizei wurde mit 2,42, die mit der Staatsanwaltschaft mit 2,55 bewertet. Nur 2 % der Befragten gaben an, dass keine Kooperation mit der Polizei stattfinde, 6 % kooperierten nicht mit der Staatsanwaltschaft (DJI 2011, S. 60). Die Arten der Kooperation wurden nicht erhoben; die Fragen nach Problemen und Schwierigkeiten bezogen sich auf das Gericht und nicht auf Polizei und Staatsanwaltschaft. Die hohe Arbeitszufriedenheit und die gute Benotung deuten darauf hin, dass die Befragten keine größeren Probleme in der Zusammenarbeit sahen.

Die Wahrnehmung der Akteure ist eine wichtige Perspektive, sie gibt aber wenig Hinweise darauf, wovon das Handeln bestimmt wird, welche Ziele der Tätigkeit zugrunde gelegt werden. Obwohl die »Jugendhilfe im Strafverfahren« eine Aufgabe der Jugendämter ist, ist sie geprägt von dem grundsätzlichen Konflikt zwischen Hilfe und Kontrolle, der für alle justiznahen sozialarbeiterischen Tätigkeitsfelder kennzeichnend ist. Inwieweit es den MitarbeiterInnen bei der »Jugendhilfe im Strafverfahren« gelingt, ihrem jugendhilferechtlichen Auftrag gerecht zu werden, ist empirisch ungeklärt und insgesamt umstritten.

Im »Jugendgerichtshilfeb@rometer« gab es nur vorsichtige Hinweise. In der Zustimmung von 50 % der befragten Jugendgerichtshilfen zu der Aussage »Die JHG sollte ggf. auch für ein Ausschöpfen des Strafmaßes plädieren« interpretieren die AutorInnen als »eine nicht unerhebliche Punitivität bei den Fachkräften«

(DJI 2011, S. 66f.). Mit anderen Worten: Die Nähe zum Strafverfolgungssystem bestärke Auffassungen, denen zufolge Strafen zum quasi normalen Reaktionsmuster der Jugendhilfe gezählt werden.

In diesen Befunden spiegelt sich die alten Vorbehalte gegen die traditionelle Jugendgerichtshilfe wider: Sie sei zu stark am Gerichtsverfahren und an der strafrechtlichen Logik orientiert und verliere dabei ihren primären Jugendlichen-Bezug aus den Augen. Zwar hätte sich in regional und nach Spezialisierungsgrad unterschiedlicher Weise das

> »Tätigkeitsspektrum der JHG-Fachkräfte mittlerweile differenziert, auch wenn Angebote der U-Haftvermeidung, Haftbesuche, Initiierung und Durchführung sozialpädagogischer Jugendhilfeleistungen, ein vernetztes Handeln sowie Öffentlichkeits- und Präventionsarbeit noch nicht überall selbstverständlich sind«.

Gleichzeitig werde die Arbeit aber insgesamt »immer noch zu einem großen Teil von den ›klassischen‹ gerichtsverfahrensorientierten Aufgaben bestimmt« (Trenczek 2018, S. 419). Die vernetzte Arbeit in den HdJ erscheint aus dieser Perspektive als eine Möglichkeit, die Gerichtsfixierung zu überwinden.

Mitte der 1970er Jahre erschien eine Untersuchung mit dem Titel »Die sanften Kontrolleure«. Der Autor und die Autorin hatten 18 SozialarbeiterInnen aus dem Bereich der »Erziehungs- und Jugendgerichtshilfe« in zwei deutschen Städten bei ihrer Arbeit beobachtet, die Beobachtungen protokolliert und ausgewertet. Die Untersuchung entstand in der Auseinandersetzung mit dem »Labling Approach« und wollte der Frage nachgehen, inwiefern SozialarbeiterInnen an kriminalisierenden Etikettierungsprozessen beteiligt sind. Im Fazit wurde festgestellt, dass die Befragten sehr wohl soziale Kontrolle ausübten und ihr Handeln auch darauf gerichtet war, Devianz zu vermeiden. Dass sie aber gleichzeitig versuchten,

> »die Fälle dem kriminalisierenden Zugriff anderer Instanzen zu entziehen – durch Umweltarrangements, durch (bescheidene) Belohnungen, durch Anwendung bestimmter Argumentationsstile und Kontrolltechniken, durch ihre Zurückhaltung, mit anderen Instanzen sozialer Kontrolle zu kooperieren« (Peters/Cremer-Schäfer 1975, S. 88).

40 Jahre später wurde eine Replikationsstudie der »Sanften Kontrolleure« unternommen. In einem identischen Untersuchungsdesign kamen die AutorInnen zu anderen Befunden: Während Peters/Cremer-Schäfer untersuchten, welche Strategien die Sozialarbeiter verfolgten, um ihr Selbstbild als ›HelferInnen‹ mit ihrer Aufgabe, die Klientel zu kontrollieren, vereinbaren zu können, sah die neuere Studie Hinweise darauf, »dass sich das Selbstverständnis von einer eindeutigen Parteinahme für die Adressat*innen heute deutlich in Richtung Hilfe für die Justiz verschoben hat« (Kühne/Schepper/Wehrheim 2017, S. 339).

Erheblich weniger als in der Ursprungsstudie ließen sich die SozialarbeiterInnen auf die Perspektive der Jugendlichen ein. Gegenüber den Darstellungen der Jugendlichen würde auf der amtlichen, von Polizei und Staatsanwaltschaft formulierten Version beharrt. Der eigene, auf das SGB VIII zurückgehende Auftrag, die sozialen Belange des Jugendlichen in das Verfahren einzubringen, trete hinter den Verpflichtungen gegenüber Gericht und Staatsanwaltschaft zurück (ebd.).

An die Stelle der Kooperationsverweigerung trete häufiger der Verweis auf die möglichen Konsequenzen des Verhaltens, auf die eigene Kooperation mit der Justiz und auf die Auskunftspflicht im Ermittlungsverfahren. Statt Konflikte mit dem Jugendlichen zu vermeiden (so die Ursprungsdiagnose), spitzten die SozialarbeiterInnen die Konflikte zu, indem sie mit den justiziellen Folgen (aber auch mit außerrechtlichen wie auf dem Arbeitsmarkt) drohten (ebd., S. 341).

Verändertes Selbstverständnis und veränderte Praxis wird von den AutorInnen als Folge der in der Zwischenzeit weit etablierten Zusammenarbeit von Jugendgerichtshilfen mit Polizei, Staatsanwaltschaft und Gericht gesehen. Durch ihr Verhalten, so die AutorInnen, »gefährden die von uns befragten Sozialarbeiter*innen ihr Selbstverständnis nicht, sondern riskieren allenfalls das kooperative Antwortverhalten ihrer Adressat*innen« (ebd., S. 342). Die SozialarbeiterInnen der Replikationsstudie arbeiteten nicht in den Häusern des Jugendrechts. Plausibel scheint aber, dass die von Kühne u. a. festgestellten Muster sich in dieser Konstellation erst recht ausbilden. Die »Gerichtsfixierung« wird nicht aufgelöst, sondern als »juristische Fixierung« dominiert sie die »Jugendhilfe im Strafverfahren«.

Arbeitsformen

Für die Arbeit in den HdJ sind besondere Formen der Zusammenarbeit kennzeichnend. Mit variierenden Bezeichnungen und leicht veränderten Aufgaben finden sie sich in allen HdJ. In Stuttgart wurden folgende Verfahren/Einrichtungen etabliert.

- *Hauskonferenzen*: Periodisch stattfindende Treffen aller am Haus Beteiligten, von den dort Beschäftigten (Arbeitsebene) bis zu den jeweiligen Leitungsebenen und VertreterInnen des Gerichts (so in Stuttgart in der Modellphase). Die Hauskonferenzen haben eine eher strategische Bedeutung. Man bilanziert die bisherige Arbeit und verständigt sich über zukünftige Aktivitäten. Auch gegenseitiges Kennenlernen und gemeinsame Inputs (mit Fortbildungscharakter) sollen die Zusammenarbeit verbessern (Feuerhelm/Kügler 2003, S. 42) und die »Identifikation mit den neuen Strukturen« unterstützen (Haus des Jugendrechts Stuttgart 2009, S. 20).
- *Frühbesprechungen*: Wöchentlich oder häufiger stattfindender Austausch zwischen den Leitungen der drei Bereiche, bei dem über den Stand der jeweiligen Verfahren informiert wird. Aus diesem Kreis können Anregungen für Haus- oder Fallkonferenzen hervorgehen (Feuerhelm/Kügler 2003, S. 43).
- *Fallkonferenzen*: Zu einem möglichst frühen Zeitpunkt sollen diese Konferenzen einberufen werden. Hier sollen die Fälle erörtert und die jeweiligen Arbeitsschritte abgesprochen werden. Zu diesen Konferenzen können auch andere Institutionen sowie die Jugendlichen und ihre Eltern eingeladen werden (zu den Fallkonferenzen ▶ Kap. 4.4.2).

Die Bedeutung der »informellen Gespräche« wird nicht nur in der Stuttgarter Evaluation betont (Feuerhelm/Kügler 2003, S. 43), sondern auch in der offiziellen Zwischenbilanz nach zehn Jahren: »Die täglichen Tür- und Angelgespräche tragen außerhalb der formalen Begegnungen wesentlich zu einer informierten und transparenten Verfahrensbearbeitung bei« (Haus des Jugendrechts Stuttgart 2009, S. 20).

Erfolge

Die Evaluation des Stuttgarter Modells wies klare Erfolge auf: Die Reaktionen auf »jugendliches Fehlverhalten« konnten »ganz wesentlich« verkürzt werden. Die Dauer der Ermittlungen von deren Beginn bis zum staatsanwaltschaftlichen Abschluss konnte von 105,1 auf 51,6 Tage mehr als halbiert werden; die Hälfte aller Verfahren war innerhalb eines Monats nach Eingang bei der Polizei durch die Staatsanwaltschaft erledigt. Die Zeit bis zum Beginn der Gerichtsverhandlung wurde von durchschnittlich 229,9 auf 105 Tage reduziert. Nach drei Monaten waren die Hälfte aller Verfahren auch durch das Amtsgericht erledigt (Haus des Jugendrechts Stuttgart 2009, S. 21; Feuerhelm/Kügler 2003, S. 96–98). Beschleunigung und verbesserte Zusammenarbeit werden regelmäßig auch in den anderen Evaluationen bescheinigt. Die ›Fälle‹ werden zügiger umgesetzt, und die rechtlichen Möglichkeiten können fallbezogen ausgeschöpft werden. Insofern sind die HdJ ein Beispiel einer erfolgreichen Verwaltungsmodernisierung.

Allerdings bleiben bei dieser Bilanz zwei Aspekte unberücksichtigt: Der Ausgangspunkt in den 1990er Jahren war die gestiegene Jugendkriminalität, durch die HdJ sollte die Jugendkriminalität reduziert werden. Dieses Ziel ist in der weiteren Entwicklung in den Hintergrund getreten. In den Evaluationen wird die Kriminalität senkende Wirkung der HdJ nur ausnahmsweise untersucht. In der Evaluation der ersten beiden hessischen Häuser wurde mit Verweis auf den kurzen Untersuchungszeitraum auf die Untersuchung verzichtet (Linz 2013, S. 7); in den Zielen des Ludwigshafener HdJ sucht man das Ziel der Reduzierung vergeblich (Müller/Mutke/Wink 2008, S. 52f.). Feuerhelm/Kügler (2003, S. 126–134) haben für das Stuttgarter Haus zumindest den Versuch einer Bilanzierung während der Laufzeit des Projekts unternommen: Eine durchgängige Senkung der Jugendkriminalität konnte nicht festgestellt werden. Es gibt keinen empirischen Nachweis, dass die Verkürzung der Verfahren zu weniger Straffälligkeit (weder individuell noch auf Dauer bei Jugendlichen generell) führt (Heinz 2019, S. 1868, 2112).

Außerhalb der wissenschaftlichen Begleitforschung wird der Erfolg leichtfertiger behauptet: In der Vier-Jahres-Bilanz des Wiesbadener HdJ ist von der »nachhaltige(n) Reduzierung der Jugendkriminalität« die Rede, die durch die Senkung der Fallzahlen nachgewiesen sei (Hessen, Häuser des Jugendrechts 2014, S. 1). In der Zehn-Jahres-Bilanz des Kölner HdJ wird als Erfolg bewertet, dass 40 % der »Probanden« im ersten Jahr nach ihrer Entlassung aus der »Betreuung« nicht polizeilich auffällig geworden sind (Kölner Haus des Jugendrechts o. J., S. 47). Einer methodischen Überprüfung halten diese Behauptungen nicht stand.

Für den Verlauf allgemeiner jugendstrafrechtlicher Ermittlungsverfahren ist der hohe Anteil an Verfahrenseinstellungen und an Diversionsverfahren kennzeichnend. Von Anfang der 1980er bis Mitte der 2010er Jahre stieg die »Diversionsrate« in Jugendstrafverfahren deutlich von knapp 44 % auf über 76 %, d. h., 2015 wurden weniger als ein Viertel der Strafverfahren gegen Jugendliche oder Heranwachsende mit einer formellen Sanktion beendet (Heinz 2019, S. 750). Die Hälfte der Verfahren wurde ohne Auflagen, weitere 34 % wurden von der Staatsanwaltschaft mit Auflagen (erzieherische Maßnahmen, Schadensausgleich) eingestellt. Weniger als 4 % der Tatverdächtigen wurden zu einer Jugendstrafe verurteilt (Heinz 2019, S. 407f.). In diesen Zahlen nicht enthalten sind die Verfahren, die eingestellt wurden, weil die Tatverdächtigen Kinder waren (§ 19 StGB), oder in denen eine strafbare Handlung nicht nachgewiesen werden konnte (§ 170 StPO).

Die Evaluationen zu den HdJ ergaben deutlich geringere Diversionsraten: In Stuttgart lag ihr Anteil bei 19,4 % (Feuerhelm/Kügler 2003, S. 111), in Ludwigshafen lag die Quote bei 19 % (Müller/Mutke/Wink 2008, S. 128) und in Frankfurt-Höchst wurden 35,9 % der Verfahren mit oder ohne Auflagen eingestellt (Linz 2013, S. CXXVII). Diese Zahlen deuten nicht darauf hin, dass die HdJ die Diversion im Jugendstrafverfahren befördern oder in anderen Worten: dass andere als klassisch sanktionierende Reaktionen gefördert würden. Vielmehr weist eine andere Quote darauf hin, dass die HdJ sich mit Personen und Sachverhalten außerhalb des Strafrechts beschäftigen: In Stuttgart wurden 30 % aller Verfahren eingestellt, weil die Tatverdächtigen Kinder waren (Feuerhelm/Kügler 2003, S. 111). In Ludwigshafen wurden aus demselben Grund ebenfalls knapp 30 % der Verfahren eingestellt; weitere 45,9 % der Verfahren wurden eingestellt, weil ein Tatnachweis nicht erbracht werden konnte (Müller/Mutke/Wink 2008, S. 130).

Folgen

Die Folgen, die die Häuser des Jugendrechts für jene Jugendliche haben, die zu deren ›KlientInnen‹ wurden, sind unbekannt. Es gibt auch keine Untersuchungen, die explizit Selbstverständnis und Handlungsmuster der in den Häusern tätigen SozialarbeiterInnen thematisieren. Da aber offenkundig ist, dass in den Häusern des Jugendrechts unterstützende Interventionen und strafende Sanktionen in einer neuen Institution zusammengebracht werden, in deren Fokus Polizei und Strafverfolgung stehen, stießen die Häuser des Jugendrechts von Anfang an auf massive Kritik. Diese bezog und bezieht sich auf drei Punkte:

1. Durch die Einbindung in die Häuser des Jugendrechts verliere die Jugendhilfe faktisch ihre Selbstständigkeit. Ihre Tätigkeit in den Häusern werde präformiert durch die kriminalstrategische Zielsetzung. Die Ziele der Jugendhilfe (… eigenständige Persönlichkeit …) blieben so auf der Strecke oder würden den Zielen der Strafverfolgung untergeordnet. Die DVJJ wies in einer vorsichtigen Stellungnahme 2002 darauf hin, dass das Ziel der Beschleunigung zwar durchaus mit dem Erziehungsgedanken des Jugendgerichtsgesetzes in Einklang stehe, dass Beschleunigung aber kein Selbstzweck sei, sondern dass die »Geschwindigkeit des Verfahrens … am Einzelfall und am Erziehungsziel zu

orientieren« sei. Außerdem müsse bei der Unterbringung in einem Haus gewährleistet werden, dass für die »jungen Menschen« jederzeit erkennbar sein, dass die »Aufgaben der Strafverfolgungsbehörden ... sich wesentlich von denen der Jugendhilfe« unterscheiden (DVJJ 2012). Weithin unklar bleibt, wie stark der gemeinsame Arbeitsplatz und tägliche Arbeitszusammenhang mit PolizistInnen und StaatsanwältInnen das Selbstverständnis und das Handlungsrepertoire der dort tätigen SozialarbeiterInnen verändern. 2018 wehrte sich die Stadt Dresden gegen die Initiative der Landesregierung zur Etablierung weiterer HdJ in Sachsen. Die Jugendhilfe dürfe nicht »von den Strafverfolgungsbehörden instrumentalisiert werden« und die Jugendhilfe müsse als »Aufgabe der kommunalen Selbstverwaltung« vor der »Vereinnahmung« geschützt werden. Durch die fehlende räumliche Trennung sei zudem das »Vertrauensverhältnis zum Klienten« bedroht (zit. n. Hülsbeck 2019, S. 28).
2. Die Häuser des Jugendrechts betreiben eine Strategie der aktiven Kriminalisierung und Stigmatisierung. Das wurde vor allem am Stuttgarter Ansatz kritisiert, der der Null-Toleranz-Strategie folgte und schon bei ersten Auffälligkeiten mit schnellem Strafen reagieren wollte (Gerhard 2008). Indem täterorientiert ermittelt werde und sozial relevante Sachverhalte einbezogen würden, werde versucht, eine vollständiges Bild der »Probanden« zu zeichnen. Diese »verdichtete Erkenntnislage« stelle eine Sonderbehandlung dar; ob die daraus hergeleiteten Maßnahmen die gewünschten Effekte erzielen oder die Randständigkeit der KlientInnen eher verstärken, sei ungewiss.
3. Durch die engen Formen der Zusammenarbeit würden auch die Interessen der Jugendlichen unmittelbar beeinträchtigt. Die institutionell verteilten Zuständigkeiten – soziale relevante Sachverhalte beim Jugendamt, strafrechtliche relevante Sachverhalte bei der Polizei – schützten die Jugendlichen vor staatlicher Vollerfassung. Diese Trennung werde in den HdJ aufgehoben, indem die Datenschutzbestimmungen über die Einwilligung der Betroffenen ausgehebelt würden.

4.6 Zusammenfassung

Die Beziehungen zwischen Polizei und Sozialer Arbeit im Hinblick auf Jugendliche sind vielfältig. In weiten Bereichen bestehen mittlerweile etablierte Formen der Kooperation oder der Zusammenarbeit. Diese fußen allesamt auf der Erkenntnis, dass delinquentes Verhalten Jugendlicher nachhaltig nur verhindert werden kann, wenn auf deren soziale und individuelle Lage Einfluss genommen wird. Aus Sicht der Sozialen Arbeit stehen derartige Aktivitäten unter einer doppelten Hypothek: Die Thematisierung Jugendlicher erfolgt aus der Perspektive von Kriminalität oder Sicherheit – sie werden dann und nur insoweit zu AdressatInnen, wie von ihnen Gefahren ausgehen. Damit wird der Zielhorizont der Jugendhilfe begrenzt: »Legalbewährung« wird zum Erfolgskriterium des Handelns; die anderen Aspekte einer »eigenverantwortlichen und gemeinschaftsfähigen Persönlichkeit« treten an die zweite Stelle. Durch den Präventionsansatz wird die Dominanz der an Delinquenz orientierten Perspektive auf die Jugendarbeit verstärkt: Möglichst früh, möglichst vor dem Herausbilden krimineller Entwicklungen soll interveniert werden. Damit werden die Interventionsschwellen deutlich abgesenkt, das präventiv motivierte Polizeihandeln wird in den jugendlichen Alltag verlegt.

Mit den unterschiedlich gestalteten Beziehungen zwischen Sozialer Arbeit und Polizei sind unterschiedliche Folgen für die Jugendlichen und für die Soziale Arbeit verbunden, die in einem Spektrum von weichen (aufklärenden) bis zu harten (sanktionierenden) Maßnahmen zu verorten sind:

Nah am sanktionierenden Pol liegen die Jugendrechtshäuser und die Fallkonferenzen. Sie gelten polizeilich/strafrechtlich auffällig gewordenen Jugendlichen. In der Sache handelt es sich um verschiedene Instrumente, durch die Kenntnisse und Ressourcen unterschiedlicher Behörden zusammengebracht werden sollen. Für die Jugendlichen handelt es sich um eine Verdichtung der sozialen Kontrolle, die mit spezialpräventiven Absichten begründet wird. In diesem Prozess kommt der Sozialen Arbeit die Aufgabe zu, die sozialen Belange der Jugendlichen zur Sprache zu bringen und ggf. durch Diversion(svorschläge) die Kriminalisierung zu unterbrechen. Wenn auch mit sozialem Handwerkszeug ausgestattet, wird die Selbstständigkeit Sozialer Arbeit in diesen Kontexten deutlich beschnitten. Die Ziele der Intervention sind immer schon vorgegeben; partizipative Prozesse sind nirgendwo ersichtlich.

Am anderen Pol des Spektrums steht die polizeiliche Präsenz in Schulen, die auf Aufklärung und Wissensvermittlung, aber auch auf polizeiliche Vertrauensbildung und lokale Netzwerkbildung abzielt. Durch die schulrechtlich etablierten Anzeigepflichten, durch Kooperationsverträge und -projekte rücken die Polizeien näher an die Schulen. Der pädagogische Raum wird tendenziell zu einem polizeilichen Handlungsraum. Für die SchülerInnen entstehen Probleme, die aus der polizeilichen Strafverfolgungspflicht resultieren; für die Schule/Schulsozialarbeit liegen die Schwierigkeiten in der richtigen Dosierung von Distanz und Nähe zur Polizei.

Zwischen diesen Polen liegen die vielfältigen Formen »aufsuchender Polizeiarbeit«, durch die die Polizeien versuchen, potenziell verdächtige Jugendlichenmilieus anzusprechen oder zu kontrollieren. Der permanente Kontrolldruck beeinträchtigt den Alltag der Jugendlichen; ob und inwiefern die polizeilich gewünschten Wirkungen erreicht werden, ist empirisch offen. Für die im selben Feld arbeitenden SozialarbeiterInnen stellt die polizeiliche Präsenz eine zusätzliche Herausforderung dar: Zwar können offen kontraproduktive Wirkungen durch Absprachen im Einzelfall verhindert werden, aber jede Absprache mit der Polizei ist mit der Gefahr verbunden, dass der Zugang zu den Jugendlichen erschwert wird. Kooperation ist auch in diesem Feld eine prekäres Unterfangen für die Soziale Arbeit.

Literaturempfehlungen

Dollinger. B./Schmidt-Semisch, H. (Hg.) (2018): Handbuch Jugendkriminalität. Kriminologie und Sozialpädagogik im Dialog. 3., vollständ. überarb. u. aktual. Aufl. Wiesbaden: Springer VS

Feuerhelm, W. (2001): Geschichte, Probleme und Chancen der Kooperation zwischen Jugendhilfe, Polizei und Justiz im Umgang mit Jugendkriminalität. In: Berliner Forum Gewaltprävention. Sondernummer 4. Online: https://digital.zlb.de/viewer/api/v1/records/15643945/files/images/bfg_06_snr_4.pdf/full.pdf

Wahl, K./Heers, K. (2009): Täter oder Opfer. Jugendgewalt – Ursachen und Prävention. München, Basel: Reinhardt

5 Fußballfans

> ☞ **Was Sie in diesem Kapitel erwartet**
>
> Fußballfans sind eine besondere Gruppe. Trotz Überschneidungen handelt es sich nicht allein um Jugendliche. Kennzeichnend ist vielmehr die Zugehörigkeit zu einem bestimmten sozialen Submilieu. Die ›Sicherheitsrelevanz‹ unterschiedliche Fanszenen resultiert aus dem Umstand, dass manche Fans mit den Spielen anderes verbinden als Vereine und Verbände, dass es im Kontext der Spiele zu Handlungen und Ereignissen kommt, die dem ›Erlebnis Fußball‹ und seiner Vermarktung widersprechen. In diesem Kontext wird die Fan-Sozialarbeit zum Bestandteil offizieller Fußballpolitik. Sie wird eingebunden in die ›Sicherheitsarchitektur‹ der Fußball-Ligen und versteht sich zugleich als Anwältin der Fans.

5.1 Fans und Fankulturen

Wenn im Kontext von Sozialer Arbeit und Polizei »Fußballfans« thematisiert werden, dann sind damit spezifische »Fanszenen« gemeint. Es handelt sich um einen Ausschnitt aus einem massenkulturellen Phänomen: Bestimmte Fans organisieren sich als Gruppen oder treten durch gemeinsame Merkmale als »Szenen« in Erscheinung. In sozialstruktureller Hinsicht und bezogen auf ihre politischen und sportpolitischen Überzeugungen sind diese Szenen sehr heterogen; altersmäßig handelt es sich im Schwerpunkt um Jugendliche und junge Erwachsene.

Aus soziologischer Perspektive sind die Fanszenen anhand ihrer dominierenden Motive unterschieden worden in konsumorientierte, fußballzentrierte und erlebnisorientierte. Die konsumorientierten Fans gelten als unproblematisch. Sie besuchen Fußballspiele als eine unter vielen Freizeitaktivitäten. Das Interesse am Fußball überwiegt dabei nicht andere Freizeitinteressen. Die beiden anderen Fanszenen haben hingegen mehr Aufmerksamkeit erfahren.

Kuttenfans

Als subkulturelle Ausprägung fußballzentrierter Fans gelten die sog. »*Kuttenfans*«. In der »Kutte«, d. h. der mit Vereinssymbolen, -aufnähern, -stickern, -schals und -farben gestalteten Kleidung (insbes. Jacken), verleihen die Fans der Identifikation mit ihrem Verein sichtbaren Ausdruck. Zugleich schafft die Kleidung Abgrenzung gegenüber den gegnerischen Fans und ein Zusammengehörigkeitsgefühl unter den ähnlich Gekleideten. Die »Kuttenfans« entwickelten sich in den 1970er Jahren; sie stammten eher aus der Arbeiterschaft und standen »in der Tradition proletarischer, männerbündischer Gruppenstile«; in ihrem Outfit orientierten sie sich an dem der Rocker. »Kuttenfans« stehen bedingungslos auf der Seite ihrer Mannschaft; ihre natürlichen Gegner sind die Fans, Spieler, Funktionäre der gegnerischen Vereine, aber auch die Schiedsrichter, wenn das Spiel oder einzelne Entscheidungen nicht so wie gewünscht laufen. Die bedingungslose Identifikation mit der Mannschaft birgt ein gewisses Eskalationspotenzial, das sich gegenüber denjenigen entladen kann, die dem Erfolg des eigenen Vereins (vermeintlich) entgegenstehen. Das kann sich auch auf den Trainer oder die Führung des eigenen Vereins richten. Die »Kuttenfans« sind auch typische LokalpatriotInnen; sie treten besonders heftig in Erscheinung, wenn lokale Konkurrenten die Position des eigenen Vereins bedrohen (»Derby«). Die Bedeutung der »Kuttenfans« im deutschen Fußball ist in den vergangenen Jahrzehnten deutlich zugunsten anderer Szenen zurückgegangen (von Wensierski/Puchert 2020, S. 256f.).

Hooligans

In den 1980er Jahren traten in den deutschen Stadien die »*Hooligans*« in den Vordergrund. Das Phänomen war zunächst in Großbritannien entstanden. Die Hooligans werden zur Gruppe der »erlebnisorientieren« Fans gezählt. Der Erlebniswert des Fußballspiels liegt für Hooligans in der Möglichkeit der Gewaltausübung. Die Spiele werden als Ort oder Anlass betrachtet, der Gewalt gegen Sachen und gegen Personen ermöglicht. Zum Hooligan gehört deshalb die aktive Suche nach gewalthaften Auseinandersetzungen. Sofern das aufgrund der Sicherheitsmaßnahmen in den Stadien nicht möglich ist, werden diese außerhalb des Stadions, mitunter infolge gemeinsamer Absprachen gegnerischer Hooligangruppen, ausgetragen – die sog. »Dritte Halbzeit«. Das Zentrum der Hooligan-Aktivitäten bildet »die Inszenierung eines öffentlich aufgeführten Kampfrituals, in dem jugendlichen Cliquen gegeneinander antreten, um miteinander zu kämpfen«. Die »selbstbewusst inszenierte männliche Körperlichkeit« gilt als das zentrale Merkmal dieses »männlichen Kämpferordens« (von Wensierski/Puchert 2020, S. 258f.)

Den Hooligans ist häufig eine gespaltene Existenz diagnostiziert worden: Es handele sich mehrheitlich um Personen, die ›unter der Woche‹ ein angepasstes und sozial erfolgreiches Leben führten, dann im Kontext der Spiel ihre Gewaltneigungen auslebten (Straßmaier 2018, S. 359).

Ultras

Die in den letzten Jahrzehnten auch in Deutschland dominante Gruppe der erlebnisorientierten Fangruppierungen sind die »*Ultras*«. Die Ultraszenen entwickelten sich zunächst in Italien und fanden Nachahmung in den europäischen Fußballstadien. Als ›dominant‹ können sie deshalb bezeichnet werden, weil sie einerseits die Atmosphäre in den Stadien stark beeinflussen – ihr erklärtes Ziel – und sie andererseits im Vordergrund stehen, wenn von Fußball und Sicherheit die Rede ist. Durch Inszenierungen im Stadion (Choreografien, Gesänge, Trommeln, Fahnen, Transparente und Pyrotechnik – eben alles, was Stimmung macht, s. Thalheim 2019) wollen die Ultras ihren Verein unterstützen. Diese Aktivitäten werden begleitet von der Kritik an der zunehmenden Kommerzialisierung des Fußballs. Die Ultras unterscheiden sich von den Kuttenfans, die sich bereitwillig mit den für den Markt produzierten Emblemen der Vereine schmücken. Sie unterscheiden sich von den Hooligans, weil das ›Ultra-Sein‹ für sie eine Lebensform ist, der sie den Alltag unterordnen (Pilz 2005, S. 7f.). Die Ultras sind charakterisiert worden »als oppositionelle Subkultur in der Auseinandersetzung mit der hegemonialen Kultur des Fußballs als Kulturindustrie« (von Wensierski/Puchert 2020, S. 260).

Zunehmend stehen Fanszenen im Profifußball der Männer in einem ambivalenten Verhältnis zu ihren Vereinen und den Fußballverbänden. Namentlich die Ultras sehen sich als AnhängerInnen und VerteidigerInnen des ›wirklichen Fußballs‹, der gegen die durch Kommerzialisierungsinteressen motivierten Machenschaften von Vereinen und Verbänden verteidigt werden muss (s. Langner 2005, S. 17–20). Die Proteste gegen die Abschaffung von Stehplätzen in den Stadien und die Einführung der Montags-Spiele sind prominente Beispiele dieses Verteidigungskampfes: Die Sitzplätze bremsen die Stimmung, verringern das Fassungsvermögen der Stadien und führen zu höheren Eintrittspreisen. Die Spiele am Montag – geschaffen, um zusätzliche Fernseheinnahmen zu generieren – sind für berufstätige und auswärtige Fans nur mit zusätzlichem Aufwand erreichbar und schwächen die Spannung des »Spieltags« ab, der sich nun von Freitag bis Montag hinzieht.

Innerhalb und zwischen den Fanszenen werden verschiedene Probleme sichtbar. Es gab und gibt eine Überschneidung von Fußballfangruppen, insbesondere Hooligans, und Rechtsextremismus; bekannt sind nicht nur Verbindungen zwischen Hools und Skinheads, auch in ihrer Symbolik und ihrer Ideologie ist die Nähe beider Subkulturen nachweisbar (s. Harnischmacher 2006, S. 251f.). Ultras, Stichwort: Kommerzialisierungskritik, sehen sich in Deutschland eher als links (während sie im Ursprungsland Italien zunächst links- später dann stärker rechtsextrem orientiert waren, s. Langner 2005, S. 8–11). Lokale Konflikte zwischen Hools und Ultras sind deshalb naheliegend (s. am Bespiel Aachens: Blaschke 2014). Fußballspiele bzw. -stadien und Fanszenen sind auch Orte von Fremdenfeindlichkeit, aggressivem Rassismus und Sexismus (s. Schubert 2019). Dominiert wird die Debatte in Deutschland hingegen von der Gewaltfrage.

5.2 Fußballfans als gefährliche Gruppe

Bereits die Kurzcharakterisierung unterschiedlicher Fanszenen legt die Frage nach der Gewalt nahe: Die Identifikation der Kuttenfans mit ihrem Verein kann leicht in aggressive Handlungen umschlagen, wenn die Hoffnungen enttäuscht und/oder die eigene Mannschaft (vermeintlich) benachteiligt wurde. Dieses Gewaltpotenzial entfaltet sich heute in den unteren Fußballligen, während die technisch-organisatorischen Vorkehrungen in den Stadien der oberen Ligen diese emotionalisierte Gewalt weitgehend verhindert.

Bei den Hooligans bilden die Spiele den Anlass für das Ausleben ihrer gewalthaften Subkultur. Das kann innerhalb der Stadien geschehen; aufgrund der Sicherungsmaßnahmen aber häufiger auf An- und Abreisen und im Umfeld der Stadien. Demgegenüber ist die Gewalt für die Ultras kein Selbstzweck. Gewalt kommt hier insofern ins Spiel, dass die Ultras sich von der verbände-regulierten Fußballkultur distanzieren und offensiv gegen deren Regeln vorgehen wollen. Denn diese Regeln, so die Ultra-Perspektive, befördern die weitere Kommerzialisierung des Sports und verhindern, dass die Ultras ihren ›Support‹ entfalten können. Damit richten sich die Ultras gegen die Regeln und gegen die, die sie durchsetzen sollen. Bei den Regeln ist in den letzten Jahren das Verbot der Pyrotechnik in den Vordergrund gerückt, bei den ›Gegnern‹ sind Polizei und Ordnungsdienste als ›Feinde‹ an die Seite der Vereine und Fußballverbände getreten (s. Radek 2010, S. 24).

In jährlichen Berichten weist die »Zentrale Informationsstelle Sporteinsätze« das polizeilich relevante Geschehen um die Spiele der drei Ligen aus. Im jüngsten Bericht wird auf den Rückgang der Hooligan- und den Anstieg der Ultra-Problematik hingewiesen (ZIS 2019, S. 10). Einige sicherheitsrelevante Angaben sind in Tabelle 7 zusammenfasst (▶ Tab. 7).

Tab. 7: Fußballeinsätze Saison 2018/19 (erste bis dritte Liga)

	Gesamt	Körperverletzung	Pyrotechnik	Sachbeschädigung	BtMG-Delikt
Eingeleitete Strafverfahren	6.289	1.238	664	420	380

	Gesamt	PolizistInnen	OrdnerInnen	StörerInnen	Unbeteiligte
Verletzte	1.127	272	89	331	435
• durch Pyrotechnik	152	87	9	3	53
• durch polizeiliche Reizstoffe	183	33	15	131	4

Daten aus: ZIS 2019
Zahl der Spiele: 1.151
Zahl der ZuschauerInnen: 22 Mio.
Polizeiliche Arbeitsstunden: 2,2 Mio.

Setzt man die in den letzten beiden Geschädigtengruppen ausgewiesenen verletzten ZuschauerInnen in Relation zur Gesamtzahl, so lag der Anteil der Verletzten bei 0,0035 %. Fußball ist demnach statistisch ein eher sicherer Ort für ZuschauerInnen.

5.3 Das Nationale Konzept Sport und Sicherheit

Angesichts der »Fußballkrawalle« der 1980er Jahre initiierte die Innenministerkonferenz 1991 einen Prozess, der darauf abzielte, durch »ein gemeinsames Handeln aller Beteiligten ... die Sicherheit bei Sportveranstaltungen zu verbessern«. 1993 wurde das erste »Nationale Konzept Sport und Sicherheit« (NKSS) verabschiedet; seine aktuelle Version stammt von 2012.

Das mittlerweile 45 Seiten umfassende und mit zwölf, teilweise umfangreichen Anlagen versehene NKSS erstreckt sich thematisch von Sozialarbeit mit Fans über die Stadion- und Veranstaltungssicherheit und die Etablierung nationaler und internationaler Kooperationsformen bis zu Öffentlichkeitsarbeit, Forschung und Prävention (NKSS 2012). Bemerkenswert sind drei Elemente:

1. Das NKSS stellt einen umfassenden Rahmen dar, in dem alle sicherheitsrelevanten Dimensionen berücksichtigt werden sollen.
2. Es etablierte ein dauerhaftes Netzwerk zwischen den wichtigsten Akteure (Politik, Polizei, Sportverbände, Fans, Städte und Verkehrsbetriebe).
3. Es hat die Fanarbeit deutlich aufgewertet.

5.4 Polizei und Fans

In den »Zielen und Leitlinien« des NKSS wird im Hinblick auf die Polizei formuliert:

> »Die Polizei *handelt transparent, verlässlich, kommunikativ und konsequent*. Fans erleben ein *einheitliches* und mit den Netzwerkpartnern *eng abgestimmtes* Handeln.
> Einschränkende Maßnahmen orientieren sich an dem Grundsatz: *so viel Sicherheit wie nötig, so wenig Einschränkungen wie möglich*.
> Gewalt und Sicherheit gefährdendes Verhalten werden *konsequent bereits im Ansatz verhindert* und durch zügiges professionelles Handeln *nachhaltig unterbunden*.
> Aggressionen, Gewalt und Sicherheit gefährdendes Verhalten führen *zeitnah zu abgestimmten Reaktionen* der Netzwerkpartner« (ebd., S. 6, Hervorheb. im Original).

Diese Grundsätze werden in den nachfolgenden Bestimmungen umgesetzt:

1. Planung und Lenkung des Fanreiseverkehrs unter polizeilicher Beteiligung: Lagebilderstellung, Entsendung von VerbindungsbeamtInnen der Polizei zu den Verkehrsunternehmen (ebd., S. 19f.), polizeiliche Begleitung der Fans, sofern dies »erforderlich« ist. Dabei sollen »sich Form und Umfang an der konkreten Gefahrenlage« orientieren. »Polizeiliche Maßnahmen und Einschreitschwellen sind mit den Fanbeauftragen (der Vereine, NP) frühzeitig zu besprechen und erforderliche Absprachen zu treffen.«
2. Beteiligung der Polizei an der Spieltagsplanung: Sie erstellt »frühzeitig ein belastbares Lagebild« und gibt eine »Risikobewertung« ab (ebd., S. 27). Vor dem Spieltag sollen Sicherheitsbesprechungen stattfinden, an denen neben den Fan- und Sicherheitsbeauftragten der beiden Vereine die Polizeien, Feuerwehr, Ordnungsbehörden, Rettungsdienst und die Verkehrsunternehmen teilnehmen sollen. Als optionale weitere Teilnehmende werden u. a. die Fanprojekte genannt (ebd., S. 28).
3. Unter der Überschrift »Einsatz der Polizei« verweist das NKSS auf eine »bundesweite() Rahmenkonzeption für den Umgang mit Fangruppen und gewaltbereiten bzw. gewalttätigen Personen.« Diese Rahmenkonzeption ist öffentlich nicht zugänglich. Im Hinblick auf die konkreten Maßnahmen werden vier Punkte kurz ausgeführt:
   1) Direkte Kontaktaufnahme am Spieltag zu den Sicherheits- und Fanbeauftragten der beiden Vereine.
   2) »Präventiv-polizeiliche Maßnahmen«, um bereits im Vorfeld »Gefahren durch Gewalt suchende Personen zu reduzieren«. Diese Maßnahmen würden »frühzeitig im Einzelfall geprüft und unter Ausschöpfung der rechtlichen Möglichkeiten durchgeführt.« Als Beispiele genannt werden »Gefährderansprache« und »Ingewahrsamnahme«.
   3) Durch Kommunikation mit den Fans sollen die eingesetzten PolizistInnen mit »deeskalierenden Strategien« Aggressionen und Gewalt entgegenwirken. Komme es dennoch zu »Gewalt und Sicherheit gefährdendem Verhalten«, »trifft die Polizei alle erforderlichen Maßnahmen, um dieses Verhalten konsequent zu unterbinden und zu verfolgen.«
   4) Die polizeilichen Maßnahmen sollen sich gegen StörerInnen richten. Ließen sich Beeinträchtigungen Unbeteiligter nicht vermeiden, »werden die Gründe durch intensive Kommunikation deutlich gemacht« (ebd., S. 32).

Das Konzept etabliert »Örtliche Ausschüsse Sport und Sicherheit«, die unter Federführung der Gemeinde lokal angemessene Lösungen und Vernetzungen entwickeln sollen. Die Kooperation auf der internationalen Ebene wird über die ZIS organisiert. In diesem Zusammenhang wird auch der Einsatz von »szenekundigen Polizeibeamtinnen und Polizeibeamten (SKB)« angesprochen, die zu Auslandsspielen deutscher Mannschaften entsendet werden können (ebd., S. 39).

5.4.1 Zentrale Informationsstelle Sporteinsätze (ZIS)

Im Rahmen der föderalen Aufgabenverteilung werden in vielen Bereichen Zuständigkeiten für einzelne Bundesländer vereinbart, die als eine Art Zentralstelle oder Serviceeinrichtungen für alle Bundesländer tätig werden. Im Themenfeld »Sport und Sicherheit« ist die Zuständigkeit dem Land Nordrhein-Westfalen übertragen worden. Im »Landesamt für Zentrale Polizeiliche Dienste« des Landes ist die »Zentrale Informationsstelle Sporteinsätze« (ZIS) eingerichtet (s. Kant 2006). Die Aufgabe der ZIS, die 1992 gebildet wurde, besteht in »der Koordination und Durchführung des aufgabenorientierten Informationsaustauschs«, die gewährleisten sollen, dass die örtlich zuständigen Polizeien über »alle polizeilichen Hintergrundinformationen« verfügen, damit sie die Sicherheit bei den Spielen gewährleisten können. In ihren jährlichen Berichten will die ZIS »eine objektivierte Grundlage für die Erkennung von Tendenzen und Entwicklungen im Bereich Fußball und Gewalt« geben (ZIS 2019, S. 3).

Ein zentrales Element der polizeilichen Informationsarbeit ist die Datei »Gewalttäter Sport«, die 2001 eingerichtet wurde (Petri 2012, S. 750). Bei der Datei handelt es sich um eine sog. »Verbunddatei«, die beim Bundeskriminalamt geführt wird. In Verbunddateien können die zugangsberechtigten Polizeibehörden (eigene) Daten eingeben und aus dem Gesamtbestand Daten abrufen (BKAG § 29 Abs. 3). In der Errichtungsanordnung zur Datei werden u. a. Speicheranlässe und Umfang der Daten festgelegt. Die Datei soll der »Verhinderung gewalttätiger Auseinandersetzungen und sonstiger Straftaten im Zusammenhang mit Sportveranstaltungen« dienen. Erfasst werden sollen folgende »Anlässe, soweit sie im Zusammenhang mit Sportveranstaltungen festgestellt wurden«:

- Ermittlungsverfahren und Verurteilungen bei bestimmten Straftaten: Aufgelistet werden 17 Delikte oder Deliktsbereiche, die von Anwendung von Gewalt gegen Leib und Leben bis zu Beleidigung oder Bedrohung reichen.
- Erfasst werden auch Personen, die einen Platzverweis erhielten oder in Gewahrsam genommen wurden, sofern dies geschah, weil zu befürchten war, dass sie Straftaten von erheblicher Bedeutung begehen wollen.
- Gespeichert wird die Sicherstellung von Waffen und anderen gefährlichen Gegenständen, »wenn Tatsachen die Annahme rechtfertigen, dass die Betroffenen sie bei der Begehung anlassbezogener Straftaten verwenden wollen.«
- In die Datei aufgenommen werden auch präventiv-polizeiliche Maßnahmen für die Dauer ihrer Gültigkeit: Meldeauflagen, Betretungsverbote, Beförderungsausschlüsse und Ausreisebeschränkungen. Auch Stadionverbote und die Zuordnung zu einem Verein können gespeichert werden.

Neben den Standardangaben (Name, Geburtsdatum, Staatsangehörigkeit …) und der Personenbeschreibung (Größe, körperliche Merkmale, Mundart etc.) können auch »personengebundene Hinweise« (etwa GEWA für »gewalttätig« oder BTMK für »Betäubungsmittelkonsument«) sowie »ermittlungsunterstützende Hinweise (z. B. REIB für »Reichsbürger/Selbstverwalter« oder INTS für »Intensivtäter Sport«) gespeichert werden. Außerdem werden die veranlassten polizeilichen Maßnahmen vermerkt (BKA 2018).

Auf die Datei haben alle Polizeien der Länder und des Bundes im Rahmen ihrer Aufgaben und Befugnisse Zugriff. Die Übermittlung der Daten an nichtpolizeiliche Stellen, etwa an die Vereine, findet nicht statt (ZIS 2008).

Im Juli 2019 waren rund 9.400 Personen in der Datei gespeichert. Sofern die Daten nicht mehr für polizeiliche Zwecke erforderlich sind, werden sie nach fünf Jahren automatisch gelöscht (bei Kindern nach zwei Jahren). Die Betroffenen werden nicht informiert, wenn sie in der Datei gespeichert werden. Über ihre Speicherung erfahren die Gespeicherten in der Regel erst durch die Probleme, die sich aufgrund der Speicherung ergeben, etwa wenn sie bei den Kontrollen an Flughäfen herausgewinkt werden, weil ihr Ausweisdokument einen Treffer auslöste. Obwohl die Erfassungskriterien keineswegs auf GewalttäterInnen (oder gar gerichtsfest überführte GewalttäterInnen) beschränkt sind, löst der Treffer in einer Datei, die »Gewalttäter Sport« heißt, entsprechende Assoziationen aus. Von den 10.353 Speicherungen des Jahres 2018 entfielen knapp 2.900 auf polizeirechtliche Maßnahmen wie Platzverweis, Ingewahrsamnahmen oder Identitätsfeststellungen (BT-Drs. 19/3009, S. 10).

Seit 1991 unterscheidet die deutsche Polizei drei Fangruppen, die mit den Buchstaben A, B oder C gekennzeichnet werden:

- Fankategorie A: friedliche Fans,
- Fankategorie B: gewaltbereite oder gewaltgeneigte Fans,
- Fankategorie C: gewaltsuchende Fans.

Die Zuordnung in die Kategorien nehmen die PolizistInnen vor Ort vor, aufgrund der vorliegenden polizeilichen Daten und aufgrund ihrer Personen- und Gruppenkenntnisse. Die Zuordnung der unterschiedlichen Szenen ist dabei nicht stabil.

Nach Angaben des ZIS-Jahresberichts stufte die Polizei in der Saison 2018/19 7.882 Personen als B-Fans und 2.348 Personen als C-Fans der Vereine der Ersten und Zweiten Liga ein. In der dritten Liga wurden 2.421 B- und 723 C-Fans gezählt. In den fünf Regionalligen wurden insgesamt 3.790 B- und C-Fans ermittelt (ZIS 2019, S. 11f.).

Die Kategorisierung der Fans ist für die Polizei aus zwei Gründen von Bedeutung. Erstens erlaubt sie, ein genaueres Lagebild im Vorfeld von Spielen zu erstellen. Eine hohe Zahl von C-Fans zeigt ein größeres Sicherheitsrisiko für ein Spiel an. Entsprechend können die Einsätze gezielter oder mit höherem Personaleinsatz geplant werden. Noch wichtiger scheint zweitens die präventive Bedeutung der Kategorien, indem sie nämlich tendenziell zwischen ›RädelsführerInnen‹ und ›MitläuferInnen‹ unterscheidet und es ermöglicht, ihnen im Vorfeld der Spiele Aufmerksamkeit zu widmen.

Es existiert keine Übersicht über die polizeilichen Maßnahmen, die im Zusammenhang mit Fußballspielen vorgenommen werden. Infrage kommen grundsätzlich strafverfolgende Maßnahmen, wenn es um die Aufdeckung und Verfolgung von strafbaren Handlungen geht. Aus den jährlichen ZIS-Berichten kann entnommen werden, wie viele Strafverfahren eingeleitet wurden. Welche Ermittlungshandlungen im Rahmen dieser Verfahren vorgenommen wurden, wird nicht angegeben. Die Statistik weist nur »freiheitsentziehende Maßnahmen« aus. Die StPO ermöglicht die Inhaftnahme einer Person in bestimmten Konstellationen. Im Zusammenhang mit Fußballspielen dürfte es sich in der Mehrzahl der

Fälle um »vorläufige Festnahmen« handeln, die nach § 127 Abs. 2 StPO durch PolizistInnen bei »Gefahr im Verzug« zulässig sind. Festgenommen werden können Personen, gegen die ein dringender Tatverdacht besteht und bei denen gleichzeitig Flucht- oder Verdunkelungsgefahr vorliegt. Bis zum Ablauf des nächsten Tages muss der/die Festgenommene dem/der HaftrichterIn vorgeführt werden (Wilhelm 2006). In der Saison 2018/19 wurden in den drei Bundesligen 7.988 freiheitsentziehende Maßnahmen auf Grundlage der StPO vorgenommen. Für denselben Zeitraum wurden 6.289 Strafverfahren eingeleitet (ZIS 2019, S. 31f.). Sofern es sich überwiegend um »vorläufige Festnahmen« handelte, die sich nur gegen Beschuldigte richten können, zeigt sich eine Differenz von über 1.500 Personen, die festgenommen wurden, gegen die aber schließlich kein Ermittlungsverfahren eingeleitet wurde. Bekannt ist auch nicht, in wie vielen Fällen die Festgenommenen vor Fristablauf wieder entlassen wurden oder wie viele Festnahmen durch die RichterInnen nicht bestätigt wurden. Bereits in diesen Zahlen wird deutlich, dass die strafprozessualen Instrumente offenkundig zu präventiven Zwecken genutzt werden.

Rechtlich wird die präventive, also die auf die Verringerung von Gefahren ausgerichtete Freiheitsentziehung durch das Polizeirecht ermöglicht. Maßgebend sind hier die Regelungen in den Polizeigesetzen. Unter den Gründen, die die Ingewahrsamnahme einer Person rechtfertigen, finden sich regelmäßig zwei, die im Bereich der Fußballfans zur Anwendung kommen dürften: Personen können dann in Gewahrsam genommen werden, wenn dies unerlässlich ist, um die Begehung von Straftaten oder Ordnungswidrigkeiten von erheblicher Bedeutung für die Allgemeinheit zu verhindern oder um einen Platzverweis durchzusetzen (exemplarisch: § 35 PolG NRW; § 17 PAG Bayern; § 39 BPolG). Die Polizeien müssen »unverzüglich« eine richterliche Entscheidung über die Freiheitsentziehung herbeiführen – es sei denn, dass zu erwarten ist, dass die Entscheidung des Gerichts erst dann fallen wird, wenn der Grund der Ingewahrsamnahme bereits wieder entfallen ist. Sofern in den Amtsgerichten keine Rufbereitschaft eingerichtet ist, dürfte dies bei den Wochenend- und Abendspielen der Ligen die Regel sein. In der Saison 2018/19 wurden auf polizeirechtlicher Grundlage 2.506 Fans in Gewahrsam genommen. Unbekannt ist, wie viele Fälle RichterInnen vorgelegt wurden. Unbekannt ist deshalb auch, wie oft die Maßnahme bestätigt oder abgelehnt wurde.

5.4.2 Polizeiliche Instrumente

Die ZIS-Jahresberichte geben darüber hinaus keine Auskunft über die polizeilichen Maßnahmen. Einen Hinweis bietet allerdings die Errichtungsanordnung der Datei »Gewalttäter Sport« (BKA 2018). Die Datei enthält unter »Maßnahmedaten« ein Feld, in dem vermerkt werden soll, welche Art von Maßnahmen gegen die gespeicherte Person ergriffen wurde. Unter der Überschrift »Angaben zu bestehenden Auflagen/Verboten/Hinweisen« werden folgende Möglichkeiten aufgeführt.

> **Arten von Maßnahmen**
>
> - »Beförderungsausschluss in Zügen der DB AG oder anderen Eisenbahnverkehrsunternehmen
> - Bundesweites Hausverbot für Bahnhöfe der DB AG
> - Bundesweit wirksames Stadionverbot
> - Gefährderansprache
> - Pass- und Personalausweisbeschränkungen
> - Ausreiseuntersagung
> - Meldeauflage
> - Betretungs- und Aufenthaltsverbot
> - Gewahrsam
> - Sonstige Maßnahme« (BKA 2018, S. 6).

Die ersten drei Maßnahmen sind keine polizeilichen. Neben dem Gewahrsam sind fünf polizeiliche Maßnahmen genannt:

Betretungs- und Aufenhaltsverbote können auf polizeirechtlicher Grundlage ausgesprochen werden, wenn Tatsachen die Annahme rechtfertigen, dass die Person in einem bestimmten Bereich eine Straftat begehen oder zu ihrer Begehung beitragen wird. Das Verbot muss räumlich und zeitlich beschränkt sein. Die Bestimmungen in den Bundesländern sind im Detail unterschiedlich (Rachor 2012b, S. 437; Averdiek-Gröner 2019, S. 59).

Meldeauflage bedeutet, dass eine Person in regelmäßigen Abständen oder zu bestimmten Zeiten eine Polizeidienststelle persönlich aufsuchen muss. Die Meldeauflagen für Fußballfans sollen verhindern, dass die Fans sich am Spieltag am Spielort aufhalten. Auch können Meldeauflagen erlassen werden, um Ausreiseverboten Nachdruck zu verleihen (Rachor 2012b, S. 542). Rechtlich fußen die Auflagen auf der polizeilichen Generalklausel. Sie setzen voraus, dass aufgrund von Tatsachen davon ausgegangen werden kann, dass der Betreffende »bei einem anstehenden Fußballereignis gewalttätig in Erscheinung treten wird« (Averdiek-Gröner 2019, S. 58).

Die *Ausreiseuntersagung* ist eine Maßnahme des Grenzschutzes: Der Versuch der Ausreise wird verhindert, wenn der/die Ausreisewillige keinen Pass besitzt, weil dessen Ausgabe versagt oder er entzogen wurde (nach §§ 7f PassG). Der Passentzug wird für die Durchsetzung von Ausreiseverboten für Fußballfans genutzt. Zwar sind es nicht die Polizeibehörden selbst, die die Verbote aussprechen, aber diese werden auf Grundlage der von ihr gelieferten Informationen verhängt (s. Rachor 2012b, S. 543).

»Die *Gefährderansprache* ist eine polizeiliche Maßnahme, mit der in einem konkreten Fall ein potenzieller Gefahrenverursacher ermahnt wird, Störungen der öffentlichen Sicherheit zu unterlassen« (ebd., S. 540). Durch die Ansprache, die auch in Form eines »Gefährderanschreibens oder in Kombination mit einem solchen« erfolgen kann, sollen die Betroffenen von der »Begehung der prognostizierten Straftat« abgehalten werden. Indem einer Person vor einem Ereignis durch die Ansprache verdeutlicht wird, dass sie im polizeilichen Fokus ist, weil sie bereits vor der erwarteten Tat zum Kreis der Tatverdächtigen gezählt wird, soll die Straftat verhindert werden. Da sich Information und Prognose auf den AdressatInnen beziehen, besitzt die Gefährderansprache einen »appellativen Charakter«: der/die Angesprochene soll sich im eigenen Interesse am besten vom Ereignis fernhalten, in jedem Fall aber (die Nähe von) Straftaten vermeiden (ebd., S. 541).

Rechtlich fußen die Gefährderansprachen auf der Generalklausel. Dies wird für rechtlich vertretbar gehalten, »weil im Allgemeinen die Intensität des durch die Gefährderansprache hervorgerufenen Eingriffs vergleichsweise gering ist« (ebd., S. 542; Averdiek-Gröner 2019, S. 58). So argumentiert auch Schenke (2018, § 12 Rdnr. 653), der zudem darauf verweist, dass es sich um ein »relativ neue(s) Handlungsinstrument der Polizei« handele (und damit andeutet, dass sich die rechtliche Bewertung ggf. ändern könnte).

Gefährderansprachen, die in Gegenwart von Dritten erfolgen oder an diese gerichtet sind, stellen einen Eingriff in das Persönlichkeitsrecht dar. Die »Gefährder« zuhause, in der Schule oder am Arbeitsplatz aufzusuchen oder bei Minderjährigen die Ansprache an die Eltern zu richten, versieht die Ansprache mit einem »Anprangerungseffekt«. Die abschreckende Wirkung soll erreicht werden, indem das soziale Umfeld über das kriminelle Potenzial einer Person informiert wird. Weil diese negative Folgen für ihren Alltag befürchten, soll die polizeiliche ›Verhaltensempfehlung‹ derart mit Nachdruck versehen werden. »Die gezielte Einbeziehung Dritter in das polizeiliche Schutzkonzept ist allerdings rechtswidrig« (Rachor 2012b, S. 541).

»Gefährderansprachen« sind ein weit verbreitetes polizeiliches Instrument. Sie werden in vielen Einsatzbereichen genutzt: vor politischen Demonstrationen, bei auffällig gewordenen Jugendlichen, bei häuslicher Gewalt etc. In den ZIS-Jahresberichten wird die Zahl der Gefährderansprachen nicht ausgewiesen.

5.5 Sicherheit im Netzwerk

Im Grundsatz obliegt die Gewährleistung der Sicherheit im Stadion dem Heim-Verein, der zu diesem Zweck alle erforderlichen Vorkehrungen (baulich, technisch, organisatorisch) zu treffen hat. Die Polizei ist an der Lagebeurteilung vor den Spielen beteiligt. In diesem Zusammenhang wird über den Kräfteeinsatz der Polizei entschieden und geklärt, ob und in welchem Umfang »Kräfte für Beweissicherung, Eingreif- und Zugriffskräfte sowie die Einrichtung einer Gefangenensammelstelle« bereitgestellt werden müssen (Averdiek-Gröner 2019, S. 61).

Originär zuständig sind die Polizeien für die Sicherheit im öffentlichen Raum außerhalb der Stadien. Polizeiliche Begleitung anreisender Fans in Bussen und Bahnen oder auf dem Weg von den Haltestellen ins Stadion sind üblich, »wenn die Sicherheitslage dies erfordert.« Selbst wenn diese »Begleitung« in sehr enger, einschließender Form geschieht, gilt dies als eine durch die Generalklausel zulässige Einschränkung der allgemeinen Handlungsfreiheit. Erst wenn durch die Einschließung der Weg verändert würde (»Kessel« oder »Wanderkessel«), müssten die Regelungen für die Ingewahrsamnahmen beachtet werden. (ebd., S. 61f.)

Bereits bei der Anreise oder bei Fan- und Bannermärschen im Kontext von Spielen können die Polizeikräfte eingreifen, etwa wenn Hassparolen skandiert werden oder wenn gegen das Vermummungsverbot (§ 17a Versammlungsgesetz) verstoßen wird. Vermummung bedeutet, dass das Gesicht mit Schals oder Mützen etc. so verdeckt wird, dass die polizeiliche Identifizierung der Person unmöglich wird. Die Maßnahmen können sich auch auf das Einziehen pyrotechnischer Gegenstände beziehen (ebd., S. 63).

Zum Repertoire polizeilicher Maßnahmen gehört auch die Videoüberwachung. Innerhalb des Stadions, für die Zugangswege und die Außenbereiche der Stadien sind die gastgebenden Vereine zuständig. Die Richtlinien des DFB schreiben eine entsprechende Ausstattung der Stadien vor. Dabei soll die Befehlsstelle der Polizei »mit einer Vorrangschaltung ausgestattet werden« (DFB 2013a, § 10 Nr. 5). Die Inbetriebnahme erfolgt auf der Grundlage des Hausrechts, das die Vereine in den Stadien wahrnehmen. Für offene – also als solche auch deklarierte – Videoaufnahmen der Polizei im öffentlichen Raum sind die Bestimmungen der Polizeigesetze maßgebend; in der Regel erlauben die Länder dies, »wenn Tatsachen die Annahme rechtfertigen, dass dabei Straftaten oder Ordnungswidrigkeiten begangen werden« (§ 15 PolG NRW, zit. n. Averdiek-Gröner 2019, S. 65).

Das NKSS schafft den Rahmen für die Sanktionierung von Fans durch unterschiedliche Akteure. Die Beförderungsunternehmen können Beförderungsverbote und Betretungsverbote für Bahnhöfe verhängen. Die Polizei kann polizeirechtliche Eingriffe vornehmen (Platzverweise, Meldeauflagen, Ingewahrsamnahmen etc.) oder veranlassen (Ausreiseverbote) oder strafrechtliche Ermittlungsverfahren einleiten. Die Vereine können Fans vom Besuch der Stadien ausschließen. Das Instrument des Stadionverbots hat der DFB in einer Richtlinie genauer geregelt. Als Zweck des Verbots wird bestimmt, »zukünftiges sicherheitsbeeinträchtigendes Verhalten zu vermeiden und den Betroffenen zur Friedfertigkeit anzuhalten, um die Sicherheit anlässlich von Fußballveranstaltungen zu gewährleisten« (DFB 2014, § 1 Abs. 2). Die Richtlinien unterscheiden zwischen dem örtlichen und dem bundesweit wirksamen Stadionverbot (§ 1 Abs. 4). Über Festsetzung, Aufhebung, Aussetzung oder Reduzierung entscheidet der Inhaber des Hausrechts.

Stadionverbote

Die örtlichen Stadionverbote sollen ausgesprochen werden »bei Verstößen gegen die Stadionordnung« »soweit der Betroffene bisher nicht wiederholt in einer die Menschenwürde verletzenden Art und Weise oder sicherheitsbeeinträchtigend aufgefallen ist« (§ 4 Abs. 2). Bei den bundesweiten Stadionverboten unterscheiden die Richtlinien zwischen Fällen, bei denen »Ermittlungs- oder sonstige Verfahren« eingeleitet wurden und Fällen ohne Verfahren. In der ersten Gruppe werden 15 Delikte oder Deliktsarten aufgezählt: von Straftaten unter Anwendung von Gewalt gegen Leib und Leben bis zum »Abbrennen von pyrotechnischen Gegenständen« und »sonstige(n) schwere(n) Straftaten im Zusammenhang mit Fußballveranstaltungen«. In sechs weiteren Fällen sollen bundesweite Stadionverbote auch ohne eingeleitete »Verfahren« verhängt werden: bei Ingewahrsamnahmen und Platzverweisen, bei der Sicherstellung von Waffen und anderen gefährlichen Gegenständen, bei diskriminierenden und menschenfeindlichen Verhaltensweisen, beim Unterstützen von pyrotechnischen Vorhaben, bei schwerwiegenden Verstößen gegen die Stadionordnung und bei »nachgewiesenem wiederholtem sicherheitsbeeinträchtigenden Verhalten« (§ 4 Abs. 4).

Das Stadionverbot soll zeitnah nach dem Anlass verhängt werden. Es ist zeitlich zu befristen und den Betroffenen soll Gelegenheit zur Stellungnahme gegeben werden. Die örtlichen Stadionverbote werden von den jeweiligen Vereinen verwaltet. Für die bundesweiten Verbote stellt der DFB eine Plattform zur Verfügung, in der die Vereine die Verbote eintragen und verwalten. Auf die Daten der Plattform haben die Vereine und drei polizeiliche Stellen Zugriff: die Zentrale Informationsstelle Sporteinsätze (ZIS), die Landesinformationsstellen Sporteinsätze der Bundesländer und das Bundespolizeipräsidium.

Die Zahl der Stadionverbote ist in den vergangenen Jahren rückläufig. Im September 2013 waren 2.640 Stadionverbote in Kraft, ein Jahr später waren es 1.667 (Averdiek-Gröner 2019, S. 67). In der Saison 2018/19 bestanden 766 Stadionverbote (davon 198 örtliche) (ZIS 2019, S. 21).

Die Regelungen zu den Stadionverboten sind in der Vergangenheit kritisiert worden, weil ihre »zeitnahe« Verhängung dazu führt, dass sie keineswegs als Folge strafrechtlich festgestellter Schuld ausgesprochen werden, »sondern in der Regel auf einem bloßen Verdacht« beruhen (Albers/Feltes/Ruch 2015, S. 482). In seinem Beschluss vom April 2018 hat das Bundesverfassungsgericht diese Praxis allerdings als verfassungskonform bestätigt, sofern die Verbote auf »eine auf Tatsachen gründende Besorgnis gestützt werden« (Bundesverfassungsgericht 2018, 3. Leitsatz).

2004 hat ein Fan-Zusammenschluss eine Dokumentation vorgelegt, in der das Zusammenwirken von Vereinen und Polizei an vielen Beispielen quer durch die Republik illustriert wird (BAFF 2004). Die als schikanös und rechtswidrig empfundene Behandlung der Fans (insbesondere der Ultras) setzt sich bis in die Gegenwart fort (s. Furmaniak 2020).

Sofern es zutreffend ist, dass der Fußball für viele Fans ein zentraler Bestandteil ihrer Lebenswelt und ihrer subkulturellen Identität darstellt, werden sie durch die Stadionverbote aus diesem Bereich ausgeschlossen – und zwar in einem Stadium, in dem über ihre schuldhafte Beteiligung noch kein endgültiges Urteil gefällt wurde. Selbst bei strafrechtlichen Diversionsentscheidungen können die Vereine auf den Stadionverboten beharren. Neben dem doppelten Ausschluss (aus dem Stadion und aus der Fanszene) sind mit den Verboten auch stigmatisierende Wirkungen verbunden, weil die »soziale Missbilligung« ihres Verhaltens auch in das soziale Umfeld der Betroffenen ausstrahlt. Albers, Feltes und Ruch (2015, S. 493) befürchten, dass diese Ausgrenzung den »Übergang in die Legalbewährung« erschwert – zumindest bei jenen Teil der mit Stadionverboten Belegten, die im Bereich jugendtypischer Delikte auffallen.

5.6 Fanarbeit

Durch das NKSS ist die »Fanarbeit« zu einer im deutschen Fußball offiziell anerkannten Aufgabe geworden. Wiesen vorher einzelne Vereine ihre Verantwortung für die Fans zurück, so nimmt das NKSS die Profi-Vereine in die Pflicht. Durch diese Vorgaben ist ein Netz unterschiedlicher Organisationen und Institutionen entstanden, die sich um die Belange der Fans kümmern. Unterschieden werden können drei Formen von »Fanarbeit«: die Fanarbeit der Vereine, die Fanprojekte und die Selbstorganisationen der Fans.

5.6.1 Die Fanarbeit der Vereine

Sowohl das NKSS als auch die DFB-Richtlinien zur »Verbesserung der Sicherheit bei Bundesligaspielen« verpflichten alle Vereine der drei Ligen, eine/n »Fanbeauftragte/n« einzusetzen (NKSS 2012, Nr. 2.3; DFB 2013a, § 30). Die Beauftragten sollen sich mit jenen Fans beschäftigen, »die sich durch ihr besonderes Zugehörigkeitsgefühl zum Verein auszeichnen und mit außerordentlichem Engagement ihre Mannschaft unterstützen.« Und: »Sicherheitsrelevant in Erscheinung getretene Fans sind ebenfalls zu betreuen. Die Arbeit des Vereins soll insoweit darauf gerichtet sein, diese Fans gesellschaftlich und vereinsintern positiv zu bewegen« (DFB 2013b, Nr. 2). Die Fanbeauftragten sollen die »Fanszene« erhalten und ausbauen, sie sollen spieltagsbezogen und nicht spieltagsbezogen (anlassunabhängig) die Fans »nach besten Kräften unterstützen« und sie so beeinflussen, dass sie sich »regelkonform und friedlich verhalten« (ebd., Nr. 3).

Anlassunabhängige Tätigkeiten der Fanbeauftragten u. a.

- die Teilnahme an »fanrelevanten« Besprechungen von Verein, Ordnungsdienst, Polizei und anderen Behörden
- Information der Fans über Entwicklungen im Verein, Anträge und Anliegen der Fans zu behandeln
- Aussprachen zwischen Fans und Verein, Spielern, Polizei, Ordnungsdienst etc. herbeizuführen
- Veranstaltungen für Fans (»Turniere, Länderspielreisen, Grillfeste«) zu organisieren
- »aufgabenorientiert mit Polizei, Ordnungsdienst, Feuerwehr, Stadioneigentümer, Vertreter der Kommunen, der Medien und der Fanprojekte zusammenzuarbeiten« (DFB 2013b, Nr. 4).

Vor, während und nach den Spielen sollen die Fanbeauftragten sich grundsätzlich bei den Fans aufhalten und »erkennbare Gewaltneigungen dämpfen«. Insbesondere sollen sie »frühzeitig für einen guten Kontakt zwischen Fans, Polizei und Ordnungsdienst sorgen«; sie sollen »die Rolle der Fans gegenüber der Polizei und der Ordnungskräfte sowie die Aufgaben der Polizei und der Ordnungskräfte gegenüber den Fans angemessen vertreten« und in »emotionsgeladenen Situationen« sollen sie die Fans, »wenn möglich und zumutbar, konfliktvermeidend bzw. -mindernd beeinflussen.« Auch bei Auswärtsspielen sollen die Fanbeauftragten die »Schnittstelle zwischen Fans sowie Sicherheitsbeauftragten, Ordnern und Polizei bilden« (ebd., Nr. 3).

Im »Handbuch für Fanbeauftragte« werden als deren »Kernaufgaben« genannt: »das Vermitteln und Übersetzen zwischen verschiedenen Akteuren im Fußballnetzwerk wie Fans, Funktionären, Polizei und Sicherheitskräften« (DFB 2015, S. 23). Als Angestellte des Vereins – die nicht Mitglieder im örtlichen Fanprojekt sein dürfen – bilden die ›Vereinsinteressen‹ den Bezugspunkt der Fanbeauftragten. Insofern besteht die ›Beauftragung‹ eher in einer Zuständigkeitsregelung als in einer eindeutigen Mandatierung, Faninteressen gegen die des Vereins bzw. der Vereinsführung durchzusetzen.

5.6.2 Die Fanprojekte

Das NKSS hat die Arbeit der Fanprojekte, die in Deutschland vereinzelt seit Anfang der 1980er Jahre entstanden waren, auf eine landesweite Basis gestellt. Bei den Fanprojekten handelt es sich um Angebote der kommunalen Jugendhilfe. Das NKSS sieht in ihrem »szenenahen und sozialpädagogischen Zugang« einen Ansatz, »jungen Menschen bei der Bewältigung ihrer Schwierigkeiten zu helfen und sie vor abweichendem Verhalten zu bewahren.« Für die ersten drei Ligen wird die Einrichtung von Fanprojekten verpflichtend; für untere Ligen, sofern »regelmäßig eine größere Zahl junger Fans aktiv ist« (NKSS 2012, Nr. 2.1). Die sozialpädagogische Orientierung kommt in der Formulierung der von ihnen zu verfolgenden Ziele zum Ausdruck:

- u. a. Stärkung von Selbstwertgefühl und Verantwortungsbewusstsein,
- Beteiligung der Jugendlichen an Entscheidungen,
- Orientierung an demokratischen und humanitären Prinzipien.

Die Aufgaben der Fanprojekte reichen von der »Teilnahme an der Lebenswelt der Fans« über die Schaffung von Freizeitangeboten oder die Unterstützung der Selbstorganisation bis zur Suchprävention oder Öffentlichkeitsarbeit. Die Bedeutung von Sicherheitsfragen wird dadurch unterstrichen, dass das Ziel der »Gewaltprävention« durch bestimmte Maßnahmen konkretisiert wird.

Das Konzept formuliert darüber hinaus räumliche, personelle und finanzielle Mindeststandards. Die Finanzierung der Projekte erfolgte zunächst zu je einem Drittel durch die Kommune, das Bundesland und den Deutschen Fußball-Bund (DFB) bzw. die Deutsche Fußball Liga (DFL) (Erste und Zweite Liga). Ab 2013 wurde die Finanzierung halbiert: 50 % zahlen DFL bzw. DFB, die anderen 50 % die öffentlichen Haushalte – wobei der Gesamtumfang durch die öffentlichen Mittel bestimmt wird, die durch die Verbände verdoppelt werden.

1993 wurde durch das NKSS die »Koordinierungsstelle Fanprojekte« (KOS) geschaffen; sie ist organisatorisch bei der »Deutschen Sportjugend« angesiedelt. Die KOS wird zu zwei Dritteln vom Bundesjugendministerium und zu einem Drittel vom DFB finanziert. Im NKSS werden die fanprojektübergreifenden Aufgaben der KOS mit »Beratung und Qualitätssicherung«, »Koordination und Vernetzung«, »Aus- und Fortbildung« sowie »Dokumentation und Öffentlichkeitsarbeit« beschrieben.

Die KOS gilt nach außen als die quasi offizielle Vertreterin der Fanprojekte. Nach innen berät, begleitet und koordiniert sie die Fanarbeit. Im jüngsten Sachstandsbericht der KOS wurden zum Ende des Jahres 2019 Fanprojekte in 61 Städten (mit 68 Vereinen) ausgewiesen, die neben den drei Ligen auch fünf Regionalligen und einer Oberliga angehörten (KOS 2020, S. 8). In den Projekten arbeiteten rund 214 hauptamtliche MitarbeiterInnen, davon 75 in Teilzeit oder auf Honorarbasis (ebd., S. 9).

Im jüngsten Sachstandsbericht wird ein Einblick in das Tätigkeitsspektrum der Fanprojekte gegeben. Sie reichen von A wie »Antisemitismus« (Israelbesuch einer Kölner Ultra-Gruppe) bis Z wie »Zeitgeschichte und Fußball« (Kickers Stuttgart im 20. Jahrhundert). In ihrer Selbstdarstellung betont die KOS die besonderen Chancen, die in der fußballbezogenen Sozialarbeit liegen. Die pädagogische Arbeit der Fanprojekte »unterstützt mithilfe der verbindenden Wirkung des Fußballs und seiner besonderen Fankultur die demokratische Erziehung vieler Jugendlicher, und zwar auch solcher junger Menschen, die über andere Einrichtungen nicht erreichbar sind« (KOS 2020, S. 13). Damit wird die Perspektive umgekehrt: Der Fußball ist nicht der Ort potenzieller Gewalt, sondern Anknüpfungspunkt für die Arbeit mit Jugendlichen.

Schon vor der Gründung der KOS bestand seit 1989 die »Bundesarbeitsgemeinschaft (BAG) der Fanprojekte«. Sie war an der Diskussion, die zum NKSS und zur KOS führte, beteiligt. Die BAG versteht sich »sowohl als Zusammenschluss als auch eine Interessenvertretung der Mitarbeiter*innen aller Fanprojekte«. 2020 hat die BAG »Fachliche Standards der Sozialen Arbeit von Fanprojekten im Kontext Fußball« verabschiedet. Unter »Netzwerkarbeit« werden auch die Polizeien als Institutionen im Netzwerk erwähnt. Die eigene Position wird folgendermaßen beschrieben: »Wir agieren hier als unabhängige Institution, die die unterschiedlichen Aufträge, Zielbestimmungen und Selbstverständnisse der Netzwerkpartner respektiert und ihre eigene Position selbstbestimmt vertritt« (BAG der Fanprojekte 2020, S. 7).

5.6.3 Die Selbstorganisation der Fans

An der Basis der organisierten Fußballfans stehen die Fanklubs der einzelnen Vereine. Die aktiven, d. h. regelmäßig die Spiele besuchenden Fans haben sich in verschiedenen Vereinigungen zusammengeschlossen. Dabei handelt es sich um eine Selbstorganisation der Fans; sie werden nicht aus Steuermitteln (KOS), aus Steuern und Verbandsmitteln (Projekte) oder von den Vereinen (Fanbeauftragte) finanziert, sondern durch Mitgliedsbeiträge und Spenden.

BAFF

Als Reaktion auf das Erstarken rechtsextremistisch orientierter Fußballfans seit Ende der 1980er Jahre entstand 1993 das »Bündnis Antifaschistischer Fußballfans«. Das BAFF hat seinen Namen später in »Bündnis Aktiver Fußfallfans« geändert. Thematisch steht der Kampf gegen Diskriminierung im Zentrum der Arbeit. Kommerzialisierung des Fußballs, Repression und Überwachung gehört ebenfalls zu den Dauerthemen, mit denen sich das BAFF beschäftigt. Ende 2019 gehörten dem BAFF über 200 Fangruppen sowie Einzelpersonen an (www.aktive-fans.de).

ProFans

Im Jahr 2000 gründete sich das »Bündnis Pro 15:30«. Der Name bringt zum Ausdruck, dass der Gründungsanlass der Kampf um fanfreundliche Anstoßzeiten (samstags 15:30 Uhr) lag. Man nannte sich später in »ProFans« um, und das Themenspektrum erweiterte sich um Stadionverbote, Repression, Fanutensilien. ProFan organisierte in den Jahren 2012 und 2014 unabhängige, bundesweite Fankongresse (www.profans.de).

Unsere Kurve

Der Zusammenschluss wurde 2005 gegründet. Im Zentrum steht die Verteidigung der Rechte der Fans gegenüber Vereinen und Verbänden. Mitglieder sind 21 Fanorganisationen, die »eine sechsstellige Zahl von aktiven Fans« repräsentieren. »Unsere Kurve« kämpft für die Beibehaltung der »50+1-Regelung«, die verhindert, dass private Investoren die Mehrheit an Profiklubs erwerben können; sie setzt sich auch für angemessene Ticketpreise, gegen Kommerzialisierung und gegen Gewalt in den Stadien ein (www.unserekurve.de).

F_in – Netzwerk Frauen im Fußball

F_in ist ein Zusammenschluss von Frauen, die als Fans, Projektmitarbeiterinnen, Spielerinnen, Wissenschaftlerinnen oder Journalistinnen im Fußball aktiv sind. Das Netzwerk wurde 2004 gegründet. Thematischer Schwerpunkt sind Sexismus und sexualisierte Gewalt im Fußball. Unter der Überschrift »Mehr als Antisexismus« bekräftigt F_in das »Engagement gegen Kommerzialisierung, Sexismus und Kriminalisierung, für einen entspannten Umgang mit Pyro und für Fanrechte« (www.f-in.org).

> **QFF – Queer Football Fanclubs**
>
> Dieses Netzwerk schwul-lesbischer Fanklubs entstand 2006. Der Kampf gegen Diskriminierung und Homophobie im Zusammenhang mit Fußball steht im Zentrum der Arbeit. Die Ziele sind: Toleranz, Integration, Vernetzung, Unterstützung und Sichtbarkeit (www.queerfootballfanclubs.org).

5.6.4 Die Bedeutung der Polizei

Die Fans, ihre Selbstorganisationen und die Fanprojekte stehen in einem quasi natürlichen Spannungsverhältnis zur Polizei. In der Polizei materialisieren sich einerseits die von den Vereinen und Verbänden definierten Sicherheitsinteressen und -standards, andererseits ist sie durch konkrete Strategien und Handlungen an den Ereignissen rund um das und im Stadion beteiligt. Die Fanprojekte sind als Vermittler aufgerufen, diese Spannungen abzubauen oder nicht entstehen zu lassen. 2012 hat die KOS eine Handreichung veröffentlicht, die den Fanprojekten helfen sollen, das Gespräch mit der Polizei führen und gleichzeitig die Interessen der Fans vertreten zu können. Die Argumente sind in Tabelle 8 zusammengefasst (vgl. Goll/Ranau 2012, S. 15–23) (▶ Tab. 8).

Tab. 8: Kontakte mit der Polizei aus Sicht von Fanprojekten

Gremium	Thema	Chance	Hinweise
ÖASS (Örtlicher Ausschuss Sport und Sicherheit)	Sicherheit bei Großveranstaltungen	als ExpertIn wahrgenommen werden	Fans als Sicherheitsrisiko-Sicht relativieren
Beiräte der Fanprojekte	begleitende Gremien mit Netzwerkpartnern	im kleinen Kreis Unstimmigkeiten etc. klären	hochrangige Polizeivertreter beteiligen
Kriminalpräventive Räte	allgemeine Themen	als ExpertIn wahrgenommen, Vernetzung verbessern	unterschiedliche Präventionsbegriffe verdeutlichen
Arbeitstreffen	auf Arbeitsebene: SKB und Fanprojekte	Gastgeber: Themenvorgabe, Gast: Fanperspektive vermitteln	kein Informationsaustausch, nur allgemeine Entwicklungen …
Vorträge/Diskussionsrunden	bei Polizeischulungen etc.	Arbeit vorstellen, Fanperspektive verdeutlichen	nicht überschätzen. Wissen über Jugendsubkulturen vermitteln
Sicherheitsbesprechungen	konkrete Absprachen für Spiel	ggf. Veränderung des Geplanten bewirken	nicht zum Teil der Sicherheitsarchitektur werden,

Tab. 8: Kontakte mit der Polizei aus Sicht von Fanprojekten – Fortsetzung

Gremium	Thema	Chance	Hinweise
			Fanperspektive vertreten, beratend tätig werden
Kurvengespräche	kurz vor dem Spiel vor der Gästekurve	Infos aus erster Hand, ggf. auf Maßnahmen Einfluss nehmen	begrenzte Einflussmöglichkeit
Kontakt am Spieltag	SKB-Gespräche	Kontakt zu Deeskalation nutzbar	abhängig vom Spielraum der SKBs
Aktuelle Konflikte	nach den Konflikten	Konfliktlösung, Zeigen eigener Kompetenz	Kritik an der Polizei konkret und sachlich formulieren
Anhörungskommission Stadionverbote	nur beratende Rolle	Hinwirken auf differenzierte Sanktionen	eventuell als ZeugInnen in Gerichtsverfahren aussagen
Infoabende mit Polizeithemen	über die Arbeit der Polizei	als Anwalt von Fans auftreten	nicht in polizeilichen Räumen anbieten
Nachbereitungstreffen	mit Polizeiführung	Möglichkeit, Kritik zu üben	polizeiliche Entscheidungsträger beteiligen

Im jüngsten KOS-Bericht wird deutlich, dass die Konflikte zwischen Fanprojekten und Polizei weiterhin bestehen. Die Projekte sehen sich in ihrer Arbeit durch die Polizei bedroht:

»Es gibt einen massiven Vertrauensverlust vieler junger Menschen im Fußballkontext in die Institution Polizei. Dies hat in der Praxis zur Folge, dass Fans und insbesondere Ultras nicht mit der Polizei reden. Umgekehrt ist auch der Umgang der Polizei mit Fans oft vorurteilsbehaftet und nicht immer auf Augenhöhe. Die Konfrontationen nehmen zu. Aus diesen Gründen kommt der Vermittlerrolle der Fanprojekte aktuell und in Zukunft eine noch größere Bedeutung zu. Wir müssen jedoch seit Längerem beobachten, dass die Fanprojekte in dieser Rolle nicht gestärkt werden. Stattdessen gibt es eine Reihe von Beispielen des polizeilichen Umgangs mit den Fanprojekten, aus denen mindestens eine Nicht-Akzeptanz des Arbeitsansatzes spricht.«

Die Fanprojekte sähen sich insbesondere bedroht durch:

- Die polizeiliche Durchsuchungen der Räumlichkeiten von Fanprojekten.
- Ein mehrjähriges (schließlich eingestelltes) Ermittlungsverfahren gegen einen Fanprojekt-Mitarbeiter wegen Verdachts auf Mitgliedschaft bzw. Unterstützung einer kriminellen Vereinigung nach § 129 StGB. Bei der nachträglichen Akteneinsicht habe sich gezeigt, dass klassische Fanprojektaktivitäten, wie Bildungs- und Präventionsarbeit, Diskussionsveranstaltungen etc. überwacht worden waren.
- Eine seit Jahren steigende Zahl polizeilicher und staatsanwaltlicher ZeugInnenvorladungen von FanprojektmitarbeiterInnen, durch die sie in Loyalitäts-

konflikte gebracht werden und ihr Vertrauen zu den Fans erschüttert wird (KOS 2020, S. 10f.). Erwähnt sei, dass die KOS in diesem Zusammenhang ein Gutachten in Auftrag gegeben hat, das für die Ausweitung des Zeugnisverweigerungsrechts für Fanprojekt-MitarbeiterInnen plädiert (Schruth/Simon 2018).

Vor diesem Hintergrund wurden in den Jahren 2012 bis 2016 – koordiniert von der Deutschen Hochschule für Polizei – die Sicherheitsprobleme im Profifußball in dem Projekt »Mehr Sicherheit im Fußball – Verbessern der Kommunikationsstrukturen und Optimieren des Fandialogs« (SiKomFan)« erforscht. Wie der Titel vermuten lässt, lag der Schwerpunkt der Untersuchung auf der Kommunikation, die sowohl nach innen (zwischen den verschiedenen Sicherheitsakteuren) als auch nach außen (zur allgemeinen Öffentlichkeit und den Fans) betrachtet wurde. Zwischen der Makroebene der allgemeinen rechtlichen, sozialen und (sport-)politischen Rahmenbedingungen und der Mikroebene (dem konkreten Geschehen um und während der Spiele) wird die Mesoebene der Kommunikation betrachtet, auf der die beteiligten Institutionen aufeinander stoßen. Auf dieser Ebene, so die Autoren, »zeigt sich, dass sowohl die Sicherheitsakteure als auch die Fangruppierungen eigentlich dasselbe wünschen: ein ausbalanciertes Verhältnis von Freiheit und Sicherheit, das die Unterhaltung am Fußballspieltag wieder in den Mittelpunkt rückt« (Werner/Kubera 2019, S. 385). Allerdings wird hier unterschlagen, dass ›Sicherheit‹ durchaus unterschiedlich verstanden wird. Während für die einen Pyrotechnik eine Sicherheitsgefährdung darstellt, sehen andere sie als ein legitimes Mittel des Supports an. Das Fazit: »Sicherheit und Freiheit sind zusammen nur möglich, wenn transparente und vertrauensvolle Kommunikation im Mittelpunkt steht« (ebd., S. 386) scheint plausibel. Die Wahrnehmungen aus den Fanprojekten zeigen jedoch, dass ›Kommunikation‹ nur einen Teil der Beziehungen zwischen Polizei und Fans ausmacht. Wirkmächtiger als das Reden dürfte das Handeln der Polizei sein, das als ungerechtfertigter Eingriff empfunden wird.

5.7 Fanarbeit zwischen Wertschätzung und Bedrohung

Die sozialarbeiterische Fanarbeit hat in den letzten Jahrzehnten eine deutliche Aufwertung erfahren. Sie verdankt dies insbesondere der Einbindung in ein umfassendes Sicherheitskonzept, das die Bedeutung sozialpädagogischer Angebote betont. In diesem Prozess wurden und werden Ressourcen und Strukturen zur Verfügung gestellt, die eine kontinuierliche Arbeit ermöglichen. Zugleich beoder erhielten die Fanprojekte weitgehende Selbstständigkeit im Hinblick auf ihre Arbeit und ihre Angebote. Für ihr sozialpädagogisches Selbstverständnis ist kennzeichnend, dass sie sich als Interessenvertretung der (jugendlichen) Fußballfans verstehen.

Die Projekte sind zugleich eingebunden in die lokalen Sicherheitsarrangements – im Unterschied zu den Fanbeauftragten der Vereine aber in einer eher losen Form des Kontakts. Als parteiische InteressenvertreterInnen können sie allenfalls versuchen, moderierend zu wirken. Dabei ist die Konstellation von mehreren Ungleichgewichten gekennzeichnet: Vereine und Verbände haben ein Interesse an unbeschwerten Massenerlebnissen, die sich gut vermarkten lassen. Ihr Haus- und das allgemeine Ordnungsrecht sind Mittel, ihre Interessen durchzusetzen; die Polizei ist eine der Institutionen, die dies in praktische Handlungen umsetzt. Gegenüber diesem Interessengeflecht sind die Fans und die Fanprojekte strukturell unterlegen. Selbst auf der Ebene des konkreten Einsatzgeschehens können Beziehungen ›auf Augenhöhe‹ kaum hergestellt werden. Sofern die lokalen Einsatzführungen offen sind, können sie die Fanprojekte an den Einsatzplanungen beteiligen. Eine Anspruch auf Beteiligung oder gar Berücksichtigung haben sie nicht. Entscheidungen über Art und Umfang des Einsatzes fällt die Polizeiführung.

Haben sich die Fanprojekte zu stark mit den Sicherheitsakteuren eingelassen, sind sie mit dem Problem konfrontiert, für das polizeiliche Handeln mit verantwortlich gemacht zu werden. Kommt es zu harten Polizeimaßnahmen, ist zu erwarten, dass die Fronten sich verhärten, die Dialogbereitschaft der Fans weiter abnimmt und sich das Feindbild Polizei stabilisiert. Derart nehmen die Probleme zu, die von den Fanprojekten bewältigt werden sollen.

Literaturempfehlungen

Aktive Fußballfans (2019): Fußballfans (Schwerpunkt). In: Sozial Extra H. 1, S. 4–34
Kuhlmann, D. (Hg.) (2014): Sport, Soziale Arbeit und Fankulturen. Positionen und Projekte. Hildesheim: Arete Verlag
Schneider, A./Köhler, J./Schumann, F. (Hg.) (2017): Fanverhalten im Sport. Phänomene, Herausforderungen und Perspektiven. Wiesbaden: Springer VS

6 Häusliche Gewalt

> ☞ **Was Sie in diesem Kapitel erwartet**
>
> Gewalt unter PartnerInnen, deutlicher: Gewalt von Männern gegen Frauen, galt lange als Privatsache, in die die Polizei sich nicht einzumischen hatte. In diesem Kapitel wird dargestellt, wie sich diese ›Zurückhaltung‹ grundlegend verändert hat. Hingewiesen wird auf den gesellschaftlichen Wandel und die Bedeutung der Frauenbewegung für ein polizeiliches Einschreiten, das die Opfer schützt. Dargestellt werden die veränderten gesetzlichen Grundlagen, die dazu geführt haben, dass eine polizeilich-sozialarbeiterische Interventionskette etabliert werden konnte.

6.1 Umfang und Ausmaß häuslicher Gewalt

Seit 2015 erstellt das Bundeskriminalamt eine Sonderauswertung zur »Partnerschaftsgewalt« auf Grundlage der Daten der Polizeilichen Kriminalstatistik. Dazu werden die TäterInnen- und Opferzahlen bei bestimmten Delikten (Mord und Totschlag, Körperverletzung, sexuelle Übergriffe und Nötigung sowie Vergewaltigungen, seit 2017 auch Bedrohung, Stalking und Nötigung sowie Freiheitsberaubung, Zuhälterei und Zwangsprostitution) ausgewiesen.

Für das Jahr 2019 wurden durch die Polizeien in Deutschland 141.792 Fälle vollendeter oder versuchter Partnerschaftsgewalt erfasst. Über 60 % der registrierten Delikte entfielen auf die »vorsätzliche einfache Körperverletzung« und fast 30 % auf Bedrohung, Stalking und Nötigung. Bei 12 % handelte es sich um »gefährliche Körperverletzungen«, also solche, die z. B. mit einer Waffe oder einem Gegenstand ausgeführt bzw. versucht wurden. Der Anteil von Mord und Totschlag, einschließlich der Versuche, lag bei 0,3 % (= 394 Personen). Getötet (auch als Folge von Körperverletzungen) wurden 149 Menschen, davon 117 Frauen.

»Partnerschaftsgewalt« wird in dieser Auswertung durch drei alternative Konstellationen zwischen TäterInnen und Opfer definiert:

- Sie sind verheiratet. 2019 geschah die Gewalt zu 33 % zwischen Eheleuten.

- Sie leben in einer nichtehelichen Lebensgemeinschaft. Ihr Anteil lag 2019 bei 29 %.
- Es handelt sich um eine ehemalige Partnerschaft. Mit 38 % stellte das 2019 die häufigste Gewaltkonstellation dar.

Insgesamt lebten in der Hälfte der Fälle TäterInnen und Opfer in einem gemeinsamen Haushalt.

Bei den Opfern der Partnerschaftsgewalt handelte es sich zu 81 % um Frauen. Deren Anteil schwankt bei den Delikten erheblich: Bei Mord und Totschlag sowie Körperverletzungen liegt er bei etwa 76 %, bei Bedrohung, Nötigung, Stalking und Freiheitsberaubung bei ca. 95 %, bei Sexualstraftaten und Zwangsprostitution bei nahezu 100 % (BKA 2020e).

Die PKS-Zahlen erfassen nur das polizeilich bekannt gewordene Hellfeld; sie erlauben keine Aussagen über den Umfang der »Partnerschaftsgewalt« insgesamt. Weil es sich um juristisch ungeprüfte Tatverdachte handelt, sagen sie auch nichts darüber aus, in welchem Umfang diese bestätigt wurden. Der im Hellfeld ausgewiesene Umfang männlicher Opfer häuslicher Gewalt (20 %) wird unterschiedlich interpretiert. Aus der Perspektive der Frauen wird häufig darauf hingewiesen, dass der Tatverdacht gegenüber Frauen aus der Gegenanzeige beschuldigter (und vielleicht primär gewalttätiger) Männer resultiert (Haller 2020, S. 32). Andererseits sind die Gewaltanzeigen von Frauen als »eine spezifische Form der Gewalt gegen Männer« (Lamnek/Luedtke/Ottermann/Vogl 2012, S. 189) interpretiert worden. Die Diskussion sei von Geschlechtsstereotypen durchzogen – die hilflose Frau als Opfer, der gewalttätige Mann als Täter –, die der Wirklichkeit nicht gerecht würden (ebd., S. 127). Unbestritten bleibt hingegen, dass die überwiegende Zahl der Täter Männer, die der Opfer Frauen sind. Zumindest für das deutsche Hellfeld lässt sich auch eindeutig feststellen, dass Männer durchweg die gefährlicheren Straftaten (und diese häufiger) begehen.

Im Jahr 2003 wurden Interviews mit einer repräsentativen Auswahl von Frauen in Deutschland geführt. 25 % der Befragten, die in einer Partnerschaft lebten oder gelebt hatten, gaben an, mindestens einmal Gewalt durch den Partner erlitten zu haben. Sowohl die Art und Schwere wie die Häufigkeit der Gewalthandlungen variierten erheblich: Ca. ein Drittel berichteten von nur einem Gewalterleben, ein Drittel von zwei bis zehn und ein weiteres Drittel von elf bis zu vierzig Gewalttaten, die sie seit ihrem 16. Lebensjahr erlitten hatten (Müller/Schröttle 2004, S. 28f.). 16 % der Opfer körperlicher Gewalt und 8 % der Opfer sexueller Gewalt hatten die Polizei eingeschaltet; Anzeige erstattet hatten nur 11 % bzw. 6 % (ebd., S. 132).

2014 veröffentlichte die Agentur der Europäischen Union für Grundrechte (FRA = Fundamental Rights Agency) die Ergebnisse einer Befragung von 42.000 Frauen aus den 28 Mitgliedstaaten der EU. In persönlichen Gesprächen wurde die durch eine Zufallsauswahl bestimmten Frauen im Jahr 2012 nach ihren Gewalterfahrungen befragt (FRA 2014). Die Untersuchung bestätigte, dass Partnerschaftsgewalt in Europa weit verbreitet ist. Wichtige Ergebnisse sind in Tabelle 9 zusammengefasst (▶ Tab. 9)

Tab. 9: Gewalterfahrungen von Frauen (Angaben in % der Befragten)

Seit dem 15. Lebensjahr haben erfahren ...	Gesamt	Täter (ehem.) Partner
Körperliche und/oder sexuelle Gewalt	33 (ohne leichte Delikte: 25)	22
Sexuelle Gewalt	11	
Vergewaltigung	5	
Versuch, zum Sex zu zwingen	6	
Nötigung, an sexuelle Handlungen teilzunehmen	6	
Sexuelle Belästigung	45–55	
Stalking	18	10
Psychischer Missbrauch		43
Kontrollierendes Verhalten		35
Missbräuchliches Verhalten		32
Ökonomische Gewalt		12
Anzeigeerstattung durch Gewaltopfer	13–14	14

Daten aus: FRA 2014

Legt man die in der EU-Studie ermittelte Anzeigequote (nur ein Drittel der Delikte werden zur Anzeige gebracht), dann kann die Zahl der Frauen, die Opfer von Partnerschaftsgewalt werden, für 2019 auf rund 336.000 Frauen geschätzt werden. Mitunter wird vermutet, dass rund 80 % der Delikte häuslicher Gewalt im Dunkelfeld bleiben (Becker 2019, S. 28). Aus der Untersuchung von Müller und Schröttle ergeben sich noch höhere Dunkelfeldquoten; allerdings wurde dort die Prävalenz im Erwachsenenalter erhoben.

Weder die PKS noch die EU-Erhebung geben Auskunft über den sozioökonomischen Status von Tätern und Opfern. Es gilt jedoch als gesicherte Erkenntnis, dass die Gewalt in Paarbeziehungen in allen Schichten der Gesellschaft verbreitet ist. Anhand der Einkommensdaten kommen Müller und Schröttle (2004, S. 246) zu dem Ergebnis, »dass Gewaltanwendung in Partnerschaften grundsätzlich kein Schichtphänomen zu sein scheint.«

6.2 Häusliche Gewalt als politisches Thema

Gewalt in den eigenen vier Wänden war bis in die 1970er Jahre kein öffentliches Thema. Die Familie galt als geschützter Raum individueller Freiheit, in dem Öffentlichkeit und Staat möglichst nichts zu suchen hatten. Erst infolge der gesellschaftlichen Liberalisierung seit den 1960er Jahren, dann insbesondere durch das Entstehen der Frauenbewegung gerieten die privaten Verhältnisse in den öffentlichen Fokus. Gemäß dem Motto »Das Private ist politisch« wurde nicht nur die rechtliche und soziale Ungleichheit der Geschlechter thematisiert, sondern auch das zwischen Männern und Frauen bestehende Gewaltverhältnis – und zwar im engen Wortsinne als eine Lage, in der Frauen der von (ihren) Männern ausgeübten körperlichen und psychischen Gewalt ausgesetzt sind. Die Sensibilität gegenüber dem Thema nahm deutlich zu; nach zivilgesellschaftlichen Initiativen änderte sich schließlich auch der politisch-rechtliche Rahmen »häuslicher Gewalt«.

Der Begriff »häusliche Gewalt« ist kein Rechtsbegriff. Er wird in verschiedenen Zusammenhängen unterschiedlich definiert. Auch die Polizeien der Bundesländer verwenden verschiedene Begriffsbestimmungen; teilweise wird er durch andere Begriffe ersetzt, etwa »Partnerschaftsgewalt« oder »Gewalt in engen sozialen Beziehungen« (s. Gatzke/Averdiek-Gröner 2016, S. 16–19; Derks 2020, S. 68–70). Nach der – auch in Deutschland geltenden – Istanbul-Konvention des Europarates bezeichnet der Begriff

> »»häusliche Gewalt«
>
> alle Handlungen körperlicher, sexueller, psychischer oder wirtschaftlicher Gewalt, die innerhalb der Familie oder des Haushalts oder zwischen früheren oder derzeitigen Eheleuten oder Partnerinnen beziehungsweise Partnern vorkommen, unabhängig davon, ob der Täter beziehungsweise die Täterin denselben Wohnsitz wie das Opfer hat oder hatte« (Europarat 2011, Art. 3b).

Die politischen Rahmenbedingungen (s. zusammenfassend Gorn 2015, S. 23–29) wurden und werden durch »Aktionspläne« der Bundesregierung gesetzt. Der erste Aktionsplan des Bundes zur Bekämpfung der Gewalt gegen Frauen wurde 1999 verabschiedet. Der Plan zielte auf die bundesweite Ausdehnung von Modellprojekten zur Intervention bei häuslicher Gewalt; die bis heute bestehenden »Bund-Länder Arbeitsgruppe Häusliche Gewalt« wurde eingerichtet. 2007 folgte ein zweiter Aktionsplan (s. Raab-Heck 2016). Die Bundesländer verabschiedeten eigene Aktionspläne oder Maßnahmenpakete (s. Rabe/Leisering 2018, S. 65–80). Seit 2018 koordiniert der aus VertreterInnen von Bund, Ländern und Gemeinden gebildete Runde Tisch »Gemeinsam gegen Gewalt an Frauen« die Weiterentwicklung der Unterstützungsangebote für Gewaltopfer. Auf Bundesebene besteht seit 2019/20 das Programm »Gemeinsam gegen Gewalt an Frauen« (BMFSFJ 2020, S. 3f.).

Im internationalen Kontext wurde der Gewaltfrage durch die Istanbul-Konvention Nachdruck verliehen. Dieses »Übereinkommen des Europarats zur Verhütung und Bekämpfung von Gewalt gegen Frauen und häuslicher Gewalt« von 2011 trat in Deutschland 2018 in Kraft. Der Zweck des Übereinkommens besteht darin, »Frauen vor allen Formen von Gewalt zu schützen und Gewalt gegen Frauen und häusliche Gewalt zu verhüten, zu verfolgen und zu beseitigen« (Art. 1 Abs. 1 Buchst. a). Die Unterzeichnerstaaten gehen eine Reihe von Verpflichtungen ein, die sie auf nationaler Ebene umsetzen müssen. Die 81 Artikel der Konvention erstrecken sich auf die Prävention, den Schutz und die Unterstützung von Opfern, das Strafrecht, Strafverfolgung und Verfahrensrechte sowie Migration und Asyl. Zudem werden Vorgaben für national koordiniertes Vorgehen, für eine Beteiligung zivilgesellschaftlicher Akteure und zur angemessenen finanziellen Unterstützung gemacht.

6.3 Rechtliche Veränderungen

Im Kontext häuslicher bzw. Partnerschaftsgewalt wurde das Strafrecht mehrfach ausgeweitet. Drei Beispiele:

- 1997 wurde nach langen Debatten die Vergewaltigung in der Ehe unter Strafe gestellt (§ 177 StGB).
- 2016 wurde der § 177 StGB umgestaltet: Sexueller Übergriff wurde als neuer Deliktstypus geschaffen, sexuelle Nötigung und Vergewaltigung als spezifische Ausprägungen. Außerdem wurde die »sexuelle Belästigung« (§ 184i StGB) als neues Vergehen eingeführt.
- Im Jahr 2007 wurde Stalking als »Nachstellung« in § 238 StGB unter Strafe gestellt; 2017 wurde die Bestimmung verschärft (Anfang 2021 wurde eine weitere Ausdehnung der Strafbarkeit angekündigt).

Auch im Zivilrecht wurden erhebliche Veränderungen vorgenommen. Im Jahr 2000 wurde das Recht auf eine gewaltfreie Erziehung im Bürgerlichen Gesetzbuch verankert (§ 1631 Abs. 2). Diese Bestimmung strahlt auf das Zusammenleben mit Kindern aus. Denn die Bestimmung untersagt auch »seelische Verletzungen« des Kindes, die bereits zu befürchten sind, wenn Kinder Zeugen häuslicher Gewaltanwendung werden.

Das »Gewaltschutzgesetz« von 2001 verbesserte die Lage der Opfer häuslicher Gewalt erheblich. Die Ausgangskonstellation vor diesem Gesetz war dadurch bestimmt, dass der Tatort häufig (2019 bei 50 % des Hellfeldes) die gemeinsame Wohnung von Täter und Opfer war. Wollte das Opfer/die Frau dem weiteren Zusammenleben entgehen und verließ der Täter nicht freiwillig seine Wohnung, gab es keine rechtlichen Möglichkeiten, den Täter der Wohnung zu verweisen. Im Ergebnis blieb der Frau dann nur die Möglichkeit, die Wohnung selbst zu verlassen und sich eine neue Unterkunft (ggf. im Frauenhaus) zu suchen. In dieser Konstellation wurde das Opfer mithin zusätzlich bestraft.

Durch das Gewaltschutzgesetz (GewSchG) wurde die rechtliche Möglichkeit deutlich erleichtert, Menschen aus ihrer eigenen Wohnung zu verweisen. Dabei handelt es sich um keine strafrechtliche, sondern um eine zivilrechtliche Maßnahme. Auf dem Weg einer Privatklage können die Opfer von Gewalttaten u. a. gerichtlich die »Zuweisung der Wohnung« und eine »Schutzanordnung« beantragen (§ 3 GewSchG; s. insgesamt BMFSFJ/BMJV 2019, S. 9):

- Mit »Schutzanordnungen« kann das Gericht der gewalttätigen Person untersagen, ein bestimmtes Gebiet im Umkreis der Wohnung zu betreten, bestimmte Orte aufzusuchen, an denen sich das Opfer regelmäßig aufhält (z. B. dessen Arbeitsplatz oder die Schule der Kinder), Kontakt (unmittelbar oder telefonisch etc.) mit dem Opfer aufzunehmen oder sich zu treffen (§ 1 GewSchG).
- Die §§ 1361b und 1568a BGB eröffnen die Möglichkeit, dass ein/eine EhepartnerIn verlangen kann, dass ihm/ihr die »gesamte Wohnung zur alleinigen Benutzung« überlassen wird, wenn es zu vorsätzlich herbeigeführten Verletzungen gekommen ist oder mit solchen gedroht wurde.

Im Jahr 2014 wurden von Gerichten in Deutschland insgesamt 35.560 Schutzanordnungen nach § 1 GewSchG erlassen. In 7.204 Fällen wurden den Opfern per Gerichtsbeschluss die alleinige Nutzung der Wohnung zugesprochen (Sacco 2017, S. 47).

Bei häuslicher Gewalt ist von einer dauerhaften Gefährdung des Opfers auszugehen. Kommt es zu konkreten Gewalthandlungen, dann sind schnelle Reaktionen erforderlich, die durch ein herkömmliches Gerichtsverfahren nicht gewährleistet werden können. Durch die Ausweitung des polizeirechtlichen Platzverweisverfahrens ist im unmittelbaren Bezug zum Gewaltschutzgesetz gewährleistet worden, dass die TäterInnen bereits unmittelbar nach der Gewalttat die Wohnung verlassen müssen (s. u.).

6.4 Hilfesystem

Einrichtungen, die den Opfern häuslicher Gewalt helfen, bestehen im staatlichen und im zivilgesellschaftlichen Bereich. Das Jugendamt ist unmittelbar zuständig, wenn Kinder oder Jugendliche beteiligt sind. In allen anderen Konstellationen häuslicher Gewalt sind die Hilfs- und Unterstützungseinrichtungen in kommunaler oder häufiger in freier Trägerschaft. Es können drei Arten von Unterstützungseinrichtungen unterschieden werden: Frauenhäuser und Schutzwohnungen, Beratungs- und Interventionsstellen sowie Zentrale Notrufe.

6.4.1 Frauenhäuser und Schutzwohnungen

Die ersten Frauenhäuser wurden 1976 in Köln und Berlin errichtet (s. kurz Brückner 2018a; Brückner 2018b). Die Häuser bieten den Frauen und ihren Kindern Zuflucht und Schutz vor gewalttätigen Männern, sie stabilisieren die Betroffenen, beraten und begleiten sie bei anstehenden Entscheidungen. Ob ein Frauenhaus in einer Stadt/Region besteht oder nicht, ist vom lokalen Engagement abhängig. Es gibt weder einen Rechtsanspruch auf einen Platz in einem Frauenhaus noch gibt es ein bundeseinheitliches Finanzierungsmodell oder festgelegte inhaltliche Standards. Die Trägerschaft bei den meisten Frauenhäusern liegt bei speziellen Vereinen, die wiederum mehrheitlich Mitglied im Paritätischen Wohlfahrtsverband sind. Unterschieden wird zwischen autonomen und anderen Frauenhäusern. Die »autonomen Frauenhäuser« betonen ihre parteipolitische und konfessionelle Unabhängigkeit. 2020 bezeichneten sich ca. 130 Frauenhäuser als »autonom«. Die autonomen Frauenhäuser sind über die »Zentrale Informationsstelle autonomer Frauenhäuser« vernetzt, die seit 1980 besteht. Das in »Leitlinien« formulierte Selbstverständnis betont die feministischen und antirassistischen Grundsätze der Arbeit (ZIF o. J.).

Den Anspruch, alle Frauenhäuser zu vertreten, hat die »Frauenhauskoordinierung«. Der Verein wurde 2001 gegründet. Mitglieder sind Freie Träger (Arbeiterwohlfahrt, Der Paritätische, Caritas, Diakonie, Sozialdienst katholischer Frauen und weitere Träger von Frauenhäusern und Fachberatungsstellen). 2020 repräsentierten die Mitglieder rund 260 Frauenhäuser in Deutschland (Frauenhauskoordinierung 2020a).

Dem ersten Staatenbericht der Bundesregierung zur Istanbul-Konvention zufolge, existierten im Jahr 2019 336 Frauenhäuser sowie 72 Schutzwohnungen in Deutschland, die insgesamt über 5.086 Wohnplätze verfügten (BMFSJF 2020, Anhang 2). Weitere Angaben können der BewohnerInnen-Statistik entnommen werden, die die Frauenhauskoordinierung seit zwei Jahrzehnten führt. Die Beteiligung der Frauenhäuser an dieser Zählung ist freiwillig; für das Jahr 2019 meldeten 182 Frauenhäuser ihre Daten.

BewohnerInnen-Statistik der Frauenhauskoordinierung für 2019

- 7.045 erwachsene Bewohnerinnen und 8.134 Kinder.
- 64 % der Frauen lebten mit ihrem Kind/ihren Kindern im Frauenhaus.
- 90 % dieser Kinder war unter zwölf Jahre alt.
- Zwei Drittel der Frauen war nicht in Deutschland geboren; nur 40 % mit deutscher Staatsbürgerschaft.
- Im Anschluss an das Frauenhaus kehrten 18 % der Frauen wieder in ihre alte Lebenssituation zurück, 24 % zogen in eine eigene neue Wohnung, 11 % zogen (als Übergangslösung) zu Bekannten, rund 8 % übernahmen die ehemalige Wohnung, wenn diese ihnen zugewiesen wurde.

- Knapp die Hälfte (47 %) blieb kürzer als einen Monat; 11 % blieben zwischen sechs und zwölf Monaten. Die Zahl derjenigen, die nur kurz im Frauenhaus bleiben, sinkt kontinuierlich (Frauenhauskoordinierung 2020b).

In der Zeit vor dem Gewaltschutzgesetz boten die Frauenhäuser die einzige institutionalisierte Möglichkeit, sich der häuslichen Gewaltanwendung zu entziehen. Durch die – mittlerweile erleichterte und polizeirechtlich flankierte – Wohnungsverweisung des Täters stellt diese eine Alternative zum Schutz im Frauenhaus dar. Allerdings gibt es vielfältige Gründe, warum die Frauen nicht auf die Wegweisung des Täters setzen, sondern Schutz in den Frauenhäusern suchen.

Schätzungen zufolge suchen rund 16.000 Frauen jährlich Schutz in Frauenhäusern, die durchschnittlich ein Kind mitbringen. Gemessen am Bedarf fehlen in Deutschland mehr als 14.000 Schutzplätze (Deutscher Bundestag, Wissenschaftliche Dienste 2019, S. 4). Die Frauenhäuser beklagen Überlastung und personelle Unterausstattung.

6.4.2 Beratungs- und Interventionsstellen

Im ersten Länderbericht zur Istanbul-Konvention verzeichnet die Bundesregierung 288 allgemeine Beratungsstellen und 261 Interventionsstellen bei Gewalt gegen Frauen. Die Beratungsstellen sind zum Teil auf bestimmte Opfergruppen oder Delikte spezialisiert:

- 208 Beratungsstellen speziell zur häuslichen Gewalt,
- 172 Beratungsstellen zu sexualisierter Gewalt bzw. Frauennotrufen,
- 39 Beratungsstellen für Frauen und Mädchen mit Behinderung,
- 51 Beratungsstellen für familiäre Gewalt, Gewalt im Namen der Ehre, weibliche Genitalverstümmelung oder Zwangsverheiratung (BMFSJF 2020, Anhang 2).

Im »Bundesverband Frauenberatungsstellen und Frauennotrufe – Frauen gegen Gewalt e. V.« (bff) sind Frauenberatungsstellen und -notrufe zusammengeschlossen; 2020 vertrat der Verband rund 200 Einrichtungen (bff 2020).

Täterarbeit

Angesichts der Verteilung von Opfern und Tätern dominieren die Angebote für Frauen. In den letzten beiden Jahrzehnten sind aber auch vermehrt Beratungs- und Interventionsangebote für *Männer* entstanden. Die Stellen – Ende 2020 bestanden bundesweit 76 Beratungsstellen für Männer – sind in der Bundesarbeitsgemeinschaft Täterarbeit Häusliche Gewalt e. V. zusammengeschlossen (BAG Täterarbeit 2020). In den 2018 verabschiedeten Standards

> wird als Kernziel der Täterarbeit »Keine erneute Gewaltausübung« bestimmt. Durch verschiedene pädagogische und therapeutische Ansätze sollen die Täter zur »Verantwortungsübernahme«, zu verbesserter »Selbstwahrnehmung und -kontrolle« und zu »Empathie« befähigt werden. Sie sollen außerdem »alternative Konfliktlösungsstrategien« erlernen und ihre »Beziehungsfähigkeit« verbessern (BAG Täterarbeit 2019, S. 9).

Beratungs- und Interventionsstellen folgen unterschiedlichen Logiken: Beratungsstellen halten ein Angebot für Interessierte vor (»Komm-Struktur«). Das aktive Aufsuchen oder Anrufen bei einer Einrichtung stellt jedoch eine hohe Zugangsschwelle dar. Diese Schwelle überwinden längst nicht alle Betroffenen; und angesichts der engen, mitunter ambivalenten Beziehungen, die zwischen Opfern und TäterInnen häuslicher Gewalt bestehen, ist zu erwarten, dass mit einem bloßen Angebot vielleicht diejenigen am wenigsten erreicht werden, die der Unterstützung am meisten bedürfen.

Durch die Einrichtung von »Interventionsstellen« sollen die Schwellen der Inanspruchnahme deutlich gesenkt werden. Statt auf die Betroffenen zu warten, gehen diese auf sie zu. Dabei können zwei Ansätze unterschieden werden: die »pro-aktive« und die »aufsuchende Beratung«:

> »Pro-aktiv zu arbeiten bedeutet, den Betroffenen aktiv und unaufgefordert Beratung anzubieten und nicht abzuwarten, bis sie selbst Beratung suchen. Aufsuchende Beratung bedeutet, die Frau – häufig in einer akuten Krisensituation – in ihrer Wohnung oder an einem anderen vereinbarten Treffpunkt zu beraten« (Hagemann-White/Kavemann 2004, S. 25).

Die »Interventionsstellen« können bei einem Frauenhaus oder einer Beratungsstelle/einem Notruf oder (räumlich auch) bei der Polizei angesiedelt sein. Ihre Organisation und ihre Einbindung in die »Interventionskette« sind in den Bundesländern unterschiedlich geregelt. In Bayern ist die Tätigkeit der Interventionsstellen z. B. ausdrücklich im Anschluss an einen Polizeieinsatz wegen häuslicher Gewalt und Stalking gebunden. Im Rahmen eines »psychosozialen Beratungsangebots« sollen sie »als Bindeglied zwischen der polizeilichen Intervention und der Inanspruchnahme von opferorientierter Beratung« fungieren (Bayern 2019, Nr. 3.4.1).

6.4.3 Zentrale Notrufe

Als niedrigschwelliger Einstieg in Beratung und Hilfe wurde 2013 das bundesweite Hilfetelefon »Gewalt gegen Frauen« eingerichtet. Unter der Nummer 08000 116 016 ist die Hotline rund um die Uhr und kostenlos erreichbar. Die anonyme Beratung wird in 18 Sprachen angeboten. Auf Wunsch werden die Anruferinnen an lokale Unterstützungseinrichtungen vermittelt. Der Zugang ist auch über die Homepage »www.hilfetelefon.de« möglich; dort sind weitere Informationen verfügbar (Hilfetelefon 2020).

Sofern Kinder beteiligt sind, werden drei weitere Telefonberatungen angeboten:

- Das »Hilfetelefon Sexueller Missbrauch« (unter der Nr. 0800 22 55 530) richtet sich an die betroffenen Kinder und Jugendliche, an Angehörige und Fachkräfte. Die Beratung ist anonym. Informiert wird über örtliche Präventions-, Interventions- und Hilfsangebote. Das Telefon wird von N.I.N.A. e. V. betrieben (N.I.N.A steht für »Nationale Infoline, Netzwerk und Anlaufstelle zu sexueller Gewalt an Mädchen und Jungen«).
- Im Rahmen von N.I.N.A. wird auch die »Beratung und telefonische Anlaufstelle für Betroffene organisierter sexualisierter und ritueller Gewalt« (berta) unter der Rufnummer 0800 30 50 750 betrieben. Das Angebot ist an die schweren Formen sexualisierter Gewalt an Kindern adressiert: Zwangsprostitution, Handel mit Kindern, Kinderpornografie.
- Auch die »Nummer gegen Kummer« (0800 111 0 333) ist an Kinder und Jugendliche bzw. Eltern und Fachkräfte adressiert.

6.5 Die Rolle der Polizei

Die Polizei ist an allen Phasen im Umgang mit häuslicher Gewalt beteiligt: an Prävention, Intervention und den Maßnahmen, die nach Einsätzen folgen. Im Zentrum steht, dass die Polizei bei konkreten Gewaltvorkommen gerufen wird – von Opfern oder ZeugInnen. Besteht der Verdacht, dass gegen jemand Gewalt angewendet wird, dann handelt es sich um eine Situation, in der die Polizei sowohl gefahrenabwehrend wie strafverfolgend tätig wird (»doppelfunktional«), denn einerseits wird sie gerufen, um eine konkrete Gefahr abzuwehren und (weiteren) Schaden für die Opfer zu vermeiden. Anderseits ist sie zur Strafverfolgung verpflichtet, sofern sie Hinweise auf strafbare Handlungen erhält. Wegen dieser »Doppelfunktionalität« richtet sich der polizeiliche Einsatz nach dem Polizeirecht und/oder nach dem Strafprozessrecht.

6.5.1 Situationsbewältigung

Noch bis in die 1980er Jahre verstand die Polizei sich als neutrale Vermittlerin, wenn sie wegen häuslicher Gewalt gerufen wurde. Dieses Selbstverständnis gilt heute als veraltet. Im rheinland-pfälzischen Polizeileitfaden heißt es: »Das neue Rollenverständnis basiert auf der Prämisse: ›Ermitteln und helfen, statt nur zu schlichten‹« (Ministerium des Innern und für Sport Rheinland-Pfalz 2004, S. 13).

In den Bundesländern sind die polizeilichen Reaktionsweisen auf häusliche Gewalt in Leitlinien oder Hinweisen festgelegt. In den Leitlinien der thüringischen Polizei (Thüringer Innenministerium 2014, o. S.) sind fünf Ziele für die Einsätze bei häuslicher Gewalt aufgeführt:

1. Abwehr von Gefahren für Leib und Leben, Freiheit von Personen und/oder Sachen,
2. Verhinderung weiterer Gewaltanwendung,
3. konsequentes Vorgehen gegen StörerInnen/Tatverdächtige,
4. beweissichere Strafverfolgung,
5. Einleitung und Hinweis auf Beratungsmöglichkeiten für Opfer und TäterIn.

Die Maßnahmen können an TäterInnen oder Opfer adressiert sein. Dabei soll die Polizei drei Ziele gleichzeitig verfolgen:

- die Gewalt unmittelbar unterbinden,
- Straftaten verfolgen und
- die Beteiligten an die Hilfesysteme verweisen.

Der Polizeieinsatz bei häuslicher Gewalt stellt hohe professionelle Anforderungen. Die Polizei wird in eine Situation gerufen, in der ggf. bereits Gewalt angewendet wurde, die in jedem Fall aber dadurch gekennzeichnet ist, dass die Beteiligten emotional aufgeladen reagieren. Die »Partnerschaftsgewalt« ist zudem dadurch bestimmt, dass häufig zwischen TäterIn und Opfer eine enge und lange Beziehung besteht. Die Polizei kommt in der Regel erst in einer späten Phase der »Gewaltspirale« ins Spiel, aus der das Opfer sich – aus sehr unterschiedlichen Gründen – bisher nicht befreien konnte. Dieser Konstellation muss der polizeiliche Einsatz berücksichtigen. Darüber hinaus muss in Rechnung gestellt werden, dass womöglich Kinder anwesend oder betroffen sind oder dass es sich um Opfer handelt, die besonderer Unterstützung bedürfen, etwa behinderte oder alte Personen oder Menschen ohne gesicherten Aufenthaltsstatus.

Im unmittelbaren Einsatzgeschehen ist ein Indiz der professionellen Intervention, inwieweit es gelingt, den Konflikt zu entschärfen und das Opfer zu schützen. In den rheinland-pfälzischen Leitlinien wird vor falschen Ansprüchen an die eigene Arbeit gewarnt: »Sie können keine langjährig entstandenen Partnerschaftsprobleme lösen.« Die Polizei könne hingegen

- »mit deeskalierender Gesprächstechnik und wirksamer Verhandlungsstrategie sowie mit konsequenter Anwendung der Gefahrenabwehrmaßnahmen das Gefahrenpotenzial minimieren,
- durch konsequente Strafverfolgung den Unrechtscharakter der Handlungsweisen des Täters aufzeigen,
- durch Befragung und Vermittlung an Hilfseinrichtungen dem Opfer einen Weg aus der Gewaltspirale aufzeigen« (Ministerium des Innern und für Sport Rheinland-Pfalz 2004, S. 16).

Die Fähigkeit zu deeskalierenden Interventionen muss im Rahmen von Aus- und Fortbildungen ausgebildet werden. In den rheinland-pfälzischen Leitlinien werden als praktische »Hilfestellung« formuliert:

- »Stellen Sie sich mit Ihrem Namen vor und nennen Sie Ihre Dienststelle.
- Erklären Sie Ihre Aufgabe.
- Äußern Sie Verständnis für die besondere Situation des Opfers.
- Achten Sie auf die Verfassung der Beteiligten.

- Vermeiden Sie eine Bewertung der sozialen oder hygienischen Umstände.«

Die besonderen Herausforderungen für die in der Regel herbeigerufenen PolizistInnen werden durch den Umstand erschwert, dass sie angesichts potenziell gewalthafter Lagen den Eigenschutz berücksichtigen müssen, teilweise besteht die Pflicht zum Tragen von Schutzwesten (ebd., S. 37), und ihre Intervention deshalb leicht eskalierend wirken kann.

Jüngere Befunde über die Qualität des polizeilichen Einschreitens deuten darauf hin, dass die Praxis weiterhin sehr unterschiedlich ist bzw. von den Frauen wahrgenommen wird. Eine sehr kleine Untersuchung aus Rheinland-Pfalz (acht Frauen wurden interviewt) ergab Resultate mit einer »breiten Streuung«. So gab z. B. die Hälfte der Frauen an, dass Gefühl gehabt zu haben, sich den PolizistInnen anvertrauen zu können, die andere Hälfte hatte das Gefühl nicht. Zwei Frauen empfanden die PolizistInnen als »unfreundlich und lustlos«, eine Frau kritisierte den »rauen Ton« ihr gegenüber, eine andere bezeichnete die BeamtInnen als »passiv« (Hallenberger/Schruff 2017, S. 53 u. 57). In der Auswertung von 24 Interviews, die mit gewaltbetroffenen Frauen in Baden-Württemberg geführt wurden, konnte Lehmann (2016) »vier exemplarische Muster des Erlebens der polizeilichen Intervention« identifizieren.

- »Fürsorglichkeit«: Die PolizistInnen agierten streng und konsequent gegenüber dem Mann, freundlich und hilfsbereit gegenüber der Frau.
- »Zurückhaltung«: Die Frauen verspürten Zweifel bei den PolizistInnen, ob eine Bedrohungslage wirklich vorlag; polizeiliche Maßnahmen erfolgten deshalb nur zurückhaltend.
- »zunehmende Strenge«: Die Frauen fühlen sich von den PolizistInnen nicht ausreichend respektiert, weil deren Verhalten darin bestand, die Frau zum Abbruch der Partnerschaft zu bewegen, da Gewalt und Partnerschaft unvereinbar seien.
- »Beendigung einer Tyrannei«: Die Tyrannei wird in diesen Konstellationen durch einen schwer alkoholkranken oder psychotisch erkrankten Täter hervorgerufen. Die Frauen fühlen sich in ihrem Opferstatus anerkannt, und sie attestieren der Polizei eine hohe Unterstützungsleistung.

Lehmann stellt einen Zusammenhang mit den Merkmalen der Gewaltsituationen (Qualität und Dauer der Paarbeziehung, Tätereigenschaften etc.) her. Die von den Frauen wahrgenommenen polizeilichen Handlungen scheinen Folge dieser jeweiligen Konstellationen zu sein. Für den Polizeieinsatz allerdings gilt, dass die PolizistInnen keineswegs immer wissen, in welcher Art von Beziehung sie intervenieren und mit wem sie es zu tun haben. Im Anschluss an die Hinweise von Hallenberger/Schruff (2017) liegt die Vermutung nahe, dass es trotz polizeilicher Anstrengungen auf diesem Gebiet (Ausbildung, Fortbildung, Koordinationsstellen) häufig vom Zufall abzuhängen scheint, ob die PolizistInnen im ›ersten Angriff‹ das Richtige im Sinne der Betroffenen tun.

> **Wohnungsverweisung**
>
> Bei der »Anwendung der Gefahrenabwehrmaßnahmen« hat im Zusammenhang mit dem Gewaltschutzgesetz das Recht zur Wohnungsverweisung besondere Bedeutung erlangt. In Polizeigesetzen der Länder – mit Ausnahme Bayerns – wurde die Befugnis aufgenommen, dass die Polizei eine Person aus ihrer eigenen Wohnung verweisen kann. Hierbei handelt es sich um ein Instrument der »kurzfristige(n) Krisenintervention«, die die Zeit überbrücken soll, bis ein gerichtliches Betretungsverbot verhängt worden ist (Rachor 2012b, S. 445). Die Wohnungsverweisung ist regelmäßig verbunden mit dem Gebot, die Wohnung unmittelbar zu verlassen, und mit einem Rückkehr- bzw. Betretungsverbot. Voraussetzung für die Wohnungsverweisung ist, dass eine gegenwärtige Gefahr für Leib, Leben oder Freiheit der anderen BewohnerInnen der Wohnung besteht (ebd., S. 447). Teilweise, etwa in Rheinland-Pfalz, ist sie auch bei einer Gefahr »für bedeutende Sach- und Vermögenswerte« zulässig (§ 13 Abs. 2 POG Rheinland-Pfalz). Die Wohnungsverweisung ist zeitlich zu befristen. In einigen Bundesländern sind spezifische Regelungen für häusliche Gewalt geschaffen worden (z. B. § 13 Abs. 4 POG Rheinland-Pfalz).
>
> Die Wohnungsverweisung ist eine Maßnahme, die den Konflikt zwischen Opfer und TäterIn unmittelbar durch die räumliche Trennung entschärft. Der TäterIn wird über Art und Umfang belehrt, darf Dinge des täglichen Bedarfs einpacken, muss den Wohnungsschlüssel abgeben und eine neue Anschrift angeben. Die Trennung soll verhindern, dass die Gewalt fortgesetzt wird, wenn die Polizei verschwunden ist, und sie soll ermöglichen, dass das Opfer über die eigene Lage ohne die physische Anwesenheit des Täters/der Täterin nachdenken kann. Die einzelnen Schritte polizeilichen Handelns sind bei Derks (2020, S. 305–316) in einer »Matrix zur Einsatzbearbeitung Wohnungsverweisung/Rückkehrverbot« dargestellt.

Nicht immer handelt es sich um Straftaten, wenn die Polizei zu Vorfällen in Partnerschaften/Familien gerufen wird. Trotz der Verrechtlichungen der letzten Jahre gibt es weiterhin Verhaltensweisen, die durchaus verletzen können, aber nicht durch das Strafrecht verboten sind. Herabsetzungen oder Verächtlichmachung im sozialen Nahfeld können Formen psychischer Gewalt darstellen. Sie sind jedoch nicht verboten. In Konstellationen, in denen die Polizei auf Sachverhalte trifft, die keine strafrechtliche Bedeutung haben, bleiben nur die polizeirechtlichen Maßnahmen als mögliche Reaktionen. Das Polizeirecht ist vom Verhältnismäßigkeitsgrundsatz bestimmt, so dass bei Handlungen, denen der Gesetzgeber eine so geringe Schädlichkeit zuspricht, dass er sie nicht unter Strafe stellt, nur solche polizeirechtlichen Maßnahmen infrage kommen, die eine nur geringe Eingriffsintensität besitzen – etwa eine Befragung oder eine »Gefährderansprache«.

Sofern häusliche Gewalt mit Straftaten verbunden ist – das dürfte der Regelfall sein –, hängen die Rechtsfolgen von der Art der Straftat ab. Das deutsche Strafrecht kennt drei unterschiedliche Klassen von Delikten: Offizialdelikte, relative und absolute Antragsdelikte.

- Offizialdelikte sind solche Straftaten, die verfolgt werden müssen, wenn den Behörden entsprechende zureichende tatsächliche Anhaltspunkte vorliegen. Bei Offizialdelikten spielt es keine Rolle, ob das Opfer die Taten zur Anzeige gebracht hat.
- Bei den absoluten Antragsdelikten sind die Ermittlungen abhängig davon, dass eine Anzeige erstattet wurde. Ohne Anzeige gibt es keine Ermittlungen.
- Die relativen Antragsdelikte liegen zwischen diesen beiden Polen: Es gibt keine ›automatischen‹ Ermittlungen von Amts wegen, gleichwohl sind die Ermittlungen nicht von einer Anzeige abhängig. Vielmehr entscheidet die Staatsanwaltschaft, ob im Einzelfall ein öffentliches Interesse an der Verfolgung der Straftat besteht.

Legt man das in der PKS ausgewiesene Hellfeld häuslicher Gewalt zugrunde, dann zeigt sich, dass es sich bei der übergroßen Mehrheit um »relative Antragsdelikte« handelt. Dazu gehören die einfache Körperverletzung (2019 60 % aller Delikte) sowie Bedrohung und Nötigung, auf die gemeinsam mit Stalking 30 % der Straftaten entfielen. Stalking ist strafrechtlich als »Nachstellung« in § 238 StGB unter Strafe gestellt. Hierbei handelt es sich um eine absolutes Antragsdelikt. Auch die Beleidigung (§ 194 StGB) ist ein absolutes Antragsdelikt. Zu den Offizialdelikten zählen hingegen die Formen der »qualifizierten« Körperverletzung (gefährliche Körperverletzung, Körperverletzung mit Todesfolge), die 2019 12 % der registrierten Delikte ausmachten.

Bei absoluten Antragsdelikten wird der Sachverhalt zwar von der Polizei aufgenommen. Aber der Vorgang wird ohne Ermittlungen der Staatsanwaltschaft vorgelegt. Ohne Antrag der Geschädigten wird das Verfahren dann eingestellt. Da die Polizei bei ihren Einsätzen wegen häuslicher Gewalt zu ca. zwei Dritteln mit Antragsdelikten konfrontiert wird, spielt die Anzeige(-Bereitschaft) des Opfers eine wichtige Rolle. Noch in den 1980er Jahren führte diese Konstellation dazu, dass die Opfer im Rahmen der Polizeieinsätze gefragt wurden, ob sie Anzeige erstatten wollen. Lehnten sie eine Anzeige ab, wurde kein Ermittlungsverfahren eingeleitet.

Im Hinblick auf die relativen Antragsdelikte hat sich diese Praxis geändert, da im Regelfall davon ausgegangen wird, dass ein öffentliches Strafverfolgungsinteresse vorliegt. Für Körperverletzung bestimmen die Richtlinien für das Straf- und Bußgeldverfahren, dass das öffentliche Interesse »dann zu bejahen (ist), wenn eine rohe Tat, eine erhebliche Misshandlung oder eine erhebliche Verletzung vorliegt. Dies gilt auch, wenn die Körperverletzung in einer engen Lebensgemeinschaft begangen wurde.« In Nr. 86 wird darüber hinaus bestimmt, dass ein öffentliches Interesse an der Strafverfolgung auch dann bejaht werden kann, »wenn dem Verletzten wegen seiner persönlichen Beziehung zum Täter nicht gemutet werden kann, die Privatklage zu erheben, und die Strafverfolgung ein gegenwärtiges Anliegen der Allgemeinheit ist« (Richtlinien 2016).

Mit diesen Vorgaben für die staatsanwaltschaftliche Entscheidung wird dem Umstand Rechnung getragen, dass die Opfer auf eine Strafanzeige verzichten, weil sie ihr Verhältnis zum/zur TäterIn nicht zusätzlich belasten wollen (2019 hatten nur 28 % der Frauenhausbewohnerinnen eine Anzeige erstattet; fast die

Hälfte der Frauen hatte auf alle rechtlichen Schritte gegen den Gewalttäter verzichtet, s. Frauenhauskoordinierung 2020b, S. 37). Durch die Bejahung des öffentlichen Interesses werden die möglichen Rechtsfolgen der Verfügung des Opfers entzogen, der Automatismus der Strafverfolgung wird in Gang gesetzt und Alternativen der Konfliktbewältigung werden erschwert. Kommt es zu Ermittlungen, kann das Opfer sich häufig auf das Zeugnisverweigerungsrecht berufen. Da häusliche Gewalt meist ohne ZeugInnen geschieht, führt dies dann mit großer Wahrscheinlichkeit zur Einstellung des Verfahrens.

Weil bei den relativen Antragsdelikten die Entscheidung bei der Staatsanwaltschaft liegt und die allgemeine Vermutung besteht, dass zumindest bei den Körperverletzungsdelikten ein überwiegendes Verfolgungsinteresse vorliegt, gelten die o. g. polizeilichen Dokumentations- und Beweissicherungspflichten auch für diese Delikte (wie für die Offizialdelikte) uneingeschränkt. In einigen Bundesländern sind diese Pflichten ausdrücklich auf alle Delikte (also auch auf die absoluten Antragsdelikte wie Stalking und Beleidigung) ausgedehnt worden, unabhängig von der Antragstellung des Opfers. Denn einerseits könnte die Anzeige noch später gestellt werden, andererseits könnten die erhobenen Beweise auch eine Rolle in den ggf. anstehenden zivilrechtlichen Auseinandersetzungen spielen. Insofern wird durch die umfassende Dokumentation und Beweiserhebung die Position der Opfer deutlich gestärkt.

Über das konkrete Handeln von PolizistInnen in den Einsätzen häuslicher Gewalt ist wenig bekannt. In rechtlichen Begriffen werden die Handlungen durch die Befugnisse des Polizeirechts und der Strafprozessordnung vorgegeben. Die Maßnahmen sind in Tabelle 10 aufgelistet (vgl. Limmer/Mengel 2006, S. 80) (▶ Tab. 10).

Tab. 10: Polizeiliche Interventionsmöglichkeiten bei häuslicher Gewalt

Platzverweis	Zeitlich befristetes Verbot, sich in einem bestimmten räumlichen Bereich aufzuhalten.
Wohnungsverweisung/Rückkehrverbot	Unmittelbarer Verweis aus der eigenen Wohnung und zeitlich befristetes Verbot der Rückkehr in diese.
Kontaktverbot	Verbot des Täters/der Täterin, Kontakt mit dem Opfer aufzunehmen.
Gefährderansprache	Aufklärendes Gespräch mit (potenziell) gewaltausübender Person im Hinblick auf verbotene Handlungen und drohende Strafverfolgung.
Ingewahrsamnahme	Verbringen in Polizeigewahrsam, sofern Straftaten von erheblicher Bedeutung fortgesetzt begangen werden und mildere Maßnahmen wirkungslos bleiben.
Sicherstellung	Sicherstellung von Gegenständen, die zur Gewaltausübung oder Drohung genutzt werden können.
Unterbringung in Psychiatrie	Sofern eine psychische Erkrankung der gewaltverübenden Person vorliegt, kann diese in einer psychiatrischen Einrichtung untergebracht werden.

6.5.2 Informationen

Die Polizei ist nicht nur die Instanz, die als erste bei häuslicher Gewalt gerufen wird und der es obliegt, weitere Gewaltanwendung zu unterbinden und ggf. die Strafverfolgung einzuleiten. Sie steht auch im Zentrum der Informationsweitergaben. Sofern Kinder beteiligt sind und »nach der Sachlage das Kindeswohl gefährdet erscheint« ist das Jugendamt zu informieren (Gatzke/Averdiek-Gröner 2016, S. 81). In allen Fällen geschieht Informationsweitergabe darüber hinaus in drei Richtungen:

1. Informationen für Opfer und TäterIn,
2. Informationen für die Strafverfolgung,
3. Informationen für die Hilfesysteme.

Die Informationen für Opfer und TäterIn beziehen sich zunächst auf eine »Würdigung« des Sachverhalts, indem aus polizeilicher Sicht die Lage mit den Beteiligten erörtert wird. Für den/die TäterIn (oder Tatverdächtige/n, genauer wäre eigentlich: für den/die StörerIn) kann das als »Gefährderansprache« geschehen: Die Rechtswidrigkeit des eigenen Handelns und mögliche praktische und rechtliche Folgen werden ihm/ihr vor Augen geführt. Hierzu gehören aber auch Belehrungen (Rechte als Beschuldigte/r) und Konsequenzen, die mit bestimmten Maßnahmen verbunden sind (etwa Platzverweis). Bei der Wohnungsverweisung und beim Platzverweis haben die PolizistInnen zu gewährleisten, dass der/die TäterIn die Wohnung verlässt. Im Hinblick auf das Opfer empfiehlt der rheinland-pfälzische Leitfaden »situationsangepasstes Einfühlungsvermögen und viel Verständnis« (Ministerium des Innern und für Sport Rheinland-Pfalz 2004, S. 39). Information über die rechtliche Bewertung der Vorgänge und die möglichen rechtlichen Schritte (Strafanzeige, Privatklage) sollen an die Opfer weitergegeben werden.

Der Polizeieinsatz bei häuslicher Gewalt ist eine punktuelle Intervention. Ein wesentlicher Unterschied zu anderen Gewaltformen besteht darin, dass es sich in der Regel nicht um ein einmaliges Ereignis handelt, sondern dass es eine Vorgeschichte gibt (meist eine »Eskalationsgeschichte«) und dass zu erwarten ist, das die Gewalt nach dem Polizeieinsatz nicht verschwindet, sofern keine weiteren Veränderungen erfolgen. Eine wichtige Aufgabe der Polizei besteht deshalb darin, die Beteiligten auf Hilfsangebote hinzuweisen. Für die Opfer beinhaltet dies die Weitergabe von Kontaktdaten der lokalen Beratungsstellen, die je nach Region (in unterschiedlicher Spezialisierung) vorhanden ist. Die Informationen können sich auch auf bestehende Schutzeinrichtungen, vor allem Frauenhäuser, beziehen. Sollte das Opfer eine solche Einrichtung aufsuchen wollen, weil der Verbleib in der (gemeinsamen) Wohnung ihr nicht möglich erscheint (und sie Wohnungsverweisung oder Platzverweis nicht für ausreichend hält), kann das Opfer von der Polizei zur Schutzeinrichtung gebracht werden. In der Frauenhaus-Bewohnerinnen-Statistik für 2019 gaben knapp 20 % der Frauen an, durch die Polizei an das Frauenhaus verwiesen worden zu sein (Frauenhauskoordinierung 2020b, S. 36). Im Hinblick auf den/die TäterIn können auch Informationen über Beratungs- und Hilfsangebote weitergegeben werden.

Informationen für die Strafverfolgung

Die bei »häuslicher Gewalt« einschreitenden PolizistInnen sind die SchutzpolizistInnen des örtlichen zuständigen Reviers. Ihnen obliegt der im Polizeideutsch als »erster Angriff« bezeichnete Einsatz, d. h. die unmittelbare Bewältigung einer Situation vor Ort. Sofern bei dem Einsatz keine strafrechtlich relevanten Sachverhalte entdeckt werden, bleibt der Vorgang auf dieser Ebene. Tauchen jedoch Hinweise auf Straftaten auf, dann wird ein Ermittlungsverfahren eingeleitet. Welche polizeiliche Dienststelle nach dem »ersten Angriff« die Ermittlungen führt, etwa Befragungen durchführt oder weitere Beweise erhebt, ist in den Bundesländern unterschiedlich geregelt. Im Grundsatz sollen diese Ermittlungen von für häusliche Gewalt spezialisierten Kräften wahrgenommen werden. Dabei kann es sich um spezialisierte Dienststellen innerhalb eines Kommissariats oder um bestimmte PolizistInnen in den Revieren handeln. Am Ende der polizeilichen Ermittlungen wird der Vorgang an die Staatsanwaltschaft abgegeben, die über den weiteren Fortgang entscheidet.

Informationen an Interventionsstellen

Die Information der Opfer häuslicher Gewalt durch die Polizei folgt zunächst der Logik der »Komm-Struktur«: Die Opfer werden auf jene Stellen hingewiesen, die sie ggf. unterstützen oder ihnen helfen können. Sofern Interventionsstellen bestehen, gibt es regelmäßig Übereinkünfte zwischen diesen und den Polizeien mit dem Ziel, dass die Polizeien von sich aus die Stellen über Vorfälle informieren. Die Regelungen sind in den Bundesländern unterschiedlich: In der Mehrheit der Länder setzt die Weitergabe ihrer Daten die Einwilligung der betroffenen Person (Opfer und/oder TäterIn) voraus. Nachdem Mecklenburg-Vorpommern das Polizeigesetz dieser Regelung anpasst hat, erlaubt nur noch das niedersächsische Gesetz, die Opferdaten bei jedem Polizeieinsatz wegen häuslicher Gewalt an die Interventionsstelle weiterzugeben (Frauenhauskoordinierung 2015, S. 34). Leitet die Polizei die Daten weiter, dann nimmt die örtliche Interventionsstelle Kontakt zum Opfer auf (Ministerium des Innern und für Sport Rheinland-Pfalz 2004, S. 45). Auch in dieser »Geh-Struktur« können die AdressatInnen das Gespräch, die Beratung, die Hilfe ablehnen, aber die Schwelle zum Erstkontakt wird deutlich abgeflacht, weil sie – Niedersachsen ausgenommen – nur noch in der Zustimmung zur Datenweitergabe besteht.

Durch den Verweis auf und die Meldung an das Unterstützungssystem nimmt die Polizei eine wichtige Schnittstelle zwischen Betroffenen und helfenden Einrichtungen ein. Die polizeiliche Meldung ermöglicht proaktives Handeln, weil so zukünftigen oder im Entstehen begriffenen Gewalttaten entgegengewirkt werden kann. Rechtlich ist die Befugnis zur polizeilichen Datenweitergabe durch die Einwilligung der Betroffenen gedeckt. Ob die Betroffenen die Reichweite ihrer Zustimmung in der konkreten Gewaltsituation erkennen, ist allerdings fraglich. Die BefürworterInnen proaktiver Maßnahmen sehen in der Krise, in der sich die Opfer befinden, eine Chance: Unter dem unmittelbaren Eindruck erlebter Gewalt, seien die Opfer eher bereit, die Schwellen zur Inanspruchnahme von Hilfen zu überwinden. Je länger die Tat zurückliege, desto mehr schwinde die Bereitschaft, sich gegenüber Dritten zu öffnen.

Gleichwohl bleibt als Problem, dass die Betroffenen ein Stück weit bevormundet werden. Die Beteiligten handeln im »wohlverstandenen Interesse« der Opfer. Das kann man als notwendige Unterstützung einer im Moment nicht voll entscheidungs- und handlungsfähigen Person betrachten, man kann darin aber auch ein weiteres Vordringen von helfenden (und strafenden) Institutionen in den Lebensalltag sehen. Inwiefern dieses Eindringen den Interessen der Opfer zuwiderläuft oder ihnen erst zur Durchsetzung verhilft, das hängt wesentlich von der Qualität des Hilfeprozesses ab, bei dem die Stärkung der Opfer im Zentrum stehen muss.

6.6 Zusammenfassung

Die in den vergangenen Jahrzehnten etablierte »Interventionskette« hat auch Veränderungen für das Hilfesystem gebracht. Die Frauenhäuser entstanden als spezifische Formen der Selbstorganisation und der Selbsthilfe von Frauen. In den darauffolgenden Jahrzehnten gelang es, die Anliegen der Frauen auch zum Anliegen staatlicher Politik zu machen. Das Gewaltschutzgesetz mit seinen polizeirechtlichen Flankierungen auf nationaler Ebene, die Istanbul-Konvention auf internationaler Ebene sind deutlicher Ausdruck dieser Entwicklung. Mit dieser Aufwertung wurden die zivilgesellschaftlichen Einrichtungen (rechtlich, materiell) gestärkt, zugleich wurden sie in ein staatliches Gesamtkonzept (dank des deutschen Föderalismus in unterschiedliche Länder-Konzepte) einbezogen. Im Hinblick auf die Polizei gehen die Verflechtungen so weit, dass in der Polizei der »wichtigste Kooperationspartner« gesehen wird (etwa: Interventionsstelle 2020, S. 9; Kavemann/Lehmann 2010, S. 107: »Dreh- und Angelpunkt«). Lamnek, Luedtke, Ottermann und Vogel (2012, S. 240) stellten fest, dass sich »die Gewichte der verschiedenen Institutionen, die mit dem Phänomen häusliche Gewalt umgehen, zugunsten der Polizei verschoben haben, die eine zunehmend wichtigere Rolle eingenommen hat.« Die Stellung der Polizei wird auch verstärkt, wenn die Interventionsstellen Hinweise auf Gefährdungen an die Polizei weitergeben (s. Kavemann/Lehmann 2010, S. 112). In welchem Umfang und ob dies mit Zustimmung der betroffenen Frauen erfolgt, ist nicht bekannt.

Im Unterschied zu anderen Themen oder Gruppen wird diese enge Verflechtung mit der Polizei in den Fragen häuslicher Gewalt von den AkteurInnen der Unterstützungssysteme selten problematisiert. Die Polizei wird als quasi natürliche Bündnispartnerin im Kampf gegen häusliche Gewalt wahrgenommen. Um Gewalt mit staatlicher Autorität Einhalt zu gebieten, die Opfer zu schützen und ihnen Auswege zu ermöglichen, ist der Ruf nach der Polizei naheliegend. Gleichwohl bleibt zu bedenken, dass durch die Einbeziehung der Polizei Reaktionen in

Gang gesetzt werden können, die nicht mehr in der Verfügung und dem Willen der Opfer stehen (Platzverweise, Ermittlungsverfahren, Datenweitergaben). Durch qualifizierte Polizeiarbeit kann diese tendenzielle Entmündigung vermieden, durch eine gute Beratung im Nachhinein ins Positive gewendet werden.

Polizei und soziale helfende Einrichtungen kooperieren im Rahmen der »Interventionskette«. Der Ausbau dieses System ist seit langem mit präventiven Vorhaben verbunden. Jede Intervention hat eine präventive Komponente, weil sie die Wiederholung von Gewalt verhindern will. In diesem Kontext finden auch »Gefahrenprognosen« statt. Diese sind bereits beim ›ersten Angriff‹ von der Polizei anzustellen, wenn zu entscheiden ist, mit welchen Maßnahmen reagiert werden soll. Das Prognoseproblem setzt sich in der Beratungssituation fort, wenn geklärt werden muss, wie hoch die Gefährdung der Opfer ist und welche Schutzmaßnahmen angezeigt sind. Teilweise werden zu diesem Zweck standardisierte Programme zur Einschätzung der Gefährdung genutzt. Auf dieser Ebene findet in der Regel ein Informationsaustausch mit der Polizei statt. Teilweise finden auch »Fallkonferenzen« statt, in der alle Beteiligten (Beratungsstelle, Polizei, Jugendamt etc.) ihre Informationen zusammentragen und einen Maßnahmeplan verabreden. Gegenwärtig gibt es Pläne, in einem strukturierten Verfahren »Risiko-« und »Hochrisikofälle« zu identifizieren und für die »Hochrisikofälle« Fallkonferenzen verpflichtend zu etablieren (Hellweg 2019). In diesem Arrangement werden die sozial unterstützenden Institutionen in die Prognose und in den Maßnahmeplan eingebunden. Dabei sind die AdressatInnen der jeweilige Fall, also TäterIn und/oder Opfer. Wie in anderen Feldern dichter Kooperation stellt sich hier die Frage, inwieweit die sozial helfenden Institutionen ihr besonderes Verhältnis zu den Opfern herstellen/behalten können, wenn sie im erkennbaren Kontext mit Maßnahmen anderer Institutionen stehen – etwa wenn die Opfer strafrechtliche Ermittlungen ablehnen oder sie Nachteile für sich oder die Kinder befürchten.

Literaturempfehlungen

Bremische Zentralstelle für die Verwirklichung der Gleichberechtigung der Frau (ZGF) (Hg.) (2019): Viele Akteur*innen sind noch kein Hilfesystem. Fachveranstaltung am 28. Juni 2019. Dokumentation. Bremen. Online: https://familiennetz-bremen.de/wp-content/uploads/2019/08/ZGF_Dokumentation2019_Modellprojekt_Hilfesystem.pdf
Kavemann, B. (2012): Übersicht über das Unterstützungssystem bei Gewalt gegen Frauen in Deutschland. In: Polizei & Wissenschaft H. 4, S. 99–113
Schröttle, M. (2017): Gewalt in Paarbeziehungen. Berlin. Online: https://www.genderopen.de/bitstream/handle/25595/1370/Schr%C3%B6ttle_Paarbeziehungen_2017.pdf?sequence=1

7 Kinder und Jugendliche als Opfer/Gefährdete

> ☞ **Was Sie in diesem Kapitel erwartet**
>
> Kinder und Jugendliche sind häufiger die Leidtragenden als die VerursacherInnen von Kriminalität und Gewalt. Zum Schutz der Minderjährigen bestehen besondere Gesetze, die verschiedene Behörden mit unterschiedlichen Schutzaufträgen ausstatten. In diesem Kapitel werden die Aufgaben dieser Behörden vorgestellt. Zwar hat die Polizei einen eigenen Auftrag zum Jugendschutz, aber die zentrale Behörde bleibt das Jugendamt. Dessen Schutzauftrag ist in der jüngeren Vergangenheit ausgeweitet worden. Zugleich ist die Polizei in die Netzwerke eingebunden worden, die »Kindeswohlgefährdung« verhindern bzw. frühzeitig erkennen sollen.

7.1 Kinder- und Jugendschutz

Kinder und Jugendliche gelten als ein Teil der Bevölkerung, der des besonderen Schutzes bedarf. Obwohl es keinen vernünftigen Zweifel an dieser Einsicht gibt, sind die Vorkehrungen, die diesen Schutz gewährleisten sollen, eher unscharf, auch wenn es in den vergangenen Jahrzehnten erhebliche Anstrengungen gegeben hat, der Schutzbedürftigkeit Rechnung zu tragen. Die weiterhin bestehenden Unschärfen werden bereits in der Terminologie deutlich: Die Rede ist einerseits vom »Jugendschutz«, andererseits von der »Kindeswohlgefährdung«; aber durch die Bestimmungen des Jugendschutzes sollen auch Kinder geschützt werden, und die Gefährdung des Kindeswohls kann sich auch auf Kinder beziehen, die sich im Jugendalter befinden. Auch werden die Grenzen zwischen Kindheit und Jugend uneinheitlich gezogen: Im Kinder- und Jugendhilferecht liegt die zentrale Grenze bei der Volljährigkeit, mit Erweiterungen in das junge Erwachsenenalter bis 26 Jahre; strafrechtlich endet die Kindheit mit der Vollendung des 14. Lebensjahres, und mit den Heranwachsenden (18- bis 20-Jährige) findet noch eine Abstufung zur uneingeschränkten strafrechtlichen Verantwortlichkeit statt.

Im Hinblick auf den Schutz von Kindern und Jugendlichen kann zwischen einem engen, weiten und entgrenzten Schutzbegriff unterschieden werden. Kindler (2016, S. 1) spricht vom *entgrenzten Schutzverständnis*, wenn die Perspektive auf Armutsgefährdungen oder Gesundheitsgefahren gerichtet wird, wenn Übergriffe unter Minderjährigen oder die Einflüsse des Medienkonsums thematisiert werden. Ein *weites Verständnis* des Schutzes erstreckt sich seinem Verständnis nach auf die präventiven Anstrengungen, die den *engen Kinder- und Jugendschutz* flankieren. In diesem sieht er den Kern des Schutzes, den er bestimmt »als organisierte Aktivität, um Fälle von Misshandlung, Vernachlässigung und sexuellem Missbrauch zu erkennen und zu bearbeiten.« Der enge Begriff des Kinderschutzes bezieht sich auf das staatlich regulierte System, das »auf Gefährdungen des Wohls von Kindern und Jugendlichen in Familien oder Institutionen« antworten soll (Biesel/Urban-Stahl 2018, S. 21). Darüber hinaus ist der Schutz vor bestimmten *Gefährdungen* ein zentrales Element des Kinder- und Jugendschutzes in Deutschland.

Der an Gefährdungen ausgerichtete Kinderschutz wird in Deutschland in unterschiedlichen Rechtsgebieten mit unterschiedlichen NormadressatInnen und unterschiedlichen behördlichen Zuständigkeiten geregelt. Drei Felder lassen sich hier unterscheiden (► Tab. 11):

1. der klassische Jugendschutz, der durch die Bestimmungen des Jugendschutzgesetzes normiert wird,
2. die Gefährdung des Kindeswohls, das einen zentralen Wert im Kinder- und Jugendschutzrecht darstellt,
3. das Strafrecht, das Kinder- und Jugendliche durch spezifische Straftatbestände besonders schützen will.

Tab. 11: Bereiche des Jugendschutzes

	Jugendschutz im engeren Sinne	**Kindeswohl**	**Delikte gegen Jugendliche**
Gesetzliche Grundlage	Jugendschutzgesetz	BGB, SGB VIII	StGB
Zuständige Behörden	Ordnungsamt, Jugendamt	Jugendamt	Polizei
AdressatInnen	Anbieter, Gewerbe	Erziehungsberechtigte	Tatverdächtige
Instrumente zur Durchsetzung	Kontrollen, Bußgelder	Hilfen → Familiengericht	Ermittlungen

Die drei Ausprägungen des Jugendschutzes weisen sachliche Überschneidungen auf: Das Antreffen von Kindern an gefährdenden Orten kann ein Indiz für eine Kindeswohlgefährdung sein; Kindeswohlgefährdungen können auf Straftaten hindeuten oder durch Straftaten bewirkt werden. Bereits durch diese sachliche Nähe ist es naheliegend, dass die jeweils primär zuständigen Instanzen zusammenwirken.

Für die Polizei kommt ein weiterer Aspekt hinzu. Denn der Auftrag zur Gefahrenabwehr erstreckt sich auf die Abwehr von Gefahren für alle geschützten

Rechtsgüter. Daraus resultiert eine unmittelbare Zuständigkeit der Polizei in allen Situationen, in denen der Jugendschutz oder das Kindeswohl gefährdet sind. Aus der Aufgabe der »vorbeugenden Verbrechensbekämpfung« als spezifische Form der Gefahrenabwehr folgen aber auch die präventive (und nicht allein reaktive) Beschäftigung mit den Gefährdungen von Kindern/Jugendlichen (Nisse 2012, S. 58).

Den drei Feldern des »Jugendschutzes« gemeinsam ist das Problem des Dunkelfeldes. Bei den Opfern handelt es sich um Kinder oder Jugendliche. Entwicklungsbedingt ist davon auszugehen, dass sie ihre eigene Gefährdung oder den Unrechtsgehalt von Handlungen nicht erkennen. Je enger die Beziehungen zu den TäterInnen sind, desto unwahrscheinlicher ist es, dass sie über ihre Erlebnisse reden oder diese ›melden‹. Kinder können sich auch als die Schuldigen sehen, wenn die Erwachsenen Gewalt gegen sie anwenden. Sie können sich auch schämen, dass ihnen ›so etwas‹ widerfahren ist.

Weil Kinder und Jugendlichen nur geschützt werden können, wenn den ›zuständigen Stellen‹ die Gefahren bekannt sind, denen sie ausgesetzt sind, sind in den vergangenen Jahren erhebliche Anstrengungen unternommen worden, das Dunkelfeld kindlicher Gefährdungen aufzuhellen. Das gilt insbesondere im Bereich der Kindeswohlgefährdung.

7.2 Polizei im Jugendschutz

Der »Jugendschutz«, der in Wirklichkeit ein »Kinder- und Jugendschutz« ist, soll Minderjährige vor bestimmten Gefahren schützen. Die allgemeine Handlungsfreiheit von Minderjährigen wird dadurch eingeschränkt, dass ihnen zu bestimmten Orten und Anlässen kein Zugang gewährt wird und der Konsum von Alkohol, Tabak und jugendgefährdenden Medieninhalten eingeschränkt wird.

> **Jugendschutzgesetz**
>
> Das seit 2003 bestehende »Jugendschutzgesetz« entstand durch die Zusammenfügung des seit 1951 geltenden »Gesetz zum Schutze der Jugend in der Öffentlichkeit« mit den Bestimmungen über die »Verbreitung jugendgefährdender Schriften und Medieninhalte«. Abschnitt 3 regelt den Jugendschutz im Bereich der Medien. Die Bestimmungen über jugendgefährdende Inhalte und die Verbote, diese Jugendlichen zugänglich zu machen, sind der Kern dieses Abschnitts. Abschnitt 2 regelt den Schutz in der Öffentlichkeit, indem Kindern und Jugendlichen der Aufenthalt in bestimmten Örtlichkeiten (Gaststätten, Spielhallen, jugendgefährdende Orte) oder bei bestimmten Anlässen (Tanzveranstaltungen, sonstige jugendgefährdende Veranstaltungen) ganz untersagt oder nur in Begleitung von Erziehungsberechtigten erlaubt wird. Da-

> bei wird teilweise zwischen Kindern und Jugendlichen unter und ab 16 Jahren unterschieden. In Abschnitt 2 wird auch der Verkauf und Verzehr von Alkohol und Tabak reguliert bzw. verboten.

Die NormadressatInnen des Jugendschutzgesetzes sind nicht die Kinder/Jugendlichen, sondern die Erwachsenen, die den Aufenthalt dulden/ermöglichen oder die verbotenen Waren abgeben oder deren Genuss dulden. Bei den Verstößen gegen die Bestimmungen des zweiten Abschnitts handelt es sich um Ordnungswidrigkeiten. Einige Verstöße gegen den Jugendmedienschutz sind Straftaten (Vergehen).

Zuständig für die Kontrollen der im Abschnitt 2 des Jugendschutzgesetzes genannten Orte, Anlässe und Handlungen sind die örtlichen Ordnungsämter. In der Regel sehen die Regelungen der Bundesländer vor, dass die Jugendämter an allen Entscheidungen zu beteiligen sind. Allerdings gibt es auch Städte, in denen die kontrollierende Tätigkeit den Jugendämtern direkt übertragen worden ist (BAJ 2017, S. 8). Die Polizei kommt in diesen Fragen nur subsidiär ins Spiel, etwa wenn sie im Rahmen ihrer sonstigen Tätigkeiten Verstöße gegen das Jugendschutzgesetz feststellt. Sie hat diese dann nach »pflichtgemäßem Ermessen« zu verfolgen und ggf. an die zuständige Ordnungsbehörde zu melden.

Der polizeiliche Umgang mit der »Gefährdung Minderjähriger« ist in der bereits zitierten Polizeidienstvorschrift 382 geregelt. Die PDV (1997) erfasst fünf Gefährdungskonstellationen:

1. Wenn zu befürchten ist, dass Minderjährige Opfer einer Straftat werden können, dass sie von Ereignissen betroffen sind, die sie schädigen können, dass sie vermisst sind oder dass sie Einflüssen ausgesetzt sind, die ihr Abgleiten in Kriminalität befürchten lassen.
2. Wenn Minderjährige sich an bestimmen Orten aufhalten: Das sind Orte, an denen der Prostitution nachgegangen wird, wo Drogen gehandelt oder konsumiert werden, wo illegale Glücksspiele stattfinden oder wo jugendgefährdende Schriften etc. gehandelt werden, wo sich »erfahrungsgemäß Straftäter aufhalten«, oder Gaststätten.
3. Wenn Kinder und Jugendliche dann angetroffen werden, wenn sie eine »Mitfahrgelegenheit« wahrnehmen, wenn sie unter Einfluss von Drogen stehen oder Zeichen der Verwahrlosung aufweisen.
4. Wenn Minderjährigen durch Vernachlässigung oder Missbrauch Schaden droht. Das wird regelmäßig als gegeben angesehen, wenn es innerhalb der Familie häufig zu tätlichen Auseinandersetzungen kommt, wenn Alkohol- oder Drogensucht bei den Erziehungsberechtigten vorliegt, wenn diese wiederholt straffällig werden oder sie ihre Kinder zu rechtswidrigen Taten verleiten.
5. Wenn Minderjährige rechtswidrige Taten begehen.

Die PDV listet drei Maßnahmen bei festgestellten Gefährdungen auf:

1. Beim Antreffen an den bezeichneten Orten sind die Jugendlichen zum Verlassen des Ortes aufzufordern, ggf. sind sie in die Obhut des Jugendamtes zu

bringen, wenn die Erziehungsberechtigten nicht erreichbar sind oder eine Rückkehr zu diesen nicht vertretbar erscheint. In jedem Fall sind die Erziehungsberechtigten unverzüglich zu benachrichtigen.
2. Wenn Jugendlichen von der Polizei aufgegriffen werden, ist das Jugendamt zu informieren, sofern dessen Maßnahmen (KJHG §§ 42, 43 alt) erforderlich scheinen.
3. Hält die Polizei aufgrund ihrer Erkenntnisse gezielte Maßnahmen zum Schutz Minderjähriger für erforderlich, so sind die zuständigen Behörden oder Stellen zu informieren. Denkbar wäre z. B. eine Mitteilung an die Gewerbeaufsicht bei Verstößen gegen das Verbot der Alkoholabgabe.

Auch wenn die Kontrolle der Einhaltung des Jugendschutzgesetzes nicht zu den originären Aufgaben der Polizei gehört, so führen Kontrollen von jugendtypischen Treffpunkten oder von öffentlichen Veranstaltungen, die durch den allgemeinen Auftrag zur Gefahrenabwehr legitimiert sind, zu denselben Konstellationen: Kindern oder Jugendlichen gegenüber, die rauchen oder Alkohol trinken oder in eine Spielhalle wollen, wird die Polizei den Grundsatz der Verhältnismäßigkeit anwenden und zunächst versuchen, sie durch Ansprache zur Verhaltensänderung zu bewegen. Zwar geschieht dies mit der impliziten Drohung, ggf. die gesetzlichen Bestimmungen auch mit Zwang durchzusetzen; dominierend ist aber ein eher paternalistischer Interventionsstil, der auf »freiwillige« Folgsamkeit setzt (Zurawski 2020, S. 68).

»Jugendschutzteams« sind ein Modell, in dem die Polizei mit sozialen Akteuren bei der Kontrolle von Jugendschutzbestimmungen zusammenarbeitet. Die Teams sollen bei Großveranstaltungen »dem übermäßigen Alkoholkonsum von Kindern und Jugendlichen, den wachsenden Vandalismusschäden sowie der Gefahr von Unfällen und Verletzungen angemessen« begegnen. PolizeibeamtInnen bilden gemeinsam mit Ehrenamtlichen aus Rettungsdiensten und dem Sozialbereich die Teams. Die Teams sprechen die Jugendlichen an, wenn sie Verstöße gegen den Jugendschutz feststellen, und unterbinden etwa den Verkauf von Alkohol. Zu jedem Einsatz wird ein »Hintergrundteam« gebildet, das aus Fachkräften aus dem Gesundheitsbereich und Jugendamt besteht. Auffällige Kinder werden von den Hintergrundteams in Obhut genommen, einer medizinischen Untersuchung zugeführt oder den Eltern übergeben (so das Modell im Landkreis Karlsruhe: Laging 2010, S. 138; ähnlich in Heidelberg: Bubenitschek/Greulich/Wegel 2014, S. 115).

Die Jugendschutzteams sind eine Organisationsform, in der die Unterschiede zwischen helfenden und strafenden Interventionen gefallen sind. Sie tragen eine einheitliche Kleidung, so dass nicht zu erkennen ist, welche Person aus welcher Berufsgruppe stammt. Inwiefern die Einsätze ihre Ziele durch pädagogische Gespräche erreichen mit dem Hinweis, das Recht und die Polizei auf ihrer Seite sind, ist nicht bekannt. Dass bei den Jugendlichen aber der Eindruck entsteht, im Grundsatz bestehe kein Unterschied zwischen den zusammen auftretenden Kontrollinstanzen, ist naheliegend.

7.3 Kinder als (Kriminalitäts-)Opfer

Der Schwerpunkt der gegen Kinder gerichteten Kriminalität sind die Straftaten gegen die körperliche Unversehrtheit, namentlich die Körperverletzungsdelikte (§§ 223 ff. StGB), einige der Straftaten gegen das Leben (Mord und Totschlag, §§ 211 ff. StGB) und Straftaten gegen die persönliche Freiheit (z. B. Zwangsarbeit, § 232b StGB, oder Bedrohung, § 241 StGB). Daneben kennt das Strafrecht Delikte, die Handlungen gegenüber Minderjährigen unter Strafe stellen: z. B. die Misshandlung von Schutzbefohlenen (§ 225 StGB), die Verletzung von Fürsorge- oder Erziehungspflichten (§ 171 StGB) und den sexuellen Missbrauch von Kindern (§ 176 StGB) und Jugendlichen (§ 182) (s. Turba 2018, S. 172).

Zuständig für die Verfolgung sind Staatsanwaltschaften und Polizei. Wie die Polizei mit Kindern und Jugendlichen als Opfer strafbarer Handlungen umgehen muss, ist ebenfalls in der PDV 382 geregelt. Kinder- und Jugendliche werden dort als ZeugInnen behandelt; dass sie zugleich die Opfer von Straftaten sein können, wird nur im Zusammenhang mit Sexualstraftaten erwähnt. Dieser Teil der PDV ist auf das Ermittlungsverfahren ausgerichtet. Ihr Bezug zum Jugendhilfesystem besteht in den Meldeverpflichtungen der Polizei an das Jugendamt.

Kindeswohlgefährdung

Angesichts der »Gefährdung von Kindern und Jugendlichen« hat die Polizei neben der Aufgaben der Gefahrenabwehr und der Strafverfolgung auch die Verpflichtung, mögliche Gefährdungslagen an das Jugendamt zu melden. Bei der »Kindeswohlgefährdung« handelt es sich um einen unbestimmten Rechtsbegriff. Bezugspunkt dieses Begriffs ist die in § 1 SGB VIII formulierte Zielsetzung, die jedem Menschen »ein Recht auf Förderung seiner Entwicklung und auf Erziehung zu einer eigenverantwortlichen und gemeinschaftsfähigen Persönlichkeit« zuspricht. »Kinder und Jugendliche vor Gefahren für ihr Wohl (zu) schützen« wird in Absatz 3 als eine der Tätigkeiten genannt, durch die die Jugendhilfe dieses Ziel umsetzen soll.

Was das »Wohl« von Kindern und Jugendlichen ausmacht, ist umstritten. Nach der Rechtsprechung des Bundesverfassungsgerichts liegt eine Kindeswohlgefährdung im Sinne des § 1666 Abs. 1 BGB dann vor,

> »wenn ein Schaden des Kindes bereits eingetreten ist oder eine gegenwärtige, in einem solchen Ausmaß vorhandene Gefahr vorliegt, dass sich bei einer weiteren Entwicklung eine erhebliche Schädigung seines körperlichen, geistigen oder seelischen Wohls mit ziemlicher Sicherheit voraussehen lässt« (Mann 2017, S. 104).

Worin ein »Schaden« bestehen kann, was ein »ziemliches« Ausmaß oder eine »erhebliche« Schädigung ausmachen oder wie hoch eine »ziemliche« Sicherheit sein muss, das bleibt jedoch offen. Deshalb gilt insgesamt: »Das Kindeswohl ist ein unscharfer und normativ hoch aufgeladener Begriff« (Biesel/Urban-Stahl 2018, S. 38). Neben den anerkannten Kinderrechten – etwa durch die Kinderrechtskonvention der Vereinten Nationen (seit 1992 geltendes Recht in Deutschland) oder durch das Grundgesetz – stehen die spezifischen Bedürfnisse von Kindern und Jugendlichen. Beide Aspekte füllen aber das »Kindeswohl« nicht mit konkreten Inhalten. Auch eine Definition, die das Kindeswohl an den »altersmäßigen Durchschnittserwartungen an körperliche, geistige und seelische Entwicklungen von Kindern und Jugendlichen in unserer Gesellschaft« bindet (ebd., S. 39), wirft weitere Fragen auf, so dass das »Kindeswohl« hochgradig von Bewertungen abhängt. Wenn das »Wohl« aber inhaltlich unbestimmt bleibt, können dessen Gefährdungen auch nicht eindeutig benannt werden.

Das Grundgesetz respektiert in Artikel 6 die Zuständigkeit der Eltern für die Erziehung ihrer Kinder, der Staat soll nur als »Wächter« diese Tätigkeit im Auge behalten und bei der Gefährdung des Kindeswohls einschreiten. Durch das Kindeswohl begründete Eingriffe in die elterliche Erziehung werden durch § 1666 BGB erlaubt. Das Familiengericht kann eine Reihe von Maßnahmen erlassen, die von Weisungen zur Inanspruchnahme bestimmter Leistungen bis zur »Entziehung der elterlichen Sorge« reichen können. Die Gefährdungen können sich dabei auf das »körperliche, geistige oder seelische Wohl« des Kindes erstrecken. Die Zuständigkeit bei Gefährdungen des Kindeswohls liegen beim Jugendamt, das die Verdachtslage zu klären hat, eigene Maßnahmen veranlassen und ggf. das Familiengericht anrufen muss (§ 8a SGB VIII).

In den vergangenen Jahrzehnten sind die Instrumente gegen die Gefährdungen des Kindeswohls ausgebaut worden. Dabei lag der Schwerpunkt im frühzeitigen Erkennen von Gefährdungslagen. Am unteren Spektrum der Kindeswohlgefährdung besteht ein Bewertungsproblem, ob und inwiefern es sich um ein das Kind gefährdendes Verhalten oder um zu tolerierende Erziehungsstile handelt. Zwar hat das Verbot körperlicher Strafen (§ 1631 Abs. 2 BGB, seit November 2000 in Kraft) hier eine Grenze eingezogen. Aber in Fragen von Autorität, Strenge, Disziplin, Zuwendung oder Anerkennung bis zur Frage von Ernährung oder Impfen gibt es kontroverse Bewertungen auch im Hinblick auf das Kindeswohl. Das gilt ebenso für die Frage, ab wann welche Form der Verwahrlosung oder Pflichtversäumnis eine Kindeswohlgefährdung anzeigen. Zudem wird das Hellfeld durch Opfer und Tatort beschränkt: Die Kinder/Jugendlichen sind – je jünger sie sind – nicht in der Lage, ihre Situation als unrechtmäßige wahrzunehmen oder sie nach außen zu kommunizieren, häufig befinden sie sich auch in einer (emotionalen) Abhängigkeit. Da die Kindeswohlgefährdung immer wieder von den unmittelbaren Erziehungs- oder Bezugspersonen ausgeht, findet sie im geschützten Raum der Familie bzw. des häuslichen Zusammenlebens statt.

Kindeswohl und häusliche Gewalt

Besondere Bedeutung für den unmittelbaren Schutz des Kindeswohls haben die polizeilichen Einsätze wegen häuslicher Gewalt (▶ Kap. 6). Jenseits der Meldepflicht an das Jugendamt bestehen besondere Regelungen zum Schutz anwesender Kinder. Nach Möglichkeit sollten diese »im Akuteinsatz … aus dem Einsatzgeschehen« entfernt und in die Obhut von NachbarInnen oder Verwandten gegeben werden (Kraft/Keller 2017, S. 244). In Konfliktsituationen sollen die PolizistInnen die anwesenden Kinder/Jugendlichen persönlich ansprechen, ihnen gegenüber transparent darstellen, warum sie was tun, und sie sollen nach Möglichkeit vermeiden, »Zwangsmaßnahmen gegen ein Elternteil vor Augen der Kinder« durchzuführen (Nöthen-Schürmann 2013, S. 368). Allerdings geben Kraft/Keller (2017, S. 244) zu bedenken, dass »schon aus Eigensicherungsgründen – nicht erwartet werden kann, dass sich ein Beamter aus dem Einsatz ›ausklinkt‹ und sich ausschließlich mit dem Kind beschäftigt.« Realistisch seien eher »kleine Gesten und kurze Ansprache«, um dem Kind »zu signalisieren, dass man es wahrgenommen hat.«

Zweifellos haben die rechtlichen Veränderungen in den beiden vergangenen Jahrzehnten die Opfer (auch in der polizeilichen Wahrnehmung) gestärkt. Das gilt für die Einsätze bei häuslicher Gewalt generell und auch im Hinblick auf die Kinder. Der Opferschutz ist gleichwohl keine gleichberechtigte Aufgabe neben Strafverfolgung und Gefahrenabwehr (wie das das gleichschenklige Dreieck bei Nöthen-Schürmann 2013, S. 466, nahelegt), sondern er ist nur ein Aspekt, der bei der Wahrnehmung von Aufgaben zu beachten ist.

Netzwerkbildung

Da jede Intervention davon abhängt, dass Kindeswohlgefährdungen bekannt werden, sind alle Bereiche und Professionen, die mit Kindern befasst sind, aufgefordert, aktiv an der Aufdeckung von Kindeswohlgefährdungen mitzuwirken. »Interdisziplinäre Kooperation« ist das Stichwort, in deren Zentrum das Jugendamt steht, das mit der Medizin (niedergelassene ÄrztInnen, Krankenhäuser, Gesundheitsämter …), mit erzieherischen und pädagogischen Einrichtungen (Kinderkrippen und -gärten, Schulen …) und mit zivilgesellschaftlichen Akteuren zusammenarbeitet. Zentrale Elemente dieses Aufdeckungs- und Interventionsverbundes sind:

- Durch das »Gesetz zur Weiterentwicklung der Kinder- und Jugendhilfe« (KICK) wurde ab 2005 der Schutzauftrag des Jugendamtes konkretisiert. Mit § 8a SGB VIII wurde ein abgestuftes Verfahren beim Verdacht auf Kindeswohlgefährdung eingeführt.
    - Erhält das Jugendamt gewichtige Anhaltspunkte, muss das Risiko durch mehrere Fachkräfte eingeschätzt werden. Sofern nach fachlicher Einschätzung erforderlich und im Einzelfall vertretbar, sind die betroffenen Kinder/Jugendlichen und die Erziehungsberechtigten an der Gefährdungseinschätzungen zu beteiligen.
    - Hält das Jugendamt Hilfen für geeignet und notwendig, sind diese den Erziehungsberechtigten anzubieten.
    - Wenn das Jugendamt es für erforderlich hält, ist das Familiengericht anzurufen. Bei Gefahr im Verzug ist es verpflichtet, den/die Jugendliche/n in Obhut zu nehmen.
    - Das Jugendamt hat die Erziehungsberechtigten aufzufordern, die Gefahr abzuwenden. Wollen oder können sie dies nicht, hat das Jugendamt die zu-

ständigen Stellen einzuschalten. Bei diesen Stellen kann es sich um andere Sozialleistungsträger, um Einrichtungen der Gesundheitshilfe oder die Polizei handeln. Die Verpflichtungen gelten ausdrücklich auch für die vom Jugendamt beauftragten Freien Träger; die dem Jugendamt »gewichtige Anhaltspunkte« für den Verdacht auf eine Kindeswohlgefährdung mitteilen müssen (§ 8a SGB VIII; zur Gefährdungseinschätzung s. Biesel/Urban-Stahl 2018, S. 246–278).

- Nach einer mehrjährigen Modellphase wurden die Frühen Hilfen 2011 durch das »Gesetz zur Kooperation und Information im Kinderschutz« (KKG) verpflichtend eingeführt. Die »Frühen Hilfen« erstrecken sich vom Beginn der Schwangerschaft bis zum dritten Lebensjahr. Sie sind an die Eltern adressiert, die in ihrer Erziehungsarbeit unterstützt werden sollen. Das »Erkennen von Risiken« auf Kindeswohlgefährdung soll durch »soziale Frühwarnsysteme mit effektiven Kooperationsstrukturen« gewährleistet werden (Kreyssig 2013, S. 301).

Das KKG war als Teil des Bundeskinderschutzgesetzes (»Gesetz zur Stärkung eines aktiven Schutzes von Kindern und Jugendlichen, BKiSchG«) verabschiedet worden. Durch dieses Gesetz soll das Wohl von Kindern und Jugendlichen geschützt und ihre Entwicklung gefördert werden. Um dies zu gewährleisten, sollen Risiken frühzeitig erkannt, Gefährdungen oder weitere Gefährdungen vermieden werden (§ 1 BKiSchG). In § 3 Abs. 2 KKG werden »Rahmenbedingungen für verbindliche Netzwerkstrukturen« formuliert. Diese Netzwerke sollen flächendeckend etabliert werden. Der Kreis der zu Beteiligenden ist weit gefasst.

> **§ 3 Abs. 2 KKG: Rahmenbedingungen für verbindliche Netzwerkstrukturen**
>
> »In das Netzwerk sollen insbesondere Einrichtungen und Dienste der öffentlichen und freien Jugendhilfe, Einrichtungen und Dienste, (…. die Leistungen nach dem SGB XII erbringen, NP), Gesundheitsämter, Sozialämter, Schulen, Polizei- und Ordnungsbehörden, Agenturen für Arbeit, Krankenhäuser, Sozialpädiatrische Zentren, Frühförderstellen, Beratungsstellen für soziale Problemlagen, Beratungsstellen nach den §§ 3 und 8 des Schwangerschaftskonfliktgesetzes, Einrichtungen und Dienste zur Müttergenesung sowie zum Schutz gegen Gewalt in engen sozialen Beziehungen, Familienbildungsstätten, Familiengerichte und Angehörige der Heilberufe einbezogen werden.«

Die Polizei ist eine unter vielen zu beteiligenden Institutionen; nach einer Erhebung des Deutschen Jugendinstituts war sie im Jahr 2014 an 97 % aller Kooperationen im Kinderschutz beteiligt (van Santen/Seckinger 2018, S. 302). Ihre Zuständigkeiten und ihre »Leistungen« erstrecken sich nur auf wenige Aspekte. Sie hat eine spezifische Perspektive, die sich aus ihrer allgemeinen Aufgabenbeschreibung ergibt, und sie verfügt über besondere Ressourcen, die sie einbringen kann. Die Unterschiede zu anderen Beteiligten werden in Tabelle 12 deutlich. Institutionell steht im Kinder- und Jugendschutz und damit auch in Fragen der

Kindeswohlgefährdung das Jugendamt im Zentrum. Die Rolle der Polizei lässt sich deshalb an ihrem Verhältnis zum Jugendamt genauer bestimmen. Sieht man von der Benachrichtigung des Jugendamtes ab, wenn Ermittlungen gegen Jugendliche eingeleitet werden (s. o.), dann ergeben sich zwei direkte Bezugspunkte dadurch, dass die Polizei das Jugendamt benötigt oder umgekehrt das Jugendamt die Polizei (▶ Tab. 12).

Tab. 12: Perspektiven auf den Kinderschutz

Kindeswohlgefährdung bedeutet für	Kriterien (Code)	Interventionslogik	Typische Interventionsanlässe
SozialarbeiterInnen	Hilfe/Nichthilfe	erkennen, einschätzen, verstehen, helfen	Wahrnehmung von Hinweisen
LehrerInnen	Leistung/Versagen	melden, abwenden	auffälliges etc. Verhalten in der Schule
ÄrztInnen	gesund/krank	erkennen, heilen	atypische Verletzungen, Schädigungen, Verhalten
PsychologInnen	normal/deviant	analysieren, therapieren	Entwicklungsauffälligkeiten, -störungen
RichterInnen	Recht/Unrecht	gerichtliche Anordnungen	Sorgerecht, § 1666 BGB
PolizistInnen	Ordnung/Unordnung	Gefahr abwehren, Ermittlungen einleiten	häusliche Gewalt, Alkohol, Drogen, Delinquenz der Erziehenden

Biesel, K./Urban-Stahl, U. (2018): Lehrbuch Kinderschutz. Weinheim, Basel: Beltz Juventa

Die Polizei ist auf die Hilfeleistungen des Jugendamtes dann angewiesen, wenn sie Kinder oder Jugendliche an Orten oder zu Zeiten antrifft, wo bzw. wenn ihnen der Aufenthalt untersagt ist, oder es sich um Orte handelt, die als gefährdende Orte für die Minderjährigen gelten. Sofern dem Wegweisen keine Folge geleistet wird oder das Wegweisen selbst das Wohl des Kindes/Jugendlichen gefährden würde, werden die Betroffenen zu den Erziehungsberechtigten gebracht – falls nicht auch darin eine Gefahr für das Kindeswohl gesehen wird. Ist das Nachhause-Bringen nicht möglich, sind die Kinder vom Jugendamt in Obhut zu nehmen. Weil Jugendämter im Normalfall weder in den Nachtstunden noch an den Wochenenden besetzt sind, bedeutet das, dass die Polizei sich um die Unterbringung der Kinder/Jugendlichen kümmern muss. Um dies zu vermeiden, fordern die Polizeien seit langem, dass die Jugendämter einen jederzeit erreichbaren Notdienst einführen. Das ist nur in wenigen Großstädten in Deutschland realisiert.

Die Jugendämter benötigen die Polizei in zwei Bereichen. Der erste betrifft die *Vollzugshilfe*, etwa wenn eine Inobhutnahme daran scheitert, dass die Familie die MitarbeiterInnen des Jugendamtes nicht in die Wohnung lässt. Dann erlaubt die Zuhilfenahme der Polizei, die Wohnung auch gegen die Willen der BewohnerInnen zu betreten. Die Polizei ist auch ausgestattet, ausgebildet und befugt, die Inobhutnahme notfalls mit Gewalt herbeizuführen. Um gerichtliche Anordnungen in jedem Fall durchsetzen zu können, ist der Rückgriff auf die Polizei unverzichtbar (Kraft/Keller 2017, S. 151).

Polizeiliche Verdachtsschöpfung

Das zweite Feld polizeilicher »Hilfen« für die Jugendämter besteht in der *Hinweisgebung* und Verdachtsschöpfung in Fällen der Kindeswohlgefährdung. Die Verpflichtung zur Meldung an das Jugendamt ergibt sich aus § 8a SGB VIII. Im Rahmen der lokalen Netzwerke sollen entsprechende Vereinbarungen (auch) zwischen der Polizei und den Jugendämtern getroffen werden. In einer brandenburgischen Kooperationsvereinbarung heißt es:

> »Werden der Polizei bei Einsätzen, Meldungen oder Anhörungen gewichtige Anhaltspunkte für die Gefährdung eines Kindes oder Jugendlichen bekannt, so erfolgt umgehend eine Meldung an das Amt für Jugend ...« (Nisse 2012, S. 94).

Die Statistik der Kinder- und Jugendhilfe des Statistischen Bundesamts wertet jährlich die den Jugendämtern gemeldeten Verdachtsfälle auf Kindeswohlgefährdung aus. Nach der Verdachtsbewertung der Ämter werden die Meldungen in vier Kategorien erfasst:

1. Bestätigte »akute Kindeswohlgefährdung«, d. h. eine Schädigung ist bereits eingetreten oder mit Sicherheit zu erwarten und eine Abhilfe durch die Sorgeberechtigten ist nicht zu erwarten.
2. »Latente Kindeswohlgefährdung«, d. h. die Gefahr kann nicht eindeutig bestätigt, aber auch nicht ausgeschlossen werden.
3. Es liegt keine Gefährdung, aber ein Hilfe- oder Unterstützungsbedarf vor.
4. Weder Kindeswohlgefährdung noch ein Hilfebedarf liegen vor.

Tabelle 13 fasst einige Angaben aus den Statistiken von 2012 bis 2018 zusammen. Die Gesamtzahl der Verdachtsmeldungen ist seit 2012 um fast 50 % angestiegen. Der Anteil der bestätigten Fälle (akut und latent) ist von knapp 36 % auf etwas über 32 % gesunken, die der Verfahren, in denen keinerlei Reaktion erfolgte, ist von ca. 32 % auf ca. 34 % gestiegen (▶ Tab. 13).

In der Tabelle ist auch ausgewiesen, von wem die Verdachtsmeldungen ausgehen. Mit Abstand die meisten Verdachtsmeldungen werden von Gerichten, den Staatsanwaltschaften oder der Polizei erstattet. Rund 30 % der aus dem Justiz- und Polizeibereich erstatteten Verdachtsmeldungen werden durch die Jugendämter bestätigt. Fast doppelt so hoch ist die ›Trefferquote‹ bei den Diensten und Einrichtungen der Erziehungshilfe, den Einrichtungen der Jugendarbeit und der Kinder- und Jugendhilfe sowie bei den Meldungen durch die Betroffenen selbst. Rund die Hälfte der (bestätigten) Fälle aus dem Justiz- und Polizeibereich wurden durch Hinweise auf Vernachlässigungen ausgelöst.

B Foren und Formen der Zusammenarbeit

Tab. 13: Verdachtsmeldungen auf Kindeswohlgefährdung

	Verdachtsmeldungen auf Kindeswohlgefährdung 2012–2018 (Verfahren)				
		Bewertet vom Jugendamt als			
	gesamt	akute	latente	Hilfe-bedarf	keine
2012	106.623	16.875	21.408	33.884	34.456
2013	115.687	17.211	21.411	37.848	39.217
2014	124.213	18.630	22.419	41.543	41.621
2015	129.485	20.806	24.188	43.185	41.306
2016	136.925	21.571	24.206	46.623	44.525
2017	143.275	21.694	24.054	48.949	48.578
2018	157.271	24.939	25.473	52.995	53.864
	Akute und latente Kindeswohlgefährdungen 2018 (Betroffene)				
		Art der Kindeswohlgefährdung			
	gesamt	Vernach-lässigung	körperliche	psychische	sex. Gewalt
Akute	32.162	14.906	7.764	8.014	1.478
Latente	29.402	15.642	5.315	7.549	976
Gesamt	61.564	30.548	13.079	15.563	2.454
	Wer meldet den Verdacht (2018)				
	gesamt	akute oder latente	akute	% = akute und latente an allen Meldungen	
Jugendamt/ Sozialer Dienst	9.225	4.145	2.370	44,5	
Beratungsstelle	1.776	651	290	36,7	
Andere Erzie-hungshilfe	6.258	3.649	1.912	58,3	
Einrichtung Kinder und Jugendhilfe	5.000	3.024	1.576	59,5	
Kindertagesein-richtung	5.084	1.864	842	36,7	
Schule	16.682	6.372	2.910	38,2	
Gesundheitswesen	9.580	3.505	1.884	36,6	
Polizei/Gericht/StA	38.627	10.942	5.391	29,7	
Eltern/P-Sorge-berechtigte	10.673	3.725	1.892	34,9	

Tab. 13: Verdachtsmeldungen auf Kindeswohlgefährdung – Fortsetzung

	Wer meldet den Verdacht (2018)			
	gesamt	akute oder latente	akute	% = akute und latente an allen Meldungen
Minderjährige selbst	3.326	1.950	1.329	58,6
Verwandte	7.595	2.114	978	27,8
Bekannte/NachbarInnen	17.118	3.316	1.290	19,4
Anonym	16.738	2.697	1.015	16,1
Sonstige	9.519	2.468	1.160	25,9
Verdachtsmeldungen durch Polizei, Gericht, Staatsanwaltschaft (2018)				
Art der Kindeswohlgefährdung				
	gesamt	Vernachlässigung	körperliche	psychische	sex. Gewalt
Akute	5.391	2.785	1.425	2.188	291
Latente	5.551	2.486	1.006	2.525	163
Gesamt	10.942	5.271	2.431	4.723	454

Daten aus: Statistisches Bundesamt 2019b

In der Jugendhilfestatistik wird nicht differenziert, ob die Meldungen von Gerichten, von der Staatsanwaltschaft oder der Polizei ausgingen. Wegen der Nähe zum Geschehen ist es aber plausibel davon auszugehen, dass der überwiegende Teil der Meldungen von der Polizei veranlasst wurde. Die Statistik weist die Polizei als die Institution aus, von der die meisten Verdachtsmeldungen erstattet werden; zugleich bestätigt die jugendamtliche Überprüfung allerdings in 70 % der Meldungen den Verdacht nicht.

In einigen Bereichen des »Frühwarnsystems Kindesmisshandlung« gibt es elaborierte Indikatoren-Kataloge, die das Entdecken von Kindesmisshandlungen erleichtern sollen. So hat z. B. die Arbeitsgemeinschaft der Wissenschaftlichen Medizinischen Fachgesellschaften 2019 eine umfangreiche »Kinderschutzleitlinie« veröffentlicht, die Handlungsempfehlungen für den medizinischen Kinderschutz enthält, die bis auf die Ebene von »Kitteltaschenkarten« konkretisiert sind (AMWF 2019).

Ein derartiger Indikatoren-Katalog existiert für den polizeilichen Bereich nicht. In einigen Bundesländern gibt es »Checklisten bzw. Merkblätter«, die den PolizistInnen im Einsatz helfen sollen, Anzeichen auf Verletzung der Fürsorgepflicht oder Misshandlungen zu erkennen; diese sind nicht veröffentlicht (Nisse 2012, S. 64). Meldungen an das Jugendamt sind unausweichlich, sofern Kinder als Opfer von Straftaten im Spiel sind. Meldungen liegen auch nahe, wenn Kinder/Jugendliche an sie gefährdenden Orten aufgegriffen werden und es sich dabei um mehr als nur ein singuläres Ereignis handelt (▶ Kap. 7.2).

Wodurch die Verdachtsmeldungen tatsächlich ausgelöst werden, ist unbekannt. In den Bundesländern existieren verschiedene Versuche, »Frühwarnsysteme« im Kinderschutz zu etablieren. Franzheld (2017) hat die »Verdachtsarbeit Kinderschutz« vergleichend bei der Polizei, bei ÄrztInnen und in der Sozialen Arbeit untersucht. Für die Polizei hat er einschlägige Dokumente (etwa die Meldebögen) ausgewertet und sechs Interviews geführt. Er unterscheidet drei Phasen:

- die der Verdachtsbildung,
- die der Verdachtsartikulation und die der Abklärung und
- der Delegation von Verantwortung.

Für die Bildung eines Verdachts wird zwischen privaten und öffentlichen Räumen unterschieden. In öffentlichen Räumen werde die Polizei im Rahmen allgemeiner Tätigkeiten auf mögliche Fälle der Kindeswohlgefährdung aufmerksam. Im privaten Bereich sei die häufigste Konstellation, dass die Polizei gerufen werde. Franzheld identifiziert verschiedene Strategien, wie PolizistInnen Einlass in Wohnungen zu erlangen suchen, auch wenn die rechtlichen Vorgaben nicht gegeben sind. Die polizeilichen Verdachtsbögen zeigten, dass Gefährdungsanzeichen im öffentlichen Raum durch das Aufgreifen eines Kindes oder Schläge gegen ein Kind oder der Umstand, dass ein Kind alleine im PKW zurückgelassen wurde, ausgelöst werden. Als auf die Wohnung bezogene Verdachtsmomente gelten: laute Geräusche aus der Wohnung, verwahrloster Zustand der Wohnung (verqualmt, unsauber, chaotischer Zustand, penetranter Geruch, hygienisch fragwürdige Verhältnisse, Säcke mit schmutziger Kinderbekleidung und Müll), Drogenfunde sowie eine verschlossene Wohnungstür und der Umstand, dass das Kind die Wohnung unerlaubt verlässt (ebd., S. 112). Insgesamt handele es sich um eine »strukturell bedingte Beiläufigkeit der Gefährdungseinschätzung«, weil für die PolizistInnen die Verfolgung von Delikten zentral sei und der Wohnungszutritt häufig verwehrt werde (ebd., S. 119). Für die Zwischenphase der »Verdachtsartikulation« stellt Franzheld das »Fehlen beruflicher Bewertungskategorien« fest; diese würden durch »persönliche Wertmaßstäbe« und die »allgemeine() Lebenserfahrung« ersetzt, die eine Zuordnung in sich »in dichotomen Abweichungssemantiken (normal vs. verdächtig, ordentlich vs. unordentlich usw.)« erlaubten (ebd., S. 132). Die letzte Phase ist demnach durch konkrete Handlungen am Gefahrenort (von deeskalierenden Gesprächen bis zu polizeilichen Maßnahmen) sowie durch die Begrenzung eigener Zuständigkeiten gekennzeichnet. Die PolizistInnen sähen ihre Aufgabe in der Bewältigung gefahrträchtiger Situationen. Da die Gefährdungen von Kindern regelmäßig in »strukturell verankerte(n) wohnraumspezifische(n) Gefahrenlagen und polizeibekannten Gefährdungsmilieus« gesehen werden, die die Polizei nicht beeinflussen kann, sähen sich die PolizistInnen eher in einer nachgeordneten Rolle. »Im Ergebnis«, so Franzheld (ebd., S. 147), »dokumentiert sich in den beruflichen Selbstansprüchen ein kinderschutzbezogenes Herabstufen der Polizeiarbeit zur subordinierten Service- und Hilfstätigkeit.«

Die etwa zeitgleich entstandene Untersuchung von Turba (2018) ist nicht auf die Verdachtsschöpfung beschränkt, sondern versucht zu bestimmen, wie auf Kinderschutz spezialisierte PolizistInnen »deutend und handelnd« die »institutionelle Komplexität« ihrer »hybriden« Berufswelt verarbeiten. Die »Hybridität« des Kinderschutzes resultiert laut Turba aus der gleichzeitigen Anforderung von Strafverfolgung und Hilfegewährung, die für den polizeilichen Kinderschutz kennzeichnend sei. Aufgrund von Interviews und teilnehmender Beobachtung werden Fremd- und Selbsterwartungen, die Überzeugungen der PolizistInnen und ihr Handeln analysiert.

Turba unterscheidet die Dimensionen des Dürfens, Könnens und Wollens: Das »Dürfen« wird durch die gesetzlichen Vorgaben abgesteckt. Sobald die rechtlich definierten Handlungsschwellen erreicht sind (Verdacht auf eine Straftat, Abwehr konkreter Gefahren, Zuständigkeit anderer Behörden), wird das Handeln durch diese bestimmt. Wenn PolizistInnen von diesen Handlungsmustern abweichen, etwa zugleich auch unterstützend, helfend, empathisch tätig werden, dann geschieht das auf der informellen Ebene. Das »Können« der PolizistInnen wird laut Turba nicht allein durch deren individuelle Kompetenzen und die zur Verfügung stehenden zeitlichen und personellen Ressourcen bestimmt, sondern durch spezifische Konstellationen des »Kontakts«. »Tragfähige Arbeitsbündnisse« zwischen PolizistInnen und den Beteiligten an Gefährdungen oder Schädigungen seien nur schwer zu verwirklichen, weil der polizeiliche Auftrag ein Zuwarten, eine Nicht-Intervention nicht erlaube. Wenn aber AdressatInnen die Zusammenarbeit mit der Polizei ablehnen oder keine Hilfe annehmen wollen, dann werde das als Scheitern des eigenen Handelns bewertet, das zum Rückzug auf das polizeiliche »Kerngeschäft« (Gefahrenabwehr und Strafverfolgung) führe. Dies wiederum wirke zurück auf das polizeiliche Wollen: Zwar sähen die PolizistInnen sich nicht als »Crime Fighter«, aber ihre auf Deeskalation, Verstehen und Verständigung ausgerichtete Orientierung, die sie als Quasi-SozialarbeiterInnen erscheinen lasse, gerate in Konflikt mit den dominierenden – auch innerhalb der Polizei dominierenden – Vorstellungen über die »richtige« Polizei. In der Praxis schlage sich diese Spannung in einem »vergleichsweise autoritäre(n) Stil« polizeilicher Kommunikation nieder. Auch wenn die Polizei nicht spezifisch polizeilich reagiere, bliebe ihr Handeln durch eine gewisse »Färbung« gekennzeichnet: »Polizei bleibt – am Ende des Tages eben doch – Polizei« (Turba 2018, S. 367).

Im Hinblick auf die Soziale Arbeit im Feld des Kinderschutzes sind zwei Feststellungen Turbas von Bedeutung: Erstens sieht er Gemeinsamkeiten zwischen den polizeilichen Fachleuten und sozialarbeiterischen Orientierungen. Namentlich bestehen diese in der Bedeutung von Prävention und in der stärkeren Hinwendung zum Opfer. Hier denken und agieren beide Professionen in ähnlicher Weise, so dass sie eine Basis der Zusammenarbeit bilden. Inwiefern diese jedoch im Einzelfall handlungsleitend werden, ob die Verpflichtung zur Strafverfolgung oder Zwangsmaßnahmen der Gefahrenabwehr Vorrang erhielten, das sei von den Umständen des Einzelfalls abhängig. Zweitens wird bei Turba – wie in der Studie von Franzheld – deutlich, dass die PolizistInnen sich relativ bereitwillig auf ihr eigenes Terrain zurückziehen und die weitere ›Fallbearbeitung‹ den sozialen Professionen/Institutionen überlassen.

Beide zitierten Studien erhellen den polizeilichen Raum im Feld des Kinderschutzes. Turba geht deutlich über die Rekonstruktion polizeilicher Selbstbilder, Zuschreibungen und Rechtfertigungen hinaus. Deshalb werden hier auch potenzielle Konflikte sichtbar, die für die Soziale Arbeit und mit den Betroffenen entstehen können.

Handeln im Verbund

Für die Soziale Arbeit bedeuten die Ansätze helfenden polizeilichen Handelns, dass sie in einem Feld ansetzt, das schon andere in vergleichender Weise ›bearbeitet‹ haben. Mit anderen Worten: Wird die Bereitschaft, sich auf Hilfsprozesse einzulassen, dadurch beeinträchtigt, dass dieser Weg schon von den PolizistInnen quasi einsatzbegleitend – mit ein wenig Nachdruck durch den Hinweis auf negative Konsequenzen bei Verweigerung – vorgeschlagen wurde? Was für die Soziale Arbeit als Arbeitserschwernis wirken mag, stellt für die Betroffenen einen ggf. nicht gewollten Eingriff in ihr Leben dar. Denn die Gleichförmigkeit der Interessen von PolizistInnen und Betroffenen besteht nur begrenzt. Sofern Kinder von häuslicher Gewalt als Opfer oder ZeugInnen betroffen sind, steht neben der Frage der Strafverfolgung auch die der Mitteilung an das Jugendamt im Raum.

Auf die aus Sicht der Betroffenen ggf. ambivalente Einstellung zur Strafverfolgung der TäterInnen wurde bereits oben (▶ Kap. 6.5) hingewiesen. Die PolizistInnen unterliegen bei ihren Einsätzen dem Legalitätsprinzip, und vor Gericht sind sie zur Aussage verpflichtet (Nöthen 2018, S. 271f.). Zwar sind Kinder als ZeugInnen besonders geschützt: Sie sind auf ihr Recht auf Aussageverweigerung und Zeugnisverweigerung hinzuweisen; sofern sie gegen die Erziehungsberechtigen aussagen sollen, ist zu ihrem Schutz eine Ergänzungspflegschaft einzurichten (Kraft/Keller 2017, S. 153). Sie können so die Beweislage in Ermittlungsverfahren beeinflussen, aber nicht dessen Einleitung. Dass sie auf ein weiteres Zusammenleben in der Familie hoffen, dass sie befürchten, die Probleme könnten wachsen statt kleiner werden, wenn die Strafverfolgung den Druck auf den TäterInnen weiter erhöht, und sie deshalb keine Strafverfolgung wollen, ist genauso möglich, wie dass sie vielleicht später auf einer höheren Eskalationsstufe im Strafrecht einen Ausweg aus ihrer Lage sehen. Indem ein öffentliches Interesse an der Strafverfolgung bejaht wird, sind sie an dieser Entscheidung jedoch nicht beteiligt.

Ähnlich verhält es sich mit den Verdachtsmeldungen an das Jugendamt. Das Jugendamt ist zugleich eine helfende wie eine eingreifende Institution. Es kann den Familien Hilfen anbieten, und es kann am Ende das Familiengericht anrufen, um den Eltern das Sorgerecht zu entziehen. Die Drohung, das Amt könne ihnen die Kinder ›wegnehmen‹, steht bei der Einschaltung des Jugendamtes im Raum. Nach Auffassung von Nöthen-Schürmann (2013, S. 469) soll der so »erzeugte Druck der Kindesmutter ermöglichen, einen Blick für die Not ihrer Kinder und die damit verbundene Verantwortung zu bekommen.«

Diese Rahmung durch zwei Sanktionssysteme (strafrechtlich und jugendhilferechtlich) soll den Kinderschutz mit wirksamen Instrumenten ausstatten. Sie ist aber mit dem Risiko verbunden, dass die Kooperationsbereitschaft der Betroffenen abnimmt, weil sie zu Objekten behördlichen Interesses werden. So kann ein »Teufelskreis des negativen Images der Jugendhilfe« entstehen, indem die Eltern sich gegen die Einmischung des Jugendamtes in ihr Privatleben wehren (Stadtjugendamt Erlangen/Gedik/Wolff 2018, S. 24f.).

Zwar steht die Jugendhilfe seit dem Inkrafttreten des SGB VIII deutlich unter dem Primat der Hilfegewährung. Aber das Kinder- und Jugendhilfegesetz ist weiterhin mit kontrollierenden Elementen durchsetzt. Dies gilt nicht nur in dem weiten Sinne, dass auch ›Helfen‹ eine Form der Kontrolle darstellt, indem die Hilfe auf ›Normalisierung‹ (= Angleichung an Verhaltenserwartungen) abzielt. Vielmehr verfügt das Jugendamt auch über eingreifende Maßnahmen, indem etwa Inobhutnahmen veranlasst oder das Familiengericht eingeschaltet wird. Die Beziehungen zu den Familien sind von einer Reihe von darüberhinausgehenden Konflikten bestimmt (Freiwilligkeit vs. Zwang, Vertrauen vs. Misstrauen, asymmetrische Machtverteilung) (Biesel/Stahl-Urban 2018, S. 172–176).

Je enger die sozialen Hilfen mit dem Polizeieinsatz verzahnt sind, je mehr diese von den PolizistInnen selbst erbracht (im Sinne von Ratschlägen) oder ins Spiel gebracht werden (im Sinne von Hinweise auf ...), desto schwieriger könnte die Ausgangslage für die Sozialen Dienste oder das Jugendamt werden. Denn erstens steht die Bereitschaft zur Öffnung und Mitwirkung der Betroffenen in Gefahr, wenn sie mit Prozessen konfrontiert sind, deren Ausgang sie nicht in der Hand haben. Und zweitens werden die bestehenden Probleme um die laufenden strafrechtlichen Ermittlungen vermehrt. Parteiliche Beratung hieße dann aber die Interessen und Entscheidungen der Opfer ernst zu nehmen und gegenüber der polizeilich-strafrechtlichen Herangehensweise zu verteidigen. Wie diese Spannungen praktisch gelöst werden, ist unbekannt; Meysen (2019, 156) spricht von der »anspruchsvollen Aufgabe«, den »gegenseitigen Respekt vor den jeweiligen gesetzlichen Rahmungen« (Legalitätsprinzip und Vertrauensschutz) zu erzielen.

Für das polizeiliche Handeln ist eine »Eingriffsorientierung« charakteristisch: Wenn eine konkrete Gefahr besteht, greift die Polizei ein, um die Gefahr zu beseitigen. Ein solches Handeln ist aus der Sicht der Kinder- und Jugendhilfe nötig und unbestritten. Darüberhinausgehende Ansprüche der Eingriffslogik geraten aber mit dem Selbstverständnis des Jugendhilfesystems in Konflikt. Denn vor den Eingriffen steht im Jugendhilferecht die Hilfe, neben dem Verdacht steht das Hoffen auf die Ressourcen in den Familien und neben den Rechten der Kinder geht es auch um die der Eltern (Stadtjugendamt Erlangen/Gedik/Wolff 2018, S. 28f.).

7.3 Fazit

Das »Wohl« von Kindern und Jugendlichen ist ein hoher, in der Verfassung und im Sozialrecht geschützter Wert. Daraus ergibt sich die staatliche Aufgaben, Gefährdungen dieses Wohls entgegenzuwirken. Ziegler (2020, S. 178) hat darauf aufmerksam gemacht, dass in der gesetzgeberischen Umsetzung dieser Auftrag eine spezifische Zurichtung erfährt. Denn keineswegs werden die sozialen Lagen von Familien, ihre Wohn-, Arbeits- und materiellen Lebensbedingungen daraufhin betrachtet, ob von ihnen Gefährdungen für die Kinder ausgehen, sondern die Ursachen werden im Fehlverhalten oder im Unvermögen der Erziehungsberechtigen gesucht. Ziegler vermutet, dass sich die Praxis der Jugendhilfe verändert, wenn sie sich an einer derart isoliert wahrgenommenen Kindeswohlgefährdung orientiert. Unter den Rahmenbedingungen knapper Mittel würden die Leistungen weniger nach dem Bedarf, sondern nach den indizierten Verdachtsfällen gewährt.

Und obwohl die Arbeit der Jugendämter auf der Freiwilligkeit der AdressatInnen beruhe, entfalte der Verdacht der Kindeswohlgefährdung einen faktischen Zwang, weil hinter den vom Amt entwickelten »Schutzplänen« die Drohung mit dem Familiengericht stehe. Im Kampf gegen die Kindeswohlgefährdung sei die Jugendhilfe dabei, zu einer »obrigkeitsstaatlichen Kontroll- ... Agentur« zurückzukehren (ebd., S. 183). Der Blick auf die Verdachtsmeldungen zeigt, welche Rolle die Polizei in diesem Prozess spielt: Sie ist die quantitativ bedeutsamste ZuträgerIn für dieses System, denn sie meldet die meisten Verdachtsfälle. Je enger die (informatorischen) Vernetzungen werden, desto größere Bedeutung nehmen (diese Arten der) Kindeswohlgefährdungen ein.

Diese repressive Schlagseite wird durch Forderungen von Seiten der Polizei ergänzt, die allerdings noch nicht umgesetzt wurden. Der personen- oder familienbezogene Informationsaustausch erfolgt nur in eine Richtung: Die Polizei meldet dem Jugendamt, aber das Jugendamt meldet nicht der Polizei zurück, welche Maßnahmen eingeleitet oder nicht eingeleitet wurden. Im Moment erfolgen diese Rückmeldungen – zumindest auf der formellen Ebene – nur in aggregierter Form. Würden sie personenbezogenen Daten weitergegeben, erlaubte das verbesserte polizeiliche Lagebilder und gezieltere polizeiliche Maßnahmen. Mit anderen Worten: Der Druck auf die Familien würde weiter zunehmen.

Literaturempfehlungen

Bode, I./Turba, H. (2014): Organisierter Kinderschutz in Deutschland. Wiesbaden: Springer Fachmedien
Kavemann, B./Kreyssig, U. (Hg.)(2013): Handbuch Kinder und häusliche Gewalt. 3., aktual. u. überarb. Aufl. Wiesbaden: Springer VS
Schone, R. (2016): Hilfe und Kontrolle. In: Schröer, W./Struck, N./Wolf, M. (Hg.): Handbuch Kinder- und Jugendhilfe. 2., überarb. Aufl. Weinheim, Basel: Beltz Juventa

8 Drogen(-Szenen)

> ☞ **Was Sie in diesem Kapitel erwartet**
>
> Drogen gehören zum Alltag westlicher Gesellschaften. In diesem Kapitel werden die rechtlichen Grundlagen einer Drogenpolitik vorgestellt, die zwischen erlaubten und nicht erlaubten Drogen unterscheidet und an dem Ziel ausgerichtet ist, den Konsum der nicht erlaubten zu verhindern. Diese prohibitive Drogenpolitik führt dazu, dass die mit dem Drogenkonsum verbundenen gesundheitlichen und sozialen Probleme mit denen der (Beschaffungs-)Kriminalität und der stadträumlichen Verwahrlosung einhergehen. Dargestellt wird, wie sich lokale Arrangements herausbilden, in denen Drogenhilfe, Sozialarbeit und Ordnungskräfte labile Allianzen eingehen.

8.1 Drogen als Problem

Zwischen dem Konsum, Gebrauch, Genuss etc. von Drogen und Sozialer Arbeit bestehen vielfältige Verschränkungen (s. Stürmer 2014).

- Erstens entstehen sie durch die gesundheitlichen Gefahren, die von Drogen ausgehen; dabei steht der Schutz von Kindern und Jugendlichen häufig im Vordergrund.
- Zweitens ist – nach Art der Drogen in unterschiedlicher Intensität oder Wahrscheinlichkeit – ihr Konsum mit der Gefahr der Abhängigkeit verbunden. Drogenabhängigkeit kann schnell zu sozialen Problemen führen: in der Alltagsbewältigung, im Zusammenleben, auf dem Arbeitsmarkt.
- Drittens ist Besitz von und der Handel mit bestimmten Drogen unter Strafe gestellt. Wer mit verbotenen Drogen umgeht, ist kriminalisiert und der Strafverfolgung ausgesetzt. Auch aus diesem Grund können DrogenkonsumentInnen AdressatInnen sozialer Hilfe werden.

Bereits in diesen Bezügen werden die beiden grundlegenden Perspektiven sichtbar, aus denen das ›Drogenproblem‹ betrachtet werden kann: Handelt es sich primär um ein gesundheitliches Problem, dann werden damit Interventionen nahegelegt, die einer medizinischen Logik folgen. Dann werden die UserInnen als Kranke oder gesundheitlich Gefährdete betrachtet, dann muss präventiv gehandelt werden (Aufklärung, Einschränkungen der Zugänglichkeit), dann müssen die Gefahren des Konsums verringert werden (Qualitätsstandards und -kontrollen, lizenzierte Abgaben) und dann muss das Hilfsangebot (Behandlungs- und Therapiemöglichkeiten) ausgebaut werden. Wird das Drogenproblem hingegen primär als eine bestimmte Form von Kriminalität wahrgenommen, dann stehen andere Strategien im Vordergrund: Die Verbote müssen durchgesetzt, der polizeiliche Verfolgungsdruck erhöht, die Vertriebswege aufgedeckt, die Lieferanten und die ›Hintermänner‹ mit den Mitteln des Strafrechts zur Verantwortung gezogen werden.

Das sind zugleich die Perspektiven, die im Feld der Drogen für Soziale Arbeit und Polizei dominierend sind. Das Handeln der Polizei wird geprägt von der rechtlichen Perspektive, das der Sozialen Arbeit von den persönlichen und sozialen Problemen, die aus dem Drogenkonsum resultieren können. Diese Ausgangskonstellation verweist aber zugleich auf die Spannungen zwischen beiden Orientierungen, denn Qualitätskontrollen und Strafbarkeit des Besitzes widersprechen sich ebenso wie konsequente Strafverfolgung und Hilfe für KonsumentInnen – zumindest auf den ersten Blick.

8.2 Rechtlicher Rahmen

Mit dem »Betäubungsmittelgesetz« (»Gesetz über den Verkehr mit Betäubungsmitteln«, BtMG) von 1971 wurde der bis heute grundlegende Rahmen staatlicher Drogenpolitik in Deutschland geschaffen. Das Gesetz stellte eine Reaktion auf die erste »Drogenwelle« dar, die seit Ende der 1960er Jahre in der Bundesrepublik vor allem die jüngere Generation erfasst hatte. Wenngleich das eine verglichen mit der späteren Entwicklung sehr niedrige Welle war, so reichte sie als Anlass für gesetzgeberische Aktivitäten. Das BtMG folgt einem prohibitionistischen Ansatz, d.h. es wollte und will durch Strafandrohungen der Verbreitung von Drogen Einhalt gebieten. Zu diesem Zweck reguliert(e) das Gesetz den »Betäubungsmittelmarkt«: Listen von verbotenen (»nicht verkehrsfähigen«) und erlaubten Mitteln wurden erstellt, für die erlaubten wurden Erlaubnisse, Pflichten und Kontrollen etabliert. Verstöße gegen diese Bestimmungen werden ebenso mit Strafe bedroht wie der Umgang mit verbotenen Betäubungsmitteln.

Der kurze sechste Abschnitt des BtMG enthält die Strafvorschriften. Zentral ist § 29 BtMG, in dem eine Reihe von Verstößen als Vergehen (Freiheitsstrafe bis zu vier Jahren oder Geldstrafe) definiert werden. Viele dieser – mittlerweile 15 – Vergehen richten sich an Apotheken, die pharmazeutische Industrie und den Handel mit pharmazeutischen Produkten, ÄrztInnen etc. Für die allgemeine Wirkung des BtMG sind insbesondere § 29 Nr. 1 und Nr. 3 BtMG von Bedeutung. Nach Nr. 1 wird mit Strafe bedroht, wer »Betäubungsmittel unerlaubt anbaut, herstellt, mit ihnen Handel treibt, sie, ohne Handel zu treiben, einführt, ausführt, veräußert, abgibt, sonst in den Verkehr bringt, erwirbt oder sich in sonstiger Weise verschafft«; Nr. 3 stellt unter Strafe, wer »Betäubungsmittel besitzt, ohne zugleich im Besitz einer schriftlichen Erlaubnis für den Erwerb zu sein«. Kurz gesagt: Unter Strafe gestellt werden Herstellung, Handel und Besitz; nicht unter Strafe gestellt wird der Konsum von »Betäubungsmitteln«.

In der Anlage I des BtMG werden jene Stoffe aufgelistet, die nicht in Verkehr gebracht werden dürfen. Diese (wie die beiden anderen Anlagen) können durch Rechtsverordnung des Bundesgesundheitsministeriums verändert werden. Damit soll den Entwicklungen bei Drogen und auf Drogenmärkten Rechnung getragen werden. Indem des BtMG bestimmte Stoffe/Drogen/Betäubungsmittel verbietet, schafft es nicht nur die Basis entsprechender Strafverfolgung, sondern auch die Basis für die Entwicklung irregulärer Märkte (›Schwarzmarkt‹). Die Prohibition führt deshalb zwangsläufig zur Herausbildung krimineller Organisationen, die den unregulierten Markt und den fehlenden offenen Wettbewerb nutzen. Zugleich führt sie zu Drogen in unkontrollierter Qualität und zu erhöhten Preisen. Beides mit negativen Folgen für die KonsumentInnen: Beimischungen und Verunreinigungen erhöhen die gesundheitlichen Risiken, die hohen Preise befördern den Weg in die »Beschaffungskriminalität« (s. Wehinger 2011, S. 20–32).

Obgleich der prohibitive Kern des BtMG auch nach 50 Jahren weiterhin Bestand hat, hat es in der Vergangenheit Aufweichungen gegeben, die Hilfe für die KonsumentInnen und »Harm Reduction« (Schadensminderung) ermöglichen sollen. 2014 betonte die Bundesregierung den »starken gesundheitspolitischen Ansatz« ihrer Drogenpolitik. Denn das BtMG erlaube mittlerweile

- die Einrichtung von Drogenkonsumräumen (§ 10a BtMG),
- ärztliche Substitutionsbehandlungen (§ 13 BtMG),
- die Ausgabe von Einmalspritzen (§ 29 BtMG),
- die Einstellung von Ermittlungsverfahren durch Staatsanwaltschaft oder Gericht unter bestimmten Voraussetzungen (§ 31a BtMG) – dem Grundsatz »Hilfe statt Strafe« folgend –,
- die Zurückstellung der Strafvollstreckung nach dem Prinzip »Therapie statt Strafe (§§ 35–38 BtMG) (BT-Drs. 18/2937, S. 3).

Durch diese Bestimmungen werden die Folgen der prohibitiven Drogenpolitik auf der Ebene der KonsumentInnen abgemildert. Es werden Inseln des tolerierten Konsums geschaffen, und zugleich wird die Strafandrohung unter bestimmten Voraussetzungen im Einzelfall zurückgestellt. Dies ist aber nur ein partieller Rückzug; die grundsätzliche Ausrichtung der Drogenpolitik wird durch diese Aufweichungen nicht verändert.

Diese Drogenpolitik sieht sich einer doppelten Herausforderung gegenüber: Sie ist dauerhaft mit Gruppen und Milieus konfrontiert, die ihre Verbote missachten. Und sie fußt auf einer fragwürdigen Begründung. Denn das BtMG wurde und wird mit den durch Drogen drohenden Gesundheitsgefahren gerechtfertigt. In der Begründung des Gesetzentwurfes von 1971 schrieb die Bundesregierung:

> »Es geht darum, den einzelnen Menschen, insbesondere den jungen Menschen vor schweren und nicht selten irreparablen Schäden an der Gesundheit und damit vor einer Zerstörung seiner Persönlichkeit, seiner Freiheit und seiner Existenz zu bewahren« (BT-Drs. 6/1877, S. 5).

Dieses Anliegen wurde und wird mit dem Einwand konfrontiert, dass der Genuss von Stoffen, die nicht durch das BtMG erfasst sind, gesundheitlich erheblich gefährlicher ist als einige der durch das Gesetz verbotene Substanzen. An der Spitze stehen hier die legale Droge Alkohol und das Rauchen von Tabak, deren Gesundheitsschädlichkeit die von sog. ›weichen Drogen‹, insbesondere Cannabisprodukte (mit dem Wirkstoff THC = Tetrahydrocannabinol), deutlich übertrifft. Im Einzelnen ist der Rang in der Gefährlichkeitsskala unterschiedlicher Drogen umstritten. Hontschick (2019, S. 13) verweist auf eine Rangliste, nach der die schädlichsten Drogen Alkohol und Tabak sind; Cannabis belege erst den achten Platz. In einer Listung europäischer SuchtexpertInnen wird ebenfalls dem Alkohol die größte, dem Tabak (nach dem Heroin) die drittgrößte Schädlichkeit zugeschrieben. Cannabis findet sich hier an sechster Stelle (Demuth/Müller 2019, S. 18).

1994 beschäftigte sich das Bundesverfassungsgericht mit dieser Frage. In seinem »Cannabis-Beschluss« wurde das BtMG bestätigt. Es liege im Ermessen des Gesetzgebers zu entscheiden, welche Stoffe er unter Strafe stelle. Im Hinblick auf Alkohol müsse man zudem in Rechnung stellen, dass »er den Genuss von Alkohol wegen der herkömmlichen Konsumgewohnheiten in Deutschland und im europäischen Kulturkreis nicht effektiv unterbinden kann« (Bundesverfassungsgericht 1994, Rdnr. 187). Zugleich wies das Gericht auf die Bedeutung des Verhältnismäßigkeitsgrundsatzes hin. Diesem trage das Gesetz dadurch Rechnung, dass es die Einstellung von Ermittlungen erlaube, sofern es um Sachverhalte gehe, »die ausschließlich den gelegentlichen Eigenverbrauch geringer Mengen von Cannabisprodukten vorbereiten und nicht mit einer Fremdgefährdung verbunden sind.« In den Fällen des § 31a BtMG (Menge zum Eigenverbrauch, geringe Schuld des Täters/der Täterin, kein öffentliches Interesse an der Strafverfolgung) resultiere aus dem Übermaßverbot, dass von der Verfolgung »grundsätzlich abzusehen« sei (ebd., Leitsatz 3).

Gemäß den Daten des »Epidemiologischen Suchtsurveys« hat der Konsum der legalen Drogen Alkohol und Tabak von 1995 bis 2018 deutlich abgenommen. Der Konsum des verbotenen Cannabis ist hingegen im selben Zeitraum gestiegen (Seitz u. a. 2019, S. 586f.). Die in der PKS ausgewiesene Rauschgiftkriminalität hat mit über 361.000 Fällen im Jahr 2019 einen historischen Höchststand erreicht. Fast 290.000 dieser Delikte entfielen auf allgemeine Verstöße nach § 29 BtMG, womit der bloße Besitz von Betäubungsmitteln gemeint ist. Fast 64 % aller erfassten Delikte bezogen sich auf Cannabis-Produkte. Auch diese Zahlen steigen seit 2010 kontinuierlich (BKA 2020d, S. 155f.). Sowohl das polizeiliche Hellfeld wie die aus Befragungen gewonnenen Daten deuten in dieselbe Richtung: Das gesetzliche Verbot ist offenkundig ungeeignet, die gewünschten Wirkungen zu erzielen.

8.3 Polizeiliche Strategien

Infolge des zitierten Verfassungsgerichtsurteils haben die Bundesländer Höchstmengen für den Eigengebrauch festgelegt. Diese Höchstmengen differieren je nach Drogenart und nach Bundesland. Die Höchstgrenzen für Cannabis lagen 2018 in zwölf Bundesländern bei maximal sechs Gramm, in Nordrhein-Westfalen, Rheinland-Pfalz und Thüringen bei zehn und in Berlin bei 15 Gramm (Fröhlich 2018).

Der Bundesgerichtshof hat als unteren Grenzwert für nicht geringe Mengen folgende Gewichte festgelegt:

- Cannabis 7,5 Gramm,
- Kokain 5,0 Gramm,
- Heroin 1,5 Gramm.

Dabei ist nicht das Gewicht der Droge, sondern der jeweilige Wirkstoffgehalt gemeint. Um diesen bestimmen zu können, werden aufgefundene illegale Drogen beschlagnahmt und kriminaltechnisch auf den Wirkstoffgehalt überprüft (Wehner 2020).

Die Regelungen zu den Eigenbedarfsmengen ändern nichts an der Strafbarkeit des Besitzes. Auch wenn kleine Mengen von der Polizei aufgefunden werden, wird ein Ermittlungsverfahren eingeleitet. Erst auf der Ebene der Staatsanwaltschaft wird das Verfahren eingestellt, sofern nicht die anderen o. g. Bedingungen (keine Gefährdung anderer, geringe Schuld, kein öffentliches Interesse an der Verfolgung) der Einstellung entgegenstehen. Für die KonsumentInnen führt diese Regelung häufig zu der falschen Ansicht, der Besitz geringer Menge sei rechtmäßig, obwohl die Straffreiheit sich erst bei der rechtlichen Prüfung im Einzelfall ergibt. Für die Polizei führt die Regelung dazu, dass sie viel (Routine-)Arbeit auf die förmliche Einleitung von Ermittlungen und auf Ermittlungshandlungen verwenden muss, die dann rechtlich ohne Folgen bleiben, weil die meisten ›konsumentennahen‹ Delikte eingestellt werden.

Parallel zu den Öffnungen des BtMG in Richtung Hilfen und Schadensminderung hat der Gesetzgeber Instrumente geschaffen, durch die der Handel mit illegalisierten Drogen effektiver bekämpft werden soll. So ist eine strategische Zweiteilung entstanden, die sich in den polizeilichen Strategien niederschlägt: Am oberen Ende der »Rauschgiftkriminalität« stehen die international und vernetzt operierenden Organisationen des Handels mit illegalen Drogen. Die Polizeien verwenden erhebliche Ressourcen, diese Formen organisierter Kriminalität aufzudecken und zu zerschlagen. Spezialisierte und zentralisierte Ermittlungen auf nationaler und internationaler Ebene und geheimdienstähnliche Methoden wurden seit den 1970er Jahren auf- und ausgebaut (Busch 1995; Pütter 1998, S. 180–212). Zwar reichen die Folgen einer auf die ›Hintermänner‹ und lenkenden Organisationen ausgerichteten Polizeistrategie bis in die lokalen Drogenszenen, aber die unmittelbare Relevanz für die sozialen Akteure im Rauschgiftbereich bleibt gering.

Anders verhält es sich mit dem unteren Ende der Rauschgiftkriminalität, der Ebene des Konsums und des (häufig von KonsumentInnen zur Selbstfinanzierung betriebenen) Kleinhandels. Sie genießt wegen der faktischen Erfolgs- und der rechtlichen Folgenlosigkeit wenig polizeiliche Wertschätzung. Innerhalb der Polizei bestehen durchaus Zweifel daran, wie sinnvoll die Verfolgung von KonsumentInnen ist (s. Steckhan 2016). Im kommunalen Raum stehen diesen polizeilichen Vorbehalten allerdings lokale und lokalpolitische Interessen entgegen. Insbesondere, wenn die KonsumentInnen öffentlich wahrnehmbar sind, also vor allem bei intravenös Drogenabhängigen, oder wenn durch Beschaffungsprostitution oder -kriminalität öffentliche Sichtbarkeit besteht, entstehen schnell Anlässe und Zustände, bei denen der Ruf nach der Polizei laut wird. Auf dieser Ebene kommt in den polizeilichen Konzepten den sozial unterstützenden Einrichtungen eine große Bedeutung zu.

In einer Auswertung der Polizeilichen Kriminalstatistik konnten Cousto/Stöver (2020, S. 122f.) nachweisen, dass der Schwerpunkt polizeilicher Kontrollaktivitäten in den letzten Jahren zunehmend auf der Ebene der KonsumentInnen und den Kleinhandels liegt. In der PKS werden die konsumentennahen Delikte (also nicht Handel, Einfuhr, Herstellung etc.) als »allgemeine Verstöße« ausgewiesen. Zwischen 1991 und 1996 lag deren Anteil an allen entdeckten BtMG-Delikten zwischen 60 und 70 % schwankend, aber mit fallender Tendenz. Zwischen 1997 bis 2019 stieg dieser Anteil hingegen nahezu kontinuierlich von 64 % bis zum Höchstwert von 79,1 % im Jahr 2019.

Dabei ist von Bedeutung, dass es sich bei Drogendelikten um sog. »Kontrollkriminalität« (oder auch »Holkriminalität«) handelt. Denn es handelt sich um den klassischen Fall ›opferloser‹ Delikte: Beide Seiten des Handels wollen profitieren. Der/die HändlerIn will Geld verdienen, der/die KundIn will den Stoff. Mithin gibt es niemanden, der/die sich durch den Handel geschädigt fühlt und Anzeige erstatten könnte. Sofern Dritte nicht von Handel oder Konsum betroffen sind (s. u.), werden Drogengeschäfte nur bekannt, wenn die Polizei gezielt nach ihnen sucht. Logische Folge dieser Konstellation ist, dass die in der PKS ausgewiesene Aufklärungsquote bei Rauschgiftdelikten bei über 90 % liegt (2019: 92,4 %, BKA 2020d, S. 155).

In der PKS wird die Kriminalitätsbelastung der Bevölkerung in der »Häufigkeitszahl« gemessen, die angibt, wie viele Delikte auf 100.000 Personen entfallen. Für Kontrolldelikte lässt sich diese Angabe auch als Gradmesser der polizeilichen Kontrolltätigkeiten nutzen. Dieser »Repressionskoeffizient« (erfasste Delikte pro 100.000 EinwohnerInnen) stieg für die allgemeinen Verstöße mit Bezug auf Cannabis nahezu kontinuierlich an: von 48,3 Delikte im Jahr 1987 auf über 224 Delikte in 2019 (Cousto/Stöver 2020, S. 124). Trotz der Beteuerung, mit den Instrumenten des Betäubungsmittelrechts insbesondere den organisierten Drogenhandel zu bekämpfen, hat die polizeiliche Praxis den Druck auf die KonsumentInnen erhöht. Eine ›Liberalisierung‹ der Drogenkontrolle lässt sich auf dieser Ebene nicht feststellen.

8.4 Lokale Arrangements

Dass Polizei und Soziale Arbeit gleichzeitig gefragt sind, ist nur eingeschränkt der Fall. Die quantitativ dominierenden Drogen sind legal; Polizei kommt hier allenfalls dann ins Spiel, wenn das Jugendschutzgesetz berührt wird. Weite Teile des illegalen Drogengeschehens sind nicht mit sozialen Folgen verbunden, durch die Soziale Arbeit aktiviert würde. Dies gilt für den übergroßen Teil des Verkehrs mit den ›weichen Drogen‹; das gilt aber auch für andere illegale Drogen, die in der Regel nicht mit unmittelbaren gesundheitlichen Folgen oder sozialer Desintegration verbunden sind, Kokain oder bestimmte ›Partydrogen‹ sind die bekanntesten Beispiele. Für die Soziale Arbeit werden »Drogen« zum Anlass eigenen Handelns, wenn mit ihnen soziale oder individuelle Probleme verbunden sind.

Systematische Überschneidungen von polizeilicher Drogenbekämpfung und Sozialer Arbeit mit Drogen Konsumierenden entstehen dann, wenn Handel und Genuss in der Öffentlichkeit sichtbar werden. Das betrifft insbesondere bestimmte Straßen, Plätze, Gebiete, die sich in vielen deutschen Großstädten als Orte lokaler Drogenszenen herausgebildet haben; und das betrifft den Drogenhandel und -konsum an besonders problematisch empfundenen Orten wie Spielplätzen oder dem Umfeld von Schulen. In diesen Konstellationen wird eine weitere Gruppe in das Geschehen einbezogen: AnwohnerInnen, Geschäftsleute, Eltern, die lokale Öffentlichkeit insgesamt rufen nach der Polizei, die das illegale Treiben unterbinden soll. Zugleich werden in diesen Kontexten auch soziale Probleme sichtbar (Gesundheit, Unterkunft, Ernährung, Verhaltensauffälligkeiten), die nach sozial unterstützenden Interventionen verlangen.

Mit den o. g. Liberalisierungen des Betäubungsmittelgesetzes trug der Gesetzgeber dem Umstand Rechnung, dass auf die im öffentlichen Raum vieler Großstädte sichtbaren Probleme des Drogen-(Klein-)Handels und -konsums durch einen strikt prohibitiven Ansatz nicht angemessen reagiert werden kann. In den Regelungen zu den Drogenkonsumräumen und zur erlaubten Verabreichung von Ersatzstoffen (Substitutionsbehandlung) hat sich dies niedergeschlagen. Darüber hinaus haben sich polizeiliche Strategien entwickelt, die zu einer kontrollierten Toleranz des Drogengeschehens führen. In beiden Fällen sind Kooperationen zwischen Polizei und sozial helfenden Einrichtungen die Regel.

8.4.1 Konsumräume

Im Jahr 2000 wurde mit § 10a BtMG der Betrieb von »Drogenkonsumräumen« legalisiert. Das Gesetz versteht darunter Einrichtungen, »in deren Räumlichkeiten Betäubungsmittelabhängigen eine Gelegenheit zum Verbrauch von mitgeführten, ärztlich nicht verschriebenen Betäubungsmitteln verschafft oder gewährt wird.« Konsumräume dürfen nur nach Erlaubnis der zuständigen Behörde betrieben werden, die daran gebunden ist, dass auf Landesebene eine entsprechende Rechtsverordnung erlassen wurde (zu den Konsumräumen insgesamt s. Stöver/

Michels 2019/2020). Im Jahr 2020 hatten acht Bundesländer eine solche Verordnung erlassen; bundesweit existierten 28 Drogenkonsumräume (Drogenbeauftragte der Bundesregierung 2020, S. 55). Das BtMG gibt für diese Verordnungen zehn Punkte vor, in denen Mindeststandards formuliert werden müssen. Diese reichen von der Ausstattung der Räume, der medizinischen Beratung oder ausstiegsorientierten Angeboten bis zur Benennung einer »sachkundigen«, für den Betrieb der Einrichtung verantwortlichen Person. Drogenpolitisch ist die Reichweite der Konsumräume begrenzt. Die Mindeststandards verlangen einen hohen finanziellen Aufwand, eine Qualitätskontrolle der mitgebrachten Stoffe ist untersagt, und in den ersten Jahren waren Substituierte von den Räumen ausgeschlossen (Schäffer/Köthner 2020). Gleichwohl stellen die Konsumräume ein erfolgreiches Hilfsangebot für (schwer) Drogenabhängige dar (Klaus/Jamin/Dichtl 2019, S. 27).

In rechtlicher Hinsicht sind zwei geforderte Mindeststandards von Bedeutung: Es müssen demnach »Maßnahmen zur Verhinderung von Straftaten nach diesem Gesetz (BtMG, NP) in Drogenkonsumräumen« ergriffen werden. Davon ausgenommen ist lediglich der »Besitz von Betäubungsmitteln … zum Eigenverbrauch in geringer Menge«. Zugleich müssen die Verordnungen Bestimmungen enthalten, die »erforderliche Formen der Zusammenarbeit mit den für die öffentliche Sicherheit und Ordnung zuständigen örtlichen Behörden« gewährleisten, »um Straftaten im unmittelbaren Umfeld der Drogenkonsumräume soweit wie möglich zu verhindern« (§ 10a Abs. 2, Nr. 5 u. 6 BtMG).

Die Landesverordnungen haben diese Vorgaben in leicht variierender Weise umgesetzt. Weitere Drogendelikte in den Räumen sollen durch die Hausordnung verhindert werden. Verstöße haben einen Ausschluss aus der Einrichtung zur Folge (§ 6 Abs. 3 Drogenkonsumraum-Verordnung Nordrhein-Westfalen 2000). In Berlin sind die Straftaten »unverzüglich zu unterbinden«; bleibt dies erfolglos, ist »die Polizei zu benachrichtigen« (§ 8 Abs. 2 Drogenkonsumraum-Verordnung Berlin 2002). Negative Wirkungen auf das räumliche Umfeld der Konsumräume sollen durch drei Bestimmungen über die Zusammenarbeit mit der Polizei verhindert wirken:

1. Eine schriftliche Vereinbarung ist zwischen dem Träger der Einrichtung und »den zuständigen Gesundheits-, Ordnungs- und Strafverfolgungsbehörden« abzuschließen.
2. Die Leitung der Einrichtung muss regelmäßigen Kontakt zu diesen Behörden halten.
3. Die Einrichtung wird auch dazu verpflichtet, die »Auswirkungen auf das unmittelbare räumliche Umfeld zu beobachten und besondere Vorkommnisse zu dokumentieren« (§ 7 Drogenkonsumraum-Verordnung Nordrhein-Westfalen 2000).

In der Berliner Verordnung wird deutlich benannt, was unbedingt verhindert werden soll: Die BetreiberInnen der Konsumräume müssen »bei Beeinträchtigung Dritter, bei Störungen der öffentlichen Sicherheit und Ordnung oder bei zu erwartenden Straftaten im unmittelbaren Umfeld … bei einer sich abzeichnenden Szenebildung« eingreifen. Sofern diese Anstrengungen erfolglos bleiben, ist »unverzüglich die Polizei zu benachrichtigen« (§ 9 Abs. 2 Drogenkonsumraum-Verordnung Berlin 2002).

Die lokalen Kooperationsvereinbarungen sind nicht veröffentlicht; eine Befragung von Stöver und O'Reily (2019/20, S. 246) ergab, dass selbst die MitarbeiterInnen der Konsumräume sie nicht im Wortlaut kennen. Ihr strafverfolgender Kern dürfte darin bestehen, dass die Polizei auf gezielte Kontrollen der Räume und ihres Umfeldes verzichtet. Die vorgesehenen Kontakt-, Beobachtungs- und Meldepflichten sind der Preis, den die Einrichtungen dafür entrichten müssen, dass sie polizeilich toleriert werden. Denn Orte, zu denen Drogenabhängige kommen, böten eigentlich ausreichenden Anlass für erfolgversprechende Kontrollen. Weil diese Kontrollen aber den Sinn des Angebots unterlaufen würden, muss auf – anlasslose – polizeiliche Interventionen verzichtet werden. Dieser bewusste Verzicht auf Strafverfolgung gilt auch für andere potenzielle Kontrollorte: Spritzenautomaten wie Substitutionspraxen werden aus demselben Grund polizeilich toleriert. Inwiefern sie für verdeckte polizeiliche Beobachtungen – als Anknüpfungspunkt für weitere Ermittlungen – genutzt werden, ist unbekannt.

Zwei Aspekte sind an der geschilderten Konstellation bemerkenswert:

- Erstens wird ein Freiraum für unterstützende Leistungen geschaffen, in dem die Polizei nicht interveniert. Die Kontrolle der NutzerInnen wird an die Einrichtung übertragen, die die Verpflichtung eingeht, ggf. die Polizei zu informieren. Die Polizei ist aber weder in den Einrichtungen noch in ihrem direkten Umfeld präsent; insofern kann die Hilfe ›ungestört‹ erfolgen.
- Zweitens wird durch die Übereinkünfte das Legalitätsprinzip außer Kraft gesetzt. Selbst wenn die NutzerInnen nur die Eigenverbrauchsmengen mit sich führen, handelt es sich um eine Straftat. Die Polizei hat Kenntnis über die Existenz des Konsumraumes, mithin weiß sie auch, dass sich dort Personen aufhalten, die eine Straftat begehen. Wenn sie auf die Kontrolle dieser Räume verzichtet, dann verzichtet sie auf die Aufdeckung von Straftaten.

Dieser Verzicht ist drogenpolitisch plausibel und zwingend für das Funktionieren des Angebots. Er zeigt aber auch, dass das Legalitätsprinzip in der Praxis flexibel gehandhabt werden kann.

8.4.2 Offene Drogenszenen

Die Flexibilität in der Handhabung der Strafverfolgungspflicht zeigt sich noch eklatanter im polizeilichen Umgang mit den offenen Drogenszenen. Im Unterschied zu den Konsumräumen, wo die Sphären des Helfens und der polizeilich-strafrechtlichen Kontrolle deutlich getrennt sind, kommt es hier zu koordinierten Einsatzkonzepten ›im Feld‹.

In keiner anderen deutschen Stadt erlangten die Drogenszenen im öffentlichen Raum eine so große Bedeutung wie in Frankfurt am Main. Hier wurde –

damals noch auf unsicherer Rechtsgrundlage – der erste Drogenkonsumraum (damals als ›Druckraum‹ diskutiert) eingerichtet. In Frankfurt wurden auch unterschiedliche polizeiliche Repressionskonzepte ausprobiert. Zeitweise wurde eine Strategie verfolgt, die durch massive Polizeikontrollen die Szene dazu zwang, sich immer wieder neue Plätze, Parks oder Straßen zu suchen. Dieses »Junkie Jogging« verhinderte zwar die Verfestigung an einem Ort, vergrößerte aber nicht nur die Probleme für die UserInnen, sondern auch für die Stadt, weil die vom öffentlichen Drogenhandel und -gebrauch ausgehenden Probleme in immer wieder anderen Bereichen auftraten (s. Beste 2000, S. 187–246).

An die Stelle rein polizeilich-repressiven Vorgehens ist heute durchweg eine Strategie des kontrollierten Gewährenlassens getreten. Sie geht von der Erfahrung aus, dass Drogenszenen im öffentlichen Raum repressiv nicht verhindert werden können und dass verschärfte Kontrollen dazu führen, dass sich die Szene in andere Räume verlagert, die neue und ggf. problematischere (Sicherheits-)Probleme erzeugen. Der Ausweg aus dem Dilemma zwischen massenhaftem strafbaren Verhalten und der faktischen Unmöglichkeit, dies zu unterbinden, besteht darin, dass in bestimmten städtischen Räumen das Drogengeschehen geduldet wird, solange und sofern es ein bestimmtes Maß an negativen Begleiterscheinungen nicht überschreitet.

Diese faktischen Duldungsregionen sind äußerst labile Gebilde. Im Unterschied zu den Konsumräumen gibt es keinerlei Übereinkünfte, vielmehr fußt ihre Existenz auf polizeilich-lokalpolitischen Abwägungen. Verschieben sich die Gewichte, etwa indem die AnwohnerInnen ihre Interessen massiver vertreten oder die öffentlichen Skandalisierungen sich auf die Drogenszenen richten, kann die Repression (Präsenz, Kontrollen, Identitätsüberprüfungen, Durchsuchungen …) schnell angezogen werden.

In diesen labilen Zonen des geduldeten öffentlichen Drogenkonsums und Drogenkleinhandels werden regelmäßig Formen *polizeilich-sozialarbeiterischer Kooperation* oder Koordinierung praktiziert. Zwei bundesweit bekannte Bespiele sind der Görlitzer Park in Berlin-Kreuzberg und das Bahnhofsviertel in Frankfurt am Main.

Görlitzer Park

Der »Görlitzer Park« entstand seit den späten 1980er Jahren auf dem Gelände des im Krieg beschädigten und später abgerissenen Kopfbahnhofs der Eisenbahnlinie Richtung Görlitz und Breslau. Der größte Teil des Areals war bis zu diesem Zeitpunkt eine ungenutzte Brache. Das Gelände sollte als Freizeit- und Kulturort für die dicht besiedelten und sozial schwachen Gebiete in seiner Nachbarschaft gestaltet werden (die folgende Darstellung fußt auf Kaps 2020, S. 9–17).

Seit Ende der 1990er Jahre geriet der Park in die öffentliche Kritik. Zunächst bezog diese sich auf seine Unwirtlichkeit, auf Formen der stadträumlichen Verwahrlosung und auf Jugendkriminalität. Die baulichen Verbesserungen und die Beteiligung der AnwohnerInnen an der Gestaltung des Parks konnten nicht verhindern, dass er in der Öffentlichkeit als Angstraum und »Drogenumschlagplatz«

thematisiert wurde. Die Drogenszene bestand Anfang der 2010er Jahre in Cannabishandel und -konsum. Der Görlitzer Park wurde in dieser Zeit zu einer beliebten Adresse für BerlinbesucherInnen, die ihr Stadterlebnis mit Drogenkonsum bereichern wollten. Eine Initiative des Bezirks, zur Verminderung der Probleme die kontrollierte Abgabe von Cannabis zu ermöglichen, wurde vom Gesundheitssenator und später auch vom zuständigen Bundesinstitut für Arzneimittel und Medizinprodukte abgelehnt, das ein solches Modellprojekt hätte genehmigen können.

Im März 2014 wurden auf einem Spielplatz im Park Kokainkügelchen gefunden. Bei anschließenden Durchsuchungen fand die Polizei weitere Drogenverstecke, u. a. mit Kokain und Cristal Meth; in den folgenden Jahren entwickelte sich der Park von einem Handelsplatz für Cannabis zu einem Umschlagort auch für harte Drogen. Im Mai 2014 bildete die Polizei eine siebenköpfige Ermittlungsgruppe, die den »Fahndungsdruck« im Park hochhalten sollte. Ende Oktober wurde die Einsatzgruppe zwar wieder aufgelöst, die Polizeipräsenz im Park jedoch deutlich erhöht, und eine »Taskforce« wurde eingerichtet, der VertreterInnen verschiedener Behörden angehörten. Im März 2015 verkündete der Berliner Innensenator eine Null-Toleranz-Politik im Park: Die 15-Gramm-Regelung für den straffreien Besitz zum Eigenkonsum wurde für das Parkgelände aufgehoben. In der Folge nahmen die Probleme im Park nicht ab. Der massive Polizeieinsatz führte zu Protesten im Stadtteil; die Drogenszene wich in die umliegenden Wohngebiete aus, was zu neuen Protesten der AnwohnerInnen führte.

Der Bezirk Friedrichshain-Kreuzberg initiierte schließlich die Entwicklung eines Handlungskonzepts, das im Frühjahr 2016 verabschiedet wurde. Der Arbeitsgruppe, die das Konzept erarbeitete, gehörten VertreterInnen verschiedener Ämter des Bezirks, von Stadt- bzw. Projektentwicklungsgesellschaften, von Sozialen Diensten und AnwohnerInnen an. Im Hinblick auf die Drogenproblematik sah das Konzept die Abkehr von der Null-Toleranz-Politik vor: Der »Wunsch nach einem Verschwinden des Drogenhandels« sei »nicht realistisch«. Als Ziel wurde deshalb formuliert: »Die Belästigung durch Drogenhändler vermindert sich spürbar, einerseits dadurch, dass der Handel selbst zurückgeht und andererseits die Dealer angehalten werden, sich weniger bedrängend und aggressiv zu verhalten« (AG Görlitzer Park 2016, S. 14). Zunächst stellten sich der Bezirk und nach dem Regierungswechsel auch der Berliner Senat hinter das Konzept. 2018 wurde schließlich ein »Parkrat« etabliert, durch die NutzerInnen-Gruppen an der Gestaltung des Parks beteiligt wurden.

Als operatives Instrument am unteren Ende der Kontrollen schlug das Handlungskonzept den Einsatz von »Parkläufer*innen« als »professionelle, kommunikativ arbeitende Parkwächter*innen« vor (ebd., S. 16). Ihre Aufgaben beschrieb das Konzept folgendermaßen:

Das Konzept »Parkläufer*innen«

»In Konfliktsituationen, bei denen es um die Wahrung eines friedlichen Miteinanders geht, halten wir den Einsatz sogenannter Parkläufer*innen für ein

> geeignetes und notwendiges Instrument, da der Polizei und dem Ordnungsamt in der Regel die Ressourcen für niedrigschwelligere Interventionen fehlen...
>
> Aufgabe der Parkläufer*innen ist die Kommunikation grundsätzlicher Verhaltensregeln, damit sich alle Besucher*innen, vor allem auch Kinder und Jugendliche, unbeschwert und angstfrei im Park bewegen können. ...
>
> Die Parkläufer*innen erkennen Nutzungskonflikte frühzeitig und agieren schlichtend...
>
> Die Parkläufer*innen können und sollen weder Polizei noch Ordnungsamt ersetzen, weil sie deren gesetzlich festgelegte Aufgaben nicht wahrnehmen dürfen. Sie müssen allerdings, um ihren Aufgaben nachzukommen, mit beiden in gutem Kontakt stehen. Wo ihre Vermittlungsversuche scheitern, können und müssen sie die Ordnungsbehörden zu Hilfe rufen.
>
> Die Aufgaben des Ordnungsamtes werden weiterhin durch das Ordnungsamt selbst ausgeübt. Das Bezirksamt ist entsprechend in der Pflicht, in diesem Bereich für ausreichende Ressourcen zu sorgen.
>
> Auch das Gewaltmonopol des Staates wird durch die Parkläufer*innen nicht in Frage gestellt. Es bleibt weiterhin Aufgabe der Polizei, Straftaten zu verfolgen und die öffentliche Sicherheit zu garantieren. Erhofft wird jedoch, dass sich durch die Parkläufer*innen die Präsenz der Polizei deutlich verringern lässt. Daher wurde die Idee der Parkläufer*innen in einem ersten Gespräch von dem zuständigen Polizeiabschnitt positiv aufgenommen« (AG Görlitzer Park 2016, S. 17f.).

Die ParkläuferInnen wurden schließlich etabliert und auch in anderen Berliner Parks eingesetzt. Bereits im Handlungskonzept waren als Qualifikation neben kommunikativen und mediativen Fähigkeiten auch »interkulturelle Kompetenz« gefordert worden. Bei den schließlich eingestellten Personen handelt es sich – sofern sie überhaupt eine Ausbildung haben – um Sicherheitsfachkräfte. Dass viele ParkäuferInnen einen migrantischen Hintergrund haben, wird als Vorteil für niedrigschwellige Interventionen, für Empathie und Akzeptanz gesehen. Die ParkläuferInnen stellen eine milde Form der Kontrolle dar. Sie sollen Konflikte abmildern oder beilegen; ihre bloße Anwesenheit soll das Sicherheitsgefühl stärken. Neben den fehlenden Sanktionen unterscheidet die fehlende Pflicht zur Strafverfolgung sie von polizeilichen Streifen. Die Produktion von nutzlosen Ermittlungsverfahren und die räumliche Verdrängung sollen so verhindert werden (Ecke 2019). 2020 waren für den Görlitzer Park und den umliegenden »Wrangelkiez« acht ParkläuferInnen angestellt, die in zwei Schichten eingesetzt wurden, die gegen Mittag begannen und bis in den frühen Morgen dauerten (Plarre 2020).

Durch ihre Präsenz sollen die ParkläuferInnen »sozial verletzliche Parknutzer_innen mit den lokalen Dienstleistern und Vereinen in Kontakt bringen« (Ecke 2019, S. 409). Im Anhang des Handlungskonzepts wurden die sozialen Einrichtungen im Umfeld des Görlitzer Parks aufgelistet. Im breiten Spektrum der anderen Angebote (für MigrantInnen, für Obdachlose, Kinder, Jugendliche und junge Erwachsene) waren allerdings nur zwei explizit an DrogenuserInnen adressiert (AG Görlitzer Park 2016, S. 43–45).

Im Hinblick auf das Drogenproblem sollen die ParkläuferInnen »ihre Arbeit mit sozialen Dienstleistern, die z. B. Substitutionstherapien und sauberes Besteck zum Heroinkonsum bereitstellen, vernetzen« (Ecke 2019, S. 410). Auch bei Problemen mit den Konsumräumen könnten sie helfen: In Berlin existieren mobile Konsumräume in Form umgebauter Wohnwagen, die nur an genehmigten Standorten stehen dürfen. An Stelle der räumlichen Verdrängung der Drogenszenen, der die Suche nach passenden Standorten für das Konsummobil folgt, könnten die ParkläuferInnen für stabile Verhältnisse sorgen, indem sie die Nachbarschaft aufklären und die NutzerInnen auf bestimmte Verhaltensregeln verpflichten (ebd., S. 411).

Zusätzlich zu den damals bestehenden sozialen Angeboten schlug das Handlungskonzept die Einstellung von drei Fachkräften der Sozialen Arbeit vor, die aufsuchend tätig werden sollten, um Kontakte mit den NutzerInnen des Parks aufzunehmen und diese ggf. »zu den entsprechenden Anlaufstellen im Sozialraum zu begleiten (Lotsenfunktion)« (AG Görlitzer Park 2016, S. 19). Die Fachkräfte sollten sich auf die »Parknutzenden in schwierigen Lebenslagen konzentrieren, für die der Park Lebensmittelpunkt ist und die sozial problematisches Verhalten zeigen.« Explizit genannt wurden »psychische auffällige Menschen, Party-Feiernde in Rauschzuständen, Familien aus Südosteuropa, die im Park leben, Geflüchtete, die in desolaten Verhältnissen leben« sowie »Männer afrikanischer Herkunft«, denen das Konzept gesonderte Ausführungen widmete.

Die genannten Elemente waren eingebettet in ein Gesamtkonzept, das auf die Beteiligung von NutzerInnen/AnwohnerInnen, Maßnahmen der stadträumlichen Gestaltung und der Belebung von Freizeitangeboten im Park setzte. Es sollte die Bedeutung der Polizei für die Bewältigung der mit den illegalen Drogen verbundenen Probleme reduzieren und durch die Rücknahme des Verfolgungsdrucks Raum für sozial unterstützende Interventionen schaffen.

Im Februar 2020 veranstalteten Bezirksamt und Parkrat eine Fachtagung, auf der eine Zustandsbeschreibung und eine Vision für das Jahr 2030 entwickelt werden sollten. Die Situationsbeschreibungen deuteten darauf hin, dass die Wirkungen des Handlungskonzepts bisher begrenzt blieben. Die Beziehungen zwischen Sozialarbeit und Polizei wurden (weiterhin) kritisch betrachtet:

> »Repressive Polizeiarbeit und rassistische Kontrollvorgänge von orts- und sachfremden Einsatzkräften zerstören zum Teil die Anstrengungen der präventiven Sozialarbeit im Park. Wenn beispielsweise die Polizei während der Arbeitszeit der Sozialarbeiter*innen im Park ist, verstecken sich die Hilfebedürftigen. Zudem wird das durch Sozialarbeiter*innen aufgebaute Vertrauen durch problematisches Polizeiverhalten kaputt gemacht. Die Bedürftigen bauen Hemmungen auf und vermeiden jeglichen Kontakt zu institutionellen Hilfsangeboten« (Parkrat Görlitzer Park 2020, S. 21).

Die Diskussionen der Fachtagung zum Thema »Sicherheit« wurden als »konfrontativ« beschrieben:

> »Eine polizeiliche Dauerbesetzung des Kiezes wird von vielen Akteuren vor Ort abgelehnt. Die Polizei wiederum glaubt, erst mal sehr deutlich Präsenz und Handlungsfähigkeit zeigen zu müssen, damit sich die Situation überhaupt verbessern kann. Insbesonde-

re verweist sie darauf, dass sie die Begleitkriminalität des Drogenhandels wie Raub und Körperverletzung ohne Abstriche bekämpfen muss. Die positive Resonanz, die sie im Kiez zurzeit von vielen Seiten erfahre, betrachte sie als Bestätigung ihres Vorgehens« (ebd., S. 23).

Auf der Tagung wurde »das Fehlen jeglicher Koordination der Akteure und Maßnahmen ... (als) ein wesentliches Problem im Bereich Sicherheit« benannt. Auf der Ebene der PraktikerInnen (»Praktikerrunde«) müssten »Informationen ausgetauscht und Absprachen getroffen werden, so dass es zu einer abgestimmten und von allen Akteuren getragenen Gesamtstrategie« kommen könne. Bisher sei »die Polizei jedoch nicht bereit, ihr Vorgehen transparent zu machen und zur Diskussion zu stellen« (ebd., S. 24). In der Frage der Polizeistrategie wiesen die anwesenden PolizistInnen darauf hin, dass »grundsätzliche Entscheidungen zu Stärke und Auftrag der Polizei ... im Senat getroffen« würden, weshalb sie zu »Ziel und Dauer des derzeitigen Vorgehens ... keine genauen Angaben machen« könnten. Sie machten allerdings auch »deutlich, dass bei der Ausgestaltung ihres Auftrags große Spielräume bleiben und auch sie sich darüber im Klaren sind, dass Repression allein die Probleme vor Ort nicht lösen wird« (ebd.).

In der »Vision« für das Jahr 2030 wird »der Park (als) das Zuhause einer multi-kulturellen, starken Gemeinschaft« charakterisiert, »in der sich jeder sicher fühlt und niemand Opfer von Polizeigewalt wird. Kriminalität und Drogenhandel sind eingedämmt« (ebd., S. 22). Umgesetzt werden soll dies durch zwei Elemente:

- »Transparente und kiezbestimmte Polizeieinsätze: Polizeieinsätze werden transparent kommuniziert und möglichst einvernehmlich mit der Anwohnerschaft durchgeführt. Die Polizei ist kieznah, ihr Vorgehen transparent, die Beamten sind bekannt und bei Problemen verlässlich ansprechbar ... Es gibt eine funktionierende Sozialkontrolle im Kiez, die die Arbeit der Polizei erleichtert« (ebd., S. 24).
- »Vernetzte Akteure mit kohärenter Sozialarbeitsstrategie für den Park: ... Sozialarbeiter*innen, Polizei und Parkläufer arbeiten nach einem, gemeinsam entwickelten und abgestimmten, integrierten Konzept der dreifachen Sicherheit: a) Sicherheit vor Kriminalität, b) Sicherheit vor Übergriffen und c) Sicherheit vor sozialem Elend« (ebd., S. 22f.).

In den Diskussionen und Ergebnissen der Fachtagung wurden die Diskrepanzen deutlich, die weiterhin zwischen der Polizeistrategie (des Senats) und den lokalen (Sicherheits-)Vorstellungen bestehen. Im Januar 2020 wurde in der – auch für den Görlitzer Park zuständigen – Direktion 5 eine neue Einheit etabliert. Die »Brennpunkt- und Präsenzeinheit« (BPE), geplant auf eine Größe von 125 PolizistInnen, soll verstärkte polizeiliche Sichtbarkeit an den Brennpunkten der Direktion gewährleisten. Dazu gehören neben dem Görlitzer Park auch der Alexanderplatz oder das Kottbusser Tor. Die BeamtInnen der neuen Einheit sollen im Park präsent sein und gleichzeitig als AnsprechpartnerInnen für ParknutzerInnen und AnwohnerInnen wirken. Über das Aufstellen mobiler Polizeiwachen im Bezirk wurde nachgedacht (rbb 2020).

Die jüngere Entwicklung verweist darauf, dass die Polizei sich keineswegs aus dem Gebiet zurückgezogen hat. Einsatzformen und -intensitäten verändern sich von Zeit zu Zeit und geschehen offenkundig ohne Einbeziehung der sozialen Akteure vor Ort. Die Hilfs-, Unterstützungs- und außerpolizeilichen Ordnungsangebote bleiben so in einer labilen Lage, weil keine/r der Beteiligten weiß, ob, wann, wo und wie die Polizei in Erscheinung treten wird. Inwieweit unter diesen Bedingungen nicht nur die Arbeit der Sozialen Dienste erschwert, sondern auch die möglichen positiven Wirkungen für ihre AdressatInnen beeinträchtigt werden, ist bislang nicht untersucht worden.

Bahnhofsviertel Frankfurt am Main

Das Viertel um den Hauptbahnhof in Frankfurt am Main war und ist die prominenteste offene Drogenszene in Deutschland. Seit den 1970er Jahren ist sie dauerhafter Gegenstand (lokal-)politischer Diskussionen und unterschiedlicher »Bewältigungsstrategien« (s. insgesamt Beste 2000, S. 187–246). Seit Ende der 1980er Jahre wurde die Richtung der Frankfurter Drogenpolitik von der sog. »Montagsrunde« festgelegt – einem regelmäßigen Treff von VertreterInnen verschiedener städtischer Ämter, der Polizei, der Staatsanwaltschaft und Freier Träger der Drogenhilfe. Der »Frankfurter Weg« bestand und besteht aus drei Elementen:

- Entschärfung des Drogenproblems durch die Bereitstellung niedrigschwelliger Hilfen; in diesem Kontext entstand das Konzept der »Drogenkonsumräume«.
- Kontrolle und »Zerstreuung« der Szene auf ein vertretbares Niveau, vorrangig mit den polizeilichen Mitteln der Präsenz, mit Platzverweisen oder Aufenthaltsverboten.
- Unterschiedliche Standards in der Verfolgung von DrogenkonsumentInnen, in denen eher hilfebedürftige Suchtkranke gesehen werden, die kontrolliert geduldet werden; Verfolgung des organisierten Rauschgifthandels (Pütter 2006, S. 239f.).

Offensive Sozialarbeit, Sicherheit, Intervention, Prävention«

Seit 2004 werden die polizeilichen Maßnahmen gegenüber den Szeneangehörigen durch »OSSIP« flankiert. »OSSIP« steht für »Offensive Sozialarbeit, Sicherheit, Intervention, Prävention«. Das Projekt entstand durch den Zusammenschluss verschiedener im Bahnhofsviertel aktiver sozialer Einrichtungen. 2020 war OSSIP mit 9,5 Stellen ausgestattet, die von 13 Fachkräften wahrgenommen wurden. Die aufsuchend tätigen SozialarbeiterInnen des Projekts sollen AnsprechpartnerInnen bei Anwohnerbeschwerden sein und sie sollen auf ein »möglichst störungsfreies Miteinander« von DrogenkonsumentInnen und AnwohnerInnen hinwirken. In der Beschreibung ihrer Tätigkeiten wird die Verschränkung mit den Behörden deutlich: »Die Aufgabe der Polizei und des städtischen Ordnungsamtes ist es, öffentlichen Drogenkonsum und Szene-

> bildung auf der Strasse zu unterbinden. Kommunikativ werden sie hierbei auch von den Streetworkern unterstützt.« Ihre originäre Aufgabe bestehe darin, »direkte (Überlebens-)Hilfen als Sofortmaßnahmen ... wie Angebote, die längerfristig helfen« anzubieten. Über die Ansprache der Betroffenen sollen »die gesundheitliche Situation verbessert ... und durch zielgerichtete Drogenhilfemaßnahmen die persönlichen Lebensverhältnisse verändert und verbessert werden« (AIDS-Hilfe Frankfurt 2020).

OSSIP und Polizei sind in ein gemeinsames Konzept eingebunden. Als im Sommer 2018 die Lage im Bahnhofsviertel (wieder einmal) zu eskalieren schien, wurde mit einen »konzertierten Aktion« der Instanzen reagiert. Seit Ende 2016 hatte die Polizei ihre Aktivitäten verstärkt. Es war eine »Besondere Aufbauorganisation« gebildet worden, die in mehreren großen Aktionen die Szene kontrollierte; zeitweise war abends das Bahnhofsviertel abgeriegelt worden. 2017 wurde eine speziell auf die Verfolgung von Drogendelikten ausgerichtete »Einsatz- und Ermittlungseinheit« in der Frankfurter Polizei gebildet. Dieses Anziehen von Präsenz und Kontrollen konnte die Lage im Viertel nicht verbessern. In der ersten Jahreshälfte 2018 hatten sich auf den Straßen, insbesondere in unmittelbarer Nähe von Konsumräumen, immer wieder Gruppen von Abhängigen gebildet; Drogen wurden offen konsumiert (gespritzt), die Bürgersteige wurden faktisch blockiert. Im Rahmen der zunächst auf vier Wochen angelegten Aktion sollten die OSSIP-SozialarbeiterInnen die »Drogenabhängigen verstärkt ansprechen« und sie auffordern, die Bürgersteige nicht zu versperren, die Konsumräume und deren Toiletten zu nutzen, keinen Müll liegen zu lassen. »Falls die Ansprache durch die Sozialarbeiter keinen Effekt zeige, werde die Polizei eingreifen und mit Platzverweisen vorgehen« (Voigts 2019).

Die Zustände vor ihren Einrichtungen wurde auch von der Drogenhilfe als problematisch wahrgenommen. Indem das Einsatzkonzept in Absprache mit ihr und dem städtischen Gesundheitsdezernat entwickelt wurde, kam sie der Verpflichtung nach, Belästigungen und Drogenkonsum in ihrem Umfeld zu unterbinden. Insofern wurde die Polizei zu Hilfe gerufen (oder mit ihrem Einsatz wurde gedroht), um das Hilfsangebot aufrechterhalten zu können. Gleichzeitig verdeutlicht es aber die prekäre Lage der OSSIP-SozialarbeiterInnen, denn die Chancen positiver Kontaktaufnahme dürften durch die Einbindung in ein Konzept, das am Ende mit Polizeimaßnahmen umgesetzt wird, eher sinken.

Die konzertierte Aktion führte zu einer öffentlichen Stellungnahme von SozialarbeiterInnen aus der Frankfurter Drogenhilfe, die sich zum »Kollektiv Solidarische Sozialarbeit« zusammengeschlossen hatten. Mehrfach hatten die PraktikerInnen in den Jahren seit 2012 durch »offene Briefe« versucht, auf die lokale Drogenpolitik Einfluss zu nehmen. Das »Kollektiv« sah den »Frankfurter Weg« durch die erneute Polizeirepression bedroht.

> »Drogenhilfe ist eine langwierige und geduldige Arbeit und jeder Person muss Zeit gegeben werden, ein Vertrauensverhältnis zu den Sozialarbeiter_innen aufbauen zu können. Dies geht nur ohne strafenden Druck und standardisierte Lösungsvorgaben« (Kollektiv Solidarische Sozialarbeit 2020, S. 146).

Seit 2002 fördert die Stadt Frankfurt das »Monitoring System Drogentrends (MoSyD)«, das von der Universität Frankfurt durchgeführt wird. Eine der vielen Fragen, durch die die Lebenswirklichkeit in der Drogenszene erhellt werden soll, betrifft die nach den polizeilichen Kontrollen. Im jüngsten Bericht (für das Jahr 2018) gaben sieben von zehn Befragten an, im zurückliegenden Monat mindestens einmal von der Polizei in der Öffentlichkeit kontrolliert worden zu sein. Im Durchschnitt wurde jede dieser Personen zehnmal kontrolliert. Im Vergleich zu den Vorjahren nahm die Kontrolle von Deutschen ab, die der AusländerInnen nahm deutlich zu. Bei ca. 29 % der Befragten war im Anschluss an die Kontrolle ein Platzverweis oder ein Aufenthaltsverbot ausgesprochen worden (Werse/Kamphausen/Klaus 2019, S. 9). Diese Zahlen zeigen, dass das Leben in der Frankfurter Drogenszene von permanenter polizeilicher Überwachung geprägt ist.

Bernard hat 2008 16 weibliche Angehörige der Frankfurter offenen Drogenszene befragt. Deren Äußerungen zur Polizeistrategie fasst sie folgendermaßen zusammen: »Die hohe Polizeipräsenz trägt offenbar nicht zu einer höheren Frequentierung der Einrichtungen bei, sondern führt vielmehr dazu, dass die niedrigschwelligen Angebote zunehmend gemieden werden« (Bernard 2013, S. 230). Das polizeiliche Vorgehen führe »zu einer Verschärfung der Situation in der Drogenszene«, und es könne

> »vermutet werden, dass das verstärkte Misstrauen, das der Polizei entgegengebracht wird, sich möglicherweise aufgrund der intensivierten Zusammenarbeit zwischen Strafverfolgung und Drogenhilfe (wie sie in dem OSSIP-Projekt deutlich wird) zum Teil auch auf Hilfeinstitutionen überträgt« (ebd., S. 232).

8.5 Fazit

Die Beziehungen zwischen Sozialer Arbeit und Polizei im Feld von illegalen Drogen sind durch die Bestimmungen des Betäubungsmittelgesetzes vorgezeichnet. Trotz der ›Aufweichungen‹ verbleibt das BtMG es in der prohibitiven Logik, deren Ziel die Abstinenz von – bestimmten – Drogen ist. Bei den ›weichen Drogen‹ (Eigenbesitz) bleibt die Politik bei ihrer halbherzigen Regelung, und die Strafandrohungen verhindern, dass Drogenpolitik konsequent als Gesundheits- oder als ›Verbraucherpolitik‹ betrieben werden kann.

Innerhalb dieses Rahmens haben sich verschiedene Formen der Koordination und der Kooperation zwischen Polizei und Sozialer Arbeit herausgebildet. Rund um Drogenkonsumräume (wie um Substitutionspraxen) wird die Strafverfolgung faktisch suspendiert. Dabei übernehmen die sozialen Dienstleister die Kontrolle ihrer Klientel. In welchem Umfang sie tatsächlich die Polizei bei Verstößen einschalten, ist offenkundig abhängig vom Ausmaß der von KonsumentInnen ausgehenden Belästigungen oder Verunsicherungen.

Deutlich labiler sind die Arrangements bei den Drogenszenen im öffentlichen Raum. Hier kumulieren häufig unterschiedliche soziale Probleme: Drogenabhängigkeit, Obdachlosigkeit, Verwahrlosung und körperlicher Verfall, aber auch die Desintegration bestimmter migrantischer Gruppen. Die Nutzungskonflikte über innerstädtische Straßen, Plätze oder Parks entstehen nicht allein durch die Interessen von AnwohnerInnen oder Geschäftsleuten. Vielmehr ist der öffentliche Raum zu einem Element des Stadtmarketings, des Wettbewerbs zwischen den Städten geworden, in dem das unbeschwerte Flanieren zum Standortvorteil und die Hindernisse zur städtebaulichen Aufwertung von »Problemquartieren« (Stichwort »Gentrifizierung«) beseitigt werden sollen (s. Wehrheim 2019, S. 334). Weil die AdressatInnen dieser Politik regelmäßig sozial schwache Gruppen sind, die durch die Kriminalisierung ihres Tuns per se marginalisiert sind, eignen sich die Drogenszenen für (lokal-)politische Kampagnen, die in wiederkehrenden Konjunkturen Anlass geben, mehr ›Sicherheit‹ zu fordern.

Verschärftes polizeiliches Vorgehen gegen offene Drogenszenen produziert regelmäßig neue Probleme an neuen Orten. In den als Ausweg aus diesem Dilemma gesuchten Arrangements einer dosierten polizeilichen Repression, die je nach den Umständen mehr Duldung oder mehr Strafverfolgung bedeuten kann, werden auch die Sozialen Dienste einbezogen. Selbst wenn die unterschiedlichen Ressourcen nicht betrachtet werden – kein sozialer Träger kann auf so viel Personal zurückgreifen, wie die Polizei einer Großstadt zur Verfügung hat –, bleiben die Spielräume für die (Drogen-)Sozialarbeit mehrfach begrenzt: durch den rechtlichen Rahmen des BtMG, der im Konfliktfall immer eine feste Grundlage für polizeiliches Einschreiten darstellt, und durch die Selbstständigkeit der Institution Polizei. Am Beispiel des Görlitzer Parks wurde deutlich, dass die mangelnde Transparenz und Berechenbarkeit des polizeilichen Vorgehens eine dauerhafte Hypothek für die Soziale Arbeit darstellen. Im Frankfurter Konzept hingegen wurde die Sozialarbeit den polizeilichen Strategien zu- und nachgeordnet. In beiden Varianten wird die *institutionelle Hierarchie* deutlich, die zwischen Polizei und Sozialer Arbeit besteht. Gleichzeitig sinken durch diese Arrangements die Chancen, dass die Lebensbedingungen der DrogenkonsumentInnen nachhaltig verbessert werden; Drogensozialarbeit ist vielmehr zusätzlich damit beschäftigt, die durch den Kontrolldruck hervorgerufenen Probleme zu bewältigen.

Literaturempfehlungen

Feustel, R./Schmidt-Semisch, H./Brückling, U. (Hg.) (2019): Handbuch Drogen in sozial- und kulturwissenschaftlicher Perspektive. Wiesbaden: Springer VS

Grünmayer, F. (2018): Prohibition und der Krieg gegen die Drogen. Konsequenzen für die Soziale Arbeit. In: soziales_kapital Nr. 20. Online: www.soziales-kapital.at/index.php/sozialeskapital/article/viewFile/586/1051.pdf

Stöver, H. (2019): Regulierung statt Repression: Notwendige Neuorientierungen in der Drogenpolitik. In: Tzanetakis, M./Stöver, H. (Hg.): Drogen, Darknet und Organisierte Kriminalität. Baden-Baden: Nomos, S. 241–250

9 MigrantInnen

🕮 Was Sie in diesem Kapitel erwartet

»MigrantInnen« sind eine heterogene Gruppe, die durch die Perspektive auf ›die anderen‹ entsteht. Polizei und Soziale Arbeit beschäftigen sich mit dieser Gruppe. Deutlicher als in anderen Feldern werden die Beziehungen hier von Konflikten und Distanz bestimmt. Eingebunden in die rechtlichen Sonderregelungen für AusländerInnen und in der Tradition einer ethnisch-kulturell homogenen Gesellschaft wird MigrantInnen eine erhöhte Gefährlichkeit unterstellt. Diese polizeiliche Konstruktion wird im Folgenden dargestellt. Für die Soziale Arbeit resultieren daraus keine Chancen zur Kooperation, sondern die Aufforderung zu Selbstständigkeit und Unabhängigkeit.

9.1 Rahmenbedingungen

Das Dreieck aus »Migration – Soziale Arbeit – Polizei« ist dadurch gekennzeichnet, dass sich hier unterschiedliche Dimensionen überlagern, die dazu führen, dass der genaue Gegenstand je nach Perspektive wechselt. Selbst die einfache Bestimmung, nach der es sich bei MigrantInnen um Personen handelt, die dauerhaft ihren Lebensmittelpunkt räumlich verändern, indem sie ihre Region verlassen (Oltmer 2013, S. 31), trifft den polizeilichen Umgang mit MigrantInnen nicht. Denn die polizeiliche Sicht auf die (vermeintlich) Hinzugekommenen (Allochthone) wird durch deren rechtlichen Status, ihre soziale Lage sowie die kulturellen und ethnischen Unterschiede zwischen ihnen und den Einheimischen (Autochthonen) bestimmt. Mit anderen Worten: Die Polizei behandelt auch Menschen als MigrantInnen, die in Deutschland geboren sind und die deutsche Staatsangehörigkeit besitzen, während andere Ausländergruppen keine besondere polizeiliche Aufmerksamkeit genießen.

Der politische Kontext von Migration nach und AusländerInnen in Deutschland kann hier nicht nachgezeichnet werden (für die ersten Jahrzehnte s. Herbert 2003, S. 191–334). 2005 wurde die – von der Wirklichkeit längst überholte – Beteuerung »Deutschland ist kein Einwanderungsland« durch das »Zuwanderungsgesetz« ersetzt. »Zuwanderung« ist seither in den Formen und dem Umfang möglich, wie sie für Deutschland nützlich ist; zugleich werden die Zugewanderten zur »Integration« verpflichtet (Stüwe 2016). Diese Öffnungen reagierten auf die Probleme des Arbeitsmarktes und standen insofern in der Tradition der Anwerbung von AusländerInnen in den beiden deutschen Staaten (»GastarbeiterInnen«, »VertagsarbeiterInnen«). Die größte Gruppe von MigrantInnen in Deutschland besteht aus den ArbeitsmitrantInnen, ihren Familien und Nachkommen. Die zweite große Gruppe – in den letzten Jahren deutlich angestiegen – werden von den Menschen gebildet, die über das Asyl- und Flüchtlingsrecht nach Deutschland gekommen sind. Beide Gruppen sind besonderen – teils gemeinsamen, teils spezifischen – Kriminalisierungsrisiken ausgesetzt.

9.2 Gefährliche oder gefährdete MigrantInnen?

Für die Polizei stellen Zugewanderte schon immer eine Gruppe dar, der sie besondere Aufmerksamkeit zuwendet. Deutlich wird dies bereits an der rechtlichen Zuordnung des »Ausländerrechts«, das in Deutschland ein Teil des Polizeirechts darstellt. Deutlich wird dies auch an der Polizeilichen Kriminalstatistik, die die Staatsangehörigkeit der Tatverdächtigen ausweist.

Ausländerkriminalität

Seit vielen Jahren sind die Angaben zur »Kriminalität von Nichtdeutschen« (so der polizeioffizielle Begriff) mit Hinweisen zur Aussagekraft der Daten versehen. Aus verschiedenen Gründen sei der Vergleich mit dem Ausländeranteil an der Bevölkerung unzulässig. Insbesondere weil die »sich in Deutschland aufhaltende() Personen ohne deutsche Staatsbürgerschaft ... im Vergleich zur deutschen Bevölkerung im Durchschnitt jünger und häufiger männlichen Geschlechts (sind). Sie leben eher in Großstädten, gehören zu einem größeren Anteil unteren Einkommens- und Bildungsschichten an und sind häufiger arbeitslos. Dies alles führt zu einem höheren Risiko, delinquent und damit als Tatverdächtige polizeiauffällig zu werden« (BKA 2020c, S. 127).

Seit 2009 sind die PKS-Jahresangaben vergleichbar, weil in diesem Jahr die »echte Tatverdächtigenzählung« eingeführt wurde (d. h., eine Person wird nur einmal gezählt, auch wenn sie als Tatverdächtige bei verschiedenen Delikten registriert wurde). Der Anteil der Nichtdeutschen an allen Tatverdächtigen stieg kontinuierlich von 21,1 % im Jahr 2009 auf 40,4 % im Jahr 2016, in den drei folgenden Jahren lag sie zwischen 35 und 36 %. Werden die Straftaten gegen das Aufenthalts- und Asylrecht nicht berücksichtigt (Delikte, die in der Regel nur AusländerInnen begehen können), dann stieg der Ausländeranteil der Tatverdächtigen von 19,2 (2009) auf 30,5 % in 2016; auf diesem Niveau blieb der Anteil auch in den folgenden Jahren. (ebd.)

Unbeschadet des zitierten Hinweises des BKA spielen diese Zahlen eine Rolle, wenn in der Öffentlichkeit über »Ausländerkriminalität« gesprochen wird. Der Ausländeranteil an der Wohnbevölkerung lag 2019 bei 12,5 %; ihr Anteil an den Tatverdächtigen betrug 30,5 % (ohne ausländerspezifische Delikte).

Dass die Staatsangehörigkeit von Tatverdächtigen in der PKS ausgewiesen wird, ist politisch umstritten (Schmoliner 2004, S. 138). Sachlich – so das Argument – würde das Merkmal nur Sinn machen, wenn es dazu beitragen würde, das Kriminalitätsgeschehen besser erfassen, verstehen oder auf Kriminalität besser reagieren zu können. Offenkundig liegt der Erfassung der Staatsangehörigkeit eine solche Vorstellung zugrunde; weder Linkshändigkeit oder Körpergröße werden in der PKS ausgewiesen – aus nachvollziehbaren Gründen, denn niemand wird behaupten, dass diese willkürlich herausgegriffenen Merkmale dazu beitragen würden, Kriminalität zutreffender abbilden zu können. Bei der Staatsangehörigkeit soll das aber anders sein.

Mitte der 1990er Jahre hat der Soziologe Rainer Geißler versucht, die methodischen Verzerrungen der PKS in Zahlen zu erfassen. Geißler unterwarf die PKS-Zahlen einem achtstufigen »Reinigungsverfahren«, indem er bekannte kriminalitätsfördernde Merkmale in Rechnung stellte, so dass homogene Gruppen entstanden, die sich allein durch ihre Staatsangehörigkeit unterschieden. Das Ergebnis dieser Überschlagsrechnung – bei der die AsylbewerberInnen ausgeklammert wurden – war: Die Nichtdeutschen sind nicht krimineller, sondern gesetzestreuer als die Deutschen (wobei zu dieser Gruppe auch die damals noch kleine Zahl der Eingebürgerten zählte). Geißler erklärte dies mit der größeren Anpassungsbereitschaft von EinwandererInnen: Wer neu in einem Land sei, sei stärker bereit, sich an die Gesetze des Landes zu halten, auch sei die erste Generation der Einwandernden bereit, sich mit relativ benachteiligenden Lebensbedingungen abzufinden (Geißler 1995, S. 37; Geißler 2004, S. 27).

Für die migrantische Wohnbevölkerung liegen Dunkelfeldstudien vor allem für Jugendliche vor. Die Befunde zeigen eine höhere Kriminalitätsbelastung (wie im Hellfeld), die aber in den letzten Jahren gleichförmig mit der der Jugendlichen mit deutscher Staatsangehörigkeit zurückging. Für Gewaltdelikte konnten deutliche Unterschiede zwischen Jugendlichen aus verschiedenen Herkunftsländern festgestellt werden. Allein durch die Bildung soziostrukturell identischer Gruppen konnten die Differenzen zwischen deutschen und migrantischen Jugendlichen nur wenig verringert werden. Erst wenn »kulturell geprägte Faktoren, wie die Akzeptanz gewaltlegitimierender Männlichkeitsnormen und ein gewaltgeprägtes elterliches Erziehungsverhalten«, berücksichtigt wurden, verschwanden die Unterschiede zwischen den Jugendlichen mit und ohne »Migrationshintergrund« (Wetzels/Brettfeld/Farren 2018, S. 96). Damit geraten kulturelle Prägungen und Werthaltungen ins Zentrum des Interesses, nicht aber die Staatsangehörigkeit und nur vermittelt die Herkunft.

Durch die gestiegene Bedeutung der Fluchtmigration nach Deutschland erstellen die deutschen Polizeien seit 2015 gesonderte Lagebilder zur »Kriminalität im Kontext von Zuwanderung«, die das polizeiliche Hellfeld ausweisen. Neben den PKS-Zahlen werden die Sondermeldungen zur »Organisierten Kriminalität« und die Daten zur »Politisch Motivierten Kriminalität« zusammenfügt. In den Lagebildern werden die Daten von vier Gruppen gesondert ausgewiesen:

(1) AsylbewerberInnen,
(2) Anerkannte Asyl- bzw. Schutzberechtigte und Kontingentflüchtlinge,
(3) Geduldete und
(4) Menschen ohne erlaubten Aufenthalt (›Illegale‹).

Diese vier Gruppen stellten im Jahr 2019 8,0 % aller Tatverdächtigen.

In der öffentlichen Debatte dominiert die Perspektive auf die MigrantInnen als gefährliche Gruppe. Sowohl das Hellfeld als auch Dunkelfelderhebungen legen jedoch eine andere Perspektive nahe. Für das Jahr 2019 weist die PKS einen Anteil von 22,3 % Nichtdeutscher an allen Opfern aus (BKA 2020b, S. 24) – bei einem Anteil der AusländerInnen an der Wohnbevölkerung von 12,5 %. Für die Geflüchteten ergaben verschiedene Studien sehr hohe Opferraten im Hinblick auf Gewalt, Ausbeutung und Betrug (Wetzels/Brettfeld/Farren 2018, S. 89–92). Zu den Erfahrungen im Herkunftsland und auf der Flucht kommen die Gefährdungen in Deutschland hinzu. Im Jahr 2015 wurden in Deutschland 1.031 Angriffe auf Asylbewerberunterkünfte polizeilich registriert. Zwar war diese Zahl 2019 auf 125 zurückgegangen. Gegen MigrantInnen insgesamt wurden in diesem Jahr aber 334 Gewalttaten gezählt, die rechtsmotivierten TäterInnen zugeschrieben wurden (BKA 2020f, S. 57).

9.3 Kriminalisierungsrisiken

Die polizeiliche Wahrnehmung von MigrantInnen ist von unterschiedlichen Merkmalen bestimmt, die teils einzeln, teils in Kombination Wirkung entfalten.

9.3.1 Der rechtliche Status

Rechtlich ist der Unterschied zwischen Deutschen und AusländerInnen grundlegend. Die Nichtdeutschen sind eine durch ein negatives Merkmal (Fehlen der deutschen Staatsbürgerschaft) definierte Sammelkategorie. Für die in Deutschland lebenden AusländerInnen existiert seit 2005 ein abgestuftes System von Aufenthaltstiteln oder -berechtigungen:

1. Die *Aufenthaltserlaubnis* wird zweckgebunden und befristet erteilt. Dabei muss ein gesetzlich vorgesehener Zweck (Erwerbstätigkeit, Studium, künstlerische

Aufführung etc.) nachgewiesen werden; die Erlaubnis ist bis zur Erreichung des Zwecks befristet. Während des Aufenthalts dürfen auch nur die Tätigkeiten ausgeübt werden, die zu seiner Erlaubnis führten: Wer eine Aufenthaltserlaubnis zum Studieren erhält, kann sich auf diesem ›Ticket‹ nicht selbstständig machen. Aufenthaltserlaubnisse können auf Antrag aber verlängert werden.
2. Die *Niederlassungserlaubnis* ist ein unbefristeter Aufenthaltstitel; sie ist nicht zweckgebunden und mit keinerlei Einschränkungen im Hinblick auf Erwerbstätigkeit oder Mobilität versehen. Das Aufenthaltsgesetz (§ 9) knüpft die Erteilung der Niederlassungserlaubnis an eine Reihe von Kriterien, die erfüllt sein müssen, z. B. gesicherter Lebensunterhalt, ausreichender Wohnraum, Grundkenntnisse im Deutschen, keine zu hohe Verurteilung wegen einer Straftat. Die Betroffenen sind in allen wesentlichen Rechtsbereichen den Staatsangehörigen gleichgestellt. Allerdings bleiben sie von den politischen Aktivrechten ausgeschlossen.

Asylrecht

Das deutsche und das internationale Asylrecht entstanden nach dem Zweiten Weltkrieg. Es sollte sicherstellen, dass die Staaten zukünftig Verfolgten Schutz gewähren. Seit 1949 bestimmt Art. 16 GG: »Politisch Verfolgte genießen Asylrecht.« Seit 1954 ist auch die »Genfer Flüchtlingskonvention« (GFK) geltendes Recht in der Bundesrepublik. Im Asylverfahren wird deshalb auch geprüft, ob alternativ zum Asyl nach Artikel 16 ein Anspruch auf Schutz nach Bestimmungen der GFK besteht.

Erst Anfang der 1990er Jahre wurde das Asylrecht in Deutschland massiv in Anspruch genommen, ein Resultat der Kriege im zerfallenden Jugoslawien. 1993 wurde das Asylrecht eingeschränkt. In das Grundgesetz wurde Artikel 16a aufgenommen, der das Konzept der »sicheren Herkunftsstaaten« und der »sicheren Drittstaaten« einführte und die Grundlage für das »Flughafenverfahren« sowie die Befugnis zur Übertragung von Kompetenzen auf die Europäische Union schaffte. Im selben Jahr wurde die Unterstützung der Geflüchteten aus dem Sozialhilfegesetz ausgegliedert. Durch die deutlich abgesenkten Leistungen im »Asylbewerberleistungsgesetz« sollte die Attraktivität des Zufluchtsorts Deutschland (als ein zentraler der sog. Pull-Faktoren der Migration) gesenkt werden (s. von Beyme 2020, S. 141–165).

3. Die *Aufenthaltsgestattung* wird im Rahmen des Asylverfahrens ausgesprochen, wenn AusländerInnen um Schutz in Deutschland nachfragen. Dieser Status hebt die Rechtswidrigkeit des Aufenthalts in Deutschland auf und öffnet den Zugang zu den Leistungen des Asylbewerberleistungsgesetzes. Dessen Sonderregelungen betreffen Wohnen, Lebensunterhalt und medizinische Versorgung. Besonders bedeutsam sind die Bestimmungen zum Wohnen. In den ersten drei Monaten müssen die Antragstellenden in »Erstaufnahmeeinrichtungen« wohnen, die von den Ländern unterhalten werden. Während dieser Zeit besteht ein generelles Arbeitsverbot. Nach frühestens drei Monaten werden die Ge-

flüchteten auf die Städte und Kreise des Bundeslandes verteilt. Das Asylverfahren wird von einer Bundesbehörde, dem BAMF (Bundesamt für Migration und Flüchtlinge), durchgeführt.

Wird dem Asylgesuch stattgegeben, indem eine Anerkennung als politisch Verfolgte/r nach Artikel 16a GG oder (deutlich häufiger) als anerkannter Flüchtling nach GFK erfolgt, dann wird eine zunächst auf drei Jahre befristete Aufenthaltserlaubnis erteilt. Wird der Antrag abgelehnt, wird eine Frist zur freiwilligen Ausreise aus Deutschland festgesetzt. Wird diese Frist nicht genutzt, droht die zwangsweise Abschiebung. Das Asylverfahren kann auch mit einer eingeschränkten Anerkennung enden.

4. »*Subsidiärer Schutz*« wird dann gewährt, wenn das BAMF zu der Überzeugung kam, dass zwar keine individuelle Verfolgung vorliegt, aber gleichzeitig eine Rückkehr in die Heimat wegen bestehender Gefahr für Leib und Leben nicht zumutbar ist. Der »subsidiäre Schutz« wird befristet für ein Jahr erteilt und kann jeweils um zwei Jahre verlängert werden, sofern und solange die Gefahren bestehen.

5. Noch labiler als der subsidiäre Schutzstatus ist der der »*Duldung*«; über sie wird nicht im Asylverfahren, sondern nach dessen Ablehnung von der Ausländerbehörde entschieden. ›Geduldet‹ werden können Personen, die aus persönlichen (z. B. schwere Erkrankung) oder objektiven Gründen (ihr Herkunftsstaat verweigert ihre Aufnahme) nicht abgeschoben werden können. Duldungen sind deshalb immer (relativ kurz) befristet, können aber verlängert werden. Menschen mit einer Duldung sind nicht nur ständiger Abschiebegefahr ausgesetzt, sondern sie sind auch den Restriktionen des Asylbewerberleistungsgesetzes unterworfen. So dürfen sie z. B. in den ersten drei Monaten das Bundesland, dem sie zugewiesen sind, nicht verlassen, einer Erwerbsarbeit dürfen sie in der Regel erst nach sechs Monaten nachgehen und sofern sie Sozialleistungen beziehen, können sie ihren Wohnort auch weiterhin nicht frei wählen.

6. Auf der untersten Stufe befinden sich Personen, die sich illegal in Deutschland aufhalten, also ›*Illegale*‹ oder »Illegalisierte« oder die ›sans papiers‹, wörtlich: die ohne Papiere (s. Wilcke 2018).

In diesem System der abgestuften Berechtigungen (▶ Tab. 14) liegt die Stärke der Sozialen Arbeit in der »Integrationsarbeit«. Sie geschieht im Gleichklang mit den politischen Vorgaben, wenn es sich um jene Gruppen handelt, die dauerhaft in Deutschland bleiben (wollen). Sie ist prekär, wenn sie sich mit jenen Gruppen beschäftigt, deren Aufenthaltsdauer in Deutschland ungewiss ist. Und sie gerät in Konflikte zwischen professionellem Selbstverständnis und staatlichem Auftrag, wenn es sich um Menschen handelt, denen kein Recht zugesprochen wird, sich in Deutschland aufhalten zu dürfen.

Mit den unterschiedlichen Rechtstiteln oder Statuszuschreibungen werden auch unterschiedliche Kontrollanlässe für die Polizei geschaffen.

Tab. 14: Statusgruppen von MigrantInnen (Auswahl)

Status	Bedeutung
Einreise nur mit Visum	107 Staaten (Januar 2021): Angabe Einreisezweck + Nachweis bestimmter Voraussetzungen
Visafreie Einreise bis 90 Tage	62 Staaten (Januar 2021): keine Erwerbsarbeit
EU-ArbeitnehmerInnen-Freizügigkeit	90 Tage zur Arbeitssuche; ohne Arbeit u. unterstützungsbedürftig: keine Sozialleistungen
Aufenthaltserlaubnis	befristet, an bestimmten Zweck gebunden
Niederlassungserlaubnis	unbefristet, keine Auflagen
Aufenthaltsgestattung	während des Asylverfahrens: Wohnsitz- und Erwerbsauflagen, abgesenkte Sozialleistungen
Herkunftsland mit geringer Anerkennungsquote	keinen Anspruch auf Integrationsleistungen während des Asylverfahrens
sicheres Herkunftsland	Wohnpflicht in Erstaufnahmeeinrichtung während des gesamten Asylverfahrens
Anerkannte Flüchtlinge/Schutzsuchende	Aufenthaltserlaubnis für drei Jahre
Subsidiär Geschützte	Aufenthaltserlaubnis für ein Jahr
Geduldete	befristet, Wohnsitz- und Erwerbsauflagen möglich
Geduldete – selbstverschuldetes Abschiebehindernis	Wohnpflicht in Erstaufnahmeeinrichtung
›Illegale‹	rechtswidriger Aufenthalt

Erschleichung von Aufenthaltstiteln

Das Prozedere und die Voraussetzungen für die verschiedenen Aufenthaltstitel können umgangen werden, wenn man eine/n Deutsche/n heiratet. Durch die Heirat erlangt der/die EhepartnerIn einen Anspruch auf Erteilung der Aufenthaltserlaubnis. Um Missbrauch zu verhindern, sind die Behörden beauftragt, »Scheinehen« zu verhindern. Mit diesem Begriff wird eine Ehe bezeichnet, »mit der allein der Zweck verfolgt wird, einem der Ehepartner ein diesem sonst nicht zustehendes Aufenthaltsrecht in Deutschland zu verschaffen« (Scheinehen-Erlass Brandenburg 2005, Nr. 1). Zwar liegt die Überprüfung des Verdachts auf Scheinehe bei den Standesämtern oder Ausländerbehörden, aber die Polizei ist daran im Rahmen der Amtshilfe zu beteiligen. Die polizeiliche Aufmerksamkeit gegenüber »Scheinehen« ist hoch. Sie werden deliktisch im Rahmen der schweren organisierten Kriminalität im Kontext von Schleusungen und Menschenhandel verortet (etwa in Berlin liegt die Zuständigkeit beim Landeskriminalamt). Zur Prüfung des Verdachts kann die Polizei Erkundigungen einziehen, etwa indem sie NachbarInnen befragt, sie kann auch ›Hausbesuche‹ vornehmen. Sofern allerdings kein strafrechtliches Ermittlungsverfahren eingeleitet wurde und die Voraussetzungen für ein Wohnungsbetretungsrecht (richterliche Anordnung oder bei Gefahr im Verzug) nicht vorliegen, muss niemand PolizistInnen in die eigene Wohnung lassen.

Der Aufenthalts- und Wohnort

AsylbewerberInnen unterliegen während des Asylverfahrens der »Residenzpflicht«. Sie dürfen einen bestimmten räumlichen Bereich nicht ohne behördliche Erlaubnis verlassen. Wie groß dieser Bereich ist, ist unterschiedlich geregelt: Er kann sich auf den Zuständigkeitsbereich einer Ausländerbehörde, eines Bundeslandes oder auch mehrere Bundesländer erstrecken. Die Residenzpflicht ist auf drei Monate begrenzt. Für diejenigen im Asylverfahren und für Geduldete, die nach dieser Zeit weiterhin auf Leistungen nach dem Asylbewerberleistungsgesetz angewiesen sind, wird eine »Wohnsitzauflage« wirksam, d. h., sie müssen in einer bestimmten Region wohnen. Seit 2016 können auch anerkannten Geflüchteten Wohnsitzauflagen erteilt werden. Ein Verstoß gegen diese Auflagen ist eine Ordnungswidrigkeit, bei Wiederholung handelt es sich um ein Vergehen (Freiheitsstrafe bis zu einem Jahr) (Pelzer/Pichl 2016). Wer die lokalen Zuständigkeitsgrenzen nicht kennt oder bewusst übertritt, läuft Gefahr von der Polizei entdeckt zu werden.

Erwerbstätigkeit

Das Recht auf Erwerbstätigkeit ist mehrfach eingeschränkt: Menschen mit Aufenthaltserlaubnis dürfen nur arbeiten, wenn das vom Zweck ihres Aufenthalts umfasst ist. Auch bei Duldungen muss das Recht zur Erwerbstätigkeit ausdrücklich zugesichert sein. Menschen im Asylverfahren dürfen in den ersten drei Monaten und während des Aufenthalts in den Erstaufnahmeeinrichtungen nicht arbeiten. Und EU-AusländerInnen, die in den ersten drei Monaten keine reguläre Beschäftigung gefunden haben, stehen keine Sozialleistungen zu, so dass sie vor der Alternative stehen, in ihr Herkunftsland zurückzukehren oder sich irgendwie den Lebensunterhalt zu verdienen. Durch diese Konstellation wird die Arbeit in der ›Schattenökonomie‹, der sog. ›Schwarzarbeit‹, rechtlich befördert. Das führt nicht nur zu miserablen Arbeits- und Ausbeutungsverhältnissen für die Betroffenen, sondern setzt sie zugleich dem staatlichen Verfolgungsdruck aus (exemplarisch: Riesner 2019). Zwar liegt die primäre Zuständigkeit in der »Bekämpfung der Schwarzarbeit« beim Zoll, aber häufig geschehen die Einsätze (etwa auf Baustellen) mit polizeilicher Unterstützung – und faktisch wird der Zoll hier als Polizei tätig.

Illegalisierte

AusländerInnen, die ohne staatliche Erlaubnis in Deutschland leben, stehen am unteren Ende der migrantischen Statusgruppen (s. Wilcke 2018; Tsianos 2019). Ihr Aufenthalt ist durch das Aufenthaltsgesetz (§ 95) mit Strafe bedroht. Die größere Sanktionsgefahr besteht jedoch nicht im Strafmaß (bis zu einem Jahr Freiheitsstrafe oder Geldstrafe), sondern in der Abschiebung, die bei »Menschen ohne Papiere« der Strafverfolgung vorgezogen wird.

Praktisch umfassen Abschiebungen das Abholen der Betroffenen in und aus ihren Wohnungen – vorzugsweise am frühen Morgen –, den Transport zum Flugzeug (in der Regel wird auf dem Luftweg abgeschoben) bis zur Begleitung zum Zielflughafen (s. Rietig/Günnewig 2020, S. 24–29).

Ihrer Natur nach widersprechen Abschiebungen den Interessen der Abgeschobenen. Für die Soziale Arbeit stellen sie den Endpunkt ihrer Bemühungen dar. In bestimmten Konstellationen – vor allem in den Erstaufnahmeeinrichtungen bei Geflüchteten aus »sicheren Herkunftsländern« oder denjenigen mit schlechten Anerkennungsquoten – steht die gesamte Arbeit im Zeichen erwartbarer Abschiebungen. Im Umgang mit Menschen, denen kaum Hoffnung auf ein Bleiben gemacht werden kann, stellt das eine besondere Herausforderung dar (Schmitt/Aden 2020; Wahl 2018, S. 306). Für das Verhältnis zur Polizei ergeben sich daraus nicht nur keine Anknüpfungspunkte für eine Zusammenarbeit, sondern eher ein Kooperationsverbot.

Kirchenasyl

Unter »Kirchenasyl« wird der Schutz verstanden, den Kirchengemeinden von Abschiebung bedrohten Menschen gewähren. Dieser Schutz kann sich nicht auf bestimmte Rechtsnormen berufen, denn weder das Asyl- noch das Aufenthaltsrecht sehen eine Möglichkeit zum »Kirchenasyl« vor. In rechtlicher Hinsicht befinden sich die Aktiven des Kirchenasyls deshalb in einer Grauzone. Nach dem Wortlaut des Gesetztes machen sie sich ggf. wegen der »Beihilfe zum unerlaubten Aufenthalt« strafbar, die mit einer Freiheitsstrafe von drei Monaten bis zu fünf Jahren geahndet werden kann (§ 96 Abs. 1 AufenthG). Lediglich auf eine Übereinkunft ist zurückzuführen, dass diese Bestimmung gegenwärtig nicht auf die Gemeindemitglieder, die Kirchenasyl organisieren, angewendet wird.

1983 kam es in Berlin zur ersten Gewährung von Kirchenasyl in Deutschland; in der Folge nahmen immer mehr Kirchengemeinden von Abschiebung bedrohte Geflüchtete auf. In Deutschland schlossen sich die Initiativen der christlichen Kirchen 2006 in der »Ökumenischen Bundesarbeitsgemeinschaft Asyl in der Kirche« zusammen (Krannich 2011, S. 8–11). Das Kirchenasyl stellt ein zeitlich begrenztes Provisorium dar, durch das Zeit gewonnen werden soll, in der ein staats-offizieller Schutzstatus gefunden werden kann (s. Nuguid 2018).

> Die größte Gruppe der Menschen im Kirchenasyl sind die sog. ›Dublin-Fälle‹ (s. Asyl in der Kirche 2021). Nach der »Dublin-Verordnung« ist das EU-Land für das Asylverfahren zuständig, das der/die AntragstellerIn zuerst betreten hat. Wird im Asylverfahren festgestellt, dass die Zuständigkeit in einem anderen Land liegt, dann richten die deutschen Behörden ein Übernahmeersuchen an diesen Staat. Nimmt er das Ersuchen nicht innerhalb von sechs Monaten an, muss das Asylverfahren in Deutschland geführt werden. Das Kirchenasyl stellt eine Möglichkeit dar, dieses halbe Jahr im Inland zu überbrücken (s. Endres de Oliveira 2015).
>
> Im Jahr 2015 wurde das Kirchenasyl politisch infrage gestellt; der Konflikt konnte durch einen Kompromiss beigelegt werden (BAMF 2021). Bedeutsam an der Übereinkunft von 2015 war für die Kirchen, dass ihre Asylpraxis weiterhin staatlich toleriert wird; für den Staat war entscheidend, dass das Kirchenasyl durch die faktische Meldeverpflichtung der Gemeinden unter seiner Aufsicht stattfindet. Das rechtliche Fundament dieser Form des Flüchtlingsschutzes ist jedoch äußerst labil. Das latente Kriminalisierungsrisiko für die HelferInnen das Abschieberisiko für die Betroffenen bestehen weiterhin. Zusammenarbeit oder Absprachen mit den Polizeien sind auf dieser Basis kaum denkbar.

Meldepflichten

Das Aufenthaltsgesetz verpflichtet alle öffentlichen Stellen, die zuständige Ausländerbehörde zu informieren, wenn sie im Rahmen ihrer Tätigkeit vom illegalen Aufenthalt Kenntnis erhält (§ 87). Von dieser Mitteilungspflicht sind nur zwei Bereiche ausgenommen: Einerseits »Schulen sowie Bildungs- und Erziehungseinrichtungen« (§ 87 Abs. 1 AufenthG), andererseits ist den durch § 203 StGB zur »Wahrung von Privatgeheimnissen« verpflichteten Berufsgruppen (u. a. ÄrztInnen) die Meldung an die Ausländerbehörde untersagt (§ 88 Abs. 2 AufenthG). Durch diese Bestimmung werden der Schulbesuch von Kindern ohne Aufenthaltsstatus und die medizinische Behandlung von Illegalisierten höher bewertet als die Verfolgung unerlaubten Aufenthalts.

Für alle Personen und Institutionen außerhalb des öffentlichen Dienstes gibt es keine Meldepflicht an die Ausländerbehörde. Strafe droht jedoch, wer zum illegalen Aufenthalt anstiftet oder dabei unterstützt. Dabei beschränkt § 96 Abs. 1 AufenthG die Strafbarkeit auf Fälle, in denen die Hilfe aus Gewinnabsicht (wenn jemand einen Vermögensvorteil erhält oder sich versprechen lässt) oder in mehreren Fällen geleistet wird. Diese Bestimmungen zielen auf die sog. »Schleuserkriminalität« und nicht auf die humanitär motivierte Hilfe. Die gängige Rechtspraxis folgt dieser Sichtweise, auch wenn der Wortlaut die Strafverfolgung erlaubt, sofern sich die Unterstützung Illegalisierter auf mehr als einen Einzelfall erstreckt.

Die rechtlichen Rahmenbedingungen grenzen die Handlungsmöglichkeiten der Sozialen Arbeit massiv ein. Nur vereinzelt gibt es Angebote für Illegalisierte (insbesondere Beratung und medizinische Akuthilfen, z. B. Deutscher Caritasverband 2007). Um Unterstützungsstrukturen etablieren zu können, fehlen nicht allein die empirischen Grundlagen (Ausmaß und Profil der Menschen ohne Papiere können nur grob geschätzt werden; für 2014 schwankten die Schätzungen zwischen 180.000 und 520.000 Personen, s. Holstein 2017, S. 33), es fehlt auch die politische Unterstützung, da diese Menschen staats-offiziell unerwünscht in Deutschland sind.

Für das Verhältnis zur Polizei resultiert aus dem illegalen Status, dass Formen der Kooperation zwischen Sozialarbeit und Polizei undenkbar sind. Für die Polizei gilt nicht nur die Meldeverpflichtung an die Ausländerbehörde, sondern für sie gilt auch die Strafverfolgungspflicht. Illegalisierte müssen deshalb jedem Kontakt mit dem Staatsapparat und insbesondere mit der Polizei aus dem Wege gehen. Die Unauffälligkeit der ›Illegalen‹ würde gefährdet, wenn Soziale Arbeit versuchen würde, strategische Übereinkünfte – ganz zu schweigen von einzelfallbezogenen – mit der Polizei zu vereinbaren.

9.3.2 Soziale Lagen

Auch sozial sind die Zugewanderten eine heterogene Gruppe. Aus ihren spezifischen Merkmalen ergeben sich besondere Beziehungen zur Polizei.

Die soziale Position der ArbeitsmigrantInnen (»GastarbeiterInnen«) und ihre Familien ist mit dem Begriff der »Unterschichtung« beschrieben worden, weil hauptsächlich Angehörige der Unterschichten nach Deutschland kamen, die einfache Arbeiten wahrnahmen und entsprechend wenig verdienten. Das Phänomen schwächt sich bei nachfolgenden Generationen ab, bleibt aber weiterhin ein kennzeichnendes Merkmal. In dem Maße, wie die »GastarbeiterInnen« länger in Deutschland blieben und sich im Land niederließen, dann ihre Familien nachholten oder Familien gründeten, schlug sich die Zuwanderung auch in den Siedlungsstrukturen nieder. Die MigrantInnen zogen in die Wohnungen der billigen Stadtquartiere, deren Mieten sie sich leisten konnten und deren schlechte Standards sie nicht abschreckten (s. Geißler 2014, S. 287–294). Im Hinblick auf die Siedlungsstruktur entstanden in diesen Jahrzehnten – vor allem großstädtische – ›Problemquartiere‹, deren hoher MigrantInnenanteil verantwortlich gemacht wurde für eine ganze Reihe von Problemen, die von der städtebaulichen Verwahrlosung bis zu steigender Kriminalität reichen.

Soziale Randständigkeit auf der einen, Sicherheitsgefahren auf der anderen Seite bestimmen diese Konstellation. Die polizeilichen Reaktionen auf diese Lage sind zweigeteilt: Ein Teil der Phänomene werden schweren Kriminalitätsformen zugerechnet: Organisierte Kriminalität in den Feldern Rauschgift, Rotlicht, Glücksspiel, in jüngeren Zeit in der Variante der »Clan-Kriminalität« (BKA 2020g, S. 24–38). Hier gibt es nur ausnahmsweise praktische Berührungspunkte zur Sozialen Arbeit. Ein anderer Teil der mit migrantischen Problemquartieren verbundenen Phänomene betreffen die alltäglichen Einsätze des Streifendienstes, der einfachen und mittelschweren Kriminalität – vom Diebstahl über die jugendlichen Körperverletzungen bis zur häuslichen Gewalt. In diesen Feldern sucht die Polizei nach Unterstützung bei sozialen Akteuren.

Die Hoffnungen der Polizei gehen in zwei Richtungen. Wie in anderen Konstellationen hofft sie darauf, dass soziale Interventionen auf Dauer die Sicherheitsprobleme vermeiden werden. Darüber hinaus versprechen sich die PolizistInnen einen angemesseneren Umgang mit dem migrantischen Gegenüber, den sie von den SozialarbeiterInnen zu erlernen hoffen. Das berührt aber bereits die Fragen der kulturellen Kompetenz (s. u.).

Geflüchtete

Die soziale Lage von Geflüchteten wird durch die bescheidenen Leistungen des Asylbewerberleistungsgesetzes, vor allem aber durch die Wohnsitzauflagen und das Arbeitsverbot bestimmt. Im Anschluss an die Erstaufnahmeeinrichtungen bilden die staatlich zugewiesenen Wohnformen – in der Regel Gemeinschaftsunterkünfte – den Lebensmittelpunkt während des Asylverfahrens. Im Hinblick auf Kriminalität und Sicherheit sind diese Unterkünfte von Bedeutung, weil sie als besonders belastende oder konflikträchtige Orte gelten. Denn hier leben Menschen mit unterschiedlichen Biografien, unterschiedlicher Herkunft, verschiedenen Alters und Geschlechts etc. unfreiwillig und mitunter sehr eng – gemeinsame Koch- und Washräume, gemeinsame Sanitärbereiche – zusammen. Je größer die Einrichtungen, je länger der Aufenthalt in ihnen, je perspektivloser der Ausgang, desto größer sind vermutlich die Probleme im alltäglichen Zusammenleben. Die Täter-Opfer-Konstellationen im »Lagebild Zuwanderer« zeigt an, dass es sich bei einem erheblichen Teil der Delikte um solche handelt, bei denen TäterInnen und Opfer »Zugewanderte« sind.

Ein weiterer Aspekt rückt die Unterkünfte in das Zentrum sicherheitspolitischer Aktivitäten: Seit 2015 wurden diese Unterkünfte (nach Anfang der 1990er Jahre wieder vermehrt) Ziel ausländerfeindlich motivierter Angriffe (s. o.), so dass polizeiliche Zuständigkeiten ausgelöst wurden (Strafverfolgung, Gefahrenabwehr). Polizeilichen Aktivitäten vorgeschaltet sind jedoch die »Gewaltschutzkonzepte«, die in allen Bundesländern für die Gemeinschaftsunterkünfte entwickelt und umgesetzt werden müssen.

Diese Konzepte binden Sicherheitsfragen in die Vorgaben für die Belegung der Unterkünfte, für Beratungen und Beratungsangebote und für Vorkehrungen für besonders schutzbedürftige Gruppen mit ein. Für die Gewährleistung von Sicherheit nach außen und im Innern sind private Sicherheitsdienste zu beauftragen. Diese Dienste sollen bei akuten Gefährdungslagen intervenieren und bei Konflikten deeskalierend eingreifen. »Sie arbeiten eng mit der Polizei zusammen«. Darüber hinaus werden die Einrichtungen zur »Vernetzung mit externen Partnern« verpflichtet. Im Hinblick auf die Polizei wird »eine enge Zusammenarbeit mit der örtlichen Polizeibehörde (beispielsweise über Runde Tische, Expertentische)« vorausgesetzt (exemplarisch: Ministerium für Inneres und Kommunales des Landes Nordrhein-Westfalen 2017, S. 18). Auffallend ist, dass im Sicherheitskontext der Flüchtlingsunterkünfte die Sozialarbeit eine nachgeordnete Rolle spielt; sie wird allenfalls über die Betreiber der Unterkunft beteiligt. Alles deutet darauf hin, dass die professionellen Grenzen in diesem Feld relativ klar abgesteckt bleiben: Die Polizei unternimmt keine migrationssozialarbeiterischen Ansätze in Flüchtlingsunterkünften, und die Migrationssozialarbeit wird nicht als eine Instanz formalisierter Sozialkontrolle eingebunden.

9.3.3 Kulturelle Milieus

Im polizeilichen Alltag betreten PolizistInnen im Kontakt mit MigrantInnen fremde Milieus. Dies gilt im wörtlichen Sinne, etwa wenn sie wegen häuslicher Konflikte gerufen werden. Dies gilt aber auch im übertragenen Sinn bei einer allgemeinen Verkehrskontrolle, bei Streifengängen im öffentlichen Raum oder auch, wenn MigrantInnen Anzeige auf einer Wache erstatten. Dass so deutlich zwischen Polizei und MigrantInnen getrennt werden kann, so dass die Polizei als die Polizei der Einheimischen (= der Deutschen) erscheint, ist auf das deutsche Beamtenrecht zurückzuführen. Die Polizei nimmt »hoheitliche Befugnisse« wahr, diese Befugnisse sind »als ständige Aufgabe in der Regel Angehörigen des öffentlichen Dienstes zu übertragen« (Art. 33 Abs. 4 GG). Das Bundesbeamtengesetz (BBG) bindet mittlerweile die Tätigkeit im öffentlichen Dienst nicht mehr an die deutsche Staatsangehörigkeit. Er steht vielmehr den BürgerInnen der EU-Mitgliedstaaten offen. Aber in § 7 Abs. 2 BBG wird diese Ausweitung eingeschränkt: »Wenn die Aufgaben es erfordern, darf nur eine Deutsche oder ein Deutscher … in ein Beamtenverhältnis berufen werden.« Der Polizeidienst ist lange als eine solche Aufgabe betrachtet worden, so dass migrantische InteressentInnen zunächst die deutsche Staatsangehörigkeit erlangen mussten. Diese Hürde hat über Jahrzehnte dazu beigetragen, dass die Polizei eine in ihrem Personalkörper kulturell-ethnisch relativ homogene ›deutsche‹ Polizei blieb.

Die Diskrepanzen zwischen den im Polizeiapparat präsenten kulturellen Mustern und den migrantischen Wirklichkeiten lässt sich auf verschiedenen Ebene nachweisen. Sprachliche Probleme, Unkenntnis religiöser Praktiken (Feiertage, Gebetszeiten und -riten, Ernährungsvorschriften …), Un- oder Missverständnis alltäglicher Muster (Begrüßungsformen, Berührungen, Blicke, Kleidung …) stehen nicht nur einem erfolgreichen Einsatz im Wege, sie können zudem zur weiteren Eskalation der Situation beitragen. Diese Grundkonstellation ist seit langem bekannt. Mit drei Reaktionen wird versucht, sie zu entschärfen; sie sind auf der Ebene der »Polizei-Kultur« zu verorten. Sie kommen sozusagen von oben; inwieweit sie unten (in der »Polizisten-Kultur«, so die Unterscheidung nach Behr 2000) Wirkung entfalten, ist offen. Diese drei Reaktionen sind:

1. Personalpolitik

Wie viele PolizistInnen in Deutschland über einen »Migrationshintergrund« verfügen, ist nicht bekannt. Seit einigen Jahren ist es erklärtes Ziel der Innenministerien, den MigrantInnenanteil beim Polizeinachwuchs zu erhöhen (s. Klimke 2020). Aber nur in Berlin ist es bislang gelungen, den Anteil der migrantischen BerufsanfängerInnen über deren Anteil an der Gesamtbevölkerung zu erhöhen (29,2 zu 27,7 %); in Nordrhein-Westfalen verfügten nur 11,7 % der neueingestellten PolizistInnen einen Migrationshintergrund – bei einem Bevölkerungsanteil von 25,6 % (Zahlen für 2016: Bekar 2020).

2. Interkulturelle Qualifizierung

Die Polizeiführungen verfolgen die Politik einer kulturellen Öffnung ihres Personals, die durch die Vermittlung »interkultureller Kompetenzen« erreicht werden soll. Dies ist ein ambitioniertes Unterfangen, denn die Dimensionen sind vielfältig, in denen diese Kompetenzen ausgebildet werden müssen (s. Leenen/Groß/Grosch 2013). Auf der personalen Ebene zielen sie auf nur schwer veränderbare Persönlichkeitsmerkmale; auf der institutionellen Ebene müssten sie den Polizeiapparat und seine Handlungslogiken verändern. Die Grenzen des institutionellen Wandels werden im folgenden Teilkapitel erörtert (▶ Kap. 9.3.4). Für die persönliche Ebene beinhaltet interkulturelle Kompetenz auch die Fähigkeit, verschiedene Ebenen, Bedeutungszuschreibungen, Bewertungen und Aktionen zutreffend deuten und angemessen reagieren zu können. Das setzt Bereitschaft zur Offenheit, zur Empathie, zum Zuhören und Verstehenwollen voraus; das sind Einstellungen oder Fähigkeiten, die in einem gewissen Spannungsverhältnis zum polizeilichen Rollenverständnis stehen, denn die Definitionsmacht (liegt eine Straftat vor, liegt eine Gefahr vor) liegt bei der Polizei.

Angesichts dieser Grundkonstellationen bleiben die Bemühungen, die »interkulturelle Kompetenz« der Polizei zu stärken, weit hinter ihrem Anspruch zurück. Im bevölkerungsreichsten Bundesland Nordrhein-Westfalen studiert der Polizeinachwuchs an der »Fachhochschule für öffentliche Verwaltung«. Im Rahmen des Studiums für den Polizeivollzugsdienst ist für »Interkulturelle Kompetenz« eine Einheit mit 24 Lehrveranstaltungsstunden und 19 Stunden Selbststudium vorgesehen. Für die im Dienst befindlichen BeamtInnen werden Seminare in interkultureller Kompetenz durch das Landesinstitut für polizeiliche Fortbildung angeboten. »Allerdings«, so schreibt ein Kriminologe und nordrhein-westfälischer Polizist, »sind die hier angebotenen Seminare nicht darauf ausgerichtet, um IKK (Interkulturelle Kompetenz, NP) in einer signifikanten Größenordnung in der polizeilichen Landschaft zu verbreiten« (Schemmer 2016, S. 26). Grenzen der Kompetenzentwicklung werden auch in den Widerständen an der Basis gesehen. Die entsprechenden Programme stießen auf wenig Resonanz, weil bei PolizistInnen der Eindruck entstehe, man wolle ihnen ihre eigenen schlechten Erfahrungen mit MigrantInnen im Dienst ausreden (Asmus 2017, S. 58).

3. Kooperationen auf lokaler Ebene

Mit Kooperationen auf lokaler Ebene wird versucht, die Polizei mit migrantischen Lebenswelten vertraut zu machen. Der klassische Rahmen derartiger Kontakte besteht in den lokalen Präventionsgremien oder spezifischen Runden Tischen. Eingebunden werden hier je nach örtlichen Verhältnissen die Selbstorganisationen von MigrantInnen, Kirchen- bzw. Moscheevereine oder die im Migrationsbereich tätigen sozialen Einrichtungen und Dienste. Aus polizeilicher Sicht dienen diese Kontakte dem Abbau von Spannungen zwischen MigrantInnen und der Polizei, der besseren Vermittlung polizeilicher Botschaften in migrantische Milieus. Sie sollen auch dazu beitragen, das polizeiliche Wissen über und das Verständnis für die migrantischen Communities zu erhöhen (Zentrale Geschäftsstelle ProPK o. J.).

Bei den Kooperationsprojekten ist die Soziale Arbeit direkt gefragt. Sie ist prädestiniert für die Vermittlung zwischen Polizei und MigrantInnen(-Verbänden). Je enger jedoch die Kooperationen werden, je mehr gemeinsam oder abgesprochen gehandelt wird, desto eher tauchen die bekannten Spannungen zwischen Klientel- und Polizeiorientierung auf.

9.3.4 Ethnische Zugehörigkeit

Staatsbürgerschaft, kulturelle Praktiken und ethnische Zugehörigkeit werden häufig synonym verwendet. Das ist nachweislich falsch: Der weiße Amerikaner oder Finne ist nicht auf den ersten Blick als Ausländer erkennbar. Es gibt schwarze Menschen, die seit Geburt Deutsche sind. Ganz zu schweigen von den Generationen mit »Migrationshintergrund«, die ihr gesamtes Leben im Ruhrgebiet verbrachten und gleichwohl der Religion oder den Alltagsroutinen ihrer Eltern folgen.

Die ethnischen Unterschiede zwischen Menschen liegen an der Oberfläche des Sichtbaren. Rechtlich müssen sie für polizeiliches Verhalten unerheblich sein. Das Grundgesetz verbietet in Artikel 3 ausdrücklich jede Diskriminierung von Menschen wegen »seiner Abstammung, seiner Rasse«. Der Begriff »Rasse« war schon 1949 wissenschaftlich unhaltbar; gegenwärtig hat die Diskussion zugenommen, ihn durch einen angemesseneren Begriff zu ersetzen. Gemeint mit dem Begriff ist die »ethnische Herkunft« oder eine rassistisch motivierte Diskriminierung (Cremer 2020).

Im traditionellen liberalen Polizeirecht war das Diskriminierungsverbot rechtssystematisch kein Problem. Denn Eingriffe in die Handlungsfreiheit – und ein Eingriff liegt bereits dann vor, wenn Personen ihre Identität nachweisen müssen – sind im liberalen Polizeirecht an das Vorliegen eines Verdachts auf eine strafbare Handlung oder einer gefahrenträchtigen Situation gebunden. Für die Identitätsüberprüfungen wurde diese Bindung in den vergangenen Jahrzehnten aufgegeben. Durch die Abkommen von Schengen wurden die regelmäßigen Binnengrenzkontrollen – und damit die Unterbindung der illegalen Einreise – abgeschafft, und der deshalb vermeintlich drohende ›Sicherheitsverlust‹ wurde durch Befugnisse im Innern zu kompensieren gesucht.

Im Gesetz über die Bundespolizei werden eine Reihe von Voraussetzungen genannt, unter denen der Bundespolizei die Überprüfung der Identität von Personen und die Durchsuchung mitgeführter Sachen gestattet ist. Bedeutsam sind jene Bestimmungen, die sich auf den bloßen Aufenthalt an bestimmten Orten beziehen. Dazu gehört der Aufenthalt im Grenzgebiet (mit einer Tiefe von 30 Kilometer zur deutschen Außengrenze), der Aufenthalt in »einer Anlage oder Einrichtung der Eisenbahnen des Bundes ..., einer dem Luftverkehr dienenden Anlage oder Einrichtung eines Verkehrsflughafens ...« (§ 23 Abs. 1 Nr. 3f. BPolG) oder »in einer Verkehrs- oder Versorgungsanlage oder -einrichtung, einem öffentlichen Verkehrsmittel, Amtsgebäuden oder einem anderen besonders gefährdetem Objekt oder in unmittelbarer Nähe« (§ 23 Abs. 2 Nr. 2 BPolG). Gebunden wird dies jeweils an das Vorliegen von »Tatsachen, die die Annahme rechtfertigen, dass dort Straftaten begangen werden sollen ...«. Entscheidend an diesen Bestimmungen ist, dass die Gefahr an den bloßen Aufenthalt an einem Ort (»dort«) gebunden wird und nicht an ein bestimmtes Ereignis oder das Verhalten der kontrollierten Person.

Betraut mit den Aufgaben des Grenzschutzes ist naheliegend, dass jene Menschen kontrolliert werden, deren äußeres Erscheinungsbild eine ausländische Herkunft vermuten lässt. Auch bei den Kontrollen an Bahnhöfen oder Flughäfen stellt sich die Frage, anhand welcher Kriterien die Personen ausgewählt werden sollen, deren Identität überprüft wird. Offenkundig ist, dass dies nur das Sichtbare an einer Person sein kann. Der Phänotyp eines Menschen, sein äußeres Erscheinungsbild und damit auch seine ethnische Herkunft sind auf diesem Weg zum polizeilichen Kontrollanlass geworden.

In den Landespolizeigesetzen finden sich vergleichbare Formulierungen. Dabei sind die »verdachts- und ereignisunabhängigen Personenkontrollen« an bestimmte Örtlichkeiten gebunden. Das können die »öffentlichen Einrichtungen des internationalen Verkehrs sowie (Kontrollen, NP) auf Durchgangsstraßen« (§ 26 Abs. 1 Nr. 6 PolG Baden Württemberg), generell der »öffentliche Verkehrsraum« (§ 11 Abs. 3 PolG Brandenburg) oder Orte sein, denen von der Polizei eine besondere Gefährlichkeit zugeschrieben wird (z.B. § 11 Abs. 1 Nr. 1 und 3 ASOG Berlin). In all diesen Konstellationen entsteht die Frage, wen kontrolliert die Polizei, wenn nicht das Verhalten der Betroffenen über Kontrolle oder Nichtkontrolle entscheidet.

Von Betroffenen und KritikerInnen wird die aus diesen Bestimmungen resultierende Kontrollpraxis als »Racial Profiling« bewertet. Das Herausgreifen von Personen aufgrund ihrer Hautfarbe oder ihres fremden Aussehens verstoße eindeutig gegen das Diskriminierungsverbot in Artikel 3 GG (Belina 2016; Amnesty International 2016). Die Bundes- und die Landesregierungen verteidigen die Kontrollpraxis gegenüber der nationalen und internationalen Kritik durch den Hinweis auf die geforderten Lagebilder, die Tatsachen über die ortsbezogene Gefährdungslage verlangen.

In den anlasslosen Personenkontrollen der migrantisch aussehenden Bevölkerung wird von der kritischen Öffentlichkeit ein Indiz für den Rassismus in der Polizei gesehen. Vermutlich greift diese Sichtweise zu kurz, weil sie den Zusammenhang mit den rechtlichen Befugniserweiterungen aus den Augen verliert, die derartige Kontrollpraktiken erst ermöglichten. Insofern ist es zutreffender von »strukturellem Rassismus« zu sprechen, weil die rechtliche Struktur bewusst so geformt wurde, dass sie den Raum für die intensivierte Kontrolle der nicht deutsch aussehenden Bevölkerung schafft.

Von der besonderen polizeilichen Kontrollpraxis gegenüber MigrantInnen ist die Soziale Arbeit mittelbar betroffen. Mit den Diskriminierungen, die die im öffentlichen Raum stattfindende selektive Identitätsüberprüfung darstellt, erhöhen sich die Schwierigkeiten, denen MigrantInnen in ihrem Alltag ausgesetzt sind. Insofern erweitern sie Themen und Bereiche, mit denen sich die Migrationssozialarbeit auseinandersetzen muss.

Für die Positionierung der Sozialen Arbeit im Kontext von Migration und Polizei ist von grundsätzlicher Bedeutung die Orientierung gegenüber MigrantInnen, die in den Identitätskontrollen sichtbar wird: Wegen der generalisierten Verdachtszuschreibungen, die sich aus den Aufgaben und Befugnissen der Institution Polizei nahezu zwangsläufig ergeben, bleiben die Sphären von Polizei und Sozialarbeit im Umgang mit MigrantInnen weitgehend getrennt.

9.4 Schlussfolgerungen

Aus sozialarbeiterischer Sicht ergeben sich aus dem hier aufgezeigten Rahmen unterschiedliche Positionierungen gegenüber der Polizei. Sie resultieren im Kern aus einem migrationssozialarbeiterischen Selbstverständnis, das die Interessen der Klientel *gegenüber* der Polizei vertritt. Gemäß dem Leitspruch des Jesuiten-Flüchtlingsdienstes handelt es sich um »Accompany (die Menschen begleiten) – Serve (die Menschen unterstützen) – Advocate (für die Menschen eintreten)« (Keßler 2011, S. 246).

Schutz und Hilfe

Die Polizei in demokratischen Gesellschaften ist auch eine Institution zum Schutz der Rechte der BürgerInnen (und nicht nur zum Schutz der staatlich-rechtlichen Ordnung). Für MigrantInnen ist dieser Schutz schwerer erreichbar als für Einheimische. Das ist auf den unterschiedlichen rechtlichen Status, auf die sozialstrukturellen Merkmale der Zugezogenen, auf gesellschaftliche Diskriminierungen und auf Besonderheiten der Institution Polizei zurückzuführen. Insbesondere für die schwächsten Gruppen innerhalb der migrantischen Bevölkerung resultiert daraus für die Soziale Arbeit, dass sie die Schwellen der Inanspruchnahme senken muss.

»Schwelle der Inanspruchnahme« bedeutet für die Soziale Arbeit, auf zwei Ebenen gleichzeitig zu wirken: Die MigrantInnen zu ermutigen, wenn erforderlich, auf die »Ressource« Polizei zurückzugreifen. Dabei wird es sinnvoll sein, die Betroffenen beim Gang zur Polizeiwache zu begleiten. Gleichzeitig besteht die Aufgabe darin, die Polizei so zu beeinflussen, dass Hilferufe und Anzeigen von MigrantInnen so behandelt werden wie die von Einheimischen. Auf der lokalen Ebene ist das nur möglich, indem die »interkulturelle Kompetenz« von PolizistInnen und Dienststellen verbessert wird – in der Hoffnung, dass diskriminierende Praktiken verringert werden können.

Rechte fordern

In der sozialarbeiterischen Arbeit mit MigrantInnen wird besonders deutlich, wie stark die Probleme durch die rechtliche Sonderbehandlung überlagert oder erst geschaffen werden. Für den Alltag stehen dabei einerseits die Sonderregelungen im Asyl- und Aufenthaltsrecht im Zentrum, andererseits bestimmte polizeiliche Befugnisse, die diskriminierende Kontrollpraktiken gegenüber migrantischen Minderheiten nahelegen. Die Sonderregelungen schränken die Handlungsfreiheit von MigrantInnen ein, sie befördern zugleich Entwicklungen, die sich als Sicherheitsproblem deuten lassen und die Polizei (oder den Ruf nach der Polizei) auf den Plan rufen. Wenn Sozialarbeit sich auf der politischen Ebene für die Beseitigung der rechtlichen Einschränkungen einsetzt, dann geschieht das, um die Lebensbedingungen von MigrantInnen zu verbessern und zugleich, um ihrer Kriminalisierung entgegenzuwirken. Bei den polizeilichen Befugnissen stehen die »verdachts- und ereignisunabhängigen Personenkontrollen« im Zentrum. Als ein Element der ›Vorverlagerung‹ polizeilicher Zuständigkeiten betreffen sie nicht nur MigrantInnen, sondern auch andere Gruppen, die den polizeilich definierten Normalitätserwartungen nicht entsprechen. Soziale Arbeit kann auf lokaler Ebene versuchen, die polizeiliche Kontrollpraxis zu verändern. Ihre Wirkung muss jedoch begrenzt bleiben, solange die rechtlichen Vorgaben und die mit ihnen verbundenen politischen Erwartungen nicht verändert werden.

Grenzen in der Praxis

Die jüngere migrationspolitische Linie ist dadurch gekennzeichnet, dass zwischen MigrantInnen, die auf Dauer bleiben (sollen), und solchen, die Deutschland möglichst schnell wieder verlassen sollen, unterschieden wird. Die erste Gruppe soll sich ›integrieren‹, die zweite Gruppe soll vor allem kontrolliert werden. Angesichts dieser Zweiteilung gestalten sich die Beziehungen im Dreieck Soziale Arbeit – MigrantInnen – Polizei sehr unterschiedlich.

Stärker als in anderen Feldern steht die Soziale Arbeit vor dem Problem, dass die migrantischen Milieus dem Polizeiapparat primär als suspekt erscheinen. Es gibt Formen der Zusammenarbeit oder Bestrebungen dazu in verschiedenen Phänomenbereichen, etwa wenn es um die Arbeit in migrantischen Wohngebieten geht oder beim Zugang zu jugendlichen Milieus oder im Bereich häuslicher Gewalt. Dann kommt Soziale Arbeit ins Spiel als Türöffnerin in eine fremde Welt oder als Vermittlerin polizeilicher Botschaften. Hier treten regelmäßig die in den anderen Kapitel diskutierten Probleme von Vertrauensverlust und sozialarbeiterischer Selbstständigkeit auf.

Je weiter sich die MigrantInnen von den (mittlerweile traditionellen, vor allem türkischen, weniger italienischen oder griechischen) ArbeitsmigrantInnen-Milieus entfernen, desto größer sind die Ausgrenzungs- und Kriminalisierungsgefahren. Polizei-sozialarbeiterische Kooperationen in diesen Feldern sind nicht bekannt; sie scheinen auch weder geboten noch wünschenswert.

Insgesamt ist auffallend, dass die Forderungen nach Kooperation zwischen Sozialen Diensten und Polizei im Migrationsbereich kaum vorhanden sind. Eine »Interventionskette« (wie bei der häuslichen Gewalt) oder Versuche abgestimmter Konzepte (wie bei den Fußballfans) sind in diesem Feld nicht ersichtlich. Aus naheliegenden Gründen gibt es zwischen der Migrationssozialarbeit mit Geflüchteten und der Polizei keinerlei positive Überschneidungen.

Literaturempfehlungen

Blank, B./Gögercin, S./Sauer, K. E./Schramkowski, B. (Hg.) (2018): Soziale Arbeit in der Migrationsgesellschaft. Grundlagen – Konzepte – Handlungsfelder. Wiesbaden: Springer VS
Schirilla, N. (2016): Migration und Flucht. Orientierungswissen für die Soziale Arbeit. Stuttgart: Kohlhammer
von Beyme, K. (2020): Migrationspolitik. Über Erfolge und Misserfolge. Wiesbaden: Springer VS

10 Weitere Felder der »Überschneidung«

> ☞ **Was Sie in diesem Kapitel erwartet**
>
> In diesem Kapitel werden einige (Klientel-)Gruppen und Anlässe vorgestellt, für deren genauere Darstellung der Platz in diesem Band fehlt. Denn die Kooperation zwischen oder die Konfrontation von Polizei und Sozialer Arbeit erstrecken sich auf weite Bereiche beider Berufsfelder. Überall dort, wo soziale Lagen als kriminalitäts- oder sicherheitsrelevante Lagen gedeutet werden, sind Soziale Arbeit wie Polizei schnell gefordert. Die Beziehungen, die sie jeweils eingehen oder bewusst nicht eingehen, unterscheiden sich erheblich. Im Folgenden können nur kurze Hinweise gegeben werden.

10.1 Der öffentliche Raum

Der »öffentliche Raum«, das sind Straßen, Plätze, Grünanlagen, Märkte etc., die sich nicht in Privatbesitz befinden. Über Zugänglichkeit, Arten und Grenzen der Nutzung entscheiden nicht die EigentümerInnen – seien es Privatpersonen oder Wirtschaftsunternehmen –, sondern die staatlichen und/oder kommunalen Regeln. Das Besondere des öffentlichen Raumes ist, dass er für alle Menschen prinzipiell zugänglich ist und dass seine Nutzung nur durch politische und nicht durch privatwirtschaftliche Entscheidungen begrenzt werden kann.

Weil der Aufenthalt im öffentlichen Raum nicht an bestimmte Voraussetzungen gebunden ist (es wird kein Eintrittsgeld verlangt, es muss kein Antrag auf Zugang gestellt werden), ist er für die Gruppen in der Gesellschaft besonders wichtig, die nicht über materielles oder soziales Kapital verfügen, das ihnen ausreichenden Zugang zu privaten Räumen gewährt. Der öffentliche Raum« ist deshalb für soziale Randgruppen besonders wichtig: Sie verfügen nicht über private Räume (Wohnung, Haus), das ihnen soziales Leben ermöglicht – das ist klassisch der Fall bei den jugendlichen Eckensteher-Szenen (▶ Kap. 4.3.2). Manche benötigen den öffentlichen Raum zum materiellen und gesundheitlichen (Über-)Leben – die offenen Drogenszenen sind hier das Paradebeispiel (▶ Kap. 8.4). Schließlich ist der öffentliche Raum für sozial schwache Gruppen auch deshalb von Bedeutung, weil er Zugang zu Hilfs- und Unterstützungseinrichtungen bietet.

Der öffentliche Verkehrsraum, in dem das soziale Leben physisch seinen Platz hat, unterliegt in der jüngeren Vergangenheit erheblichen Veränderungen (s. Siebel 2007), die sich im Kontext der Wandlungen zur »neoliberalen Stadt« vollziehen. Die drei wichtigsten Entwicklungen sind die folgenden.

- *Privatisierung* des Raums: Die klassische »Fußgängerzone« in den Innenstädten wird durch »Shopping Malls« ersetzt, die sich entweder unmittelbar an diese Zonen anschließen oder ›auf der grünen Wiese‹ oder in umgewidmeten Industriebranchen entstehen. An diesen Orten werden Zugang und Handlungsfreiheit durch die Hausordnungen begrenzt, die die EigentümerInnen der Areale erlassen.
- *Regulierung* des Raums: Im Wettbewerb zwischen den Städten und zwischen Einkaufsstraßen und Shopping Malls wird der öffentliche Raum« zunehmend reguliert. Dies kann sich auf die Beschränkung der Nutzung durch örtliche Ordnungen beziehen; dies kann aber auch in einer stadträumlichen ›Aufwertung‹ und bestimmten Nutzungsarten ausschließende Gestaltungen geschehen.
- *Zonierung* des Raums: Es bilden sich unterschiedliche Zonen des öffentlichen Raumes heraus. In der sozialräumlich polarisierten Stadt entstehen nicht nur sozialräumlich homogenisierte Wohngebiete (von den migrantisch dominierten Stadtvierteln bis zu den (quasi) Gated Communities der oberen Mittelschicht), sondern auch Straßen und Plätze weisen spezifische soziale Nutzungsprofile auf: von den edel gestalteten Dienstleistungszentren bis zu den prekär tolerierten Orten des Drogenkonsums (s. o. Görlitzer Park ▶ Kap. 8.4.2).

Diese Veränderungen des öffentlichen Raumes verschlechtern die Lebensbedingungen derjenigen Gruppen, die mehr als andere auf diesen Raum angewiesen sind. Sie vergrößern nicht nur die sozialen Probleme, sondern sie befördern auch eine Entwicklung, die als »Versicherheitlichung« (Securitization) bezeichnet worden ist. Indem Nutzungskonflikte im öffentlichen Raum – wer darf was im öffentlichen Raum tun – zu Sicherheitsproblemen umdefiniert werden – welches Verhalten wird verboten, weil es (vermeintlich) die Sicherheit bedroht –, wird ein Feld eröffnet, in dem Soziale Arbeit und Polizei (bzw. die lokalen Ordnungsbehörden) gefordert sind. Am Beispiel drei unterschiedlicher Phänomene bzw. Gruppen lässt sich besonders gut zeigen, wie und mit welchen Folgen die Konflikte um den öffentlichen Raum ›bearbeitet‹ werden.

10.1.1 Obdachlosigkeit

»Obdachlose« sind eine Teilgruppe der wohnungslosen Menschen. Nach der Definition der BAG Wohnungslosenhilfe gilt als wohnungslos, »wer nicht über einen mietvertraglich abgesicherten Wohnraum (oder Wohneigentum) verfügt.« Zu diesen Gruppen werden Menschen gezählt, die in Einrichtungen des Hilfesystems wohnen, als anerkannte Geflüchtete in Gemeinschaftsunterkünften leben oder in prekären Verhältnissen (in Gartenlauben, bei FreundInnen, in Pensionen etc.) wohnen sowie Menschen ohne jegliche Unterkunft. Diese letzte Gruppen, diejenigen, die auf der Straße leben, sind die Obdachlosen. Für das Jahr 2018 schätzte die BAG die Zahl der Wohnungslosen auf ca. 678.000 Menschen. Rund 41.000 Menschen lebten ohne Unterkunft auf der Straße; dabei lag der Anteil der EU-BürgerInnen an dieser Gruppe bei bis zu 50 % (Gillich 2020, S. 3–5).

Obdachlosigkeit ist eine Folge von Armut, die im öffentlichen Raum sichtbar wird. Das Leben auf der Straße, in Parks, in Abbruchhäusern oder unter Brücken widerspricht dem Sozialstaatsgebot des Grundgesetzes. Das System zur Hilfe bei Wohnungslosigkeit ist in drei Säulen organisiert (Engelmann/Mahler/Follmar-Otto 2020, S. 32f.):

- Gegenüber unfreiwilliger Obdachlosigkeit besteht eine Verpflichtung der Polizei- und Ordnungsbehörden, den Betroffenen eine Unterkunft anzubieten. Denn die Obdachlosigkeit stellt eine Gefahr für die öffentliche Sicherheit dar, da sie die körperliche Unversehrtheit, Leib und Leben der Betroffenen bedroht.
- Im Sozialrecht bestehen unterschiedliche Ansprüche im Bereich der Grundsicherung (SGB II und SGB XII), die sich auf Mietzahlungen, Beratungen oder Wohnen in besonderen Formen beziehen.
- Niedrigschwellige Angebot auf kommunaler Ebene, die lokal sehr unterschiedlich ausgestaltet sind und in der Regel von Freien Trägern wahrgenommen werden.

Dieses Unterstützungssystem bleibt nicht nur quantitativ hinter dem Bedarf zurück, sondern seine Angebote erreichen die Zielgruppen nur unzureichend – etwa weil Notunterkünfte tagsüber geschlossen sind, weil Hunde nicht erlaubt sind, weil es Gruppenschlafsäle und keine Zimmer für Paare gibt etc. Der Umfang dieses Hilfesystems lässt sich an der BAG Wohnungslosenhilfe ablesen: 2019 wurden 196 Träger mit 726 Einrichtungen durch die BAG repräsentiert.

Obdachlosigkeit ist im öffentlichen Raum in der Regel sichtbar. Sie ist häufig verbunden mit Zeichen der Verwahrlosung, mit Schmutz und unangenehmen Gerüchen. Je länger sie dauert, sind auch gesundheitliche Probleme und körperlicher Verfall sichtbar (Gillich 2020, S. 5–7). Mit Obdachlosigkeit geht oft auch regelmäßiger Alkoholkonsum einher, der wiederum zu Lärm- und anderen Belästigungen und zu Konflikten führen kann. Diese Sichtbarkeit von Armut, Verfall und Elend macht die Obdachlosigkeit von einem sozialen zu einem kommunalen Problem. Denn Obdachlose halten sich eher in den Zentren als in den Peripherien der Städte auf. Dort finden sie eher räumlich-bauliche Gelegenheiten des Aufenthalts, dort gibt es PassantInnen, die eine Spende übrighaben, dort gibt es Geschäfte mit dem Lebensnotwendigen und Alkohol. In der neoliberalen Stadt sind jedoch die Zentren die Aushängeschilder der Städte. Sie sollen KonsumentInnen, je nach Stadt auch TouristInnen, Geschäftsleute etc. anlocken. Damit ist der Nutzungskonflikt vorprogrammiert. Er wird dadurch verschärft, dass in einem Teil der Zentren – in den Shopping Malls – bestimmte Verhaltensweisen (längeres Verweilen an einem Ort, Alkoholkonsum, Rauchen, Liegen auf Bänken) über die Hausordnung verboten sind.

Die Städte in Deutschland reagieren auf diese Konstellation uneinheitlich. Es gibt liberale Antworten, die das Recht von sozial schwachen Gruppen auf den öffentlichen Raum anerkennen und allein mit sozial unterstützenden Angeboten intervenieren (am Beispiel Wuppertals: Bescherer/Haverkamp/Lukas 2016). Es gibt aber auch Antworten, indem mit repressiven Mitteln versucht wird, Obdachlose von zentralen Straßen und Plätzen fernzuhalten oder zu vertreiben. Auf zwei Wegen wird versucht, dies zu erreichen:

- Das kommunale Satzungsrecht wird genutzt, um bestimmte Verhaltensweisen an bestimmten Plätzen zu unterbinden. So kann eine Stadt das Nächtigen in Parkanlagen untersagen. Sie kann auch den Genuss von Alkohol in festgelegten Gebieten verbieten – so dass das Biertrinken im »Biergarten« eine Lokals, der auf dem Marktplatz liegt, erlaubt, der Biergenuss außerhalb dieser »Sondernutzungszone« aber verboten ist. Begleitet von regelmäßigen Kontrollen (des Ordnungsamtes, der Polizei) führt dies dazu, dass ›Trinkerszenen‹ sich andere Orte suchen müssen (Hecker 2018).
- Der städtische Raum wird so umgestaltet, dass er keinen Aufenthalts- und Lebensraum mehr bietet. Dies kann mit größerem städtebaulichen Aufwand geschehen, indem Gebäude und Flächen so edel und funktional ausgestattet werden, dass sich niemand dort freiwillig aufhalten würde. Mit weniger Aufwand – dafür häufiger – kann die ›Stadtmöblierung‹ so erfolgen, dass sie den längeren Aufenthalt erschwert, etwa indem Sitzbänke durch Armlehnen unterteilt sind, die das Liegen verhindern, eine runde Sitzfläche haben (mit derselben Wirkung) oder dass Rückenlehnen fehlen, damit niemand zu lange auf dem Sitz verweilt. Kombiniert werden kann das mit dem Zurückschneiden von Gehölzen und der Überwachung mit Videoanlagen (Pütter/Künkel 2020, S. 11f.).

Die Obdachlosigkeit ›als solche‹ berechtigt nicht zu polizeilichen Maßnahmen gegen die Betroffenen. Im Grundsatz ist das Leben auf der Straße in Deutschland nicht strafbar. Allerdings gibt es zwei wichtige Ausnahmen: Durch kommunales Recht können bestimmte Handlungen in bestimmten öffentlichen Räumen untersagt werden, die eher Obdachlose als andere Menschen treffen (öffentlicher Alkoholkonsum, Lagern und Nächtigen, Betteln, s. u.). Zweitens können bestimmte Verhaltensweisen von Obdachlosen als Straftaten oder Ordnungswidrigkeiten gewertet werden: Lärmbelästigungen, Handgreiflichkeiten etc. (Hofmann 1997). Da das kommunale Recht ausschließlich und die typischen Verhaltensweisen hauptsächlich Ordnungswidrigkeiten umfassen, folgen die Maßnahmen nach Opportunitätsgrundsätzen, d. h., die Entscheidung ob und wie gehandelt wird, liegt im »pflichtgemäßen Ermessen« der BeamtInnen – das eröffnet erhebliche Spielräume.

Viel stärker als die Polizei sind hier die kommunalen Ordnungsdienste mit der Kontrolle beschäftigt. Die Polizeien in Deutschland haben in den vergangenen Jahrzehnten erhebliche Anstrengungen unternommen, sich von diesen Aufgaben auf Kosten der Gemeinden zu befreien. Gleichwohl werden sie auch in diesen Feldern eingesetzt. Neben den vielen Maßnahmen, die bei vergleichbaren

Anlässen infrage kommen (Identitätsüberprüfung, Gefährderansprache, Platzverweis, Ingewahrsamnahme), kam und kommt gegenüber Obdachlosen – wie auch gegenüber DrogenuserInnen oder DemonstrantInnen – der »Verbringungsgewahrsam« zum Einsatz. Dabei handelt es sich um eine polizeiliche Maßnahme, die rechtlich als Durchsetzung eines Platzverweises gewertet wird: Eine Person wird in einem Polizeifahrzeug in Gewahrsam genommen und an einem weit entfernten Ort wieder freigelassen. Dabei muss die Verhältnismäßigkeit der Verbringung beachtet werden. Die Betroffenen müssen Zugang zu öffentlichen Verkehrsmitteln haben und sie dürfen nicht in eine hilflose Lage gebracht werden (Rachor 2012b, S. 456f.). Deshalb führt der Verbringgewahrsam nur zu einer kurzfristigen ›Lösung‹, weil die Menschen recht bald wieder am Treffpunkt sein werden. Für die Betroffenen stellt er eine unsinnige Schikane dar.

Schon in den 1990er Jahre entstanden lokale Projekte, in denen die ordnungsbehördlichen mit den unterstützenden Maßnahmen verbunden wurden (Behrendes 1996, S. 184f.). Die Idee dieser Kooperationen, die häufig im Rahmen von »Ordnungspartnerschaften« oder kriminalpräventiven Gremien vereinbart werden, besteht darin, moderate Versionen räumlicher Verdrängung oder Verlagerung mit sozialen Angeboten zu kombinieren. Dabei unterscheiden sich die Aufgaben, die der Sozialarbeit zugeschrieben werden, ebenso deutlich, wie die Art und Weise, wie SozialarbeiterInnen auf diese Zuschreibungen reagieren. In ihrer »explorativen Untersuchung« konnten Killian/Rinn (2020, S. 416f.) ein Spektrum sozialarbeiterischer Reaktionen feststellen, dass von der »emanzipatorischen Absicht«, »Handlungsspielräume« für die Betroffenen zu schaffen, bis zu Praktiken reicht, für die der »Ordnungsauftrag ... handlungsleitend« ist.

Wo, wie häufig, in welchen Konstellationen, welche Kooperationsformen angestrebt, praktiziert oder zurückgewiesen werden, ist unbekannt. Offenkundig ist jedoch, dass die ordnungspolitisch motivierte Einbeziehung der Sozialen Arbeit diese vor erhebliche Herausforderungen stellt.

10.1.2 Betteln

Betteln ist auch eine Möglichkeit für Obdachlose, ihren Lebensunterhalt zu bestreiten. Insofern gibt es große Überschneidungen zwischen Betteln und Obdachlosigkeit; auch die ordnungsrechtlichen und helfenden Antworten liege nahe beieinander. Gleichwohl sind beide Phänomene nicht deckungsgleich.

1974 wurde der Straftatbestand »Betteln und Landstreicherei« aus dem Strafgesetzbuch entfernt. Seither ist Betteln in der Bundesrepublik erlaubt. Der Gesetzgeber bewertete Betteln nicht länger als schuldhaftes schädigendes Verhalten, sondern als Ausdruck einer sozialen Notlage. Strafrechtlich kann das Betteln seither nur verfolgt werden, wenn das konkrete Verhalten durch andere Bestimmungen mit Strafe bedroht ist, etwa wenn ein Betrug vorliegt (indem Blindheit vorgetäuscht wird) oder wenn besonders aufdringlich gebettelt wird (Nötigung). Darüber hinaus kann das Betteln als Beeinträchtigung der öffentlichen Sicherheit oder Ordnung betrachtet werden. Dabei ist im Einzelfall zu entscheiden, ob etwa gegen besonders aggressives Betteln polizeilich vorgegangen werden muss.

In Betracht kommt allenfalls die Ahndung als Ordnungswidrigkeit wegen »Belästigung der Allgemeinheit« (§ 118 OWiG: » eine grob ungehörige Handlung ..., die geeignet ist, die Allgemeinheit zu belästigen oder zu gefährden ...) (Deutscher Bundestag, Wissenschaftlicher Dienst 2016, S. 4).

Wie bei der Obdachlosigkeit versuchten die Städte seit den 1980er Jahren, das Betteln über das kommunale Satzungsrecht zu verbieten. Diese Satzungen sind von den Gerichten durchweg als rechtswidrig verworfen worden; beim »stillen Betteln« ist die Rechtslage eindeutig. Aber die Gemeinden versuchen, bestimmte Formen des Bettelns zu verbieten – insbesondere das »aggressive Betteln« oder das Betteln mit Kindern. Als »aggressives Betteln« wird z. B. »unmittelbares Einwirken auf Passanten durch In-den-Weg-Stellen, Verfolgen, Anfassen oder gezieltes Ansprechen« verstanden (Oberhausen 2019, § 1 Abs. 1 Nr. 4). Das Betteln von und mit Kindern wird »mit dem verfassungsrechtlich geschützten Recht auf eine altersgerechte Entwicklung und Entfaltung der Persönlichkeit« begründet, das mit dem Betteln nicht vereinbar sei (Senat von Berlin 2015, S. 3). Die Rechtmäßigkeit dieser Regelungen ist umstritten; solange sie nicht von einem Gericht als rechtswidrig verworfen werden, bleiben sie in Kraft. Auch das »organisierte Betteln« wird immer wieder thematisiert. Rechtlich kann das »organisierte Betteln« als eine gewerbliche Tätigkeit betrachtet werden, die eine erlaubnispflichtige Sondernutzung des öffentlichen Raumes darstellt. Sofern eine solche Erlaubnis nicht vorliegt, kann ordnungsbehördlich und polizeilich gegen die Bettelnden vorgegangen werden (Hecker 2018, S. 37f.).

Gemeinsam mit der Obdachlosigkeit ist dem Betteln, dass auf der lokalen Ebene versucht wird, mit den Mitteln des lokalen und des Polizeirechts auf ein Phänomen einzuwirken, dessen Kriminalisierung der Gesetzgeber abgelehnt hat. Deutliche Unterschiede bestehen jedoch dahingehend, dass – zumal das in Bettlerbanden organisierte – Betteln gerne mit AusländerInnen, genauer mit mittelosteuropäischen Sinti und Roma in Verbindung gebracht wird (ebd., 38). Diese Debatte ist mit rassistischen und antiziganistischen Ressentiments unterlegt (s. Scherr/Sachs 2019, S. 291). Auf Umwegen (Freiheit von Belästigungen, Kindeswohl, illegaler Erwerbszweig) werden die im Betteln sichtbaren sozialen Probleme zu Problemen von Kriminalität und Sicherheit.

Für die Betroffenen ist die rechtliche Lage labil: Im Grundsatz ist das Betteln nicht verboten, aber nur in den Grenzen, die die lokalen Regelungen vorsehen, und in den Grenzen, die die lokale Kontrollpraxis faktisch zieht. Durch gezielte Kontrollpraktiken können bestimmte Stadträume unattraktiv für das Betteln (gemacht) werden, in anderen wird es toleriert.

In den polizeilich-sozialarbeiterischen Beziehungen spielt das Betteln nur im Kontext der Obdachlosigkeit eine Rolle. Spezifisch auf das Betteln ausgerichtete Kooperationen sind nicht bekannt. Das »stille Betteln« wird von den Ordnungskräften toleriert. Die genannten spezifischen Formen des Bettelns werden je nach Ort und Umständen von den Ordnungsämtern oder Polizeien unterbunden und ggf. geahndet. Dass Geldstrafen bei der Klientel wirkungslos sind, ist offenkundig. Räumliche Verdrängung – in ein anderes Viertel, in eine andere Stadt – ist die wahrscheinlichste Folge. Beides erschwert den sozialarbeiterischen Zugang zu und die Arbeit mit bettelnden Menschen.

10.1.3 Prostitution

Im Zusammenhang mit dem öffentlichen Raum ist nur die »Straßenprostitution« von Interesse. Soweit ersichtlich hat auch nur dieser Ausschnitt des Prostitutionsgeschehens zu gezielten Kooperationen zwischen Polizei und Sozialer Arbeit geführt. Was in den Bars und Bordellen oder im Rahmen der »Wohnungsprostitution« geschieht, kann polizeiliche Aufmerksamkeit auf sich ziehen, die Betroffenen können sich auch an Beratungs- und Unterstützungseinrichtungen wenden. Aber in diesen Bereichen arbeiten Polizei und Soziale Dienste in getrennten und kaum verbundenen Sphären. Bei der Straßenprostitution ist das anders, weil sie neben den ›klassischen‹ mit der Prostitution verbundenen Problemen (Ausbeutung und Abhängigkeit der Prostituierten, Verletzlichkeit gegenüber Zuhältern und Freiern, Reichweite der persönlichen und sexuellen Selbstbestimmung …) auch die Öffentlichkeit, das öffentliche Leben und Erscheinungsbild in einer Straße oder einem Stadtviertel verändern kann. Diese Art der Prostitution steht deshalb schnell im öffentlichen Fokus. Und ihr gelten auch besondere Reglementierungen.

> **Prostitutionsschutzgesetz**
>
> 2002 trat in der Bundesrepublik das »Prostitutionsschutzgesetz« in Kraft. Das Gesetz beendete einen seit den 1920er Jahren in Deutschland bestehenden Rechtszustand, der einerseits die Ausübung (und Inanspruchnahme) der Prostitution nicht unter Strafe stellte, sie andererseits aber als »sittenwidrig« bewertete. Diese Konstellation führte dazu, dass Prostituierte ihr Gewerbe nicht anmelden konnten, sie hatten keinen Rechtsanspruch auf Bezahlung der von ihnen erbrachten Leistungen und konnten den Sozialversicherungen nicht beitreten. 2017 trat das »Prostituiertenschutzgesetz« in Kraft. Das erklärte Ziel war, die rechtliche Position der Prostituierten zu stärken. Das Gesetz regelt die Bedingungen, unter denen legale Prostitution in Deutschland ausgeübt werden darf. Die Bestimmungen richten sich an die Prostituierten (z. B. Anmeldepflicht bei der Behörde, gesundheitliche Pflichtberatung in periodischen Abständen), an die Freier (Kondompflicht), an die Behörde (Angebot von Beratungsgesprächen, Erlaubnisverfahren, Zuverlässigkeitsüberprüfung der Betreiber, Überwachung des Betriebs) und an das Prostitutionsgewerbe (Erlaubnis für das Betreiben, Betriebskonzept, Erfüllung von Mindestanforderungen, Gesundheitsschutz).

Diese Regulierungen werden flankiert von Straftatbeständen, die weiterhin existieren und teilweise verschärft wurden. Dazu zählen insbesondere das Verbot der Zuhälterei (§ 181a StGB), der Zwangsprostitution, des Menschenhandels, der Zwangsarbeit und der ausbeuterischen Freiheitsberaubung (§§ 232–233 StGB). Die gewerberechtlichen Auflagen und das Strafrecht führen dazu, dass erhebliche Kontroll- und Eingriffsbefugnisse für die Behörden bestehen. Legitimiert als

Schutz für die (meist weiblichen) Prostituierten, führt dies zu einer Situation permanenter Kontrolle, die in unterschiedlicher Intensität realisiert werden kann – von der regelmäßigen gesundheitlichen Beratung durch das Gesundheitsamt bis zu polizeilichen Durchsuchungen von Bordellen. Schließlich kommen ausländerrechtliche Probleme hinzu: Es ist unbekannt, wie viele Menschen in Deutschland der Prostitution nachgehen; die Schätzungen variieren erheblich. Als gesichert darf hingegen gelten, das seit dem Ende der europäischen Teilung ein erheblicher Teil der Prostituierten aus Südost- und Osteuropa kommt (Steffan 2010, S. 206). Die Ausübung der Prostitution ist für diese Menschen nur erlaubt, wenn sie einen Aufenthaltstitel besitzen, der die Erwerbstätigkeit zulässt.

Für die Straßenprostitution ist ein weiteres Rechtsinstrument von Bedeutung, die sog. »Sperrgebietsverordnung«. Durch sie können Gemeinden die Ausübung der Prostitution in bestimmten Gebieten der Stadt untersagen. Außer Berlin haben alle deutschen Großstädte von dieser Möglichkeit Gebrauch gemacht. Schließlich ist für die Straßenprostitution der hohe Anteil an drogenabhängigen Prostituierten kennzeichnend, so dass sich teilweise – etwa in Frankfurt am Main – Drogen- und Straßenprostitutionsszenen räumlich überschneiden (s. Künkel/Schrader 2020).

Aus dieser Konstellation ergeben sich drei Perspektiven auf die (Straßen-)Prostitution:

- Die kriminalistische Perspektive sieht die Prostitution als einen Bereich organisierter Kriminalität, in dem Profite erwirtschaftet werden, die auf Kosten der Frauen und tendenziell unter Begehung schwerster Delikte erwirtschaftet werden.
- Die ordnungsbehördliche Perspektive will die Prostitution so regulieren, dass von ihr möglichst wenig Beeinträchtigungen für Dritte ausgehen.
- Die unterstützende Perspektive will die Interessen der Prostituierten als einer besonders vulnerablen (verletzlichen) Gruppe stark machen.

Diese Perspektiven schließen sich nicht aus. Mit den Befugnissen des Gesundheitsamtes und der Gewerbeaufsicht kann man Bordelle schließen. Indem BordellbetreiberInnen wegen Freiheitsberaubung bestraft werden, kann sich die Lage der Prostituierten verbessern. Und je nachdem, ob der Schutz der Prostituierten vor Ausbeutung und Zwang oder deren Autonomie in ihrer Lebens- und Arbeitsgestaltung das Ziel des Unterstützens darstellt, ergeben sich andere Vorstellungen über das, was Strafverfolgungs- und Ordnungsbehörden leisten sollen (s. Hill/Bibbert 2019).

Damit sind die Grundlinien angedeutet, die die feministisch inspirierte Soziale Arbeit im Bereich von Prostitution bzw. Sex-Arbeit einnimmt: Eine klassisch feministische Position, die die Prostitution als Ausdruck patriarchaler Gewalt gegenüber Frauen ablehnt und deshalb strategisch auf Verbot und harte Strafen setzt. Eine neo-feministische Position, die das Recht der Frauen auf Selbstbestimmung ins Zentrum setzt und sich deshalb für Rahmenbedingungen einsetzt, die dieses Recht gewährleisten. Und schließlich eine »liberal-feministische« Position, die durch eine ambivalente Haltung gegenüber den Prostituierten gekennzeichnet ist: Freiwillige Prostitution wird akzeptiert, die Aufmerksamkeit wird denen zugewandt, die mit negativen Folgen der Prostitution konfrontiert sind. Verbleib in der Prostitution wie auch Ausstieg sind Optionen, die der Unterstützungsprozess beinhaltet (s. Albert 2015).

Ob und welche Auswirkungen diese Orientierungen auf die sozialarbeiterische Praxis – insbesondere im Hinblick auf die Beziehung zu den Ordnungs- und Polizeibehörden – haben, ist unbekannt. Auf der strategischen Ebene ist die traditionell feministische Perspektive anschlussfähig an konsequente Kriminalisierung. Die Vorschriften des Prostitutionsschutzgesetzes liegen eher auf der neofeministischen Linie, weil sie versuchen, die Prostitution gewerbe- und gesundheitsrechtlich zu regulieren. Ob dies zu einer verbesserten Lage der Prostituierten geführt hat, ist eher fraglich. Die Prostitution ist weiterhin im klassischen »Rotlichmilieu« und nicht als Teil der ›normalen‹ Geschäftswelt anzutreffen. Und die vielfachen Abhängigkeitsverhältnisse stellen erhebliche Hindernisse für soziale Hilfen an die Prostituierten dar (s. Überblick bei da Silva 2018, S. 138–151).

Über den aktuellen Stand der Beziehungen zwischen Polizei und Sozialarbeit in diesem Feld ist wenig bekannt. Bereits 2010 berichtete Steffan (2010, S. 210) von den Versuchen, auf lokaler Ebene zumindest Formen der ›Nichteinmischung‹ zu verabreden, damit Polizeikontrollen die Sozialarbeit nicht behindern, indem sie zeitgleich im selben Raum auftauchen. Ihre sozial schwache und rechtlich labile Lage führt jedoch dazu, dass (die Gefahr von Polizeikontrollen) das Leben der Prostituierten zusätzlich erschweren – und damit auch die Schwierigkeiten erhöhen, vor denen die Sozialarbeit steht.

Lokal- und ordnungspolitisch ist das Bemühen erkennbar, die Straßenprostitution auf bestimmte Bereiche zu konzentrieren – um den Preis, dass Probleme dort massiver auftreten. Aus einer Mischung von Kontrollen und Hilfsangeboten sollen diese dann ›befriedet‹ werden. In Köln ist eine besondere Variante beschritten worden, indem der innerstädtische Straßenstrich auf ein von der Stadt bereitgestelltes Gelände verlagert wurde, auf dem Polizei und Soziale Dienste koordiniert zusammenarbeiten (Rossenbach/Kleine/Wildenau 2010; Köln, Oberbürgermeister 2011). Das Modell hat offenkundig keine Nachahmer gefunden.

Zum gegenwärtigen Stand der Beziehungen zwischen Sozialer Arbeit und der Polizei im Feld von Prostitution/Sexarbeit ist wenig bekannt. Offen ist, ob durch lokale Arrangements die Lebensbedingungen der Prostituierten und/oder die Arbeitsbedingungen der SozialarbeiterInnen verbessert werden oder ob sich Selbstverständnis und Handlungsmöglichkeiten der Sozialarbeit in den Nischen eingerichtet haben, die der durch Kontrollen und Sanktionsdrohungen verunsicherte Raum lässt.

10.2 Extremismen

Extreme politische und religiöse Anschauungen und aus ihnen resultierende Handlungen stellen Arbeitsfelder dar, in denen Polizei und Soziale Arbeit in Kontakt und Kooperation geraten. Wo jeweils das ›Extreme‹ des Extremismus beginnt, ist umstritten. Nach staatsoffizieller Auffassung handelt es sich um Überzeugungen oder Bestrebungen, die die »freiheitliche demokratische Grundordnung« ablehnen, nach sozialwissenschaftlichen Definitionen um Personen, Gruppen oder Weltanschauungen, die die Geltung der Menschenrechte für alle Menschen ablehnen, qualitative Unterschiede zwischen Völkern und Ethnien machen und die Rechte des/der Einzelnen einem kollektiven Ziel autoritativ unterordnen (explizit zum Rechtsextremismus: Salzborn 2014, S. 11–29). Weil derartige Bestrebungen dem Selbstbild liberal verfasster Gesellschaften widersprechen, reagiert der Staat mit Kriminalisierung und mit vorverlagerter Verdachtsgewinnung, die in Deutschland von den »Ämtern für Verfassungsschutz« wahrgenommen werden soll. Die Ablehnung der Menschenrechte, die Abwertung von Menschengruppen, die Propagierung autoritärer ›Lösungen‹ widerspricht auch dem Auftrag und dem Selbstverständnis der Sozialen Arbeit, die sich als »Menschenrechtsprofession« versteht. ›Doppelzuständigkeiten‹ zwischen Polizei und Sozialer Arbeit sind damit vorprogrammiert. An zwei Beispielen soll das kurz erläutert werden.

10.2.1 Jugendlicher Rechtsextremismus

Seit der Zunahme des neuen Rechtsextremismus in den frühen 1990er Jahren ist die sozialpädagogische und sozialarbeiterische Auseinandersetzung mit dem Rechtsextremismus ein dauerhaftes Arbeitsfeld. Der Schwerpunkt der Kooperationen lag und liegt auf der Prävention von Rechtsextremismus insbesondere bei Jugendlichen. Für diesen Bereich gilt grundsätzlich, was oben (▶ Kap. 4) über die Formen und Folgen polizeilich-sozialarbeiterischer Zusammenarbeit gesagt wurde. An dieser Stelle kann nur auf zwei Besonderheiten des Feldes hingewiesen werden.

Erstens gibt es eine Identität des Ziels, das in der Abwendung vom Rechtsextremismus besteht. Geht es in der Sozialarbeit mit Fußballfans auch um die Anerkennung von deren Lebenswelt, bei der jugendlichen Bagatellkriminalität um sozial und biografisch angemessene Reaktionen, bei den MigrantInnen darum, deren Interessen gegen die soziale und rechtliche Diskriminierung zu verteidigen etc., so verstehen sich Soziale Arbeit und Polizei in der Auseinandersetzung mit rechtsextremen Jugendlichen als Verbündete. Deutlich wird dies an den Reaktionen, die das Konzept der »akzeptierenden Jugendarbeit« mit rechtsextremen Jugendlichen hervorgerufen hat.

Die Grundidee dieses Konzepts bestand darin, sozialpädagogisch (auch) mit rechten Jugendlichen zu arbeiten – in der Hoffnung, dass durch die Bearbeitung ihrer persönlichen und sozialen Probleme die Attraktivität rechtsextremer Anschauungen und Cliquen abnimmt. Das war eine Reaktion auf die damals verbreitete Haltung, rechte Jugendliche von der offenen Jugendarbeit auszuschließen (Krafeld 1992). Dieser Ansatz ist in den 1990er Jahren häufig so missverstanden worden, dass Jugendtreffs zum geschützten Raum für rechte Jugendliche werden konnten (exemplarisch für den »Nationalsozialistischen Untergrund«: Kleffner 2015, S. 46f.). Als Reaktion auf diese Entwicklung hat Krafeld (2001, S. 286–289) das Konzept als »gerechtigkeitsorientierte Jugendarbeit« umgeschrieben. Der strategische Ansatz blieb erhalten, aber mit der Gerechtigkeitsorientierung wurde ein bestimmtes Ziel der Arbeit und zugleich eine Art Eintrittsschwelle formuliert: Die vereinbarten Regeln einzuhalten, wurde zur Voraussetzung teilnehmen zu dürfen.

Durch diese Bestimmung wurden zweitens bestimmte Personen explizit von der sozialpädagogischen Arbeit ausgeschlossen. ›Kader‹, ›Rädelsführer‹ oder organisierte rechtsextreme Jugendliche gehören nur ausnahmsweise zum Adressatenkreis. Das zeigt sich an den vielen Programmen der »Rechtsextremismusprävention«, die häufig als unspezifische Demokratieförderung alle Jugendlichen anspricht. Vergleichsweise wenige Projekte können als »selektive Prävention« bewertet werden. Sie sind an ›rechtsaffine‹ oder für rechtes Gedankengut anfällige Jugendliche adressiert; exemplarisch etwa im Projekt »Distanz(-ierung) durch Prävention«, das aber explizit Jugendliche ausschließt, die »Teil von rechten parteinahen Strukturen sind« (NZK 2020b). Diese selektiven Projekte zielen regelmäßig auf »Ausstieg« aus dem Rechtsextremismus. Plausibel ist, dass sie nur diejenigen ansprechen wollen, bei denen (noch) Aussicht auf Abkehr von rechtsextremen Überzeugungen besteht. Der ›harte Kern‹ kommt sozialpädagogisch erst wieder in den Blick, wenn es um »indizierte/tertiäre Prävention« im Kontext des Strafens (»Resozialisierung«) geht (s. Huber/Rieker 2015, S. 81).

In von PraktikerInnen formulierten Empfehlungen zur Rechtsextremismusprävention wird unter der Überschrift »Jugendliche realistisch und differenziert einschätzen« betont, dass man sich zunächst ein Bild über den Grad rechtsextremer Nähe oder Beteiligung machen müsse. Auf dieser Grundlage gelte es, »die Grenzen pädagogischer Prävention und Intervention ebenso zu erkennen wie mögliche Zuständigkeiten anderer Instanzen, etwa der Justiz und/oder der Polizei« (Verein für Demokratische Kultur in Berlin/Mobile Beratung gegen Rechtsextremismus in Berlin 2006, S. 79). Damit werden zwei Tendenzen sichtbar, die in anderen Feldern viel weniger in Erscheinung treten. Erstens werden in der Jugendarbeit bestimmte Personen (›Kader‹ etc.) ausgeschlossen, um mit den anderen arbeiten zu können. Das ist für eine Profession, die ihrem Selbstverständnis nach auf Integration und nicht auf Ausschluss setzt, eine bemerkenswerte Strategie. Zweitens findet eine klare Abgrenzung statt, indem sich die Soziale Arbeit für bestimmte Personen nicht zuständig fühlt und die ›Bearbeitung‹ etwa an die Polizei abgegeben wird. Man mag das als Realismus oder als Resignation deuten, in jedem Fall werden hier die Grenzen sozialpädagogischer/sozialarbeiterischer Interventionen deutlich.

10.2.2 Deradikalisierung und Ausstieg

Sofern sich Projekte mit Personen oder Gruppen beschäftigen, die als verfestigte/überzeugte »Rechtsextremisten« gelten können, handelt es sich um Versuche der »Deradikalisierung«. Unter diesem Begriff haben sich im letzten Jahrzehnt viele Bemühungen versammelt, die jeder Form von »Extremismus« entgegenwirken wollen. In dieser – umstrittenen – Perspektive ist der Rechtsextremismus nur eine Spielart neben dem »Linksextremismus« und dem »religiös motivierten Extremismus«, der in Deutschland vor allem als Islamismus oder Salafismus diskutiert wird. Die Deradikalisierung zielt primär darauf, dass die Betroffenen sich von der jeweiligen Ideologie abwenden. Die Ablehnung von Gewalt und ein Ausstieg aus der entsprechenden Szene sind die erwünschten Folgen.

Deradikalisierung und Ausstiegs-Arbeit findet in Justizvollzugsanstalten und im Rahmen der Bewährungshilfe statt. Sie wird betrieben von Ämtern (Verfassungsschutz- und Polizeibehörden), von Freien Trägern oder Vereinen. 2016 hat das baden-württembergische Innenministerium Qualitätsstandards formuliert (Köhler 2016); inwieweit diese in der Praxis befolgt werden, ist unbekannt. Gemeinsam ist dem Konzept der Deradikalisierung die Vorstellung einer gesellschaftlichen Mitte oder Normalität, in die die »Extremisten« zurückgeholt werden sollen. Fachlich ist das Konzept auf Kritik gestoßen, weil es die Extremismen aus ihren gesellschaftlichen Zusammenhängen reiße, die Probleme an den ›Rändern‹ und nicht in der ›Mitte‹ der Gesellschaft verorte und Ursache sowie Lösung in der (Einstellungs-, Verhaltens-)Änderung der Einzelnen sieht (Reicher 2015; Leimbach 2019).

Nicht problematisiert in diesen Kontexten wird das Verhältnis zur Polizei. Dass einige Landespolizeien (und einige Verfassungsschutzämter) selbst Deradikalisierungsarbeit, d. h. sozialpädagogische Arbeit betreiben, wird hingenommen. Wenn die Deradikalisierung außerhalb der Behörden betrieben wird – prominent sind hier die Vereine »EXIT« (www.exit-deutschland.de) und »Violence Prevention Network, VPN« (https://violence-prevention-network.de/) – findet eine enge Zusammenarbeit mit der Polizei statt. Diese Beziehungen sind nicht erforscht und wenig ist darüber bekannt. Offensichtlich ist aber, dass eine Zusammenarbeit von der Sache her zwingend ist, wenn es z. B. um Maßnahmen des Schutzes für Ausstiegswillige geht oder wenn vermieden werden soll, dass die Strafverfolgung den Ausstiegsprozess behindert.

In diesen Konstellationen sind die Differenzen zwischen Sozialer Arbeit und Polizei minimiert. Beide sind demselben Ziel verpflichtet. Beide wirken arbeitsteilig zusammen. Weil Konsens besteht, dass der »Extremismus« bekämpft werden muss, treten die anderen Mandate Sozialer Arbeit hinter den ›Normalisierungsauftrag‹ zurück. Wie in der Bewährungshilfe die »Legalbewährung« die sozialarbeiterische Handlungsfreiheit begrenzt, so erschöpft sich die Deradikalisierung in der individuellen Anpassung an die ›Normalität‹.

Literaturempfehlungen

Zum öffentlichen Raum

Hunold, D./Ruch, A. (Hg.) (2020): Polizeiarbeit zwischen Praxishandeln und Rechtsordnung. Empirische Polizeiforschungen zur polizeipraktischen Ausgestaltung des Rechts. Wiesbaden: Springer Fachmedien

Simon, T. (2001): Wem gehört der öffentliche Raum. Zum Umgang mit Armen und Randgruppen in Deutschlands Städten. Opladen: Leske + Budrich

Zum Extremismus

Koc, M. (2019): Jugendextremismus als Herausforderung der Sozialen Arbeit. Eine vergleichende Analyse vom jugendlichen Rechtsextremismus und Islamismus. Baden-Baden: Tectum Verlag

Stützel, K. (2019): Jugendarbeit im Kontext von Jugendlichen mit rechten Orientierungen. Rekonstruktiv-praxeologische Perspektiven auf professionelles Handeln. Wiesbaden: Springer VS

11 Zustände und Perspektiven

11.1 Diskussionen in Schieflage

Seit fünf Jahrzehnten sind die Beziehungen zwischen Polizei und Sozialer Arbeit ein Thema in Fachdiskussionen, in der Öffentlichkeit, in der Wissenschaft – und in der Praxis. In diesem halben Jahrhundert haben sich die konträren Positionen deutlich abgeschwächt, an die Stelle von gegenseitiger Distanz und Kooperationsverweigerung sind vielfältige Formen des Kontakts, der Absprachen, des gemeinsamen oder des bewusst getrennten Vorgehens getreten. Kennzeichnend für diesen Prozess ist die Dominanz der Praxis, die sich in den einzelnen Feldern entwickelt hat. Die Überschneidungen entstehen dort, wo ein sozial aufgeklärtes Kriminalitätsverständnis Unterstützung in der Sozialarbeit sucht und wo die Soziale Arbeit verspricht, wirksame und nachhaltige Antworten auf kriminalisiertes Verhalten zu geben.

Massiv befördert wird diese Entwicklung durch das »Präventionsparadigma«, dem beide Professionen folgen: Die Polizei will nicht länger den TäterInnen hinterherlaufen, sondern die Taten (möglichst früh) verhindern. Das verschiebt den Handlungsbereich in den Alltag sozialer Beziehungen, in den interveniert werden muss, um potenzielle Gefahren diagnostizieren und ihnen entgegenwirken zu können. Mit dem Alltag gerät die Soziale Arbeit ins das kriminalistisch-kriminalstrategische Blickfeld.

Insgesamt gibt es eine auffallende Diskrepanz zwischen den Diskussionen in der Fachöffentlichkeit, den verschiedenen Praxen und der wissenschaftlichen Aufmerksamkeit, die sich der Frage widmen, was die verschiedenen Arrangements für die Soziale Arbeit und ihre Klientele bedeuten. An der Stelle empirischer Prüfung stehen in der Regel bekenntnishafte Forderungen, die Gemeinsamkeiten behaupten und Vorschläge unterbreiten, wie diese praktisch wirksam werden könnten. Das Spektrum der Positionen reicht von der Kooperation auf »Augenhöhe« bis zur strategischen Partnerschaft.

Das »Augenhöhen«-Argument ist so alt wie die Diskussion des Themas. Es besagt: Die Zusammenarbeit kann nur funktionieren, wenn beide Seiten sich gegenseitig anerkennen, wenn beide die Zuständigkeiten und Kompetenzen des anderen akzeptieren und sich nicht in dessen Feld einmischen. Voraussetzung ist, dass gegenseitige Vorurteile (›Feindbilder‹, ›Lagerdenken‹) abgebaut werden und die SozialarbeiterInnen wissen, was Polizeiarbeit und die PolizistInnen wissen, was Sozialarbeit ausmacht (exemplarisch Feltes/Fischer 2018, S. 1226). Diesem Ziel sollen gemeinsame Fortbildungen, gegenseitige Praktika und Hospitationen dienen (s. Clearingstelle Jugendhilfe/Polizei 2007).

Mit der Hoffnung, das Wissen um die Tätigkeit des/der anderen würde die Unterschiede verringern, werden diese tendenziell banalisiert. Nicht die unterschiedlichen Handlungsformen, Ziele und Selbstverständnisse sollen einer erfolgreichen Zusammenarbeit im Wege stehen, sondern fehlendes Wissen und falsche Einstellungen.

Wie weit die kriminalstrategische Inanspruchnahme Sozialer Arbeit geht, wird in den Empfehlungen einer Arbeitsgruppe des »Deutschen Forums für Kriminalprävention« deutlich, die 2004 den systematischen Ausbau gemeinsamer Aus-, Weiter- und Fortbildungen von »Polizei und Jugendsozialarbeit in der Gewaltprävention« forderte. Unter den Bedingungen für eine erfolgreiche Kooperation wird eine angemessene Ausstattung gefordert – und zwar der »zuständige(n) Ordnungsbehörde (hier Sozialbehörde)« (DFK, Arbeitskreis 2004, S. 19). Über die »gleichberechtigte Zusammenarbeit« wird das Jugendamt auf eine Ordnungsbehörde reduziert.

Das Argument der »strategischen Allianzen« sieht Polizei und Soziale Arbeit als Advokatinnen sozial schwacher Gruppen. Im Innenverhältnis könnten SozialarbeiterInnen Stigmatisierungen und Sanktionierungen verhindern, indem sie die Sichtweise ihrer Klientel den PolizistInnen (oder StaatsanwältInnen etc.) deutlich machten. Im Außenverhältnis könnten Polizei und Soziale Arbeit sich gemeinsam für schwache Gruppen stark machen und »eine gemeinsame sozialpolitische Lobby« bilden (exemplarisch Eder 2003, S. 117f.).

In dieser Perspektive verschwinden die Differenzen durch den Bezug auf ein unterstelltes gemeinsames Anliegen. Sie verkennt, dass in diesen Konstellationen bereits die Wahrnehmung durch den Kriminalitäts- oder Sicherheitsbezug geprägt wird. So mag es hilfreich sein, wenn auch die örtliche Polizei sich für einen Jugendtreff im Stadtteil einsetzt. Derart wird aber zugleich transportiert, dass Jugendarbeit ein polizeirelevantes Thema ist.

Insgesamt bleibt die Debatte um die Beziehungen zwischen Sozialer Arbeit und Polizei zu häufig auf der Ebene von Bekenntnissen und unterstellten Behauptungen. Sie leidet auch daran, dass Soziale Arbeit in unterschiedlichen Spielarten praktiziert wird, die sich nicht nur im Zeitverlauf änder(te)n, sondern sich auch nach Akteuren (Trägern), Zielgruppen und Handlungsfeldern erheblich unterscheiden.

11.2 Beziehungs-Varianten

In den vorangegangenen Kapiteln wurden die Beziehungen in unterschiedlichen Feldern dargestellt, in denen sich Soziale Arbeit und Polizei ›begegnen‹. Art und Qualität dieser ›Begegnungen‹ sind sehr verschieden. Sie lassen sich auf einem Kontinuum verorten, das von »arbeitsteiliger Zusammenarbeit« bis zu »bewusster Distanz« reicht. Welche Art der Beziehung sich entwickelt, hängt von zwei Kriterien ab.

- *Opferorientierung*: Werden die Betroffenen von beiden Seiten primär als schutz- und hilfsbedürftige Opfer wahrgenommen, liegt die Zusammenarbeit nahe. Sieht hingegen die Polizei primär TäterInnen, GefährderInnen etc., die Soziale Arbeit aber in derselben Gruppe eher die Gefährdeten oder Menschen mit eigenen Rechten, dann schwindet die Basis für Gemeinsames.
- *Kriminalisierung*: Wird die Kriminalisierung oder die Gefährlichkeit von (gruppentypischen) Verhaltensweisen bzw. die Notwendigkeit zu korrigierenden Interventionen von beiden Seiten geteilt, dann ist abgestimmtes Handeln wünschenswert, indem die jeweils verfügbaren Zugänge, Ressourcen etc. eingebracht werden. Wird das Verhalten hingegen anders ›gerahmt‹, etwa als entwicklungsbedingtes Übergangsphänomen oder als gesundheitliches Problem, dann werden die Konflikte zwischen Sicherheits- und sozialer Orientierung manifest.

Tab. 15: Soziale Arbeit und Polizei: Beziehungen im Überblick

Felder	Beziehungs-modus	Übereinstimmung in der		Alternative Rahmung
		Opferorientierung	Kriminalisierung	
Jugendliche: HdJ, Fallkonferenzen	Arbeitsteilige Intervention	Nein	Ja	
Häusliche Gewalt	Interventionskette	Ja	Ja	
Kinder als Opfer	Früherkennung	Ja	Ja	
Radikalisierte	Abgestimmtes Handeln	Ja	Ja	
Rechtsextremistische Jugendliche	Ausgrenzende Verweisung	Ja	Ja	
Drogenszenen	Labile Toleranz	Nein	Nein	Gesundheit
Obdachlose	Labile Toleranz	Nein	Nein	Armut
BettlerInnen	Labile Toleranz	Nein	Nein	Armut
Jugendliche: Streetwork	Distanz	Nein	Nein	Jugendkulturen
Fußballfans	Distanz	Nein	Nein	Subkultur
MigrantInnen	Distanz	Nein	Nein	Diversität

In Tabelle 15 sind die Konstellationen für einige der dargestellten Felder schematisch zusammenfasst (▶ Tab. 15): Wenn beide Seiten sich einig sind, dass etwas getan werden muss und wenn beide die Opferperspektive betonen, dann entstehen enge Formen des Zusammenarbeitens. An Beispielen: Sobald es gelang, dass sich die Polizei bei ihren Einsätzen wegen häuslicher Gewalt stärker an den Opfern orientierte, war der Weg für die »Interventionskette« frei. Solange aber der Drogenbesitz bestraft wird und deshalb als Anlass polizeilichen Einschreitens gilt, stehen Kooperationen mit denjenigen auf labilem Grund, die auf »Harm Reduction«, auf die Verbesserung der Lebensbedingungen von UserInnen setzen.

11.3 Aufwertung, Entwertung, Bedrohung?

Die Beteiligung der Sozialen Arbeit an der Bewältigung von Kriminalität und Sicherheitsproblemen kann als Geschichte ihrer Aufwertung gelesen werden. Für die justiznahen Tätigkeiten (Gerichts-, Bewährungs-, Straffälligenhilfe), die in diesem Buch nicht behandelt wurden, ist dies offenkundig. Die Aufwertung betrifft aber auch die hier vorgestellten Felder der außer- und vorjustiziellen Kooperation. Mit dem Ruf nach sozial helfenden Interventionen hat die Relevanz der Sozialen Arbeit zugenommen, neue Tätigkeitsfelder und Arbeitsplätze, neue NetzwerkpartnerInnen und Finanzierungswege sind entstanden. Für eine aufgeklärte innere Sicherheitspolitik gilt es als Common Sense, dass allein strafend-kontrollierende, repressive Antworten keine nachhaltige Lösung bieten, sondern zugleich helfend-unterstützend, sozialstaatlich reagiert werden muss. Kontrovers ist das ›Mischungsverhältnis‹ oder die Reihenfolge, die Bedeutung sozialer Interventionen gilt hingegen grundsätzlich als anerkannt.

Diese Anerkennung hat ihren Preis. Je etablierter die Soziale Arbeit in einem Feld ist, desto mehr muss sie sich auf dessen Grundprinzipien einlassen. Das wird an den Häusern des Jugendrechts besonders deutlich: In ihrem Rahmen werden Jugendliche identifiziert, auf deren Verhalten Einfluss genommen werden soll. Die Sozialarbeit ist nicht an der Auswahl dieser Jugendlichen beteiligt, sondern an der Art der Reaktionen. Sie kann mit sozialpädagogischer Expertise versuchen, Sanktionen abzuwehren oder Vorschläge zur Diversion machen. Aber sie kann in diesem Kontext nicht auf »Augenhöhe« handeln, weil sie sich gegenüber einer von der Polizei ermittelten Klientel verhalten muss und weil die Entscheidungsgewalt bei der Polizei bzw. bei der Staatsanwaltschaft liegt. Sozialarbeit wird hier reduziert auf das Verwalten von Delinquenz. Ihr Horizont endet, wenn die Erfolgskriterien des Systems, in dem sie arbeitet (»Legalbewährung«), erfüllt scheinen.

Diese kriminalpolitische Beschneidung oder Entwertung zeigt sich auch in anderen Feldern, in denen die Zusammenarbeit zwar nicht so eng ist, aber der Sozialen Arbeit innerhalb eines Gesamtarrangements bestimmte, sicherheits- oder ordnungswahrende Aufgaben überantwortet werden. Deutlich wurde dies im Umgang mit Drogenszenen. Aber auch im Hinblick auf die Fußballfans ist der pazifizierende (auf Befriedung zielende) Auftrag seit der Etablierung der Fan-Sozialarbeit vorhanden. Freilich geschieht das in diesen Feldern deutlich konflikthafter, indem die sozialen Akteure vor Ort versuchen, die Interessen ihrer Klientel innerhalb des »Sicherheitsarrangements« besonders stark zu machen. In diesen Bereichen ist die Instrumentalisierung in Namen von mehr Sicherheit eine permanente Bedrohung für die Soziale Arbeit.

Je enger die Beziehungen sind, desto eher haben sie das Potenzial, das Verhältnis zwischen SozialarbeiterInnen und KlientInnen negativ zu beeinflussen. Die Zusammenarbeit mit der Polizei kann bestehendes Vertrauen gefährden, etwa für die Beziehungsarbeit im Streetwork. Die Tätigkeit der Polizei kann auch die Sozialarbeit erschweren, weil sie zusätzliche Probleme schafft, etwa bei den Verdachtsmeldungen auf Kindeswohlgefährdungen. Indem die Soziale Arbeit der Kriminalisierungsperspektive folgt, setzt sie einen Mechanismus in Gang, den weder sie noch die KlientInnen in der Hand haben. Sobald sie in diesem Kontext agiert, wird sie als eine schwache und sich selbst schwächende Profession sichtbar.

Anhang

Literaturverzeichnis

AG Görlitzer Park (2016): Handlungskonzept Görlitzer Park. Berlin. Online: https://www.berlin.de/ba-friedrichshain-kreuzberg/politik-und-verwaltung/aemter/strassen-und-gruenflaechenamt/gruenflaechen/2016-05-23_handlungskonzept_ag-goerlitzer-park_final.pdf

AIDS-Hilfe Frankfurt (2020): Streetwork OSSIP. Frankfurt. Online: https://frankfurt-aidshilfe.de/content/streetwork-ossip [1.12.2020]

AK HochschullehrerInnen Kriminologie/Straffälligenhilfe in der Sozialen Arbeit (Hg.) (2014): Kriminologie und Soziale Arbeit. Ein Lehrbuch. Weinheim, Basel: Beltz Juventa

Aktive Fußballfans (2019): Fußballfans (Schwerpunkt). In: Sozial Extra H. 1, S. 4–34

Albers, S./Feltes, T./Ruch, A. (2015): Kriminelle Fußballfans? Ergebnisse einer empirischen Untersuchung zu Stadionverboten und registrierter Delinquenz. In: Monatsschrift für Kriminologie und Strafrechtsreform H. 6, S. 481–496

Albert, M. (2015): Soziale Arbeit im Bereich der Prostitution – Strukturelle Entwicklungstendenzen im Kontext von Organisation, Sozialraum und professionelle Rolle. In: Ders./Wege, J. (Hg.): Soziale Arbeit und Prostitution. Professionelle Handlungsansätze in Theorie und Praxis. Wiesbaden: Springer VS, S. 9–26

Amnesty International (2016): Racial/Ethnic Profiling: Positionspapier zu menschenrechtswidrigen Polizeikontrollen. Berlin. Online: https://amnesty-polizei.de/wp-content/uploads/2016/05/Racial_Profiling_Positionspapier.pdf

AMWF (2019): Kindesmisshandlung, -missbrauch, -vernachlässigung unter Einbindung der Jugendhilfe und Pädagogik (Kinderschutzleitlinie), Stand: 07.02.2019). Online: https://www.awmf.org/uploads/tx_szleitlinien/027-069l_S3_Kindesmisshandlung-missbrauch-vernachlaessigung-Kinderschutzleitlinie_2019-02_1_01.pdf

Asmus, H.-J. (2017): Der systemtheoretische Kulturbegriff als Beschreibung und Analyse des Umgangs der Polizei mit Migranten. In: Polizei & Wissenschaft H. 4, S. 49–62

Asyl in der Kirche (2021): Aktuelle Zahlen: Kirchenasyle bundesweit. Online: https://kirchenasyl.de/aktuelles

Averdiek-Gröner, D. (2019): Fußball und Gewalt. In: Ders./Behrendes, U./Dübbers, C. (Hg.): Gewalt durch Gruppen (Lehr- und Studienbriefe Kriminalistik/Kriminologie, Bd. 24). Hilden: Verlag Deutsche Polizeiliteratur, S. 37–82

BAFF (Hg.) (2004): Die 100 »schönsten« Schikanen gegen Fußballfans. Repression und Willkür rund ums Stadion. Grafenau: Trotzdem Verlagsgenossenschaft

BAG der Fanprojekte (2020): Fachliche Standards der Sozialen Arbeit von Fanprojekten im Kontext Fußball. Stand: Januar 2020. o. O. Online: https://www.bag-fanprojekte.de/wp-content/uploads/2020/01/Fachliche-Standards_Gesamtdatei.pdf

BAG Streetwork (2018): Fachliche Standards 2018. Streetwork und Mobile Jugendarbeit. o. O. Online: https://irb-cdn.multiscreensite.com/5c840bc2/files/upload/Fachstandards_BAB_2018_final.pdf

BAG Täterarbeit (2019): Arbeit mit Tätern in Fällen häuslicher Gewalt. Standard der Bundesarbeitsgemeinschaft Täterarbeit Häusliche Gewalt e.V. 3. Aufl. Berlin. Online: https://www.bmfsfj.de/blob/95364/706d4734367217edbb5b5e31a83f0669/standards-taeterarbeit-haeusliche-gewalt-data.pdf

BAG Täterarbeit (2020): Unsere Mitgliedseinrichtungen. Online: https://www.bag-taeterarbeit.de/beratungsstellen-suchen.html

BAJ (2017): Jugendschutz bei öffentlichen Veranstaltungen. Berlin, Essen: Drei-W-Verlag. Online: https://www.jugendschutz-aktiv.de/fileadmin/user_upload/pdf/Drei-W-Verlag_Jugendschutz_bei_Veranstaltungen.pdf

BAMF (2021): Merkblatt Kirchenasyl im Kontext von Asylverfahren. Stand: Januar 2021. Nürnberg. Online: https://www.bamf.de/SharedDocs/Anlagen/DE/AsylFluechtlingsschutz/merkblatt-kirchenasyl.pdf?__blob=publicationFile&v=5

Bayern (2019): Richtlinie für die Förderung von Frauenhäusern, Frauenberatungsstellen/ Notrufen und angegliederten Interventionsstellen in Bayern. In: Bayerisches Ministerialblatt Nr. 322. Online: https://www.gesetze-bayern.de/Content/Document/BayVV_2174_A_10569/true?AspxAutoDetectCookieSupport=1

Beck, D. (2018): Die Re-Kommunalisierung polizeilicher Tätigkeitsbereiche mittels Kommunaler Ordnungsdienste. Eine Fallanalyse am Beispiel Baden-Württembergs. Frankfurt am Main: Verlag für Polizeiwissenschaft

Becker, R. (2019): Kinder als Betroffene von häuslicher Gewalt. In: Deutsche Polizei H. 8, S. 28–31

Behr, R. (2000): Cop Culture. Der Alltag des Gewaltmonopols: Männlichkeit, Handlungsmuster und Kultur in der Polizei. Opladen: Leske + Budrich

Behrendes, U. (1996): Polizeiliche Zusammenarbeit mit Ordnungsbehörden und sozialen Diensten im Rahmen der Gefahrenabwehr und eines ganzheitlichen Polizeieinsatzes. In: Kniesel, M./Kube, E./Murks, M. (Hg.): Handbuch für Führungskräfte der Polizei. Lübeck: Schmidt-Römhild, S. 169–199

Bekar, Ö. (2020): Bewerber mit Migrationshintergrund bei der Polizei. Online: https://www.polizeitest.de/studie-bewerber-mit-migrationshintergrund-bei-der-Polizei/

Belina, B. (2016): Der Alltag der Anderen: Racial Profiling in Deutschland? In: Dollinger, B./Schmidt-Semisch, H. (Hg.): Sicherer Alltag? Politiken und Mechanismen der Sicherheitskonstruktion im Alltag. Wiesbaden: Springer VS, S. 125–164

Berens, C. (2018): Präventive Intervention. Eine kritische Betrachtung zur Einführung von interdisziplinären Fallkonferenzen im Kontext polizeilich auffälliger Schüler aus Sicht der Polizei Rheinland-Pfalz. In: Kriminalistik H. 3, S. 195–199

Bergert, M./Karliczek, K.-M./Lüter, A. (2015): Gewalterfahrung und Lebenslage. Eine Dunkelfelduntersuchung an Schulen in Berlin. Berlin. Online: https://camino-werkstatt.de/downloads/BFG-54.pdf

Berlin, Senatsverwaltung für Bildung, Wissenschaft und Forschung (2011): Jugend-Rundschreiben Nr. 5/2011 zur Verbesserung der interdisziplinären, ressortübergreifenden Zusammenarbeit im Umgang mit Mehrfach- und Intensivtätern. Berlin. Online: https://www.berlin.de/sen/jugend/recht/jugend-rundschreiben_nr_5_2011.pdf

Bernard, C. (2013): Frauen in Drogenszenen. Drogenkonsum. Alltagswelt und Kontrollpolitik in Deutschland und den USA am Beispiel Frankfurt am Main und New York City. Wiesbaden: Springer VS

Berufseinstieg (2020): Berufseinstieg Polizei. Können Ausländer Polizisten werden? Online: https://www.ausbildungspark.com/news/berufseinstieg-polizei-koennen-auslaender-polizisten-werden/

Bescherer, P./Haverkamp, R./Lukas, T. (2016): Das Recht auf Stadt zwischen kommunaler Sparpolitik und privaten Investitionen. Eine Fallstudie zu Konflikten um öffentliche Sicherheit. In: Kritische Justiz H. 1, S. 72–85. Online: https://www.kj.nomos.de/fileadmin/kj/doc/2016/2016_01/KJ_16_01_Bescherer_ua_Recht_auf_Stadt.pdf

Beste, H. (2000): Morphologie der Macht. Urbane »Sicherheit« und die Profitorientierung sozialer Kontrolle. Opladen: Leske + Budrich

bff (2020): Der Bundesverband. Online: https://www.frauen-gegen-gewalt.de/de/der-bundesverband.html

Biesel, K/Urban-Stahl, U. (2018): Lehrbuch Kinderschutz. Weinheim, Basel: Beltz Juventa

Birkel, C./Chruch, D./Hummelsheim-Doss, D./Leitgöb-Guzy, N./Oberwittler, D. (2020): Der Deutsche Viktimisierungssurvey 2017. Opfererfahrungen, kriminalitätsbezogene Einstellungen sowie die Wahrnehmung von Unsicherheit und Kriminalität in Deutschland. Wiesbaden: Bundeskriminalamt. Online: https://www.bka.de/SharedDocs/Down

loads/DE/Publikationen/Publikationsreihen/Forschungsergebnisse/2018ersteErgebnisseD VS2017.pdf
BKA (2018): Errichtungsanordnung Dateiname »Gewalttäter Sport«. Stand: 24.05.2018. Wiesbaden. Online: https://fragdenstaat.de/236133b1-291d-4261-a072-db6eaf4798f5
BKA (2020a): Zahlen und Fakten. Personalentwicklung. Online: https://www.bka.de/DE/DasBKA/FaktenZahlen/faktenzahlen_node.html;jsessionid=F7A72C47A73BB84FD69D99F35D4F37DC.live2302#doc20668bodyText2
BKA (2020b): Polizeiliche Kriminalstatistik Bundesrepublik Deutschland Jahrbuch 2019, Bd. 2: Opfer. Wiesbaden. Online: https://www.bka.de/SharedDocs/Downloads/DE/Publikationen/PolizeilicheKriminalstatistik/2019/Jahrbuch/pks2019Jahrbuch2Opfer.pdf?__blob=publicationFile&v=5
BKA (2020c): Polizeiliche Kriminalstatistik Bundesrepublik Deutschland Jahrbuch 2019, Bd. 3: Tatverdächtige. Wiesbaden. Online: https://www.bka.de/SharedDocs/Downloads/DE/Publikationen/PolizeilicheKriminalstatistik/2019/Jahrbuch/pks2019Jahrbuch3TV.pdf
BKA (2020d): Polizeiliche Kriminalstatistik Bundesrepublik Deutschland Jahrbuch 2019, Bd. 4: Einzelne Straftaten/-gruppen und ausgewählte Formen der Kriminalität. Wiesbaden. Online: https://www.bka.de/SharedDocs/Downloads/DE/Publikationen/PolizeilicheKriminalstatistik/2019/Jahrbuch/pks2019Jahrbuch4Einzelne.pdf
BKA (2020e): Partnerschaftsgewalt. Kriminalistische Auswertung – Berichtsjahr 2019. Wiesbaden 2020. Online: https://www.bka.de/SharedDocs/Downloads/DE/Publikationen/JahresberichteUndLagebilder/Partnerschaftsgewalt/Partnerschaftsgewalt_2019.pdf
BKA (2020f): Kriminalität im Kontext von Zuwanderung. Bundeslagebild 2019. Wiesbaden. Online: https://www.bka.de/SharedDocs/Downloads/DE/Publikationen/JahresberichteUndLagebilder/KriminalitaetImKontextVonZuwanderung/KriminalitaetImKontextVonZuwanderung_2019.pdf
BKA (2020g): Organisierte Kriminalität. Bundeslagebild 2019. Wiesbaden. Online: https://www.bka.de/SharedDocs/Downloads/DE/Publikationen/JahresberichteUndLagebilder/OrganisierteKriminalitaet/organisierteKriminalitaetBundeslagebild2019.pdf
Blank, B./Gögercin, S./Sauer, K. E./Schramkowski, B. (Hg.) (2018): Soziale Arbeit in der Migrationsgesellschaft. Grundlagen – Konzepte – Handlungsfelder. Wiesbaden: Springer VS
Blaschke, R. (2014): Rechtsextremismus und Gewalt im Fußball. In: Hildebrand, A. (Hg.): CSR und Sportmanagement. Jenseits von Sieg und Niederlage: Sport als gesellschaftliche Aufgabe verstehen und umsetzen. Berlin, Heidelberg: Springer-Gabler, S. 53–61
Bliesener, T./Glaubitz, C./Hausmann, B./Klatt, T./Riesner, L. (2015): Prozess- und Wirkungsevaluation der NRW-Initiative »Kurve kriegen«. Abschlussbericht der Wirkungsevaluation. Kiel. Online: https://www.kurvekriegen.nrw.de/wp-content/uploads/2018/07/Abschlussbericht-Wirkungsevaluation_060315.pdf
BMFSFJ (2020): GREVIO. Erster Staatenbericht der Bundesrepublik Deutschland 2020. Berlin. Online: https://www.bmfsfj.de/blob/160138/6ba3694cae22e5c9af6645f7d743d585/grevio-staatenbericht-2020-data.pdf
BMFSFJ/BMJV (Hg.) (2019): Mehr Schutz bei häuslicher Gewalt. Information zum Gewaltschutzgesetz. Berlin. Online: https://www.bmfsfj.de/blob/jump/94308/mehr-schutz-bei-haeuslicher-gewalt-data.pdf
BMI (2020): Bereitschaftspolizeien der Länder. Online: https://www.bmi.bund.de/DE/themen/sicherheit/nationale-und-internationale-zusammenarbeit/ibp/bereitschaftspolizei-node.html
Bode, I./Turba, H. (2014): Organisierter Kinderschutz in Deutschland. Wiesbaden: Springer Fachmedien
Boers, K. (1993): Kriminalitätsfurcht. Ein Beitrag zum Verständnis eines sozialen Problems. In: Monatsschrift für Kriminologie und Strafrechtsreform H. 2, S. 65–82
Böhnisch, L./Lösch, H. (1973): Das Handlungsverständnis des Sozialarbeiters und seine institutionelle Determination. In: Otto, H.-U./Schneider, S. (Hg.): Gesellschaftliche Perspektiven der Sozialarbeit. Zweiter Halbband. Neuwied, Berlin: Luchterhand, S. 21–40
Boldt H./Stolleis, M. (2012): Geschichte der Polizei in Deutschland. In: Denninger, E./Rachor, F. (Hg.): Handbuch des Polizeirechts. 5., neu bearb. u. erweit. Aufl. München, C. H. Beck, S. 1–34

Braband, J./Karolczak, M./Sturzenhecker, B. (2010): M8 – Gemeinsame Fallkonferenzen. In: Richter, H./Sturzenhecker, B. (2010): Evaluation des Handlungskonzepts »Handeln gegen Jugendgewalt«. Abschlussbericht. Hamburg. Online: https://www.ew.uni-hamburg.de/ueber-die-fakultaet/personen/buddeberg/files/evaluation.pdf, S. 290–396

Brandes, O./Piszczan-Präger, D. (2013): Polizeiliche Jugendsachbearbeitung und Präventionsarbeit in Niedersachsen. In: Kriminalistik H. 8/9, S. 550–554

Bremische Zentralstelle für die Verwirklichung der Gleichberechtigung der Frau (ZGF) (Hg.) (2019): Viele Akteur*innen sind noch kein Hilfesystem. Fachveranstaltung am, 28. Juni 2019. Dokumentation. Bremen. Online: https://familiennetz-bremen.de/wp-content/uploads/2019/08/ZGF_Dokumentation2019_Modellprojekt_Hilfesystem.pdf

Bröckling, U. (2017): Prävention: Die Macht der Vorbeugung. In: Ders.: Gute Hirten führen sanft. Über Menschenregierungskünste. Berlin: Suhrkamp, S. 73–112

Brückner, M. (2018a): Entwicklung der Frauenhausbewegung. Erfolge und ihre Kosten. In: Sozial Extra H. 4, S. 42–45

Brückner, M. (2018b): Konfliktfeld Häusliche Gewalt: Transformationsprozesse und Perspektiven der Frauenhausarbeit. In: Lenz, G./Weiss, A. (Hg.): Professionalität in der Frauenhausarbeit. Aktuelle Entwicklungen und Diskurse. Wiesbaden: Springer VS, S. 21–44

Bubenitschek, G./Greulich, R./Wegel, M. (2014): Prävention in der Praxis. Heidelberg u. a.: Kriminalistik

Buddeberg, K./Olschok, J./Richter, H. (2010): M4 – Verbindliche Richtlinie zur Anzeigepflicht an Schulen. In: Richter, H./Sturzenhecker, B.: Evaluation des Handlungskonzepts »Handeln gegen Jugendgewalt«. Abschlussbericht. Hamburg, S. 153–200. Online: https://www.ew.uni-hamburg.de/ueber-die-fakultaet/personen/buddeberg/files/evaluation.pdf

Bundespolizei (2020): Zahlen, Daten, Fakten. Stand: 1. September 2020. Online: https://www.bundespolizei.de/Web/DE/05Die-Bundespolizei/07Daten-Fakten/Daten-Fakten_node.html

Bundesverfassungsgericht (1994): Beschluss des Zweiten Senats vom 9. März 1994 (»Cannabis-Beschluss«). Online: http://www.bverfg.de/e/ls19940309_2bvl004392.html

Bundesverfassungsgericht (2018): Beschluss des Ersten Senats vom 11. April 2018 – 1 BvR 3080/09. Online: http://www.bverfg.de/e/rs20180411_1bvr308009.html

Busch, H. (1995): Grenzenlose Polizei? Neue Grenzen und polizeiliche Zusammenarbeit in Europa. Münster: Westfälisches Dampfboot

Clages, H./Nisse, R. (2009): Bearbeitung von Jugendsachen. Lehr- und Studienbriefe Kriminalistik/Kriminologie, Bd. 12. Hilden: Verlag Deutsche Polizeiliteratur

Clearingstelle Polizei/Jugendhilfe (2007): Einsichten. Hospitationen zwischen Jugendhilfe und Polizei. Ein Leitfaden zur Durchführung von Hospitationen. Berlin. Online: https://www.stiftung-spi.de/fileadmin/user_upload/Dokumente/veroeffentlichungen/srup_lebenslagen/clearingstelle_11_Hospitationsleitfaden_EINSICHTEN.pdf

Cornel, H. (1998): Schweigepflicht, Anzeigepflicht, Zeugnisverweigerungsrecht. Clearingstelle Jugendhilfe/Polizei Infoblatt 1. Berlin. Online: https://www.stiftung-spi.de/fileadmin/user_upload/Dokumente/veroeffentlichungen/srup_lebenslagen/clearingstelle_infoblatt_01.pdf

Cousto, H./Stöver, H. (2020): Repression und kein Ende?! Erneute Würdigung der polizeilichen Zahlen zur Kriminalisierung von Drogengebraucher_innen. In: akzept e. V. Bundesverband/Deutsche AIDS-Hilfe (Hg.): 7. Alternativer Drogen- und Suchtbericht 2020. Lengerich: Pabst, S. 120–133

Cremer, H. (2020): Das Verbot rassistischer Diskriminierung: Vorschlag für eine Änderung von Artikel 3 Absatz 3 Satz 1 Grundgesetz. Berlin: Deutsches Institut für Menschenrechte. Online: https://www.institut-fuer-menschenrechte.de/fileadmin/Redaktion/Publikationen/Analyse_Studie/Analyse_Verbot_rassistischer_Diskriminierung.pdf

da Silva, D. (2018): Sozialarbeiterische Perspektiven im Umgang mit von Gewalt betroffenen Frauen in der Prostitution. In: Angelina, C./Piasecki, S./Schurian-Bremecker, C. (Hg.): Prostitution heute. Befunde und Perspektiven aus Gesellschaftswissenschaften und Sozialer Arbeit. Baden-Baden: Tectum, S. 127–154

Demuth, Y./Müller, N. (2019): Wie schlimm sind sie wirklich? Legale Drogen sind zum Teil schädlicher als verbotene. In: Beobachter H. 6, S. 14–23. Online: https://lucaurgese.ch/wp-content/uploads/2019/03/20190315_beobachter_drogen.pdf

Denninger, E. (2012): Polizeiaufgaben. In: Denninger, E./Rachor, F. (Hg.): Handbuch des Polizeirechts. 5., neu bearb. u. erweit. Aufl. München, C. H. Beck, S. 183–283

Denny, M. (2019): Vorstellung des Hauses des Jugendrechts Frankfurt-Höchst. In: Zeitschrift für Jugendkriminalrecht und Jugendhilfe H. 4, S. 392–396

Derks, A. (2020): Häusliche Gewalt. Leitfaden für Studium und polizeiliche Praxis. 2. Aufl. Wiesbaden: Kommunal- und Schul-Verlag

Deutscher Bundestag, Wissenschaftliche Dienste (2019): Sachstand. Frauenhäuser in Deutschland. Berlin. Online: https://www.bundestag.de/resource/blob/648894/7fe59f890-d4a9e8ba3667fb202a15477/WD-9-030-19-pdf-data.pdf

Deutscher Bundestag, Wissenschaftlicher Dienst (2016): Regelungen zur Bettelei. Sachstand. Berlin. Online: https://www.bundestag.de/resource/blob/483626/ce673b3052538b7ddb548f4338d49cdc/WD-7-157-16-pdf-data.pdf

Deutscher Caritasverband (2007): Illegal in Deutschland? Die Hilfe der Caritas für Menschen ohne Aufenthaltsrecht. Freiburg (Flyer). Online: https://www.caritas-rhein-erft.de/export/sites/caritas-rheinerft/.content/.galleries/downloads/beratung-hilfe/fluechtlingsberatung/170810_illegal_in_Deutschland.pdf

DFB (2013a): Richtlinien zur Verbesserung der Sicherheit bei Bundesligaspielen. Stand: 15.02.2013. Online: https://www.dfb.de/fileadmin/_dfbdam/173992-Richtlinien_zur_Verbesserung_der_Sicherheit_bei_Bundesspielen_-_g%C3%BCltig_ab_01._Juli_2018.pdf

DFB (2013b): Empfehlung für die Betreuung von Fußballfans. Stand: 2013. Online: https://www.dfb.de/fileadmin/_dfbdam/24338-Empfehlung_f%C3%BCr_die_Betreuung_von_Fu%C3%9Fballfans.pdf

DFB (2014): Richtlinien zur einheitlichen Behandlung von Stadionverboten. Stand: 01.01.2014. Online: https://www.dfb.de/fileadmin/_dfbdam/24339-Richtlinien_zur_einheitlichen_Behandlung_von_Stadionverboten.pdf

DFB (2015): Handbuch für Fanbeauftragte. Saison 2015/16. Frankfurt am Main. Online: https://pdfhoney.com/download/compresspdf

DFK, Arbeitskreis (2004): Förderung von Vernetzung und Kooperation insbesondere durch Aus-, Fort- und Weiterbildung am Beispiel von Polizei und Jugendsozialarbeit in der Gewaltprävention. Bonn. Online: https://www.kriminalpraevention.de/files/DFK/dfk-publikationen/2004_aus_und_fortbildung.pdf

Dietsch, W./Gloss, W. (2005): Handbuch der polizeilichen Jugendarbeit. Prävention und kriminalpädagogische Intervention. Stuttgart, München u. a.: Richard Boorberg

DJI (2011): Das Jugendgerichtshilfeb@rometer. Empirische Befunde zur Jugendhilfe im Strafverfahren in Deutschland. München. Online: https://www.dji.de/fileadmin/user_upload/bibs/64_13415_Jugendgerichtshilfebarometer.pdf

Dölker, F./Hensch, N./Klaus, A. (2005): Streetwork und Polizei im kritischen Dialog. In: Jugend, Beruf, Gesellschaft H. 3, S. 158–162

Dölling, D. (1989): Mehrfach auffällige junge Straftäter – kriminologische Befunde und Reaktionsmöglichkeiten der Strafrechtspflege. In: Zentralblatt für Jugendrecht H. 7/8, S. 313–319

Dollinger, B. (2019): Hilfe als Konditionalprogramm: Eine Systematisierung sozialer Kontrolle als Kernaufgabe Sozialer Arbeit. In: Kriminologisches Journal 2019 H. 1, S. 7–23

Dollinger, B./Oelkers, N. (Hg.) (2015): Sozialpädagogische Perspektiven auf Devianz. Weinheim: Beltz

Dollinger. B./Schmidt-Semisch, H. (Hg.) (2018): Handbuch Jugendkriminalität. Kriminologie und Sozialpädagogik im Dialog. 3., vollständ. überarb. u. aktual. Aufl. Wiesbaden: Springer VS

Drewniak, R. (2018): Ambulante sozialpädagogische Maßnahmen als Alternative zum Freiheitsentzug. In: Dollinger, B./Schmidt-Semisch, H. (Hg.): Handbuch Jugendkriminalität. Kriminologie und Sozialpädagogik im Dialog. 3., vollständ. überarb. u. aktual. Aufl. Wiesbaden: Springer VS, S. 461–476

Drogenbeauftragte der Bundesregierung (2020): Jahresbericht 2020. Berlin. Online: https://www.drogenbeauftragte.de/assets/Jahresbericht_2020/DSB_2020_final_bf.pdf

Drogenkonsumraum-Verordnung Berlin (2002): Verordnung über die Erteilung einer Erlaubnis für den Betrieb von Drogenkonsumräumen. Vom 10. Dezember 2002. Online: https://www.fixpunkt.org/fileadmin/user_upload/PDF/DKR/rechtsverordnung.pdf

Drogenkonsumraum-Verordnung Hessen (2001): Verordnung über die Erlaubnis für den Betrieb von Drogenkonsumräumen in Hessen. Vom 10. September 2001. Online: https://www.aidshilfe.de/sites/default/files/documents/Rechtsverordnung%20DKR%20Hessen.pdf

Drogenkonsumraum-Verordnung Nordrhein-Westfalen (2000): Verordnung über den Betrieb von Drogenkonsumräumen. Vom 26. September 2000. In: Gesetz- und Verordnungsblatt NRW Nr. 47, S. 645–656. Online: https://recht.nrw.de/lmi/owa/br_bes_text?anw_nr=2&gld_nr=2&ugl_nr=212&bes_id=4919&aufgehoben=N&menu=1&sg=

DVJJ (2012): »Häuser des Jugendrechts« – Risiken und Nebenwirkungen beachten! Online: https://www.dvjj.de/aktuelles/2012/09/26/haeuser-des-jugendrechts-risiken-und-nebenwirkungen-beachten

Ecke, J. (2019): Die Parkäufer_innen in den Berliner Parks. In: Sozial Extra H. 6, S. 409–413

Eder, C. (2003): Soziale Arbeit und Polizei. Problematiken und Potentiale in der Beziehung zweier Berufsgruppen im niedrigschwelligen Bereich. München. Online: https://www.socialnet.de/materialien/attach/106.pdf

Eick, V. (2015): Tatbestand Jugend. Zur Durchpolizeilichung deutscher Schulen. In: Bürgerrechte & Polizei/CILIP 108 (Juni 2015), S. 32–40. Online: http://www.cilip.de/2015/06/01/tatbestand-jugend-zur-durchpolizeilichung-deutscher-schulen/

Endres de Oliveira, P. (2015): Das »Dublin-Verfahren«. Hintergrund, Ablauf, Fallbeispiele, weiterführende Informationen. Basisinformationen für die Beratungspraxis Nr. 2. Berlin. Online: https://asylumineurope.org/wp-content/uploads/2015/11/resources_basisinf_2_dublin_fin.pdf

Engelmann, C./Mahler, C./Follmar-Otto, P. (2020): Von der Notlösung zum Dauerzustand. Recht und Praxis der kommunalen Unterbringung wohnungsloser Menschen in Deutschland. Berlin: Deutsches Institut für Menschenrechte. Online: https://www.institut-fuer-menschenrechte.de/fileadmin/Redaktion/Publikationen/Analyse_Studie/Analyse_Von_der_Notloesung_zum_Dauerzustand_web.pdf

Europarat (2011): Übereinkommen des Europarats zur Verhütung und Bekämpfung von Gewalt gegen Frauen und häuslicher Gewalt (Istanbul-Konvention). Vom 11.04.2011. Online: https://rm.coe.int/CoERMPublicCommonSearchServices/DisplayDCTMContent?documentId=0900001680462535

Feltes, T. (1984): Polizeiliches Alltagshandeln. Eine Analyse von Funkstreifeneinsätzen und Alarmierungen der Polizei durch die Bevölkerung. In: Bürgerrechte & Polizei/CILIP 19 (H. 3), S. 11–24. Online: https://archiv.cilip.de/Hefte/CILIP_019.pdf

Feltes, T. (2001): Polizei. In: Otto, H.-U./Thiersch, H. (Hg.): Handbuch der Sozialarbeit/Sozialpädagogik. 2., völlig überarb. Aufl. Neuwied, Kriftel: Luchterhand, S. 1389–1393

Feltes, T./Fischer, T. A. (2018): Jugendhilfe und Polizei – Kooperation zwischen Hilfe und Kontrolle. In: Böllert, K. (Hg.): Kompendium Kinder- und Jugendhilfe. Wiesbaden: Springer Fachmedien, S. 1213–1229

Feuerhelm, W. (2001): Geschichte, Probleme und Chancen der Kooperation zwischen Jugendhilfe, Polizei und Justiz im Umgang mit Jugendkriminalität. In: Berliner Forum Gewaltprävention. Sondernummer 4. Online: https://digital.zlb.de/viewer/api/v1/records/15643945/files/images/bfg_06_snr_4.pdf/full.pdf

Feuerhelm, W./Kügler, N. (2003): Das »Haus des Jugendrechts« in Stuttgart Bad Cannstatt. Ergebnisse einer Evaluation. Mainz

Feustel, R./Schmidt-Semisch, H./Bröckling, U. (Hg.) (2019): Handbuch Drogen in sozial- und kulturwissenschaftlicher Perspektive. Wiesbaden: Springer VS

Fischer, M./Sauer, J./Wabnitz, R. J. (2019): Grundkurs Berufsrecht für die Soziale Arbeit. München: Reinhardt

FRA (2014): Gewalt gegen Frauen. Eine EU-weite Erhebung. Luxembourg. Online: https://fra.europa.eu/sites/default/files/fra_uploads/fra-2014-vaw-survey-at-a-glance-oct14_de.pdf

Franzheld, T. (2017): Verdachtsarbeit im Kinderschutz. Eine berufsbezogene Vergleichsstudie. Wiesbaden: Springer VS

Frauenhauskoordinierung (2015): Handreichung. Unterstützung gewaltbetroffener Frauen mit psychischen Beeinträchtigungen. Berlin. Online: https://www.frauenhauskoordinierung.de/fileadmin/redakteure/Publikationen/Fachinformationen/FHK_handreichung-2015_web.pdf

Frauenhauskoordinierung (2020a): Frauenhauskoordinierung – Über uns. Online: https://www.frauenhauskoordinierung.de/ueber-uns/

Frauenhauskoordinierung (2020b): Statistik der Frauenhäuser und ihrer Bewohner_innen. Bewohner_innenstatistik 2019. Deutschland. Berlin. Online: https://www.frauenhauskoordinierung.de/fileadmin/redakteure/Publikationen/Statistik/FHK-Bewohner_innenstatistik_2019_WEB.pdf

Frehsee, D. (2001): Korrumpierung der Jugendarbeit durch Kriminalprävention? In: Freund, T./Lindner, W. (Hg.): Prävention. Zur kritischen Bewertung von Präventionsansätzen in der Jugendarbeit. Opladen: Leske + Budrich, S. 51–68

Frevel, B. (2018): Innere Sicherheit. Eine Einführung. Wiesbaden: Springer VS

Fritsch, C. (2015): Vom »OB?« zum »WIE?«. 20 Jahre zwischen Jugendhilfe und Polizei. In: Bürgerrechte & Polizei/CILIP 10686 (Juni 2015), S. 14–22. Online: http://www.cilip.de/2015/06/01/vom-ob-zum-wie-20-jahre-zwischen-jugendhilfe-und-polizei/

Fröhlich, A. (2018): Einheitliche Cannabis-Obergrenzen – nicht mit Berlin. In: Der Tagesspiegel v. 07.08.2014. Online: https://www.tagesspiegel.de/berlin/eigenbedarf-fuer-das-kiffen-einheitlich

Furmaniak, A. (2020): Testfeld Fußball. Repressiver Alltag am Spieltag. In: Bürgerrechte & Polizei/CILIP 123 (Sept. 2020), S. 55–61. Online: https://www.cilip.de/2020/11/18/testfeld-fussball-repressiver-alltag-am-spieltag/

Gangway (Hg.) (1996): Streetwork und Professionalität. Dokumentation einer Fachtagung von Leistungsprofilen von Streetwork. Berlin

Gatzke, W./Averdiek-Gröner, D. (2016): Häusliche Gewalt. Lehr- und Studienbriefe Kriminalistik/Kriminologie, Bd. 22. Hilden: Verlag Deutsche Polizeiliteratur

Geißler, R. (1995): Das gefährliche Gerücht von der hohen Ausländerkriminalität. In: Aus Politik und Zeitgeschichte H. 35, S. 30–39

Geißler, R. (2004): »Nichtdeutsche« in der Polizeistatistik. Kriminelle Ausländer oder gesetzestreue Arbeitsmigranten? In: Bürgerrechte & Polizei/CILIP 77 (H. 1), S. 21–28. Online: https://www.cilip.de/2004/02/29/nichtdeutsche-in-der-polizeistatistik-kriminelle-auslaender-oder-gesetzestreue-arbeitsmigranten/

Geißler, R. (2014): Die Sozialstruktur Deutschland. 7., grundlegend überarb. Aufl. Wiesbaden: Springer VS

Gerhard, H. (2008): Das »Haus des Jugendrechts« – Wohnsitz kriminalpräventiver Ansätze oder Unterschlupf repressiven Vorgehens. In: Zeitschrift für Jugendkriminalrecht und Jugendhilfe H. 2, S. 184–189

Gillich, S. (2020): Wohnen ohne festen Wohnsitz. In: Eckardt, F./Meier, S. (Hg.): Handbuch Wohnsoziologie. Wiesbaden: Springer Fachmedien, S. 1–19. Online: https://link.springer.com/referenceworkentry/10.1007%2F978-3-658-24862-8_18-1

Gloss, W. (2010): Zum Verhältnis von Polizei- und Jugendrecht in Deutschland – die Rolle der Behörden am Beispiel der Gefährderansprachen. In: Recht der Jugend und des Bildungswesens H. 3, S. 323–338

Gloss, W. (2019): Die Reform der Polizeidienstvorschrift (PDV) 382 zur Bearbeitung von Jugendsachen. In: DVJJ (Hg.): Herein-, Heraus-, Heran- – Junge Menschen wachsen lassen. Dokumentation des 30. Deutschen Jugendgerichtstages vom 14. bis 17. September 2017 in Berlin. Mönchengladbach: Forum Verlag Godesberg. Online: https://www.dvjj.de/aktuelles/2019/09/26/dokumentation-des-30-deutschen-jugendgerichtstages-vom-14-17-09-2017-in-berlin/

Goll, V./Ranau, J. (2012): »Auf Augenhöhe …?« Gesprächsgrundlagen und Handlungsstrategien zur Gestaltung des Dialogs zwischen Fanprojekten und Polizei. Frankfurt am

Main. Online: https://m.bpb.de/system/files/dokument_pdf/KOS-leitlinien-fppo-201205screen.pdf

Gorn, G. (2015): Häusliche Gewalt und Polizeirecht. Frankfurt am Main u. a.: PL Academic Research

Groenemeyer, A./Mansel, J. (Hg.)(2003): Die Ethnisierung von Alltagskonflikten. Wiesbaden: Springer Fachmedien

Groß, H. (2019): Polizei(en) und Innere Sicherheit in Deutschland. Strukturen, Aufgaben und aktuelle Herausforderungen. In: Aus Politik und Zeitgeschichte 2019 H. 21/23, S. 4–10. Online: https://www.bpb.de/system/files/dokument_pdf/APuZ_2019-21-23_online.pdf

Grünmayer, F. (2018): Prohibition und der Krieg gegen die Drogen. Konsequenzen für die Soziale Arbeit. In: soziales_kapital Nr. 20. Online: www.soziales-kapital.at/index.php/sozialeskapital/article/viewFile/586/1051.pdf

Hagemann-White, C./Kavemann, B. (2004): Neue Unterstützungspraxis bei häuslicher Gewalt. Wissenschaftliche Begleitung der Interventionsprojekte gegen häusliche Gewalt (WiBIG). Abschlussbericht 2000 bis 2004. In: BMFSFJ (Hg.): Gemeinsam gegen häusliche Gewalt. Kooperation. Intervention. Begleitforschung, Bd. 1. Berlin, S. 3–378. Online: https://www.bmfsfj.de/blob/84332/213fd887de208256305d15c42da56225/langfassung-studie-wibig-data.pdf

Hahne, M./Hempel, L./Pelzer, R. (2020): (Un-)Sicherheitsgefühle und subjektive Sicherheit im urbanen Raum. (Berliner Forum Gewaltprävention Nr. 70, H. 2) Berlin. Online: https://www.berlin.de/lb/lkbgg/_assets/bfg-70_heft-2.pdf

Hallenberger, F./Schruff, L. (2017): Polizeiliche Kommunikation bei Einsätzen anlässlich häuslicher Gewalt. In: Polizei & Wissenschaft H. 2, S. 45–60

Haller, S. (2020): Schutz von Frauen vor Gewalt. Die Polizei, eine Institution des patriarchalen Staates, als Mittel gegen patriarchale Gewalt? In: Bürgerrechte & Polizei/CILIP 123 (Sept. 2020), S. 28–35. Online: https://www.cilip.de/2020/10/28/schutz-von-frauen-vor-gewalt-die-polizei-eine-institution-des-patriarchalen-staates-als-mittel-gegen-patriarchale-gewalt/

Hamburg Landesinstitut (für Lehrerbildung und Schulentwicklung) (2009): Richtlinie zur Meldung und Bearbeitung von Gewaltvorfällen in Schulen. Hamburg. Online: https://www.yumpu.com/de/document/view/17793167/richtlinie-meldung-von-gewaltvorfallen-an-hamburger-schulen

Hamburg Richtlinie (2015): Richtlinie zur Meldung von Gewaltvorfällen an Schulen. Hamburg. Online: https://www.hamburg.de/contentblob/5064824/3c0b35d6b59e63d88f11990f221f6464/data/richtlinie-meldung-von-gewaltvorfaellen.pdf

Hanak, G. (1986): Polizei und Konfliktverarbeitung im Alltag. In: Bürgerrechte & Polizei/CILIP 25 (H. 3), S. 26–39. Online: https://archiv.cilip.de/Hefte/CILIP_025.pdf

Harnischmacher, R. F. J. (2006): Der Hooligan und sein Weltbild – eine Einführung in dieses Zeitphänomen der Gewalt. In: Die Kriminalpolizei H. 6, S. 50–53

Haus des Jugendrechts Stuttgart (Hg.)(2009): Zehn Jahre Haus des Jugendrechts Stuttgart. Stuttgart. Online: https://haus-des-jugendrechts-stuttgart.justiz-bw.de/pb/site/pbs-bw-new/get/params_Dattachment/3659910/2009%20-%20Haus%20des%20Jugendrechts%20-%2010%20Jahres-Bericht.pdf

Hecker, W. (2018): Umstrittener öffentlicher Raum. Zur neueren Rechtsentwicklung. In: Bürgerrechte & Polizei/CILIP 115 (April 2018), S. 34–42. Online: https://www.cilip.de/2018/04/24/umstrittener-oeffentlicher-raum-zur-neueren-rechtsentwicklung/

Heinz, W. (2019): Sekundäranalyse empirischer Untersuchungen zu jugendkriminalrechtlichen Maßnahmen, deren Anwendungspraxis, Ausgestaltung und Erfolg. Konstanz. Online: https://krimpub.krimz.de/files/142/Gutachten_JGG_Heinz_insges_01.pdf

Hellweg, F. (2019): Häusliche Gewalt. Handreichung und Hochrisikomanagement (Fachtagung Häusliche Gewalt, Hannover 04.12.2019. Online: https://lpr.niedersachsen.de/html/download.cms?id=3063&datei=Vorstellung+Rahmenkonzeption+HG.pdf

Herbert, U. (2003): Geschichte der Ausländerpolitik in Deutschland. Saisonarbeiter, Zwangsarbeiter, Gastarbeiter, Flüchtlinge. Bonn: Bundeszentrale für politische Bildung

Hermanutz, M./Michelfelder, R. (1996): Arbeitszufriedenheit – doch nur eine Utopie? In: Kniesel, M./Kube, E./Murck, M. (Hg.): Handbuch für Führungskräfte der Polizei. Wissenschaft und Praxis. Essen: Schmidt Römhild, S. 1187–1204

Herold, H. (1980): Herold gegen alle. Gespräche mit dem Präsidenten des Bundeskriminalamtes (Interview). In: TransAtlantik Nov. 1980, S. 29–40

Herz, R. (1994): § 42 Örtliche Zuständgkeit. In: Nix, C. (Hg.): Kurzkommentar zum Jugendgerichtsgesetz. Weinheim, Basel: Beltz, S. 185–188

Hessen, Häuser des Jugendrechts (2014): Haus des Jugendrechts. Vier Jahre Haus des Jugendrechts Wiesbaden – Eine Bilanz. Online: https://hausdesjugendrechts.hessen.de/sites/jugendrecht.hessen.de/files/content-downloads/Bilanz/2520HdJR_2014.pdf

Hessen, Häuser des Jugendrechts (2020): Häuser des Jugendrechts in Hessen. Online: https://hausdesjugendrechts.hessen.de/

Hilfetelefon (2020): Sieben Jahre Hilfetelefon »Gewalt gegen Frauen«. Die wichtigsten Zahlen auf einen Blick (Flyer). Online: https://www.hilfetelefon.de/fileadmin/content/04_Materialien/1_Materialien_Bestellen/Infografiken/7_Jahre_Hilfetelefon/online_BFZ_Infografik_7JahreHilfetelefon_FINAL.pdf

Hill, E./Bibbert, M. (2019): Zur Regulierung der Prostitution. Eine diskursanalytische Betrachtung des Prostitutionsschutzgesetzes. Wiesbaden: Springer VS

Hofmann, U. (1997): Leben auf der Straße – ein Anlass für polizeiliches Einschreiten? In: Deutsches Polizeiblatt H. 5, S. 11–15

Hohmeyer, C. (1999): Kommunale Kriminalpolitik in Deutschland. Akteure, Themen und Projekte kriminalpräventiver Gremien. In: Bürgerrechte & Polizei/CILIP 64 (H. 3), S. 60–67. Online: https://www.cilip.de/1999/12/20/kommunale-kriminalpolitik-in-deutschland-akteure-themen-und-projekte-kriminalpraeventiver-gremien/

Hohmeyer, C./Kant, M./Pütter, N. (2001): Tendenzen der Sicherheitspolitik im lokalen Kontext. In: Fehérváry, J./Stangl, W. (Hg.): Polizei zwischen Europa und den Regionen. Wien: WUV Universitätsverlag, S. 155–183

Hollstein, T. (2017): Illegale Migration und transnationale Lebensbewältigung. Eine qualitativ-empirische Studie. Wiesbaden: Springer VS

Holzmann, A. (2008): Polizeilicher Umgang mit unter 14-Jährigen Tatverdächtigen. Eine kritische Analyse der PDV 382. Hamburg: Dr. Kovač

Hontschik, B. (2019): Drogenpolitik ist Gesundheitspolitik. In: akzept Bundesverband/Deutsche AIDS-Hilfe (Hg.): 6. Alternativer Drogen- und Suchtbericht 2019. Lengerich: Pabst, S. 12–14. Online: https://alternativer-drogenbericht.de/wp-content/uploads/2019/07/akzeptADSB2019.pdf

Huber, S./Rieker, P. (2015): Der sozialpädagogische Umgang mit Devianz zwischen Hilfe und Kontrolle. Exemplarische Erkundungen. In: Dollinger, B./Oelker, N. (Hg.): Sozialpädagogische Perspektiven auf Devianz. Weinheim, Basel: Beltz Juventa, S. 68–86

Hülsbeck, H. (2019): Häuser des Jugendrechts – auch eine Erfolgsstory des BDK. In: der kriminalist H. 12, S. 27–29

Hundt, M. (2019): Datenschutz in der Kinder- und Jugendhilfe. Praxishandbuch für die sozialpädagogische Arbeit. Regensburg: Walhalla

Hunold, D./Ruch, A. (Hg.) (2020): Polizeiarbeit zwischen Praxishandeln und Rechtsordnung. Empirische Polizeiforschungen zur polizeipraktischen Ausgestaltung des Rechts. Wiesbaden: Springer Fachmedien

Hüttermann, J. (2000): Polizeialltag und Habitus: Eine sozialökologische Fallstudie. In: Liebl, K./Ohlemacher, T. (Hg.): Empirische Sozialforschung. Interdisziplinäre Perspektiven in einem sich entwickelnden Forschungsfeld. Herbolzheim: Centaurus Verlag & Media, S. 157–182

IMK (2020): Homepage der Ständigen Konferenz der Innenminister und -senatoren der Länder. Online: https://www.innenministerkonferenz.de

Innenministerium Nordrhein-Westfalen (2019): Kurve kriegen. Eine Initiative zur Verhinderung von Jugendkriminalität (Flyer). Düsseldorf. Online: https://www.kurvekriegen.nrw.de/wp-content/uploads/2020/02/2019-11_Kurvekriegen-Flyer-allgemein-A4.pdf

Innenministerium Nordrhein-Westfalen (2020): Das Konzept. Online: https://www.kurvekriegen.nrw.de/#Konzept

Interventionsstelle (2020): Tätigkeitsbericht 2019. Interventionsstelle gegen häusliche Gewalt und Stalking Rostock. Rostock. Online: https://www.stark-machen.de/images/dokumente/Jahresberichte/Jahresbericht_IST_HRO_2019.pdf

Kant, M. (2006): Fußballfans unter Beobachtung. Die »Zentrale Informationsstelle Sporteinsätze«. In: Bürgerrechte & Polizei/CILIP 83 (1), S. 29–35. Online: https://www.cilip.de/2006/01/30/fussballfans-unter-beobachtung-die-zentrale-informationsstelle-sporteinsaetze/

Kaps, C. (2020): Der Görlitzer Park im Bezirk Friedrichshain-Kreuzberg. Problemlagen und Handlungsfelder der kiezorientierten Gewalt- und Kriminalitätsprävention H. 3. Berlin. Online: https://www.berlin.de/lb/lkbgg/_assets/bfg-70_heft-3.pdf

Kavemann, B. (2012): Übersicht über das Unterstützungssystem bei Gewalt gegen Frauen in Deutschland. In: Polizei & Wissenschaft H. 4, S. 99–113

Kavemann, B./Kreyssig, U. (Hg.) (2013): Handbuch Kinder und häusliche Gewalt. 3., aktual. u. überarb. Aufl. Wiesbaden: Springer VS

Kavemann, B./Lehmann, K. (2010): Schutz bei häuslicher Gewalt – gemeinsam Gefährdung beurteilen, kooperativ Sicherheit organisieren. In: Möller, K. (Hg.): Dasselbe in grün? Aktuelle Perspektiven auf das Verhältnis von Polizei und Sozialer Arbeit. Weinheim, München: Juventa, S. 107–115

Kern, C. (2017): § 81 SGB VIII Strukturelle Zusammenarbeit mit anderen Stellen und öffentlichen Einrichtungen. In: Fischer, L./Mann, H./Schellhorn, W./Kern, C. (Hg.) (2017): SGB VIII. Kinder- und Jugendhilfe. 5. Aufl. Köln: Luchterhand, S. 666–668

Keßler, S. (2011): Soziale Arbeit mit Flüchtlingen und Asylsuchenden. In: Bieker, R./Floerecke, P. (Hg.): Träger, Arbeitsfelder und Zielgruppen der Sozialen Arbeit. Stuttgart: Kohlhammer, S. 246–258

Killian, M./Rinn, M. (2020): Aufsuchende Soziale Arbeit in Konflikten um städtische Räume. In: Soziale Passagen H. 12, S. 399–420. Online: https://link.springer.com/content/pdf/10.1007/s12592-020-00357-y.pdf

Kindler, H. (2016): Entwicklung der Gewaltprävention im Bereich Kinderschutz: 25 Jahre im Rückblick. In: Voß, S./Marks, E. (Hg.): 25 Jahre Gewaltprävention im vereinten Deutschland. Berlin. Online: https://www.gewalt-praevention.info/html/download.cms?id=138&datei=Kindler+I.pdf

Klaus, L./Jamin, D./Dichtl, A. (2019): Zum Umgang mit Drogenszenen im öffentlichen Raum. In: akzept Bundesverband/Deutsche AIDS-Hilfe (Hg.): 6. Alternativer Drogen- und Suchtbericht 2019. Lengerich: Pabst, S. 25–31. Online: https://alternativer-drogenbericht.de/wp-content/uploads/2019/07/akzeptADSB2019.pdf

Kleffner, H. (2015): Die Leerstelle in der Fachdiskussion füllen. Sozialarbeit und der NSU-Komplex. In: Aus Politik und Zeitgeschichte H. 40, S. 44–48. Online: https://www.bpb.de/apuz/212367/sozialarbeit-und-der-nsu-komplex?p=all

Klimke, D. (2020): Die Polizei in der Einwanderungsgesellschaft. Online: https://www.bpb.de/gesellschaft/migration/kurzdossiers/303141/die-polizei-in-der-einwanderungsgesellschaf

Klink, M. (2008): Bundeskriminalamt. In: Groß, H./Frevel, B./Dams, C. (Hg.): Handbuch der Polizeien Deutschlands. Wiesbaden: Springer VS, S. 516–554

Kniesel, M./Vahle, J. (1990): VE ME PolG. Musterentwurf eines einheitlichen Polizeigesetzes in der Fassung des Vorentwurfs zur Änderung des ME PolG. Text und amtliche Begründung. Heidelberg: Kriminalistik-Verlag

Koc, M. (2019): Jugendextremismus als Herausforderung der Sozialen Arbeit. Eine vergleichende Analyse vom jugendlichen Rechtsextremismus und Islamismus. Baden-Baden: Tectum

Köhler, D. (2016): Strukturelle Qualitätsstandards in der Präventionsarbeit gegen gewaltbereiten Extremismus. Stuttgart. Online: https://www.konex-bw.de/wp-content/uploads/2018/06/20180202-FINAL-KPEBW-HandbuchExtremismus_A4_02I18_web.pdf

Kohlhoff, L. (2020): Asylverfahren und Integration von Geflüchteten. In: Ders./Baur, C./Gröpler, K.-H./Tabatt-Hirschfeldt, A. (Hg.): Sozialmanagement in der Arbeit mit Geflüchteten. Eine Einführung. Wiesbaden: Springer VS, S. 7–19

Kollektiv Solidarische Sozialarbeit (2020): Für ein verträgliches Miteinander? Über die konzertierte Aktion im Frankfurter Bahnhofsviertel. In: akzept e. V. Bundesverband/Deutsche AIDS-Hilfe (Hg.): 7. Alternativer Drogen- und Suchtbericht 2020. Lengerich: Pabst, S. 141–148

Köln, Oberbürgermeister (2011): Zehn Jahre Straßenstrich »Geestemünder Straße« in Köln. Erfahrungsbericht des Gesundheitsamtes (März 2011). Köln. Online: https://www.stadt-koeln.de/mediaasset/content/pdf53/2.pdf

Kölner Haus des Jugendrechts (o. J.): Jahresbericht 2018. 10 Jahre Kölner Haus des Jugendrechts. Köln. Online: https://www.sta-koeln.nrw.de/aufgaben/geschaefte-stak_2_hdjr/Jahresbericht-2018-.pdf

Kooperationsvereinbarung (2007): Kooperationsvereinbarung zwischen den Vertragspartnern Neumark-Grundschule, Polizeiabschnitt 41, Jugendamt Tempelhof-Schöneberg, Schulpsychologie für Gewaltprävention und Krisenintervention Tempelhof-Schöneberg, Berlin. Online: https://www.berlin.de/polizei/_assets/dienststellen/dir4/kooperationsvertraege/neumark_grundschule_03-07-2020.pdf

Kopp, A. (2012): Die Genese des Begriffs »Intensivtäter« in der kriminologischen Forschung. In: Zeitschrift für Jugendkriminalrecht und Jugendhilfe H. 3, S. 265–271

KOS (2011): Konzept. Qualitätssigel Fanprojekte nach dem Nationalen Konzept Sport und Sicherheit. 3., aktual. Fassung, Mai 2011. Frankfurt am Main. Online: https://polizei.nrw/sites/default/files/2018-06/NKSS_A8_Qualitaetssiegel_Fanprojekt_20110527.pdf

KOS (2020): Fanprojekte 2020. Die soziale Arbeit mit Fußballfans in Deutschland. Frankfurt am Main. Online: https://www.schalker-fanprojekt.de/wp-content/uploads/KOS-sachbericht-20191212-screen.pdf

Krafeld, F.-J. (1992): Jugendarbeit mit rechten Jugendlichen. In: Scherr, A. (Hg.): Jugendarbeit mit rechten Jugendlichen. Bielefeld: Böllert, KT-Verlag, S. 37–45

Krafeld, F.-J. (2001): Zur Praxis pädagogischer Arbeit mit rechtsorientierten Jugendlichen. In: Schubarth, W./Stöß, R. (Hg.): Rechtsextremismus in der Bundesrepublik Deutschland. Eine Bilanz. Opladen: Leske + Budrich, S. 271–291

Kraft, P./Keller, C. (2017): Kinder und häusliche Gewalt. Eine Betrachtung und Bestandsaufnahme zum Kinderschutz. In: Kriminalistik H. 3, S. 148–153 u. H. 4, S. 241–247

Krannich, H. (2011): Das Kirchenasyl. Eine empirische Studie zu den Auswirkungen auf das Gemeindeleben. Berlin (Magisterarbeit). Online: https://www.kirchenasyl.de/wp-content/uploads/2013/12/MKrannich_Kirchenasyl1.pdf

Kreyssig. U. (2013): Die Verknüpfung von häuslicher Gewalt und Frühen Hilfen – ein bedeutendes Thema für den Kinderschutz. In: Kavemann, B./Kreyssig, U. (Hg.): Handbuch Kinder und häusliche Gewalt. 3., aktual. u. überarb. Aufl. Wiesbaden: Springer VS, S. 296–311

Kuhlmann, D. (Hg.) (2014): Sport, Soziale Arbeit und Fankulturen. Positionen und Projekte. Hildesheim: Arete Verlag

Kühne, S./Schepper, C./Wehrheim, J. (2017): »Die sanften Kontrolleure« (Helge Peters und Helga Cremer-Schäfer 1975) revisited. In: Soziale Passagen H. 9, S. 329–344. Online: https://link.springer.com/content/pdf/10.1007/s12592-017-0271-4.pdf

Künkel, J./Pütter, N. (2020): Alltagspolizieren – Zugriff & Rückzug. Eine Einleitung. In: Bürgerrechte & Polizei/CILIP 123 (Sept. 2020), S. 3–9. Online: https://www.cilip.de/2020/09/16/alltagspolizieren-zugriff-rueckzug-eine-einleitung/

Künkel, J./Schrader, K. (2020): Prekarität und Vulnerabilität in der Sexarbeit – Kritische Anmerkungen zum Diskurs der »Armutsprostitution« aus intersektionaler Perspektive. In: Dackweiler, R.-M./Rau, A./Schäfer, R. (Hg.): Frauen und Armut – feministische Perspektiven. Opladen, Berlin, Toronto: Budrich, S. 219–237

Laging, M. (2010): Kooperation von Sozialer Arbeit und Polizei in der Suchthilfe. In: Dasselbe in grün? Aktuelle Perspektiven auf das Verhältnis von Polizei und Sozialer Arbeit. Weinheim, München: Juventa, S. 133–140

Lamnek, S./Luedtke, J./Ottermann, R./Vogl, S. (2012): Tatort Familie. Häusliche Gewalt im gesellschaftlichen Kontext. 3., erweit. u. überarb. Aufl. Wiesbaden: Springer VS

Landeskriminalamt Niedersachsen (2007): Jugendamtsberichte der Polizei. Richtlinie 32.4-51602. Stand: 01.08.2007. Hannover. Online: https://lka-niedersachsen.de/download/61/Richtlinie_Jugendamtsberichte_der_Polizei.pdf

Langner, S. (2005): »Solidarität, Zusammenhalt und Engagement« – Die Ultrabewegung in Deutschland. Eine explorative Interviewstudie zu einer neuen Fußballfankultur. Bremen (Magisterarbeit). Online: https://www.faszination-fankurve.de/sites/diplomarbeiten/downloads/download.php?name=arbeit_2.pdf

Leenen, W. R./Groß, A./Grosch, H. (2013): Interkulturelle Kompetenz in der Sozialen Arbeit. In: Auernheimer, G. (Hg.): Interkulturelle Kompetenz und pädagogische Professionalität. Wiesbaden: Springer VS, S. 105–126

Lehmann, K. (2016): Polizeiliches Handeln bei häuslicher Gewalt aus der Perspektive gewaltbetroffener Frauen. In: Die Polizei H. 5, S. 144–148

Leimbach, K. (2019): Die kommunikative Konstruktion einer Problemgruppe: Zur Praktik der Ausstiegsbegleitung bei rechtsextremistischen Jugendlichen. In: Negnal, D. (Hg.): Die Problematisierung sozialer Gruppen in Staat und Gesellschaft. Wiesbaden: Springer VS, S. 145–163

Lemmer, G./Wagner, U. (2013a): Abschlussbericht zur Evaluation des Gewaltpräventionsprojekts »PiT-Hessen (Prävention im Team)«. Marburg. Online: https://netzwerk-gegen-gewalt.hessen.de/sites/netzwerk-gegen-gewalt.hessen.de/files/content-downloads/Abschlussbericht%202013.pdf

Lemmer, G./Wagner, U. (2013b): PiT-Hessen. Ein standardisiertes Gewaltpräventionsprogramm zum Einsatz in Schulen und seine Evaluation. In: forum kriminalprävention H. 2, S. 27–21. Online: https://www.forum-kriminalpraevention.de/files/1Forum-kriminalpraevention-webseite/pdf/2013-02/evaluation-2013-02.pdf

Limmer, R./Mengel, M. (2006): Beratung und Kooperation im Kontext von häuslicher Gewalt und Nachstellungen. Handreichung für die Fachberatung sowie kooperierende Professionen. Bamberg: Staatsinstitut für Familienforschung an der Universität Bamberg (ifb). Online: https://www.ssoar.info/ssoar/bitstream/handle/document/12535/ssoar-2006-limmer_et_al-beratung_und_kooperation_im_kontext.pdf?sequence=1&isAllowed=y&lnkname=ssoar-2006-limmer_et_al-beratung_und_kooperation_im_kontext.pdf

Lindner, W. (1999): ›Zero Tolerance‹ und Präventionsinflation – Jugendliche und Jugendarbeit im Kontext der gegenwärtigen Sicherheitsdebatte. In: deutsche jugend H. 4, S. 153–162

Linz, S. (2015): Häuser des Jugendrechts in Hessen. Ergebnisse der Begleitforschung für Wiesbaden und Frankfurt am Main-Höchst. Wiesbaden: Kriminologische Zentralstelle. Online: https://krimpub.krimz.de/frontdoor/deliver/index/docId/95/file/HdJR-Abschlussbericht.pdf

Loick, D. (Hg.) (2018): Kritik der Polizei. Frankfurt am Main, New York: Campus

Lüter, A. (2018): Gewaltprävention an Schulen. Konzepte – Befunde – Handlungsansätze. Berlin. Online: https://www.berlin.de/lb/lkbgg/aktivitaeten/praeventionstage/2018/bfg_64_heft2-webversion.pdf

Lüter, A./Bergert, M./Peters, C. (2019): Gewaltprävention in der Schule: Praxismaterialien zu Programmen, Projekten, Literatur und Links. Berlin. Online: https://camino-werkstatt.de/downloads/OHR-Materialsammlung-2020.pdf

Mann, H. (2017): § 8a Schutzauftrag bei Kindeswohlgefährdung. In: Fischer, L./Mann, H./Schellhorn, H./Kern, C. (Hg.): SGB VIII. Kinder- und Jugendhilfe. 5. Aufl. München: Luchterhand, S. 83–112

Martens, T. (2000): Zum Verhältnis zwischen Sozialarbeit und Polizei. Am Beispiel des Kick-Projekts der Sportjugend Berlin. In: KOS-Schriften, Bd. 7, S. 7–15. Online: http://www.kos-fanprojekte.info/veroeffe/schrif07/s07-15.htm

Meysen, T. (2019): KKG – § 8b Anhang. In: Münder, J./Meysen, T./Trenczek, T. (Hg.): Frankfurter Kommentar zum SGB VIII. Kinder- und Jugendhilfe. 8., vollständ. überarb. Aufl. Baden-Baden: Nomos, S. 147–172

Ministerium des Innern und für Sport Rheinland-Pfalz (2004): Leitfaden für Polizeibeamtinnen und Beamte zum Umgang mit Fällen der Gewalt in engen sozialen Beziehungen (GesB). Mainz. Online: https://mffjiv.rlp.de/fileadmin/MFFJIV/Frauen/Gewalt_gegen_Frauen/RIGG/Ergebnisse/Polizei/Leitfaden_GesB_ISIM.pdf

Ministerium für Inneres und Kommunales des Landes Nordrhein-Westfalen (2017): Landesgewaltschutzkonzept für Flüchtlingseinrichtungen des Landes Nordrhein-Westfalen.

Düsseldorf. Online: https://www.mkffi.nrw/sites/default/files/asset/document/landesgewaltschutzkonzept_des_landes_nrw.pdf

Möller, K. (Hg.) (2010): Dasselbe in grün? Aktuelle Perspektiven auf das Verhältnis von Polizei und Sozialer Arbeit. Weinheim, München: Juventa

Möllers, M. H. W. (Hg.) (2018): Wörterbuch der Polizei. 3., neu bearb. u. erweiterte Auflage. München: C. H. Beck

Mücke, T./Brandt, E. (1997): »… wie bewaffnete Streetworker«. In: Sozial extra H. 11, S. 13f.

Müller, H./Mutke, B./Wink, S. (2008): »Unter einem Dach« – Neue Wege der Strafrechtspflege. Das Haus des Jugendrechts Ludwigshafen. Ergebnisse einer Evaluation. Mainz

Müller, U./Schröttle, M. (2004): Lebenssituation, Sicherheit und Gesundheit von Frauen in Deutschland. Eine repräsentative Untersuchung zu Gewalt gegen Frauen in Deutschland. o. O. Online: https://www.bmfsfj.de/blob/jump/84328/langfassung-studie-frauen-teil-eins-data.pdf

Naplava, T. (2018): Jugendliche Intensiv- und Mehrfachtäter. In: Dollinger, B./Schmidt-Semisch, H. (Hg.): Handbuch Jugendkriminalität. Kriminologie und Sozialpädagogik im Dialog. 3., vollständ. überarb. u. aktual. Aufl. Wiesbaden: Springer VS, S. 337–356

NASS (2012): Nationales Konzept Sport und Sicherheit. Fortschreibung 2012. o. O. Online: http://polizei.nrw/sites/default/files/2018-06/nkss_konzept2012.pdf

Niedersachsen Zusammenarbeit (2003): Zusammenarbeit zwischen Schule, Polizei und Staatsanwaltschaft. Gemeinsamer Runderlass (des Kultus-, Innen- und Justizministeriums) v. 30.09.2003. Online: https://www.mk.niedersachsen.de/download/4792/Gemeinsamer_Runderlass_Zusammenarbeit_zwischen_Schule_Polizei_und_Staatsanwaltschaft_vom_30.09.2003.pdf

Nisse, R. (2012): Delikte gegen Kinder. Lehr- und Studienbriefe Kriminalistik/Kriminologie, Bd. 18. Hilden: Verlag Deutsche Polizeiliteratur

Noesselt, H. (2007): Kriminalpräventive Öffentlichkeitsarbeit. »Kompetent. Kostenlos. Neutral«. In: Bürgerrechte & Polizei/CILIP 86 (H. 1), S. 34–40. Online: https://www.cilip.de/2007/02/17/kriminalpraeventive-oeffentlichkeitsarbeit-kompetent-kostenlos-neutral-1/

Nöthen, U. (2018): Vom Spannungsfeld polizeilicher Arbeit zwischen Strafverfolgung und Opferbedürfnissen am Beispiel des Deliktsfeldes der sexualisierten Gewalt gegen Kinder in Deutschland. In: Gysi, J./Rüegger, P. (Hg.): Handbuch sexualisierte Gewalt. Therapie, Prävention und Strafverfolgung. Bern: Hogrefe, S. 298–313

Nöthen-Schürmann, U. (2013): Häusliche Gewalt gegen die Kindsmutter als Thema der polizeilichen Prävention – Polizeiliche Intervention als Einstieg in die Hilfe. In: Kavemann, B./Kreyssig, U. (Hg.): Handbuch Kinder und häusliche Gewalt. 3., aktual. u. überarb. Aufl. Wiesbaden: Springer VS, S. 463–470

Nuguid, G. (2018): Kirchenasyl. In: Hartwig, L./Mennen, G./Schrapper, C. (Hg.): Handbuch Soziale Arbeit mit geflüchteten Kindern und Familien. Weinheim, Basel: Beltz Juventa, S. 245–254

NZK (2020a): WESPE – Wissenschaftliche Erkenntnisse zu Sicherheits- und Präventionsmaßnahmen durch Prävention. Online: https://www.nzkrim.de/wespe

NZK (2020b): Informationen zur Maßnahme Distanz(-ierung) durch Integration. Online: https://www.nzkrim.de/synthese/massnahme/measure-distanz-ierung-durch-integration

Oberhausen (2017): Ordnungsbehördlichen Verordnung vom 14.12.2017 über die Aufrechterhaltung der öffentlichen Sicherheit und Ordnung im Gebiet der Stadt Oberhausen. Online: https://www.oberhausen.de/de/index/rathaus/verwaltung/soziales-bauen-wohnen-und-recht/recht/ortsrecht_der_stadt_oberhausen/ortsrecht-material/171214_ovo_oeff_sich_u_ord_mit_anlagen_01012018.pdf

Oberlies, D. (2013): Strafrecht und Kriminologie für die Soziale Arbeit. Eine Einführung. Stuttgart: Kohlhammer

Ohder, C. (2008): »Intensivtäter« in Berlin. Hintergründe und Folgen strafrechtlicher Auffälligkeit. In: Berliner Forum Gewaltprävention Nr. 33. Berlin. Online: https://www.berlin.de/lb/lkbgg/publikationen/berliner-forum-gewaltpraevention/archiv/bfg_33.pdf

Ohder, C./Huck, L. (2006): »Intensivtäter« in Berlin – Hintergründe und Folgen vielfach strafrechtlicher Auffälligkeit – Teil 1 Eine Auswertung von Akten der Abteilung 47 der

Berliner Staatsanwaltschaft. In: Berliner Forum Gewaltprävention Nr. 26, Berlin. Online: https://publikationen.uni-tuebingen.de/xmlui/bitstream/handle/10900/65536/bfg_26.pdf?sequence=1&isAllowed=y

Oltmer, J. (2013): Migration. In: Meier-Braun, K.-H./Weber, R. (Hg.): Migration und Integration in Deutschland. Begriffe – Fakten – Kontroversen. Stuttgart: Kohlhammer, S. 31–38

Operative Gruppe Jugendgewalt der Direktion 3 (o. J.): Was ist unsere Arbeit? (Flyer) Berlin

Ortner, H./Pilgram, A./Steinert, H. (Hg.)(1998): Die Null-Lösung. New Yorker »Zero-Tolerance«-Politik – das Ende der urbanen Toleranz? Baden-Baden: Nomos

Parkrat Görlitzer Park (Hg.) (2020): Zukunft Görli. Dokumentation der Fachtagung am 21. und 22. Februar 2020. Berlin. Online: http://www.pr-gp.de/fachtagung-zukunft-goerli_broschuere-kopie/

Paustian, M. (2016): § 81 Strukturelle Zusammenarbeit mit anderen Stellen und öffentlichen Einrichtungen. Online: https://www.sgbviii.de/files/SGB%20VIII/PDF/S183.pdf

PDV (1997): Polizeidienstvorschrift (PDV) 382 »Bearbeitung von Jugendsachen«. In: DVJJ-Journal H. 1, S. 5–24

Peilert, A./Kösling, W. (2008): Bundespolizei – vormals Bundesgrenzschutz. In: Groß, H./Frevel, B./Dams, C. (Hg.): Handbuch der Polizeien Deutschlands. Wiesbaden: Springer VS, S. 555–590

Pelzer, M./Pichl, M. (2016): Wohnsitzauflage und Residenzpflicht: Aktuelle Einschränkungen der Freizügigkeit von Flüchtlingen. In: Zeitschrift für Ausländerrecht H. 3, S. 96–101

Peters, H./Cremer-Schäfer, H. (1975): Die sanften Kontrolleure. Wie Sozialarbeiter mit Devianz umgehen. Stuttgart: Ferdinand Enke Verlag

Petri, T. (2012): Informationsverarbeitung im Polizei- und Strafverfahrensrecht. In: : Denninger, E./Rachor, F. (Hg.): Handbuch des Polizeirechts. 5., neu bearb. u. erweit. Aufl. München: C. H. Beck, S. 710–913

Pilz, G. A. (2005): Vom Kuttenfan und Hooligan zum Ultra und Hooltra. Wandel des Zuschauerverhaltens im Profifußball. In: Deutsche Polizei H. 11, S. 6–12

PiT-Hessen (2020): Das Programm – Stand: 06.11.2020. Online: https://netzwerk-gegen-gewalt.hessen.de/das-programm-0/Stand-06.11.2020

Plarre, P. (2020): Drogenhandel in Berlin: Das Kreuzberger Original. In: tageszeitung v. 14.09.2020. Online: https://taz.de/Drogenhandel-in-Berlin/!5709507/

Polizei Berlin Direktion 4 (2020): Vereinbarung mit Kooperationspartnern. Stand: Dezember 2020. Online: https://www.berlin.de/polizei/dienststellen/landespolizeidirektion/direktion-4/artikel.82114.php

Polizeipräsidium Stuttgart (2009): Gesamtprojektbericht zum Haus des Jugendrechts (1998). Stuttgart. Online: https://haus-des-jugendrechts-stuttgart.justiz-bw.de/pb/site/pbs-bw-new/get/params_Dattachment/3659889/1998%20-%20Haus%20des%20Jugendrechts%20-%20Gesamtprojektbericht.pdf

ProKP (2020): Die Themen im Überblick. Online: https://www.polizei-beratung.de/themen-und-tipps/

Pütter, N. (1998): Der OK-Komplex. Organisierte Kriminalität und ihre Folgen für die Polizei in Deutschland. Münster: Westfälisches Dampfboot

Pütter, N. (2000): Föderalismus und Innere Sicherheit. Die Innenministerkonferenz zwischen exekutivischer Politik und politisierter Exekutive, in: Lange, H.-J. (Hg.): Staat, Demokratie und Innere Sicherheit in Deutschland. Opladen: Springer VS, S. 275–289

Pütter, N. (2006): Polizei und kommunale Kriminalprävention. Formen und Folgen polizeilicher Präventionsarbeit in den Gemeinden. Frankfurt am Main: Verlag für Polizeiwissenschaft

Pütter, N. (2007a): Prävention. Spielarten und Abgründe einer populären Überzeugung. In: Bürgerrechte & Polizei/CILIP 86 (H. 1), S. 3–15. Online: https://www.cilip.de/2007/02/09/praevention-spielarten-und-abgruende-einer-populaeren-ueberzeugung/

Pütter, N. (2007b): Polizei und kommunale Prävention. Zwischen Legitimationspflege und vernetzter Repression. In: Bürgerrechte & Polizei/CILIP 86 (H. 1), S. 41–54. Online:

https://www.cilip.de/2007/02/17/polizei-und-kommunale-praevention-zwischen-legitimationspflege-und-vernetzter-repression/

Pütter, N. (2015a): Im Souterrain der Polizei? Wandlungen im Verhältnis Polizei – Sozialarbeit. In: Bürgerrechte & Polizei/CILIP 108 (Juni 2015), S. 3–13. Online: https://www.cilip.de/2015/06/03/im-souterrain-der-polizei-wandlungen-im-verhaeltnis-polizei-sozialarbeit/

Pütter, N. (2015b): Polizei und Soziale Arbeit. In: Bürgerrechte & Polizei/CILIP 108 E-Supplement (Juni 2015). Online: https://archiv.cilip.de/Hefte/Supplement_108_Literatur_Polizei_Sozialarbeit.pdf

Pütter, N./Künkel, J. (2020): Drogen im öffentlichen Raum. Verdrängung, Schikane, kontrolliertes Gewährenlassen. In: Bürgerrechte & Polizei/CILIP 123 (Sept. 2020), S. 10–19. Online: https://www.cilip.de/2020/12/11/drogen-im-oeffentlichen-raum-verdraengung-schikane-kontrolliertes-gewaehrenlassen/

Raab-Heck, M. (2016): Entwicklung der Gewaltprävention im Bereiche »Häusliche Gewalt«. In: Voß, S./Marks, E. (Hg.): 25 Jahre Gewaltprävention im vereinten Deutschland. Berlin o. S. Online: http://www.gewalt-praevention.info/html/download.cms?id=98&datei=Raab-Heck-I-98.pdf

Rabe, H./Leisering, B. (2018): Die Istanbul-Konvention. Neue Impulse für die Bekämpfung von geschlechtsspezifischer Gewalt. Berlin: Deutsches Institut für Menschenrechte. Online: https://www.institut-fuer-menschenrechte.de/fileadmin/user_upload/Publikationen/ANALYSE/Analyse_Istanbul_Konvention.pdf

Rachor, F. (2012a): Organisation der Sicherheitsbehörden in Deutschland. In: Denninger, E./Rachor, F. (Hg.): Handbuch des Polizeirechts. 5., neu bearb. u. erweit. Aufl. München, C. H. Beck, S. 140–183

Rachor, F. (2012b): Das Polizeihandeln. In: Denninger, E./Rachor, F. (Hg.): Handbuch des Polizeirechts. 5., neu bearb. u. erweit. Aufl. München, C. H. Beck, S. 284–601

Radek, J. (2010): Polizei ist Feindbild vieler Ultras. In: Deutsche Polizei H. 3, S. 22–26. Online: https://www.gdp.de/gdp/gdpmp.nsf/id/DE_GdP_M-V_Gewalt_im_Fuszball_-_finanzielle_Beteiligung_der_Vereine_bei_Polizeieinsaetzen_ist_der_fa/$file/GdP-DEUTSCHE_POLIZEI_03-2010-Polizei%20ist%20Feindbild%20vieler%20Ultras.pdf

Rahmstorf, O. (2005): Sind Polizisten die besseren Sozialpädagogen? Eine Fallstudie im »Haus des Jugendrechts« Stuttgart. Online: Berlin https://refubium.fu-berlin.de/handle/fub188/6603

Rauschenbach, T./Züchner, I. (2012): Theorie der Sozialen Arbeit. In: Thole, W. (Hg.): Grundriss Soziale Arbeit. Ein einführendes Handbuch. 4. Aufl. Wiesbaden: Springer VS, S. 151–173

rbb (2020): Brennpunkteinheit der Polizei wird im Görlitzer Park fündig. rbb24, Meldung v. 15.01.2020. Online: https://www.rbb24.de/panorama/beitrag/2020/01/berlin-goerlitzer-park-polizei.html [15.12.2020]

Reicher, F. (2015): Deradikalisierung und Extremismusprävention im Jugendalter. In: soziales_kapital Nr. 14. Online: https://soziales-kapital.at/index.php/sozialeskapital/article/download/398/690/2827

Richtlinien (2016): Richtlinien für das Straf- und Bußgeldverfahren (RiSTBV), Stand: 01.09.2016. Online: https://www.bmjv.de/SharedDocs/Archiv/Downloads/RiStBV.pdf

Riekenbrauk, K. (2000): Einführung in das Strafrecht für Studium und Praxis der Sozialen Arbeit. Münster: Votum Verlag

Riekenbrauk, K. (2011): Haus des Jugendrechts und Sozialdatenschutz. In: Zeitschrift für Jugendkriminalrecht und Jugendhilfe H. 1, S. 74–83

Riekenbrauk, K. (2015): Häuser des Jugendrechts. Bestandsaufnahme eines Kooperationsmodells. In: Bürgerrechte & Polizei/CILIP 10686 (Juni 2015), S. 50–60. Online: https://www.cilip.de/2015/05/30/haeuser-des-jugendrechts-bestandsaufnahme-eines-kooperationsmodells/

Riesner, L. (2019): Kontrolle am ›Tagelöhnermarkt‹. Rassismus und die Versicherheitlichung des Sozialen. In: Bürgerrechte & Polizei/CILIP 118/119 (Juni 2019), S. 63–70. Online: http://www.cilip.de/2019/06/04/kontrolle-am-tageloehnermarkt-rassismus-und-die-versicherheitlichung-des-sozialen/

Rietig, V./Günnewig, M. L. (2020): Deutsche Rückkehrpolitik und Abschiebungen. Zehn Wege aus der Dauerkrise. DGAP Analyse Nr. 3. Online: https://dgap.org/sites/default/files/article_pdfs/dgap-analyse-2020-03-de_0.pdf

Roll, W. (2001): Prävention und Polizei. In: Berliner Forum Gewaltprävention. Sondernummer 2. Berlin, S. 103–113

Rossenbach, A./Kleine, M./Wiedenau, A. (2010): Köln – Geestemünder Straße: Sozialarbeit auf einem legalen Straßenstrich. In: Möller, K. (Hg.): Dasselbe in grün? Aktuelle Perspektiven auf das Verhältnis von Polizei und Sozialer Arbeit. Weinheim, München: Juventa, S. 197–204

Ruschemeier, H. (2020): Was droht mit der drohenden Gefahr? In: Kriminologisches Journal 2020 H. 2, S. 122–134

Sacco, S. (2017): Häusliche Gewalt – Kostenstudie für Deutschland. Gewalt gegen Frauen in (ehemaligen) Partnerschaften. Hamburg: tredition

Salzborn, S. (2014): Rechtsextremismus. Erscheinungsformen und Erklärungsansätze. Baden-Baden: Nomos

Schäfer, K./Weitzmann, G. (2019): § 81 Strukturelle Zusammenarbeit mit anderen Stellen und öffentlichen Einrichtungen. In: Münder, J./Meysen, T./Trenczek, T. (Hg.): Frankfurter Kommentar zum SGB VIII. Kinder- und Jugendhilfe. 8., vollständ. überarb. Aufl. Baden-Baden: Nomos, S. 956–962

Schäffer, D./Köthner, U. (2020): Drogenkonsumräume – die Notwendigkeit von rechtlichen und strukturellen Anpassungen. In: akzept e. V. Bundesverband/Deutsche AIDS-Hilfe (Hg.): 7. Alternativer Drogen- und Suchtbericht 2020. Lengerich: Pabst, S. 42–46

Scheinehen-Erlass Brandenburg (2005): Erlass Nr. 1/2005 im Personenstandswesen. Ausländerrechtliche Information Nr. 80/2005. Maßnahmen zur Verhinderung von Scheinehen. Online: https://bravors.brandenburg.de/verwaltungsvorschriften/erl_nr_1_05

Schemmer, O. (2016): Flüchtlinge – Interkulturelle Kompetenz (IKK) und polizeiliche Praxis. In: der kriminalist H. 9, S. 21–27

Schenke, W.-R. (2018): Polizei- und Ordnungsrecht. 10., neu bearb. Aufl. Heidelberg: C. F. Müller

Scherr, A./Sachs, I. (2019): Sinti und Roma als Problemgruppe? Problematisierung und Entproblematisierung im Kontext von Nicht-Wissen und politischer Correctness. In: Negnal, D. (Hg.): Die Problematisierung sozialer Gruppen in Staat und Gesellschaft. Wiesbaden: Springer VS, S. 277–293

Schirilla, N. (2016): Migration und Flucht. Orientierungswissen für die Soziale Arbeit. Stuttgart: Kohlhammer

Schmitt, C./Aden, S. (2020): Soziale Arbeit in Geflüchtetenunterkünften. Menschenrechte unter Verschluss. In: Sozial Extra H. 6, S. 343–348

Schmoliner, S. (2004): Vom Mythos der »Ausländerkriminalität« – MigrantInnen im deutschen Recht. Überlegungen zu einer kritischen Rechtswissenschaft. In: Roß, B. (Hg.): Migration, Geschlecht, Staatsbürgerschaft. Wiesbaden: Springer VS, S. 135–142

Schneider, A./Köhler, J./Schumann, F. (Hg.) (2017): Fanverhalten im Sport. Phänomene, Herausforderungen und Perspektiven. Wiesbaden: Springer VS

Schnurr, S. (2018): Partizipation. In: Otto, H.-U./Thiersch, H./Treptow, R./Ziegler, H. (Hg.): Handbuch Soziale Arbeit. Grundlagen der Sozialarbeit und Sozialpädagogik. 6., überarb. Aufl. München: Reinhardt, S. 1126–1137

Schone, R. (2016): Hilfe und Kontrolle. In: Schröer, W./Struck, N./Wolf, M. (Hg.): Handbuch Kinder- und Jugendhilfe. 2., überarb. Aufl., Weinheim, Basel: Beltz Juventa

Schramm, C. (2015): Praktizierte Distanz zur Polizei. Erfahrungen in der Straßensozialarbeit mit Jugendlichen (Interview). In: Bürgerrechte & Polizei/CILIP 10686 (Juni 2015), S. 41–49. Online: https://www.cilip.de/2015/06/03/praktizierte-distanz-zur-polizei-erfahrungen-in-der-strassensozialarbeit-mit-jugendlichen/

Schreiber, V. (2007): Lokale Präventionsgremien in Deutschland. Frankfurt am Main. Online: https://www.uni-frankfurt.de/47267666/usg=AOvVaw0MTbGY59-Ynu8_LGghx0xN

Schreiber, V. (2011): Fraktale Sicherheiten. Eine Kritik der kommunalen Kriminalprävention. Bielefeld: transkript

Schreiber, V. (2019): Kommunale Kriminalprävention in Deutschland 2018 – Fortschreibung einer Bestandsaufnahme 2007 –. Bonn: NZK. Online: https://www.lpr.sachsen.de/download/landespraeventionsrat/Forschungsbericht_2019_1_KKP_reduziert_3.pdf

Schroer-Hippel, M./Imhof, W./Bergert, M. (2018): Polizeiliche Prävention von Jugendgewalt. Konzepte – Befunde – Handlungsansätze. Berliner Forum Gewaltprävention Nr. 64. Online: https://www.berlin.de/lb/lkbgg/_assets/bfg_64-heft_5.pdf

Schröttle, M. (2017): Gewalt in Paarbeziehungen. Berlin. Online: https://www.genderopen.de/bitstream/handle/25595/1370/Schr%C3%B6ttle_Paarbeziehungen_2017.pdf?sequence=1

Schruth, P./Simon, T. (2018): Strafprozessualer Reformbedarf des Zeugnisverweigerungsrechts in der Sozialen Arbeit. Am Beispiel der sozialpädagogischen Fanprojekte im Fußball. Frankfurt am Main.

Schubarth, W./Niproschke, S./Wachs, S. (2016): 25 Jahre Forschung zu Gewalt an. Bilanz und Perspektiven in 25 Thesen. In: Voß, S./Marcks, E. (Hg.): Internetdokumentation des Symposiums »25 Jahre Gewaltprävention im vereinten Deutschland – Bestandsaufnahme und Perspektiven«. Berlin. Online: www.gewalt.praevention.de/info/html/download.cms?id=127&datei=Schubarth-I.pdf

Schubert, F. (2019): Abwertung als soziale Abgrenzung im Fußballstadion. Spielwiese für gesellschaftliche Diskriminierung und neonazistische Interventionen. In: Thole, W./Pfaff, N./Flickinger, H.-G. (Hg.): Fußball als soziales Feld. Studien zu sozialen Bewegungen, Jugend- und Fankulturen. Wiesbaden: Springer Fachmedien, S. 105–114

Schümchen, W. (2006): Ordnungspartnerschaften. In: Lange, H.-J. (Hg.): Wörterbuch zur Inneren Sicherheit. Wiesbaden: Springer VS, S. 207–209

Schwind, J.-V. (2013): Intensivtäterprogramme in den Bundesländern. In: Kriminalistik H. 4, S. 243–246

Seitz, N.-N./Lochbühler, K./Atzendorf, J./Rauschert, C./Pfeiffer-Gerschel, T./Kraus, L. (2019): Trends des Substanzkonsums und substanzbezogener Störungen. In: Deutsches Ärzteblatt H. 35/36, S. 585–591

Senat von Berlin (2015): Verordnung über das Verbot des Bettelns von Kindern und in Begleitung von Kindern. Vom 22. Dezember 2015. Online: https://www.parlament-berlin.de/ados/17/IIIPlen/vorgang/verordnungen/vo17-221.pdf

Siebel, W. (2007): Vom Wandel des öffentlichen Raumes. In: Wehrheim, J. (Hg.): Shopping Malls. Interdisziplinäre Betrachtungen eines neuen Raumtyps. Wiesbaden: Springer VS, S. 77–94

Simon, T. (2001): Wem gehört der öffentliche Raum. Zum Umgang mit Armen und Randgruppen in Deutschlands Städten. Opladen: Leske + Budrich

Simon, T. (2005): Kein Platz für Arme. Der Umgang mit Randgruppen in deutschen Städten. In: Bürgerrechte & Polizei/CILIP 81 (H. 2/2005), S. 20–27. Online: https://www.cilip.de/2005/07/30/kein-platz-fuer-arme-der-umgang-mit-randgruppen-in-deutschen-staedten/

Stadtjugendamt Erlangen/Gedik, K./Wolff, R. (Hg.) (2018): Kinderschutz im Dialog. Grundverständnis und Kernprozesse kommunaler Kinderschutzarbeit. Opladen, Berlin, Toronto: Budrich

Statistisches Bundesamt (2019a): Statistisches Jahrbuch 2019. Wiesbaden. Online: https://www.destatis.de/DE/Themen/Querschnitt/Jahrbuch/statistisches-jahrbuch-2019-dl.pdf

Statistisches Bundesamt (2019b): Statistiken der Kinder- und Jugendhilfe. Gefährdungseinschätzungen nach § 8a Absatz 1 SGB VIII 2018. Wiesbaden. Online: https://www.destatis.de/DE/Themen/Gesellschaft-Umwelt/Soziales/Kinderhilfe-Jugendhilfe/Publikationen/Downloads-Kinder-und-Jugendhilfe/gefaehrdungseinschaetzungen-5225123187004.pdf?__blob=publicationFile

Statistisches Bundesamt (2020): Finanzen und Steuern. Personal des öffentlichen Dienstes 2019 (Fachserie 14 Reihe 6). Wiesbaden. Online: https://www.destatis.de/DE/Themen/Staat/Oeffentlicher-Dienst/Publikationen/Downloads-Oeffentlicher-Dienst/personal-oeffentlicher-dienst-2140600197004.pdf

Staub-Bernasconi, S. (2013): Soziale Arbeit als (eine) Menschenrechtsprofession. In: Hering, S. (Hg.): Was ist Soziale Arbeit. Traditionen – Widersprüche – Wirkungen. Opladen, Berlin, Toronto: Budrich, S. 205–218

Steckhan, S. (2016): Rauschkontrolleure und das Legalitätsprinzip – Polizeiliche Perspektiven zu Drogen und Drogenkriminalität. In: Akzept e. V. Bundesverband/Deutsche AIDS-Hilfe/JES Bundesverband (Hg.): 3. Alternativer Drogen- und Suchtbericht 2016. Lengerich: Pabst, S. 63–69. Online: https://alternativer-drogenbericht.de/wp-content/uploads/2016/06/ADSB2016_Bericht.pdf

Steffan, E. (2010): »Die im Dunkeln sieht man nicht«. Das schwierige Verhältnis von Polizei und Sozialer Arbeit im Prostitutionsmilieu. In: Möller, K. (Hg.): Dasselbe in grün? Aktuelle Perspektiven auf das Verhältnis von Polizei und Sozialer Arbeit. Weinheim, München: Juventa, S. 205–212

Steffan, W. (2017): Straßensozialarbeit/Streetwork. Kreft, D./Milenz, I. (Hg.): Wörterbuch Soziale Arbeit. 8., vollständ. überarb. u. aktual. Aufl., Weinheim, Basel: Beltz, S. 1002–1004

Steffen, W. (1993): Kriminalitätsanalyse I: Dunkelfeldforschung und Kriminologische Regionalanalysen. Hilden: Verlag Deutsche Polizeiliteratur

Steffens, B. (2017): Evaluation des Projekts KICK im Boxring – Stellenwert des Trainings aus Sicht der Teilnehmer. In: Soziale Passagen H. 9, S. 197–203. Online: https://link.springer.com/content/pdf/10.1007/s12592-017-0256-3.pdf

Stöver, H. (2019): Regulierung statt Repression: Notwendige Neuorientierungen in der Drogenpolitik. In: Tzanetakis, M./Stöver, H. (Hg.): Drogen, Darknet und Organisierte Kriminalität. Baden-Baden: Nomos, S. 241–250

Stöver, H./Michels, I. I. (Hg.) (2019/20): Drogenkonsumräume (Themenschwerpunkt). In: rausch. Wiener Zeitschrift für Suchttherapie H. 4-2019/H. 1-2020, S. 191–283

Stöver, H./O'Reily, M. S. (2019/20): Formen der Kooperation zwischen Polizei und Drogenhilfe. In: rausch. Wiener Zeitschrift für Suchttherapie H. 4-2019/H. 1-2020, S. 244–247

Straßmaier, S. (2018): Formen kollektiver Gewalt am Beispiel »Hooliganismus«. In: Ders./Werbik, H.: Aggression und Gewalt. Theorien, Analysen und Befunde. Berlin: De Gruyter Oldenbourg, S. 351–402

Stürmer, M. (2014): Illegale Drogen: Hintergründe und Grundlagen für die Praxis. In: AK HochschullehrerInnen Kriminologie/Straffälligenhilfe in der Sozialen Arbeit (Hg.): Kriminologie und Soziale Arbeit. Ein Lehrbuch. Weinheim, Basel: Beltz Juventa, S. 297–313

Stützel, K. (2019): Jugendarbeit im Kontext von Jugendlichen mit rechten Orientierungen. Rekonstruktiv-praxeologische Perspektiven auf professionelles Handeln. Wiesbaden: Springer VS

Stüwe, K. (2016): Das Zuwanderungsgesetz von 2005 und die neue Migrationspolitik der Bundesrepublik Deutschland. In: Ders./Hermannseder, E. (Hg.): Migration und Integration als transnationale Herausforderung. Wiesbaden: Springer Fachmedien, S. 26–48

Telser, C. (2020): Herausforderungen des kommunalen Vollzugsdienstes in Rheinland-Pfalz: Aufgaben, Ausstattung und rechtliche Situation. In: Terizakis, G./Sell, S./Hamm, C. (Hg.): Innere Sicherheit als geteilte Verantwortung. Kommunale und polizeiliche Herausforderungen. Baden-Baden: Nomos, S. 103–114

Thalheim, V. (2019): Tribünenpraktiken von Ultrafans im Fußballstadion: Von Zuschauer*innen zu Mitmacher*innen. In: Thole, W./Pfaff, N./Flickinger, H.-G. (Hg.): Fußball als soziales Feld. Studien zu sozialen Bewegungen, Jugend- und Fankulturen. Wiesbaden: Springer Fachmedien, S. 49–62

Thüringer Innenministerium (2014): Polizeiliche Maßnahmen in Fällen häuslicher Gewalt. Leitlinien der Polizei Thüringen. Erfurt. Online: https://polizei.thueringen.de/fileadmin/th3/polizei/lpd/Polizeiliche_Praevention_Lebenslagen/Haeusliche_Gewalt/AKTUELLE_LEITLINIEN_HAEUSLICHE_GEWALT_Stand_200114.pdf

Tiedemann, P. (2015): Flüchtlingsrecht. Die materiellen und verfahrensrechtlichen Grundlagen. Berlin, Heidelberg: Springer

Töpfer, E. (2019): Was macht und darf der Zoll? – eine Einleitung. In: Bürgerrechte & Polizei/CILIP H. 120 (Nov. 2019), S. 5–16. Online: https://www.cilip.de/2019/11/16/was-macht-und-darf-der-zoll-eine-einleitung/

Trenczek, T. (2018): Mitwirkung der Jugendhilfe im Strafverfahren – Jugendgerichtshilfe. In: Dollinger, B./Schmidt-Semisch, H. (Hg.): Handbuch Jugendkriminalität. Kriminologie und Sozialpädagogik im Dialog. 3., vollständ. überarb. u. aktual. Aufl. Wiesbaden: Springer VS, S. 411–426

Tsianos, V. (2019): Illegalisierte Migration und Arbeit mit Flüchtlingen als sozialraumbezogenes Handlungsfeld. In: Kessl, F./Reutlinger, C. (Hg.): Handbuch Sozialraum. Sozialraumforschung und Sozialraumarbeit. Wiesbaden: Springer Fachmedien, S. 487–500

Turba, H. (2018): Die Polizei im Kinderschutz. Zur Verarbeitung institutioneller Komplexität in hybriden Berufswelten. Wiesbaden: Springer VS

van den Brink, H. (2018): Kommunale Kriminalprävention als gemeinsames Handlungsfeld für Polizei und Soziale Arbeit. In: forum kriminalprävention H. 3, S. 16–18. Online: https://www.forum-kriminalpraevention.de/files/1Forum-kriminalpraevention-webseite/pdf/2018-03/kommunale_kriminalpraevention.pdf

Verein für Demokratische Kultur in Berlin/Mobile Beratung gegen Rechtsextremismus in Berlin (2006): Integrierte Handlungsstrategien zur Rechtsextremismusprävention und -intervention bei Jugendlichen. Hintergrundwissen und Empfehlungen für Jugendarbeit, Kommunalpolitik und Verwaltung. Berlin. Online: https://digital.zlb.de/viewer/api/v1/records/15729462/files/images/MBR_HR_Jugendarbeit_Web.pdf/full.pdf

Voigts, H. (2019): Offensive gegen das Elend im Bahnhofsviertel. In: Frankfurter Neue Presse v. 19.08.2019. Online: https://www.fnp.de/frankfurt/offensive-gegen-sichtbare-elend-12924620.html

van Santen, E./Seckinger, M. (2018): Netzwerke und Kooperationen im Kinderschutz. In: Böwer, M./Kotthaus, J. (Hg.): Praxisbuch Kinderschutz. Professionelle Herausforderungen bewältigen. Weinheim, Basel: Beltz Juventa

von Beyme, K. (2020): Migrationspolitik. Über Erfolge und Misserfolge. Wiesbaden: Springer VS

von Wensierski, H. J./Puchert, L. (2020): Die Jugendkulturen der Fußballfans im 20. Jahrhundert. In: Gibson. A./Mummrich, M./Kramer, R.-T. (Hg.): Rekonstruktive Jugend(kultur)forschung. Flashback – Flashforward. Wiesbaden: Springer Fachmedien, S. 249–268

Wahl, C. (2018): Möglichkeiten und Grenzen einer menschenrechtsbasierten Sozialen Arbeit in Unterkünften für Geflüchtete. In: Prassad, N. (Hg.): Soziale Arbeit mit Geflüchteten. Rassismuskritisch, professionell, menschenrechtsorientiert. Opladen, Toronto: Budrich, S. 300–316

Wahl, K./Heers, K. (2009): Täter oder Opfer. Jugendgewalt – Ursachen und Prävention. München, Basel: Reinhardt

Walter, M. (2004): »Mehrfach- und Intensivtäter« in der öffentlichen Diskussion. In: Kriminalpädagogische Praxis H. 43, S. 25–30

Wehinger, F. (2011): Illegale Märkte: Stand der sozialwissenschaftlichen Forschung (MPIfG Working Paper No. 11/6). Köln. Online: https://www.econstor.eu/bitstream/10419/50554/1/669692603.pdf

Wehner, F. (2020): Drogenstrafrecht. Online: https://www.kanzleiwehner.de/rechtsgebiete/strafrecht/drogenstrafrecht/#besitz

Wehrheim, J. (2019): Drogen. Raum- und stadtsoziologische Perspektiven. In: Feustel, R./Schmidt-Semisch, H./Bröckking, U. (Hg.): Handbuch Drogen in sozial- und kulturwissenschaftlicher Perspektive. Wiesbaden: Springer Fachmedien, S. 327–340

Werner, A./Kubera, T. (2019): Fazit: Sicherheit, Kommunikation und Freiheit. In: Kubera, T./Kugelmann, D. (Hg.): Fußballgroßveranstaltungen im Spannungsfeld zwischen Freiheit und Sicherheit. Eine wissenschaftliche Untersuchung zur Bedeutung von Kommunikation und Dialog. Berlin: Springer-Verlag, S. 377–388

Werse, B./Kamphausen, G./Klaus, L. (2019): MoSyD Szenestudie 2018. Die offene Drogenszene in Frankfurt am Main. Frankfurt am Main. Online: https://www.uni-frankfurt.de/83212689/MoSyD_Jahresbericht_2018_final.pdf

Wetzels, P./Brettfeld, K./Farren, Diego (2018): Migration und Kriminalität. Evidenzen, offene Fragen sowie künftige Herausforderungen für die Kriminologie. In: Monatsschrift für Kriminologie und Strafrechtsreform H. 2, S. 85–111

Wilcke, H. (2018): Illegal und unsichtbar? Papierlose Migrant*innen als politische Subjekte. Bielefeld: transcript

Wilhem, J. P. (2006): Freiheitsentziehende Maßnahmen nach der StPO. o. O. Online: http://www.jwilhelm.de/festnahme.pdf

Zentrale Geschäftsstelle ProPK (Hg.) (o. J.): Polizei und Moscheevereine. Ein Leitfaden zur Förderung der Zusammenarbeit. o. O. Online: https://www.bpb.de/system/files/pdf/0MQCWZ.pdf

Ziegler, H. (2001): Crimefighters United – Zur Kooperation von Jugendhilfe und Polizei. In: neue praxis H. 6, S. 538–557

Ziegler, H. (2020): Das Elend mit dem Kindeswohl: Kindeswohlbezogener Kinderschutz als konservative Pädagogik. In: Kelle, H./Dahmen, S. (Hg.): Ambivalenzen des Kinderschutzes. Emprische und theoretische Perspektiven. Weinheim, Basel: Beltz Juventa, S. 172–181

Ziermann, M. (2000): Jugendgruppengewalt aus Sicht der Operativen Gruppe Jugendgewalt der Direktion 5 (Kreuzberg/Neukölln). In: Berliner Forum Gewaltprävention. Sondernummer 1, S. 63–65

ZIF (o. J.) : Leitlinien. Autonom. Feministisch. Basisdemokratisch. o. O. Online: https://www.autonome-frauenhaeuser-zif.de/sites/default/files/page_attachment/zif_leitlinien_autonomer_frauenhaeuser_flyer_0.pdf

Zirk, W. (1999): Jugend und Gewalt. Polizei-, Sozialarbeit und Jugendhilfe. Stuttgart, München u. a.: Richard Boorberg Verlag

ZIS (2008): Datei Gewalttäter Sport. Stand: 10.12.2008. Düsseldorf. Online: http://www.polizei-nrw.de/lzpd/wir_ueber_uns/zis/article/datei-gewalttaeter-sport.html

ZIS (2019): Jahresbericht Fußball Saison 2018/19. Berichtszeitraum 01.07.2018–30.06.2019. Stand: 15.10.2019. Düsseldorf. Online: https://lzpd.polizei.nrw/sites/default/files/2019-10/ZIS-Jahresbericht%202018-2019.pdf

Zobrist, P./Kähler, H. D. (2017): Soziale Arbeit in Zwangskontexten. Wie unerwünschte Hilfe erfolgreich sein kann. 3. Aufl., München, Basel: Reinhardt

Zurawski, N. (2020): Zwischen Repression und Schutz. Der Alltag der Polizei und das Umgehen mit vulnerablen Gruppen am Beispiel Jugendlicher. In: Bürgerrechte & Polizei/CILIP 123 (Sept. 2020), S. 62–69. Online: https://www.cilip.de/2020/10/13/zwischen-repression-und-schutz-der-alltag-der-polizei-und-das-umgehen-mit-vulnerablen-gruppen-am-beispiel-jugendlicher/

(Sofern nicht anders vermerkt, wurden die Internetquellen am 01.02.2021 zuletzt geprüft.)

Abkürzungsverzeichnis

AGKJHG	Erstes Gesetz zur Ausführung des Achten Buches Sozialgesetzbuch – Kinder- und Jugendhilfe (Brandenburg)
AG Kripo	Arbeitsgemeinschaft Kriminalpolizei
AK	Arbeitskreis
AMWF	Arbeitsgemeinschaft der Wissenschaftlichen Medizinischen Fachgesellschaften
AnkER	Ankunft, Entscheidung, Rückführung
AO	Abgabenordnung
ASD	Allgemeiner Sozialer Dienst
ASOG	Allgemeines Sicherheits- und Ordnungsgesetz (Berlin)
AufgenthG	Aufenthaltsgesetz
BAFF	Bündnis aktiver Fußballfans
BAG	Bundesarbeitsgemeinschaft
BAJ	Bundesarbeitsgemeinschaft Kinder- und Jugendschutz
BAMF	Bundesamt für Migration und Flüchtlinge
BASU21	Besonders auffällige Straftäter unter 21
BBG	Bundesbeamtengesetz
BePo	Bereitschaftspolizei
berta	Beratung und telefonische Anlaufstelle für Betroffene organisierter sexualisierter und ritueller Gewalt
bff	Bundesverband Frauenberatungsstellen und Frauennotrufe – Frauen gegen Gewalt
BKA	Bundeskriminalamt
BKAG	Bundeskriminalamtsgesetz
BKiSchG	Bundeskinderschutzgesetz
BMFSFJ	Bundesministerium für Familie, Senioren, Frauen und Jugend
BMJV	Bundesministerium der Justiz und für Verbraucherschutz
BPE	Brennpunkt- und Präsenzeinheit
BPol	Bundespolizei
BPolG	Bundespolizeigesetz
BT-Drs.	Bundestags-Drucksache
BtMG	Gesetz über den Verkehr mit Betäubungsmitteln
BVergG	Bundesverfassungsgericht
BVerwG	Bundesverwaltungsgericht
DFB	Deutscher Fußball Bund
DFK	Deutsches Forum für Kriminalprävention

DFL	Deutsche Fußball Liga
DJI	Deutsches Jugendinstitut
DVJJ	Deutsche Vereinigung für Jugendgerichte und Jugendgerichtshilfen
DPT	Deutscher Präventionstag
F_in	Netzwerk Frauen im Fußball
FKS	Finanzkontrolle Schwarzarbeit
FRA	Fundamental Rights Agency (Agentur der Europäischen Union für Grundrechte)
GASIM	Gemeinsames Analyse- und Strategiezentrum illegale Migration
GETZ	Gemeinsames Extremismus- und Terrorismusabwehrzentrum
GFK	Genfer Flüchtlingskonvention
GG	Grundgesetz
GIZ	Gemeinsames Internet-Zentrum
GREVIO	Group of Experts on Action against Violence against Women and Domestic Violence
GTAZ	Gemeinsames Terrorismusabwehrzentrum
GVG	Gerichtsverfassungsgesetz
GewSchG	Gewaltschutzgesetz
HdJ	Haus des Jugendrechts
HZ	Häufigkeitszahl
IMK	Innenministerkonferenz
JES	Junkies, Ehemalige, Substituierte
JGG	Jugendgerichtsgesetz
JGH	Jugendgerichtshilfe
KKG	Gesetz zur Kooperation und Information im Kinderschutz
KOS	Koordinierungsstelle Fanprojekte
MEK	Mobiles Einsatzkommando
MoSyD	Monitoring System Drogentrends
NASS	Nationaler Ausschuss Sport und Sicherheit
NCAZ	Nationales Cyber-Abwehrzentrum
N.I.N.A. e.V.	Nationale Infoline, Netzwerk und Anlaufstelle zu sexueller Gewalt an Mädchen und Jungen
NKSS	Nationales Konzept Sport und Sicherheit
NZK	Nationales Zentrum Kriminalprävention
ÖASS	Örtlicher Ausschuss Sport und Sicherheit
OPG	Operative Gruppen Jugendgewalt
OSSIP	Offensive Sozialarbeit, Sicherheit, Intervention, Prävention
OWiG	Ordnungswidrigkeitengesetz
QFF	Queer Football Fanclubs
PAG	Polizeiaufgabengesetz
PAP	Polizeiliche/r AnsprechpartnerIn
PassG	Passgesetz
PDV	Polizeidienstvorschrift
PFK	Pädagogische Fachkraft

PiT	Prävention im Team
PKS	Polizeiliche Kriminalstatistik
PolG	Polizeigesetz
POG	Polizei- und Ordnungsbehördengesetz
ProPK	Programm Polizeiliche Kriminalprävention der Länder und des Bundes
rbb	Rundfunk Berlin-Brandenburg
Rdnr.	Randnummer
SEK	Spezialeinsatzkommando
SGB I	Sozialgesetzbuch I
SGB VIII	Sozialgesetzbuch VIII
SGB X	Sozialgesetzbuch X
SiKomFan	Mehr Sicherheit im Fußball – Verbessern der Kommunikationsstrukturen und Optimieren des Fandialogs
SKB	Szenekundige BeamtInnen
StA	Staatsanwalt/Staatsanwaltschaft
StAG	Staatsangehörigkeitsgesetz
StGB	Strafgesetzbuch
StPO	Strafprozessordnung
TOA	Täter-Opfer-Ausgleich
TVBZ	Tatverdächtigenbelastungszahl
UEFA	Union of European Football Associations
ZIF	Zentrale Informationsstelle autonomer Frauenhäuser
ZIS	Zentrale Informationsstelle Sporteinsätze

Verzeichnis der Tabellen und Abbildungen

Tabellen

Tab. 1:	Die zwei Aufgaben der Polizei	25
Tab. 2:	Idealtypische Gegenüberstellung Polizei und Soziale Arbeit	54
Tab. 3:	Präventionsbegriffe und -formen	66
Tab. 4:	Institutionen der Krimprävention	70
Tab. 5:	Selbstberichtete Delinquenz	79
Tab. 6:	Personal in hessischen HdJ	108
Tab. 7:	Fußballeinsätze Saison 2018/19 (erste bis dritte Liga)	124
Tab. 8:	Kontakte mit der Polizei aus Sicht von Fanprojekten	138
Tab. 9:	Gewalterfahrungen von Frauen	144
Tab. 10:	Polizeiliche Interventionsmöglichkeiten bei häuslicher Gewalt	156
Tab. 11:	Bereiche des Jugendschutzes	162
Tab. 12:	Perspektiven auf den Kinderschutz	170
Tab. 13:	Verdachtsmeldungen auf Kindeswohlgefährdung	172
Tab. 14:	Statusgruppen von MigrantInnen (Auswahl)	203
Tab. 15:	Soziale Arbeit und Polizei: Beziehungen im Überblick	231

Abbildungen

Abb. 1:	Verdachts- und Eingriffsschwellen	23
Abb. 2:	Polizeiorganisation	29
Abb. 3:	Kriminalität, Kriminalisierung und PKS	42
Abb. 4:	Ausfilterung im Ermittlungs- und Strafverfahren	43
Abb. 5:	TVBZ nach Altersgruppen 1995–2019	78

Stichwortverzeichnis

A

Amtshilfe 21, 203
Antragsdelikte 154–156
Anzeigepflichten 53 f., 119
Anzeigeverhalten 39, 91, 156
Asylrecht 201
Aufenthaltstitel 200 f., 203, 223
Augenhöhe 73 f., 139, 141, 229, 232

B

Betteln 37, 219–221
Bundeskriminalamt (BKA) 16, 26 f., 127, 142
Bundespolizei (BPol) 16, 27, 211

D

Datenschutz 50–53, 73 f., 104 f., 118
Diversion 109 f., 112, 116 f., 119, 232
Drogen 69, 86, 92, 164, 179–183, 185, 189, 191, 194, 223
Drogenkonsumräumen 181, 185–187
Drogenszenen 73, 89, 185, 187–189, 191, 193, 195, 216, 232
Dunkelfeld 40 f., 79, 91, 144, 163

E

Ermittlungsverfahren 22, 24, 42 f., 53, 74, 84, 92, 97, 101, 104, 109 f., 115 f., 127, 129, 132, 139, 155, 158, 166, 176, 183, 190, 204
Evaluationen 103 f., 107 f., 115–117
Extremismus 33, 225, 227

F

Fanprojekte 126, 134–136, 138–141
Frauenhäuser 148 f., 157, 159

G

Gefährderansprache 19, 85, 108, 126, 130 f., 154, 157, 220
Gefahrenabwehr 16, 18–20, 23 f., 29, 34 f., 48, 52, 55, 64 f., 152, 162 f., 165 f., 168, 175, 208
Generalklausel 18 f., 130 f.
Generalprävention 65
Gewaltkriminalität 63 f., 92 f.
Gewaltschutzgesetz 146 f., 149, 154, 159

H

Haus des Jugendrechts (HdJ) 106–110, 112–118
Häusliche Gewalt 145 f., 149, 151, 154, 156, 158, 167
Hellfeld 40 f., 77, 79 f., 91, 143, 155, 167, 182, 199 f.

I

Identitätsüberprüfungen 188, 211
Illegalisierte 202, 205–207
Innenministerkonferenz (IMK) 16, 19 f., 33, 125
IntensivtäterInnen 99–103, 105, 127
Interventionsstellen 149 f., 158 f.
Istanbul-Konvention 145 f., 149

J

Jugendamt 51, 60, 82–84, 92, 110–112, 118, 147, 157, 160, 164–171, 176–178
Jugendgerichtshilfe (JGH) 97 f., 110–114
Jugendliche 68, 76 f., 79–87, 89–91, 93, 95–101, 103–106, 108–112, 114–118, 121, 151, 161, 164, 190, 199, 226, 232
Jugendschutz 69, 87, 161–165, 169

K

Kindeswohl 53, 157, 163, 166 f., 170, 221

261

Kindeswohlgefährdung 53, 161–163, 166–169, 171–173
Kirchenasyl 205 f.
konkrete Gefahr 16, 18–20, 35, 58, 151, 175, 177
Kontrolle 47 f., 87, 113 f., 119, 165, 177, 187 f., 190, 193, 195, 212, 219, 223
Kontrollkriminalität 39, 184
Kooperation 50, 73, 82, 93, 98, 105, 108, 113, 115, 118 f., 126, 160, 168 f., 185, 188, 195, 207, 210 f., 215 f., 220–222, 225, 229 f., 232
Koordinierungsstelle Fanprojekte (KOS) 136
Kriminalisierung 36–42, 48, 118 f., 137, 196, 214, 221, 224 f., 231

L

Legalbewährung 76, 103, 119, 134, 227, 232
Legalitätsprinzip 21, 23, 56, 84, 177, 187

M

Mandat 59 f., 88
MigrantInnen 40, 44, 87, 190, 197 f., 200, 203, 207, 209–211, 213, 225

O

Obdachlose 40, 190, 217–220
öffentliche Sicherheit 15–17, 19, 27, 48, 64, 186, 218, 220
öffentlicher Raum 196, 216–219, 221 f.
Öffentlichkeit 39, 41, 72 f., 90, 140, 145, 163, 185, 188, 195, 199, 212, 222, 229
Opfer 82 f., 142, 152, 166
Opferlose Delikte 39, 41
Opferschutz 31, 146, 152, 156, 168, 175, 177
Opportunitätsprinzip 23 f., 56, 109 f.
Ordnung 15 f., 27, 32, 64, 186, 220
Ordnungsbehörden 30, 73, 88, 97 f., 126, 169, 190, 217 f., 223
Ordnungswidrigkeiten 21, 24, 30, 34, 38, 129, 132, 164, 219

P

ParkläuferInnen 189–191
Platzverweis 57, 87, 127–129, 157, 193–195, 220
Polizeidienstvorschrift (PDV) 20, 29, 50, 74, 81–83, 108, 164, 166

Polizeiliche Kriminalstatistik (PKS) 41–44, 77, 80, 106, 142 f., 155, 182, 184, 198–200
Prävention 19, 31, 49, 63 f., 81 f., 90–94, 99, 125, 146, 151, 175, 193, 225 f.
Prostitution 40, 164, 222–224

R

Racial Profiling 212

S

Sanktionen 57, 86, 101, 117, 190, 232
Satzungsrecht 219, 221
Schulen 68, 71, 90, 97 f., 102, 108, 119, 168 f., 185, 206
Schwarzarbeit 28, 204
Sicherheitsgefühl 44, 69, 190
Spezialprävention 65
Staatsanwaltschaft 21 f., 24, 41–43, 52, 58, 65, 82, 84, 99–102, 105, 107, 109 f., 112–117, 155, 173, 183, 193, 232
Stadionverbot 130, 132–134
Strafverfolgung 20–22, 24, 29, 34, 39, 45, 48, 52, 57 f., 64 f., 68, 84, 92, 112, 117, 146, 151 f., 155, 157, 166, 168, 175 f., 179–182, 187, 190, 195 f., 206, 208, 227
strukturelle Zusammenarbeit 97 f.
Szenetypische BeamtInnen (SKB) 84 f., 126

T

Täter-Opfer-Ausgleich (TOA) 84

V

Verbrechen 38, 52, 109
Vergehen 38, 109, 146, 164, 180, 204
Vernetzung 72, 136, 138, 208
Vertrauen 40, 45, 53, 59, 71, 85, 88, 140, 177, 191, 233
Vollzugshilfe 20 f., 170
Vorfeld 19 f., 22, 34, 45, 126, 128
Vorurteile 229

W

Wohnsitzauflagen 204, 208
Wohnungsverweisung 149, 154, 157

Z

Zentrale Informationsstelle Sporteinsätze (ZIS)   124, 126–129

Zoll   28, 204
Zwang   21, 48, 57, 104, 165, 177 f., 223

Der Autor

Prof. Dr. phil. habil. Norbert Pütter ist Hochschullehrer an der Brandenburgischen Technischen Universität Cottbus-Senftenberg mit dem Lehrgebiet »Politische Zusammenhänge Sozialer Arbeit«. Die Verschränkung von helfenden und kontrollierenden Elementen im Kontext sozialpolitischer Entwicklungen bilden den Schwerpunkte. Den Institutionen der »inneren Sicherheit« gilt sein forscherisches Interesse. Er ist langjähriger Redakteur der Zeitschrift »Bürgerrechte & Polizei/CILIP«.«